난생 처음 떠나는
문화유산 ODA 여행

문보재	도서출판 문보재_文普齋는 문화유산의 가치를 널리 알리는 집이라는 의미를 가진 한국문화재재단의 새로운 출판브랜드입니다.

난생 처음 떠나는 문화유산 ODA 여행

지은이	전범환, 박지민, 백경환, 김동민, 김지서, 박동희, 전유근, 박민선, 김익현, 한연주, 한아선, 박수인, 이지수, 박성철, 이민지, 김용준, 전성민, 권미영
초판 1쇄	인쇄 2020년 12월 14일 발행 2020년 12월 18일
펴낸이	진옥섭
기획	박해수
도서문의	문화상품실(02-3011-1203)
출판문의	홍보팀(02-3011-2607)
펴낸곳	도서출판 문보재 서울특별시 강남구 봉은사로 406. 02-566-6300
출판등록	제 2020-000342호 (2020년 12월 1일) www.chf.or.kr

ⓒ 한국문화재재단(Korea Cultural Heritage Foundation), 2020

가격: 16,000원
ISBN 979-11-972851-1-0 03910

- 이 책 내용의 일부 또는 전부를 재사용하려면 반드시 한국문화재재단과 문보재의 동의를 얻어야 합니다.
- 인쇄·제작 및 유통상의 파본 도서는 구입하신 서점에서 교환해 드립니다.

난생 처음 떠나는

문화유산 ODA
여행

ODA18인 지음

문보재

일러두기

1. 이 책은, 한국문화재재단이 대한민국 최초로 시작한 문화유산 ODA사업과 그 사업 현장에서 일하는 종사자들의 이야기다. 국내의 문화유산 복원 현장이 아닌 인도차이나반도의 환경에서 작성된 글임을 밝혀둔다.
2. 같은 필자의 글이 이어질 경우 최초의 글에만 이름을 밝혔으며, 박스 글에는 캐리커처로 이름을 대신했다.
3. 책에 사용된 모든 지명 표기는 외교부에서 통상 사용하고 있는 표기법을 택했다.
4. 영화 제목이나 티브이 프로그램 제목은 < >로, 책 제목은 『 』로 표기했다.
5. 지명이나 건축명 등의 고유명사 표기는 한글표기를 우선으로 하였으나, 경우에 따라 한글표기 후 괄호 안에 영문이나 원어를 표기해 넣었으며, 독자들의 이해를 돕기 위해 필요한 경우 반복해 사용했다. 책의 키워드인 ODA와 공적개발원조는 예외적으로 한글 표기와 영어 표기를 동시 허용, 문맥에 맞게 적절히 혼용하였다.
6. 일반적으로 생활 속에서 사용하는 길이, 무게 단위는 한글 표기를 원칙으로 하였으나, 특수 단위 표기는 독자들의 가독 방해가 없도록 한글로 풀지 않고 그대로 표기했다.
7. 사진은 각 저자들이 제공한 사진을 혼용하여 별도의 표시를 하지 않았으며 외부인이 제공한 사진과, 일러스트의 경우에만 제공자 이름을 별도로 표시했다.

■ **ODA수첩**
저자들이 체험한 이야기들을 메모처럼 정리한 코너로, 문화유산 ODA현장에서만 경험할 수 있는 내용들을 다뤘다.

■ **ODA사랑방**
현장의 비하인드 스토리들로 이뤄진 코너다. 사업현장에서 일어난 다양한 사건사고 뒤에 있었던 이야기들을 재미있게 풀어냈다

■ **유적STORY**
저자들이 참여하고 있는 ODA현장의 유적이나 혹은 주변 유적들을 소개하며 그 문화유적을 전문가의 시선으로 스토리텔링한 코너다.

■ **문화유적상식**
문화유산과 관련해 독자들의 이해를 돕기 위해 저자들이 소개하는 메모창이다.

■ **현장오딧세이**
인도차이나반도에서만 경험할 수 있는 문화유산 주변 환경을 저자들의 재치있는 입담으로 풀어 소개했다.

■ **유적가이드**
드론 등의 다른 시선으로 문화유산 ODA현장의 주변 환경과 유적을 멋진 화보를 통해 조명한 코너로 어떤 여행서에서도 볼 수 없는 풍경들을 담았다

■ **현장세미나**
현장오딧세이의 단편버전이다. 인도차이나반도와 문화유산 ODA 현장 주변의 환경 상식을 소개했다.

ODA 삼국(三國) 지도

머리글

ODA 삼국지를
펼치며

2018년. 첫 출장 전, 〈화양연화〉를 한 번 더 보았다. 남자(양조위)는 여자(장만옥)와 사랑을 앙코르와트의 돌구멍에 고해하고는 풀로 막았다. "꼭 그 돌을 찾아보고 싶은데…" 순간 연구원들의 표정이 난감해졌다. 세상에! 사람마다 배꼽이 있듯, 돌마다 구멍이 나 있었다. 원산지를 떠날 때 통과의례로 구멍을 판 것이었다. 거기에 막대기를 꽂아 운반하고 줄에 걸어 연마해 앙코르와트 사원과 거대도시 앙코르톰을 쌓아 올린 것이다.

찬란했지만 문명의 공식처럼 흥망이 유수했다. 드넓은 앙코르 유적지엔 밀림이 번지고 있었다. 스펑나무 뿌리가 밑바닥을 파고들어 송두리째 흔들고, 벌어진 결구사이에 지렛대처럼 나뭇가지가 틈입했다. 간신히 버티고 있는 석축은 언제 쏟아질지 모르고, 이미 굴러 떨어진 석재엔 시간의 멍처럼 엽상지의류가 파랗게 번졌다. 이 위태롭고 쓸쓸한 곳이 재단 연구원들의 ODA(공적개발원조)현장이었다. 앙코르톰 내, 프레야피투 사원 중, T사원의 테라스.

연구원 중 한 사람이 사원 T는 프랑스가 식민지배할 때 유적에 임의로 붙인 이름이라 했다. 현지인들처럼 '까오썩' 사원이라 부르는 게 옳다 했다. '까오썩'의 뜻은 출가를 위한 삭발이라 했다. 현지인의 입장에 서는 태도에 뭉클했다. 연구원들은 100년 전 프랑스가 사용한 콘크리트를 털고 새 석재를 깎아내 맞물리고 있었다. 조선총독부가 콘크리트로 보수한 익산 미륵사지석탑을 18년 동안 재복원한 노하우가 바탕이 되어 있었다. 그러나 우리나라가 아닌 밀림 속에 있는 유적에서의 적용은 결코 녹록치 않은 듯했다.

사람들은 현장에 답이 있다고 말한다. 연구원들은 "현장엔 문제가 있을 뿐"이라 했다. ODA가 진행되는 라오스의 홍낭시다 사원, 미얀마의 파야똔주 사원 현장도 다 문제뿐이었다, 문제의 근원은 '다름'에 있었다. 언어와 기후가 다르듯, 생활방식도 달랐다. 그러니 사사건건 문제였다. 같은 것이란 식민지배와 전쟁, 정치혼란과 군부독재 등 불행한 현대사뿐이었다. 그러나 우리가 벗어난 악순환을 그들이 다 벗어나지 못한 것도 문제가 되었다.

연구원의 일은 답을 찾아 나서는 것이었다. 학술연구와 자문회의, 인맥을 통해 난맥상을 정리해 나갔을 것이다. 그리고 마침내 가장 중요한 답을 현지인의 마음을 여는 데서 찾은 듯했다. 나는 종종 술자리에서 그들의 무용담을 들었다. 짠! 할 때 치솟는 맥주의 기포처럼 답이 터져 나왔다. 지금은 웃고 이야기하는 사건이 실황일 때는 식은땀처럼 절대고독이 흘렀을 것이다. 간신히 해결한 일체의 과정이 노하우요 혁혁한 무공이었다. 결국 에피소드가 답인데, 문제가 주관식이니 좀 길 뿐이었다. 이 답을 기록해 남기면 다음 사람에게는 최고의 매뉴얼이 될 것이었다.

2020년 봄, 불행히도 기록할 기회가 오고야 말았다. 코로나19가 닥친 것이다. 1348년 페스트를 피해 피난한 10인의 100가지 이야기가 〈데카메론〉이다. 코로나19로 철수한 연구원들에게 100개의 에피소드에 '디카'로 찍은 사진을 싣는다고 〈디카메론〉이라 제목을 정했다. "보고서 말고 수필 말입니까?" 또 문제를 만난 듯이 골똘하던 그들은 뱀허물처럼 긴 이야기를 남기고 다시 현장으로 돌아갔다.

원고를 모아보니 묵직했다. 타자를 친 것이 아니라, 탁탁! 탁본하듯이 정확히 묘사했다. 실소를 터트리는 시시콜콜함 속에도 뼈가 있었다. 소설처럼 등장인물의 이력들이 고해지고 고군분투의 내력들이 묘사되었다. 이 열 여덟 명의 전문가들이 돌에 새겨진 크메르제국의 영광을 읽어주고, 그림자극으로 서유기의 모태가 된 〈라마야나〉를 보여준다. 사원에 새겨진 수없이 많은 힌두의 신들을 구별해주고, 3,822개 불탑 속에서 가장 자비로운 부처를 소개해준다.

제목을 〈난생 처음 떠나는 문화유산 ODA 여행〉으로 바꿨다. 지금 하늘길이 막혀 가지 못하는 곳을 글과 사진으로 여행해 보자는 것이다. 아울러 하늘길이 열린다면 이 한 권을 꼭 챙겨 떠나기를 바라는 의도가 있다. 동남아란 이름의 가격이 헐한 여행지가 아닌, 인도차이나의 위대한 시간 속으로 인도할 것이기 때문이다. 아울러 돌아오면 배낭에서 꺼내 책장에 꽂아 두기를 부탁한다. 또 다른 창세신화와 인간의 역사를 만나는 인문학의 블루오션이 될 거라는 생각에서다.

어느 늦은 밤, 이종격투기 중계에서 챔피언이 도전자에게 옆구리를 파일 때, 크메르의 유적지에 깊이 뿌리를 넣는 스펑나무가 떠올랐다. 이런! 〈화양연화〉의 설렘 밖에 몰랐던 초짜가 이리 변한 것이다. 급성장 시켜준 한국문화재재단 국제협력단의 18인의 저자에게 일일이 감사드린다.

책을 설계한 박해수 국제협력단 단장, 정녕 '디카메론'을 완성해준 그루앤그루 식구들에게 감사드린다. ODA삼국에서 도움주신 각 기관의 담당자들과 현장의 인부들에게 감사드린다. 이 책에 도움주신 모든 분들께 감사드리고 무엇보다 이 책을 펼쳐주신 독자께 깊이 감사드린다.

2020년 12월
한국문화재재단 이사장 진옥섭

차례

일러두기 • 4
ODA 삼국(三國) 지도 • 5
머리말_ODA 삼국지를 열며 • 6

| 프롤로그 | 2020년 3월, 그 특별했던 날들의 기록
  코로나, 단 한 번도 모인 적 없던 동료들 한자리에 모으다 • 18
  잠시만 안녕, 낭시다 • 23
  인도차이나반도에서 '백야'를 경험하다 • 29

1부 '우리'가 만나기까지, 나와 문화유산 ODA

| 1장 | 지진이 만들어준 '세 자매'와의 인연, 파야뜬주와 만나다 _미얀마 편
  자가격리, 집에서 식판 배급을 받다 • 46
  나는 미얀마가 좋다 • 47
  우리의 프로젝트를 소개할게 • 50
  현장오딧세이_뚝뚝(TuK Tuk) • 52
  슈퍼주니어를 사랑한 미얀마 파트너 • 54
  유적가이드_바간, 새의 시선으로 바라보다 1 • 56

| 2장 | 천 년의 세월을 딛고 폐허 속 공주와 만나다 _라오스 편
  황남빵과 메콩강 • 66
  미륵사지의 막내에서 왓푸의 리더로 • 69
  눈을 감으면 찾아오는 '미라' • 72
  문화유적상식_문화재보호법 • 74
  채석공의 아들 돌 의사가 되다 • 75
  모든 돌에는 사연이 있다 • 77
  "넌 언제 라오스로 돌아와?" • 81
  곽세에서의 일상 • 83
  진드기가 머리에 붙었어요! • 86
  현장오딧세이_언니 • 87

| 3장 | 크메르의 찬란한 유산, 한국의 몽상가들과 만나다 _캄보디아 편

    코이카가 문화유산 ODA사업을 시작했다 • 92
    앙코르와의 질긴 인연, 그리고 한국문화재재단 입사 • 97
    앙코르와의 12년 • 101
    땅은 땅대로 재밌고, 돌은 돌대로 재밌다 • 103
    여러분! 저 사람은 일본 사람입니다 • 104
    익산의 돌 장인과 캄보디아와의 교류 • 106
    코끼리테라스 관광객에서 연구원으로 • 110

2부   인도차이나가 '그들'을 만나는 방법

| 1장 | '우리는 기도할 테니 미스터 마피아는 약을 주시오' _라오스 편

    도마뱀들과의 동거 • 118
    ODA사랑방_ 라오스에서 전자제품을 사용하는 방법 • 119
    점심식사 변천사 • 120
    현장오딧세이_ 고고학 전공 연구원의 함퍽과 뱀 • 121
    현장오딧세이_ 라오스의 '안동'이라 불리는 곳으로의 출장 • 123
    왓푸 축제의 추억 • 125
    현장세미나_ '캄-' • 129
    농사마을의 약사와 기도하는 라오스인 • 130
    현장세미나_ 버뻰양 • 132
    농사 마을의 아이유, 그리고 만켄 • 133
    산불에 대처하는 라오스인 • 136
    오이의 꿈 • 137
    현장오딧세이_ 현장사무소의 이웃들 • 139
    라오스 가족 이야기 • 140
    현장세미나_ 라오스에서의 호칭 • 140
    비 내리는 사람, 콘 폰똑 • 143
    ODA사랑방_ 현장사무소의 잎과 망고나무 • 144
    노숙인? 야간 경비? • 145
    홍낭시다 현장 최초의 1회용 도시락 • 146
    소환팔찌 • 147
    현장오딧세이_ 홍낭시다 현장사무소 지킴이 캄시를 소개합니다 • 149

| 2장 | **월급 수령 사인이 달라지는 이유** _캄보디아 편_

크메르어를 하지 않는 이유 • 154
월급 수령 사인이 달라지는 이유 • 155
현장세미나_ 감사해요, 세종대왕님 • 157
호환 마마보다 무서운 뎅기열 • 157
바라이에서 배운 생존 헤엄 • 159
정글 속의 유적은 정글에 사는 사람이 안다 • 161
캄보디아의 사람들과 그들의 기억 • 166
현장세미나_ 크메르루즈 • 167
이심전심 • 170
웨딩촬영 핫플 프레아피투 까오썩 테라스 • 174
크메르 맛 기행 • 177
현장오딧세이_ 크메르 특급 식재료 • 181
현장세미나_ 크메르 후추 • 182
현장오딧세이_ 야생에서 사는 법 • 183
박슐랭 가이드 • 185
원숭이가 던진 물병에 맞다 • 188
현장세미나_ 바닥에 누워있는 댕댕이와 냥이 • 190
고양이 사원, 고양이의 집 • 192
ODA사랑방_ 과일나무와 고양이가 함께하는, 도심 속 캄보디아 사무소 • 198
현장오딧세이_ 앙코르 유적 속 작은 경매장 • 199

| 3장 | **퇴근하는 소떼와 한국에서 온 바이크맨** _미얀마 편_

ODA수첩_ 미얀마를 열다 • 204
ODA사랑방_ 미얀마, 두 번의 방문이 남긴 여운 • 206
현장오딧세이_ 만달레이 공항 이미그레이션에 잡혔어요! 우당탕탕 와장창창 미얀마 • 207
고사 이야기 • 208
ODA사랑방_ 해우소의 여인 in Bagan • 211
문화유적상식_ 표절인가? 창조적 모방인가?:바간 마하보디 사원 • 213
유적가이드_ 바간, 새의 시선으로 바라보다 2 • 216
밍글라바 파야똔주 • 222
바간에서의 주말 & 007 바간 사원 지킴이 • 225
현장오딧세이_ 뭐 먹지? • 227
'당신의 방에서 이상한 냄새가 나요' • 228
출동, 코리아 1, 2호기 • 231
김용준 아니고 김장금이예요! • 234
Love in Elephant • 236
문화유적상식_ 가네샤 이야기 • 236

3부 문화유산의 복원 올림픽, 심판은 유네스코

|1장| 검은 석재건축물이 품고 있는 비밀들_천 년 너머의 장인에 묻다 _라오스 편

라오스를 만나는 법 • 246
라오스 사업의 본격적 시작-라오어는 어렵다 • 251
현장세미나_ 라오스 1모작, 그리고 한국의 회계연도 • 252
현장세미나_ 라오스 생존 3단어 • 253
메뚜기는 정착지를 찾아 뛴다 • 254
한국에서는 나름 전문가, 라오스에서는 코리안 영 키드 • 256
ODA수첩_ 극동학원 • 258
문화유산의 올림픽, 그들만의 리그 • 259
유적스토리_ 왓푸-참파삭 유적: 히말라야와 갠지스를 옮긴 대형 프로젝트 • 264
유적스토리_ 신비의 역사도시 그리고 고대 유적 • 267
현장오딧세이_ 디바카라판디타 • 269
유적스토리_ 앙코르로 가는 길 • 270
ODA사랑방_ 고대길 • 271
유적스토리_ 아름다운 폐허, 홍낭시다 • 273
현장오딧세이_ 메콩과 푸카오가 보이는 풍경 • 274
유적스토리_ 라마야나의 변주, 시다공주와 카타남 • 275
ODA사랑방_ 한국에서 온 카타남 • 277
홍낭시다 건축장인의 변태적인 설계 • 278
드잡이 공(工)과 사암의 공(孔) • 282
시다공주가 꺼내놓은 비밀 금동요니 • 286
문화유적상식_ 금동요니 • 287
평창올림픽과 돌병원 • 292
블랙스톤의 비밀 • 295
돌 찾으러 가자 • 298
현장오딧세이_ 채석의 흔적 • 300
복원용 돌 구합니다 • 301
돌병원 개원 • 305
돌병원 인턴 급구! • 309
유적스토리_ 손흥민과 왓푸-참파삭 유적: 저평가된 세계 문화경관유산 • 313
포스터 차일드의 나라에서 포스터 차일드를 위한 나라로 • 318
ODA수첩_ 정책기관과 실행기관의 상관관계_페이스메이커와 러닝메이트 • 321
ODA수첩_ 문화유산 ODA사업의 행정업무를 위한 필요 역량 • 322

| 2장 | **지진 속 세워 올린 3,822개의 불심, 세계유산이 되다**_미얀마 편

마음의 고향, 바간 • 328
미얀마 피사의 사탑 • 333
ODA수첩_공덕으로 만든 도시 바간 • 334
ODA사랑방_휴가인데 왜 미얀마를 가? • 335
바간의 지진, 위기는 기회로 • 337
현장오딧세이_바간에서 트럼프를 만나다 • 342
현장오딧세이_미얀마의 탕예와 탕 어엣 • 344
유적스토리_바간과 워싱턴 : 제국의 작아진 수도 • 345
유적가이드_바간, 새의 시선으로 바라보다 3 • 348
대통령의 양말까지 벗긴 미얀마의 사찰문화 • 350
유적스토리_비틀즈의 Yesterday와 바간의 문화유산 • 353
타나카 • 356
고고학체험 교실 • 358
ODA수첩_오른손이 한 일을 모두가 알게 하자 • 359
인정받은 고고물리탐사법 • 361

| 3장 | **문화재 도굴꾼들의 천국, 모든 길은 앙코르로 통했다**_캄보디아 편

유적가이드_프레아피투 각 사원 • 368
앙코르보존소, 문화유산의 보물 수장고 • 374
문재인 대통령 현장 시찰 • 380
문화유산 복원 올림픽 • 388
주말 근무 협상하기 • 389
매우 강렬했던 해외사업에서의 '인맥' • 391
100년 전과 100년 후의 프레아피투 사원 • 395
돌은 어디에서 왔을까? • 399

4부   문화유산 ODA가 가야할 길

| 1장 | 누구를 위한, 무엇을 위한 일인가

    문화유산 ODA의 시작 • 408
    '가시성' 보다 '효과성'이다 • 417
    문화는 국가 재건의 원동력이자 경제개발의 희망 • 421
    수원국과 공여국의 win-win 지대를 찾아 • 426

    에필로그 • 430
    후기 모음 • 432
    부록   문화유산 ODA 전문가들이 안내하는 동남아 3개국 여행 • 439

프롤로그

2020년 3월, 그 특별했던 날들의 기록

코로나, 단 한 번도 모인 적 없던 동료들 한자리에 모으다

전범환

#대한민국 서울 강남구 한국문화재재단

2020년 3월 29일 밤, 단체 대화방에 메시지 하나가 떴다.

> "팀장님! 라오스 정부에서 갑자기 락다운 일정을 당겼습니다. 내일부터 락다운이 시행되면 저희가 있는 팍세 밖 이동이 불가합니다. 현장을 긴급하게 마무리하고 바로 우선 비엔티안으로 가겠습니다."

당초 공지보다 락다운 Lock Down 봉쇄령: 비상사태 때문에 건물과 지역에서 사람들이 자유롭게 통행하지 못하는 상황 조치가 앞당겨진 라오스로부터 전해진 소식에 재단 본부는 다시 한 번 긴장감이 감돌았다.

대학교에서 사학을, 대학원에서 문화인류학(고고학 전공)을 공부했다. 대학원을 수료하고 곧바로 한국문화재재단에서 구석기 유적에 대한 발굴조사를 맡아서 진행했다. 김포 장기신도시, 파주 운정신도시, 동탄 2기 신도시 등 대규모 신도시 예정부지에서 구석기 유적을 조사하였다. 2016년 문화유산 ODA사업에 참여, 2019년에 미얀마에서 몇 개월 동안 고고학 업무를 진행하였다. 2020년 현재 문화유산 ODA팀장으로 캄보디아, 우즈베키스탄 사업을 진행하고 있다.

열흘 전, 3월 20일

라오스, 미얀마, 캄보디아의 긴급철수 논의로 긴급회의가 소집됐다. 당장은 연구원의 안전과 건강이 최우선이니 재단 안팎으로 빠르게 정리하고 돌아올 수 있는 모든 방안이 모색됐다. 하루빨리 한국으로 귀국하는 방안을 찾아야했다. 긴급철수는 잠시 숨 돌릴 틈도 없이 긴박하게 추진되고 있었다.

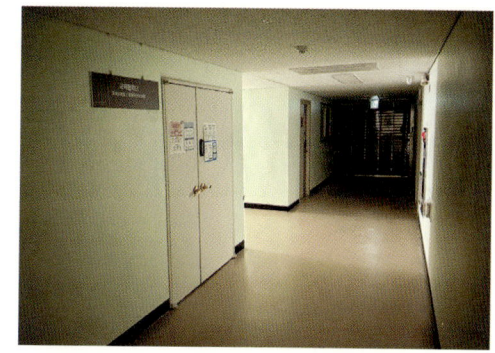

☝ 서울 강남구에 위치한 한국문화재재단 내 국제협력단 사무실 밖 밤풍경. 조금씩 확산되는 듯했던 코로나19는 순식간에 전 세계를 헤집어 놓았고 재단의 연구원들은 자칫하면 현장에서 오도가도 못 하는 국제미아가 될 수도 있는 처지였다.

비상체계 구축

동남아 3국에 대한 실시간 모니터링 체계가 갖추어졌고 단체 대화방을 통해 각국의 정보는 물론 각국 재외공관에서 전하는 소식 하나 하나에 온 촉각을 곤두세웠다. 현장을 연장해야 하는 거 아니냐는 이전의 논의들은 아무도 다시 꺼내지 않았다. 한국이 더 위험할 수도 있다는 이야기도 다시 언급되지 않았다. 모든 현장은 긴급한 철수에 초점을 맞추었다.

각국의 상황이 안 좋아지기 시작한 3월 초부터 이런 상황을 대비하기는 하였다. 하지만 급작스런 각국의 조치에 현장을 아주 급하게 마무리하고 우선 라오스팀은 3월 30일 비엔티안으로 이동했다. 비엔티안으로 이동하는 12시간 동안 각 도시별 경계에서 검문을 무사히 통과하기만을 기원하고 있었다.

2020년 3월 30일 저녁 여섯 시 삼십 분, 이번에는 미얀마로부터 온 메시지가 떴다.

> 미얀마 팀 항공편 좌석 확보했습니다! 4월 4일 대한항공편입니다. 이 비행기가 한국으로 가는 마지막 비행기라고 합니다. 미얀마 팀도 정리하고 곧바로 양곤으

⬆ 코로나로 들어오는 비행기가 거의 없어 불 꺼놓은 당시 캄보디아 프놈펜 공항.
캄보디아 팀은 코이카의 권고에 따라 미리 철수를 진행해서 한 명만 현장에 상주하고 있었다.

로 이동할 예정입니다.

미얀마팀도 긴급하게 귀국 편 항공권을 수소문하고 있던 참이었다. 바간에서 양곤으로 이동 후 귀국해야 하는 일정이기에 두 노선의 항공편을 알아보며 귀국을 준비하고 있었다.

캄보디아 팀은 코이카의 권고에 따라 미리 철수를 진행해서 한 명만 현장에 상주하고 있었다. 캄보디아의 상황도 점점 악화되었고 시엠립에서 한국으로 가는 모든 비행기는 취소되었다. 방법은 한 가지, 프놈펜으로 이동해서 귀국해야 했다. 결국 캄보디아 팀 또한 프놈펜까지 차로 5시간을 이동해서 귀국하기로 결정하였다.

그때는 미처 몰랐다

2020년 새해가 시작 될 즈음 한국에 전해진 중국발 감염병은 순식간에 우리 곁에 다가와 있었다. 2월부터는 정부의 코로나 대응 지침이 내려오기 시작했고, 재단 그룹웨어 시스템에도 하루가 멀다 하고 코로나19의 대응 관련한 내용이 공지되었다. 새롭게 출범한 국제협력단 단장의 현지 점검 출장은 2월로 예정되어 있었다. 이 출장을 가느냐 마느냐에 대한 논의도 수차례 이루어졌다. 결국은 진행하는 것으로 하였고 단장님 일행은 라오스, 캄보디아 현지에 대한 점검을 진행하였다. 이때만 해도 큰 동요는 없었다. 사스나 메르스와 같은 정도의 수준일 거라고 생각했을지도 모르겠다. 그때는 미처 몰랐다. 이 정도로 심각한 상황이 될 거라고는 누구도 예상하지 못했다. 하지만 단장님의 출장 이후 한국의 상황이 특히 안 좋아졌고 정부에서는 방역과 검역을 강화했다. 베트남 등 세계 각국은 한국발 항공기에 대한 빗장을 걸기 시작하였다. 현지에서 연구원들은 어느새 점차 고립되어 가고 있었다.

2020년 3월 31일 점심시간 무렵 라오스로부터 다시 메시지가 전달되었다. 열두 시간의 육로 이동 끝에 비엔티안에 잘 도착했다는 내용이었다. 중간 중간 검문이 있었지만 락다운 조치 첫날이라 전국적으로 삼엄한 경계는 아직 시작되지 않은 듯했다. 이와 함께 4월 5일 특별 전세기 항공권을 확보했다는 소식으로 국내에서는 모든 사람들이 한숨을 돌렸다. 항공편들이 다 막힌 상황이었고 현지 대사관 및 여행사, 항공사를 통해 긴급 전세기를 알아보고 있던 차였다. 정말 안타까운 건 한국에서 도와줄 수 있는 일이 없었다는 것이다. 각국의 현장소장들은 모든 방법을 통해서 비행기 편을 확보하기 위해 노력하였고 그 내용들은 실시간으로 공유되었다. 우리 부서는 비상체계를 구축하고 최대한 현지의 상황을 지원할 수 있는 태세를 갖추고 있었다.

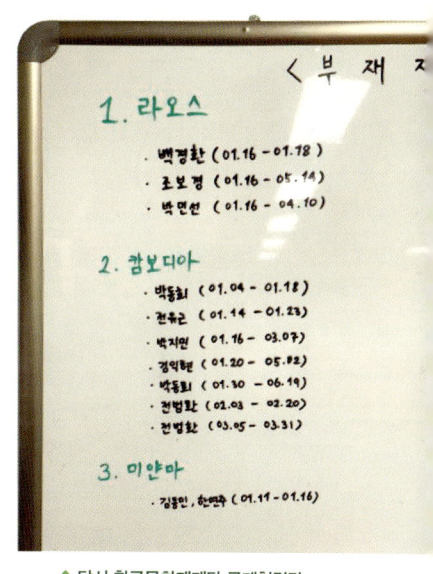

▲ 당시 한국문화재재단 국제협력단 사무실에 걸려있던 부재자 명단.
베트남 등 세계 각국은 한국 발 항공기에 대한 빗장을 걸기 시작하였다. 현지에서 연구원들은 어느새 점차 고립되어 가고 있었다.

코로나19의 확산은 전 세계적으로 급속하게 진행되었다. 동남아에 나가 있던 우리 연구원들은 각국이 모든 국경을 완전히 폐쇄하기 직전에 겨우 귀국하였다. 국내 사무실에서는 매일 매일 현장의 상황과 이동 경로를 모니터링 했으며, 중요한 내용들은 수시로 임원들에게 보고 되었다. 한 번도 겪어 보지 못한 상황에도 현장의 소장들과 연구원들은 일사불란하게 움직였다. 때로는 급한 조치를 먼저 취하고 나중에 보고하는 일도 있었으나 절차는 중요한 게 아니었다.

사상초유의 사태, 모든 부서원들과의 동거

각국의 연구원들이 속속 귀국하던 시기에 사무실은 한 번 더 긴장감에 휩싸였다. 출근길 체온 체크를 하던 직원 한 명의 체온이 37.5도를 넘으며 코로나 의심증상이 나타난 것이다. 즉시 보건소에 검사를 할 수 있게 조치를 취하고 검사 후 곧바로 퇴근시켰다. 그날 하루 온 부서, 그리고 재단의 모든 직원은 그 결과를 숨죽여 기다렸다. 다음 날 다행히 그 직원은 음성판정이 나왔고 우리는 안도의 한숨을 쓸어냈다. 한시도 단체대화방에서 눈을 뗄 수 없는 긴급 귀국이 진행 된 후 부서원들은 자가격리 및 재택근무를 진행하였다. 자가격리를 마친 연구원들은 하나둘씩 사무실로 출근하였다. 2012년 국제교류팀이 생긴 이후 한 자리에 모인 적이 단 한 번도 없었던 우리는 사상초유의 사태로 인해 모든 직원이 한 공간에서 일을 하게 되었다. 누구도 의도하지 못했고 한 번도 상상하지 못했던 모든 부서원들과의 동거가 시작된 것이다.

ODA 사랑방
하마터면!

캄보디아에 마지막까지 남아 있었던 김익현 연구원은 4월 8일 프놈펜으로 이동하여 4월 9일 귀국하였답니다. 그런데 4월 8일까지만 해도 비상사태에 관한 법이 선포될 가능성이 0.1퍼센트에 불과하다고 했던 캄보디아 정부가 김익현 연구원이 귀국한 이튿날인 4월 10일 "비상사태시 국가관리에 관한 법"을 115명 재적의원 만장일치로 국회에서 통과시켰어요. 이 법률 안에는 오후 여덟 시부터 오전 다섯 시까지 통행금지가 시행된다는 조항이 있습니다. 저녁 비행기를 타야 하는 김익현 연구원의 귀국은 불가능한 상황이 될 수도 있었죠. 4월 9일과 11일 귀국 비행기를 준비하고 있던 김익현 연구원이 하루만 더 있다가 4월 11일 귀국하려 했다면 귀국하지 못할 뻔했다는 기적같은 이야기입니다.

잠시만 안녕, 낭시다

백경환

#라오스 참파삭 홍낭시다 사원 한국사무소

2020년 3월 23일 라오스 정부는 모든 육로 국경을 전격적으로 폐쇄했다. 다음 날에는 국제 항공노선의 운항을 전면 중단했다. 아니나 다를까 당일 라오스에서 첫 확진자가 나왔다. 코로나19의 전 세계적 확산세에도 아랑곳 않고 평온한 일상을 영위하던 라오스는 사회주의 국가답게 거침없이 문을 걸어 잠그기 시작했다.
첫 확진자가 발생한 날, 현장에 있던 우리는 조기 철수를 결정했다. 동시에 주 라오스 대한민국 대사관 측과 전세기 운항을 추진했고 하루만에 합의가 이루어졌다. 한숨을 돌리기도 전에 라오스 공무원과 외국인들 사이에 곧 '락다운'을 실시한다는 소문이 파다했다. '락다운'이 실시되면 지역 간 이동이 금지된다. 전세기를 타고 한국으로 귀국하기 위해서 팍세에서 비엔티안으로 지역 이동을 해야 하

| 대학교에서 건축공학을, 대학원에서 건축사와 고건축을 전공했다. 국립문화재연구소 연구원으로 문화유산 분야의 첫걸음을 뗐고, 익산 미륵사지석탑 보수정비 현장을 거쳐, 경주에서 불국사 삼층석탑 수리, 남산 열암곡마애불상 및 월성해자 정비, 傳인용사지 정비 계획 등을 담당했다. 한국문화재재단에서 국제교류팀 부팀장으로 재직 중이며, 2013년부터 라오스 홍낭시다 유적 보존·복원 사업을 이끌고 있다.

⌃ 슬픈 맏켄 의식.
정상적인 작별이었다면 모든 현지 스텝들이 맏켄을 주고받았겠지만 시발라이가 대표로 해주고 마무리했다.

는 우리로서는 촌각을 다투는 상황이었다. 3월 30일 우리는 현장을 철수하고, 한국행 비행기를 타기 위해 비엔티안으로 이동하기로 했다. 그러나 3월 29일에 라오스 정부는 바로 다음 날부터 Lock Down을 실시한다고 또 한 번 전격적인 발표를 했다. 우리가 한 발 두 발 앞서 가면, 라오스 정부는 세 발 이상 빠르고 강력한 조치를 취했다.

발표 당일에 우리는 팍세에서 비엔티안까지 차로 열두 시간을 달려서 자정 전에 도착해야 했다. 각 검문소를 무사히 통과해야 하는 상황이기도 했다. 불안이 엄습했고 팀 전원을 책임 인솔해야 하는 입장에서 혹여 오도가도 못할 상황에 처할까봐 염려와 두려움이 몰려왔다.

⌃ 잠시만 안녕, 홍낭시다.
사진 중앙 체크무늬 남방이 열두 시간 운전을 해준 위(Mr. Vixai), 그 옆 스카프를 두른 이가 왓푸사무소의 시발라이(이후 자주 등장할 인물이다)이다.

현장의 라오스 스텝들과 급히 작별인사를 하고, 서로의 건강과 행운을 빌며 맏켄(소원팔찌)을 묶어 주었다. 그 동안 우기가 오기 전에 현장을 떠나서 귀국길에 오를 때마다 숱하게 주고받았던 맏켄의 의미가 더욱 와 닿는 순간이었다. 언제 다시 돌아오게 될지, 그 동안 홍낭시다 유적은 잘 보존이 될지, 남겨진 라오스 친구들은 건강하게 잘 지낼지…. 그저 주고받는 팔찌 속에 서로의 건강을 진심으로 빌었다.

내 삶의 7년을 묻은 곳 홍낭시다와 예정에 없던 이별식을 하고 전세기 탑승을 위해 비엔티안으로 향하는 여정은 급박하면서 참담했다. 30일자로 락다운이 실시됐지만, 팍세에서 비엔티안으로 가는 경로에 있는 각 지방정부는 온도차가 있었다. 여정의 초반부에 도착하는 지방에서는 별다른 움직임이 없었고, 뒤늦게 락다운 지침을 듣고 군인들이 나와서 그제서야 바리케이트를 치고 있는 곳도 있었다. 비엔티안에 가까워질수록 강화된 검문을 받았다. 다행스럽게도 라오스정부에서 발급해준 통행허가증 덕분에 큰 마찰 없이 통과할 수 있었다. 단 며칠간의 숨 막히는 고비들을 넘기고, 락다운을 체감하며 7년 동안 잊고 있었던 라오스라는 나라의 국가시스템 체계를 자각했다.

장장 열두 시간의 여정. 팍세를 출발해서 비엔티안에 도착하기까지 열두 시간 동안 화장실에 들르거나 운전을 교대하기 위해 주유소에 들른 것 외에는 끊임없이 달렸다. 장기간에 걸친 현장작업으로 다들 몸은 지쳐 있고, 마음속엔 혹시나 비엔티안에 들어가지 못하는 것은 아닌가 하는 두려움도 있었지만 우리는 무사히 비엔티안에 입성할 수 있었고, 비엔티안 모처의 호텔에서 전세기 탑승일을 기다리며 6박 7일을 보내게 됐다. 우리는 호텔의 유일한 투숙객이었다.

'사팔뜨기'와 '로마법'은 유효한가

4월 5일, 기다리고 기다리던 전세기 탑승일이다. 비엔티안 공항에는 이른 아침부터 대사관 분들이 나와서 안내를 하고, 전세기 탑승을 위한 지원을 해주셨다. 발열증상이 있으면 탑승이 되지 않고, 또 만약 전세기 탑승자 중에서 확진자가 나올 경우 상황이 복잡하게 흘러갈 수도 있다. 기내에 착석해서 주위를 둘러보니 우리를 비롯한 약 150명의 승객들에게 긴장한 모습이 역력했다. 모처럼 고국으로 돌아가는 비행기 안이라 들뜬 마음에 시끌벅적할 법도 한데, 최대한 언행을 삼가는 모습이었다.

인천공항에 도착한 이후엔, 그저 놀라움의 연속이었다. 해외입국자에 대한 체계적인 검역시스템, 각 지자체별 후송지원, 선별진료소로 바로 직행해서 검사 후 앰뷸런스로 귀가까지.

말로만 듣던 한국의 대처방법을 실제로 경험해보니 상상 이상이었다. 다행히 우리는 전원 음성판정을 받았고, 2주간의 자가격리를 끝내고 사무실에서 근무 중이다. 그렇게 캄보디아, 미얀마, 라오스팀은 차례로 현장에서 돌아왔다. 국제협력단 역사상 모든 인원이 한국에 다 모

≪ 비엔티안으로.
팍세에서 비엔티안은 비행기로 이동하면 한 시간 정도의 시간이 소요된다. 하지만 그 길을 육로로 이동하게 되면 대략 열두 시간 정도 걸린다.
(일러스트_박민선)

≪ 일동 긴장.
한참을 달리던 비엔티안행 자동차가 검문소 앞에 이르자 차 안에 탑승자들은 일동 긴장된 순간을 맞았다.

인 건 처음이다. 이렇게 한국에 모인 각 현장의 전문가들은 일명 데카메론 프로젝트를 진행하며, 각자의 썰을 풀고 있다.

이 글을 쓰고 있는 이 순간에도 코로나19는 전 세계적으로 기승을 부리고 있다. 앞으로 얼마나 더 이 긴 터널을 지나야 할지 그 누구도 장담할 수 없는 상황이라 남겨 두고 온 홍낭시다 사원이 걱정이 된다. 올해 예정했던 복원을 마무리해야 되는데 다시 돌아가지 못하니 답답한 마음뿐이다. 부디 코로나가 빨리 진정이 돼서 개복開腹을 하고 미처 끝내지 못한 수술(복원)을 마무리 할 수 있기를 기원한다.

라오스의 오래된 속담 중에 '사팔뜨기 마을에 가면, 사팔뜨기가 되라' ເຂົ້າບ້ານຕາເຫຼື່ອໃຫ້ເຫຼື່ອຕາຕາມ 카오반따리우 하이리우따땀는 말이 있다. 어떤 곳에 가면, 그곳에 있는 사람들처럼 살라는 뜻이지 싶다. 전 세계적으로 이와 비슷한 말로는 '로마에 가면 로마법

⌃ "우리는 걱정 말아요."
지난 7년간 숱하게 라오스를 오갔지만 가장 힘든 이별이었다. 열두 시간 동안 한국 팀을 무사히 비엔티안까지 실어다준 위와 껜에게 백경환 소장이 헤어지며 당부의 말을 전하고 있다. 뒤에서 지켜보는 두 사람은, 전유근 연구원(좌)과 박민선 연구원(우).

▲ 한국 팀은 한국행 비행기를 타기까지 일주일 동안 비엔티안에서 7일을 기다렸다. 호텔의 유일한 투숙객이기도 했다. 사진은 7일간 호텔에서 사회적거리를 유지하며 근무 중인 연구원들.

을 따라라'가 있다. (실제 영어권에서 쓰이는 상황과 달리 일본을 거쳐 우리나라에 오면서 강압적인 의미로 쓰이게 됐지만, 본문에서는 일상적으로 사용하는 의미로 썼다.) 일견 비슷해 보이지만, 뉘앙스가 사뭇 다르다. 라오스에서는 '로마법'처럼 강압적인 의미보다 자연의 섭리에 따르면서 다양성을 존중하고 이해하라는 의미로 쓰인다.

나는 라오스에서 그들처럼 지내려 노력했다. 하지만 여전히 라오스에 대해 모르겠다. 어쩌면 몰라도 되고 조금은 느리게 가도 되는 곳이 라오스인지도 모르겠다. 라오스에서의 7년, 한정된 지면에 풀어놓는 것은 한계가 있다. 또한 나도 아직 알지 못하는 것이 많다. 하지만 우리가 몰랐던 '시간이 멈춘 나라'의 한 단면을 '빠른 것이 경쟁력인' 세상에 알리는 소중한 기회가 됐으면 좋겠다.

인도차이나반도에서 '백야'를 경험하다

한연주

#미얀마 바간 파야똔주 사원

3월 27일 금요일 아침, 아직 오늘이 현장 마지막 날인 줄 몰랐던 우리는 라오스 팀이 현장에서 긴급 철수한다는 소식을 재단의 메시지창에서 접했다. 매일을 조마조마하게 보내고 있던 터여서 소식을 접한 순간 불안이 엄습했지만 일단 파야똔주 사원으로 출근을 했다.
김동민 소장은 파야똔주 사원으로 향하는 차 안에서 계속 한국과 연락을 시도했다. 싱숭생숭한 마음을 잡고 일단 작업을 시작하려던 차, 갑자기 김동민 소장이 파야똔주의 #477 입구에 와서 외쳤다.

"선영 씨, 연주 쌤! 우리 한국 들어가는 비행기 일단 한 번 알아봐주세요! 긴급 긴급!"

대한민국에서 보존과학으로 학사를, 영국에서 고고재료분석학으로 석사학위를 받았다. 벽화보존으로 박사 학위 준비 중에 한국문화재재단에서 추진하고 있는 파야똔주 사원의 벽화 작업에 참여했다. 최대 7인의 학생 (석사 이상)을 3년 (1년 이론 2년 현장)동안 벽화 보존 전문가로 양성하는 유일한 대학원에서 한국인으로는 처음 입학과 졸업을 했다.

⌃ 평온한 파야똔주 사원.
현장 마지막 날이 될 줄 몰랐던 미얀마팀은 라오스팀이 현장에서 긴급 철수한다는 소식을 접했다. 매일을 조마조마하게 보내고 있던 터여서 소식을 접한 순간 불안이 엄습했지만 일단 파야똔주 사원으로 출근을 했다.

이렇게 상황이 급하게 될 줄이야. 해는 떠서 파야똔주 사원의 바닥은 이미 찜질 바닥이 되어 있었다. 유일하게 와이파이 신호가 터지는 사원 앞에서 겨우 그늘 진 자리를 찾아 선영 씨와 함께 현재 상황을 파악했다. 지난 주에 소장님이 임시 방편으로 캄보디아나 태국을 통해 한국으로 들어가는 방법을 구축해 놓은 상태이기는 했다. 캄보디아를 통해 들어가는 방법은 점점 어려워지는 것처럼 보였고, 태국을 통해서 가는 방법은 음성진단서 없이는 불가능한 것으로 주변 독일팀의 출국 소식을 통해 막 들은 후였다. '한국에 못 들어가면 어떡하지…?'

'저희는 한국문화재재단 소속 바간에서 ODA사업을 하는 팀입니다'
별의 별 생각이 스쳐 지나가고, 미얀마 특별항공기 관련 기사를 찾고 있을 때 선영 씨가 급하게 대한항공 콜센터 번호를 찾아 전화를 걸었다.

"지금 미얀마에서 한국으로 들어가는 특별기 항공권을 구입할 수 있나요?"

"고객님, 죄송합니다. 미얀마-인천 특별기는 만석입니다."
"어떻게 구할 방법이 없을까요? 저희는 한국문화재재단 소속으로 미얀마 바간에서 ODA사업을 하고 있는 팀입니다."
"죄송합니다. 대사관에 연락해 보시면 어떨까요?"

선영 씨가 주 미얀마 대한민국대사관 연락처를 다시 찾는 동안 지푸라기라도 잡는 심정으로 양곤에서 우리의 통역을 담당했던 분에게 카톡을 보냈다. 그 사이 좀 전에 통화했던 대한항공으로부터 전화가 왔다.

"고객님 방금 전 미얀마 특별기 관련 문의하셨다고 들어서 연락을 다시 드립니다."
"오! 감사합니다!"
"한국에서는 그 비행기 편 예약이 힘드세요. 양곤 대한항공 지점을 통해서 다시 문의 부탁드립니다."
"아, 알겠습니다. 다시 연락 주셔서 감사합니다."

통화를 하고 있는 사이 양곤 통역분의 카톡이 도착했는데 본인이 알고 있는 지인들을 통해, '한국 미얀마 방'이라는 카톡방에서 대한항공 특별기 항공권을 구입하지 못하는 한인들이 미얀마에서 한국으로 들어가는 전세기 항공권을 구입할 수 있도록 명단을 받고 있다는 소식을 보내왔다. '아, 방법이 있겠구나!'
초대 받아 들어간 카톡방의 공지사항에서 '11시에 신청인 이름, 인원, 희망날짜를 올려달라'는 내용을 보았다. 선착순이었다.

미얀마 지도.
한국행 비행기를 타기 위해서는 양곤공항에 가야 했다. 그러나 연구원들이 있는 바간에서 양곤까지 가는 길도 험난했다.
(일러스트_신소영)

양곤으로

사원 안팎을 오가며 정신없이 보낸 오전 업무가 끝나고 점심시간이 되었다. 보통 이곳의 현지 직원들은 점심시간에 집에 다녀온다. 오토바이를 타고 떠나는 직원들을 배웅하고 미얀마 한국팀은 파야똔주 사원 앞에서 긴급회의를 했다. 있을지 없을지 모를 항공권과 비행기를 타기 위해 양곤으로 가야 하는지, 팀 전원이 가서 대기를 하는 것이 좋을지 논의 후 다음 문제에 봉착했다. 항공료가 기존의 약 두 배였다. 우리는 점심식사를 위해 함께 이동하면서 항공권 명단에 이름을 올리기 위해 모두 전투태세로 핸드폰을 쥐고 있었다.

그리고 열한 시, 바로 세 명의 이름과 원하는 출국일을 카톡방에 올렸다. 다행히 첫 50명 안에 들어 일단 항공권을 구매할 기회는 얻었다. 그날 오후가 될 때까지 카톡방에는 수없이 많은 미얀마 한인들의 항공권 구매를 위한 이름과 인원(어른인지, 아이인지도 써야 했다)이 올라왔다.

상황이 이러하다 보니 오후 현장은 속히 마무리해야 할지 모른다는 상황을 염두에 두고 정상적으로 사원 벽화의 보강처리 관련 파일럿 테스트 및 분석을 마무리했다. 저녁시간까지 이어진 긴장 속에 숙소에 돌아와서는 짐을 싸야 하는 것인지, 정리를 해야 하는 것인지, 고민하는 시간의 연속이었다.

토요일 아침. 미얀마 정보방에는 밤새 알림이 울렸다. 라오스 팀과 같이 국제공항이 있는 양곤으로 이동을 해야 하는 건지, 더 기다려야 하는지 고민 또 고민했다. 양곤의 상황은 정확히 알 수 없었지만 느껴지는 것만 같았다. 그러던 중 우리가 대기를 올려놨던 항공권 구매를 양곤에서 직접 해야 한다는 메시지가 떴다. 30일 오전 열한 시부터 선착순으로 구매를 할 수 있게, 금액을 맞춰서 가져와야 한다는 것이었다.

미얀마 바간 팀의 머릿속에 일대 태풍이 불었다. 그야말로 아수라장이었다. 결국 항공권 구매를 내가 맡고, 김동민 소장과 선영 씨는 현장 철수 작업을 맡아 움직이기로 했다. 내가 우선 양곤으로 먼저 가서 대기하기로 하고 소장님과 선영 씨는 다음 날 합류키로 했다. 현장에서 우리 팀의 일을 돕는 사원지기 뚜라는 급하게 작은 짐차를 추가로 구하고(현장 벽화 작업실 및 작은 창고에는 사용하던 재료 도구들이 많이 있었다) 급 이사 모드로 도와주실 인부 분들을 수소문하여 현장을 철수했다.

항공사 바간 지점으로 가는 길에는 모든 호텔과 식당들이 전부 문을 닫고 있었다. 분주해야할 주말, 그것도 점심시간인데 식당문들이 모두 잠겨 있었다. 뚜라도 놀라는 듯했다.

항공사의 바간지점은 가정집인 듯 아닌 듯 대로변에 있는 3층 건물에 있었다. 양곤행 항공권은 다행히 1매를 구할 수 있었는데, 평상시보다 약 다섯 배에서 두 배의 금액을 요구했다. 소장님에게 받았던 미얀마 돈뭉치를 뚜라에게 전달해 주었다. 벽돌 높이의 미얀마 돈 뭉치는 포장지와 리본만 돌아온 느낌이었다.

다시 멘붕

일단 어렵게 양곤행 항공권을 구입한 후, 숙소로 돌아온 나는 세 시간에 안에 나의 두 달치 여행가방을 챙겼다. 땀은 뻘뻘, 사실 정신을 싸고 있었는지 짐을 싸고 있었는지 모르겠다. 마지막으로 짐을 빼면서 두 달 머문 방을 보니, 돌아올 수 있을까, 하는 생각이 들었다. 서울에서 미얀마를 올 때만 해도, 이렇게 들어갈 거라 상상도 못했던 일이다.

나는 그렇게 토요일 저녁에 마지막 비행기로 바간에서 양곤으로 향했다. 노을 진 바간의 하늘을 보며 연착 두 시간만에 출발하였다. 양곤에 도착했을 때는 이미 아홉 시가 넘은 시간, 소장님과 선영 씨에게 잘 도착했다고 알리고 짐을 기다리면서 양곤 공항에서 영상 통화를 했다. 양곤 공항은 텅 비어 있었다. 공항 근처 숙소를 예약한 후 체크인을 하고 방에 앉아서 안도의 한숨을 쉬고 시계를 보니 밤 열 시였다. 잠이 안 왔다.

새벽 네 시, 한국행 항공권 판매를 할 수 없다는 공지가 떴다. 일단 30일은 판매하지 않겠다는 내용이었다. 엎친데 덮친 격으로 30일 오전 미얀마 정부는 31일

⌃ 코로나 정국.
한국행 항공권 구입을 위해 한연주 연구원은 바간에서 양곤으로 향하는 마지막 비행기에 올랐다. 양곤행마저 연착 두 시간만에 출발하는 등 가슴을 졸여야 했다고 한다. 양곤행 비행기 안에서 바라본 바간의 노을 진 하늘.

부터 양곤 국제공항을 폐쇄한다는 공문을 발표했다. 멘붕이었다. 호텔에서 그냥 가만히 '올드보이' 찍을 위기였다.

이틀간의 '백야'

이틀 밤을 잠은 거의 못 잔 듯하다. 어떡하지 하면서 계속 방법을 인터넷에서 찾다보니, 일요일 양곤의 아침이 밝았다. 배는 고프고, 무엇보다 커피가 고팠다. 아침식사를 하기 위해 알고 있던 식당으로 내려갔다. 너무 일렀나, 내가 첫 손님이었다. 큰 통유리 창가 옆에 앉았다. 3층에 있는 호텔 식당이어서, 이른 아침 양곤의 출근길을 볼 수 있었다. 한산했다.

한국행 항공권 구매 방법은 일단 물건너갔기 때문에 어떻게 할 방법이 없었다.

다른 방법을 찾는 수밖에. 더구나 그 항공권 카톡방에서 다른 카톡방으로 또 다시 이어지고 이어지는 과정에서 '미얀마 한인 정보방'이라는 곳까지 도착했을 때는 엄청난 양의 정보가 쏟아지고 있었다.

급속 커피 충전 후, 다시 방으로 돌아왔다. 한국으로 갈 방법을 해외 현장에 있는 모든 친구, 동료에게 물어보는 중에 바간에서 현장 마무리 중인 소장님에게서 전화가 왔다.

"연주 쌤, 문자 봤죠? 일단 아무 데도 가지 말고 호텔에 있어요. 양곤 위험 할 수 있으니 호텔에 있어요!"
"네……."
"우리도 양곤으로 갈 방법을 찾을 게요."
"네, 알겠습니다."

전화를 끊고, 인터넷 상황이 좋은 호텔 방에서 필요한 정보를 모두 수집했다. 먼저 주미얀마 한국대사관에 전화했다. 안내원인 미얀마인이 처음에는 영어로, 그 다음에는 한국어로 설명하더니 세 번의 통화 이후, 결국에는 대한항공 양곤지점으로 직접 통화를 권유했다. 그 방법이 지금으로서는 최선이라면서.

오전 중 세 번의 통화를 기다리면서 한국의 영사콜 센터에 전화를 해보았다. 손해볼 것은 없는 상황이었다. 미얀마 정보방에 의하면 3월30일 특별기 이후에도 항공기가 또 뜬다고 했다. 한국 유심이

▲ 양곤에서 유일하게 남긴 기록사진 한 장.
대한항공 양곤지점이다.

들어있는 핸드폰을 꺼내서 충전 후, 영사콜 센터에 전화를 했는데 마침 받으신 분이 정말 친절했다. 항공권을 구해주지는 못했지만, 그 어떠한 정보보다 중요한 정보를 확인해 주었다. 세 대의 항공편이 들어온다는. 미얀마 한인정보방의 정보보다 훨씬 더 구체적이었고 믿을 수 있었고 이 정보에 일단 희망이 생겼다.

일전에 대한항공 한국 지점에서 양곤지점으로 전화하라는 말이 기억났다. 드넓은 인터넷에서 미얀마 대한항공 양곤지점 번호와 위치를 찾기 위해 폭풍 검색을 시작했다. 그리고 뭔가 해킹 당할 것 같은 사이트에서 대한항공 양곤 지점이라는 영문 명칭과 미얀마 전화번호를 발견했다. 그런데 전화를 받지 않았다. 결국 직접 가야 하는 것 같았다. 우리에게 '미얀마 한인방'을 소개한 통역 분에게 다시 이곳이 존재하는 건물이 맞는지 확인했다.

이산가족이 된 팀원들

한편 바간에서 철수 준비로 정신이 없던 두 명, 소장님과 선영 씨는 바간에서 양곤으로 오는 비행기가 모두 취소되는 바람에 또 한 번 난감한 상황에 처했다. 내가 탔던 비행기가 마지막이 되었다는 것이다. 결국 사원지기 뚜라 차를 타고 여섯시간 만달레이로 달려서 이동, 거기서 항공권을 어렵게 구입한 후에 공항에서 한참을 대기했다가, 다시 몇 시간 후 겨우 양곤으로 오는 비행기에 올랐다.

나는 대한항공 양곤지점으로 가보기 위해 통역분과 실시간 전화를 하면서 이동했다. 호텔과는 차로 15분에서 20분 정도 거리의 빌딩 숲 지역에 위치해 있었다. 여의도 느낌의 동네, 여러 다른 한국 사무실도 있는 건물의 3층에 있었다.

엘리베이터를 기다릴 수 없어 걸어올라가 보니 대한항공 지점으로 들어가는 긴 줄이 보였다. 점심시간이 다가오는 시간이었는데 안내데스크와 좁은 대기 공간은 표를 구하는 사람들로 꽉 차 있었다.

한참을 기다려 안내데스크 앞에 도착, 안내받은 내용은 종이 명단에 이름과 연락처 그리고 현재 가지고 있는 대한항공 항공권 예약번호를 적고 연락을 기다려야 한다는 것이었다. 슬프고 화도 났다. 나만 그랬을까. 그곳에 있는 모든 사람들의 얼굴이 내 마음 같았다.

그런데 기적과 같은 일이 발생했다! 한국에서 신청했던 업그레이드 기록을 직원이 확인하고 바로 옆문으로 들어갔는데 뒤에 중년의 남자가 나오면서 '왜 이제 왔느냐, 우리가 지금 이런 항공권을 가지고 있는 분들에게 빨리 연락을 달라고 계속 메시지를 보냈다'고 하며 '지금 들어가야 하는 거냐, 몇 명이 들어가야 하는 거냐' 등 폭풍 질문을 했다. 나는 '동행이 있다. 우리 팀은 전원 세 명이고 반드시 함께 가야 한다'고 말했다. 문화재청 산하 한국문화재재단 직원들이라고 소개한 뒤 명함도 전했다. 정신없이 전화기가 울려대는 사무실에서 더 정신없이 왔다갔다 하던 그 중년의 신사분이 본인의 명함도 건네며(그때 알았다. 그분이 양곤지점장인 걸), 일단 4월4일 편으로 예약을 했다고 알려줬다!

기쁜 소식을 바간과 한국에 전하고 나는 숙소로 다시 돌아왔다. 섭씨 40도를 윗도는 파야똔주 사원에서 흘린 두 달치의 땀을 하루 사이 다 흘린 것 같은 날이었다. 표를 구했다는 안도감에 긴장을 풀고 선영 씨와 소장님을 호텔에서 기다렸다. 갑작스러운 카톡 전화! 대한항공 지점장님이었다. 정신이 없는 목소리로 "지금 특별기에 자리가 있다." 그런데 세 명의 항공권이 동일한 조건이 아니다. 두 명이

❥ 코로나 창궐 전 평온했던 양곤 야경.

▲ **한산한 양곤국제공항 3월 30일 풍경.**
한국팀이 양곤공항을 통해 출국하던 날. 한국팀은 이후 불꺼진 캄캄한 공항에서 전세기를 기다렸다가 탑승했다. 양곤공항에서 당일 출항한 비행기는 대한민국 국적기 한 대와 일본 국적기 한 대뿐이었다.

먼저 들어가겠냐고 물었다. 우리는 다 함께 들어가야 한다고, 방법이 없느냐고 물으니 한 사람의 표를 다시 구매하고 인천에 도착해 기존 항공권을 환불받는 방법이 있다고 했다. 나는 바로 그 방법을 선택했다. 지점장님은, 지금 사무실 문을 닫기 한 시간 전인데 지금 당장 사무실에 와서 구매해야 '내일' 특별기편으로 들어갈 수 있다고 했다. 나는 다시 그 전쟁통인 대한항공 양곤지점으로 택시를 타고 이동했다.

» **김동민 소장이 불 꺼진 양곤공항에서 한국행 비행기를 기다리던 상황을 그린 그림.**
한연주 연구원은 3일간의 악몽같았던 날들 중에 가장 인상 깊었던 장면으로 비행기 탑승 전 캄캄한 양곤공항을 꼽았다.

▲ 미얀마팀은. 극적인 항공권 확보로 먼저 출발한 라오스팀보다 일주일 앞서 한국에 입국했다. 사진은 공항 도착 상황. 왼쪽 뒷모습이 김동민 소장이다.

평소 북적대던 양곤 시내는 퇴근시간임에도 한산했다. 대한항공 양곤지점에 다시 도착한 시각은 다섯 시 삼십 분쯤. 안내데스크는 닫으려 해도 뒷쪽 사무실은 여전히 전화가 끊임없이 걸려오고 있었다. 점심때 표를 구하기 위해 앉아 있던 사무실 책상 자리에 다시 앉으니 지점장님이 또 정신없이 나와서 직원들을 재촉했다. 나에게는 바로 와서 다행이라며 본인 사무실로 뛰어 들어가고를 반복했다. 그 와중에 미얀마 현지 직원이 차분히 새로운 항공권 출력과 한 명분의 항공권을 구입, 그리고 한국에 도착해서 밟아야 하는 환불절차에 대해 설명해 주었다. 여전히 난리통인 대한항공 양곤지점 사무실을 그렇게 뒤로 하고 나는 세 명의 특별기 항공권을 손에 들고 나왔다.

미얀마 팀이 양곤 호텔에 모두 도착했을 때는 다시 밤 열 시가 다 된 시간이었다.

1부

우리가 만나기까지,
나와 문화유산 ODA

1장

지진이 만들어준 '세 자매'와의 인연, 파야똔주와 만나다

미얀마 혹은 버마(특히 미국에서)는 모두 바간 왕조시대를 주도했었던 민족명이자 언어인 바마로부터 유래했다. 미얀마의 총 면적은 678,500제곱킬로미터로, 인도차이나 반도의 국가 중에서 가장 크고, 세계에서는 40번째로 크다. 북서쪽은 방글라데시와 인도, 북쪽은 중국, 동쪽으로는 라오스, 동남쪽으로는 태국과 접하고 있다.

인도차이나 반도의 서단에 위치하고 있고, 지형적으로는 서부의 아라칸 산맥(Arakan Mountains) 및 해안지역, 북부의 고산지대, 중부의 평원지역, 동부의 샨 고원(Shan Plateau) 및 테나세림 산지(Tanasserim Hills)가 펼쳐져 있다. 중부는 다시 건조한 중앙분지(Central Basin)의 상(上)미얀마와 저습지(Lowlands)인 하(下)미얀마로 나뉜다. 미얀마의 주요 산맥들과 강들은 북에서 남으로 흐른다. 미얀마 중부의 평원을 흐르는 에야워디(Ayeyarwady or Irrawaddy) 강과 그 지류들은 미얀마 총면적의 3/5을 적시는 주요 강이다.

자가격리, 집에서 식판 배급을 받다

김동민

코로나 확산에 따라 긴급하게 현장을 철수하고 한국에 도착하니 2주간의 자가격리가 떨어졌다. 가족과의 접촉도 최대한 피해야 하는 상황이라 작은 방에 감금된 채 낮에는 재택근무를, 밤에는 혼자만의 시간을 보내며, 아내가 넣어주는 사식으로 배를 채우고, 화장실을 갈 때에는 전화로 미리 연락하여 아내와 아이들을 안방으로 피신시킨 후 최대한 빠르게 일처리를 해야만 했다.

사람을 만나고 싶다. 사람들과 만나 이야기를 하고 싶다. 바깥에서는 아이들이 뛰어놀며 웃고 떠드는 소리가 들리지만, 함께할 수가 없다. 자가격리라지만 마치 감옥에 갇혀있는 기분마저 든다. 매 끼니 식판에 차려진 밥상(가정집에 식판이 왜 있는지 모르겠다)이 들어올 때 마주치는 아내가 너무나도 반가워 말을 걸어보지만, 아내의 입은 마스크에 굳게 가려져 있고 빨리 문을 닫으라며 아우성이다. 작은 방에서 만두만 먹으며 감금된 채 15년을 지낸 오대수의 심정이 고스란히 전해졌다.

▍대학은 예술관리학과로 진학, 중간에 학과가 문화재 보존과학과로 바뀌면서 보존과학이라는 학문을 처음 접하게 되었다. 첫 직장으로 한국문화재단 문화재조사연구단에서 출토유물 보존처리를 담당했다. 약 13년 근무 후 재단의 국제교류팀으로 자리를 옮겨 방글라데시 국립박물관 역량강화 사업, 파키스탄 문화재 보존처리 장비지원 사업 등을 맡았다. 2018년부터는 미얀마 사업 책임자로 바간 지진피해 복구지원 사업을 추진하고 있다.

자가격리 기간 중 딱 한 번 공식적인 외출이 허가된다. 바로 코로나 검사를 받기 위해서 보건소를 방문할 때이다. 비록 대중교통을 이용할 수 없고 보건소만 들렀다 바로 집으로 돌아와야만 하는 일정이지만, 오래간만에 하는 세상 구경에 모든 것이 신비롭다. 짧은 외출 이후에는 또 다시 감금.

세상이 그리워질 때

어떻게 보냈는지 모르는 2주간의 자가격리가 끝나고 드디어 첫 출근을 했다. 그토록 싫었던 출근이 이렇게 기다려지기는 처음이었다. 룰루랄라 회사에 들어서자 오래간만에 만난 동료들이 너무나도 반갑다. 업무도 너무나 즐거운 마음으로 했다. 이러한 마음으로 회사를 다녔으면, 진즉에 승진을 했을 텐데….

점심시간 재단 식당에서 식판을 들고 밥을 푸는 순간, 자가격리 기간 동안 아내가 차려준 밥상이 스쳐 지나갔다.

▲ **자가격리식단.**
2주간의 자가격리 기간 식판에 담겨온 매끼니를 모두 사진에 담았다. 그중 두 컷이다.

나는 미얀마가 좋다

대학을 졸업하고 한국문화재재단에 입사한 후 나는 '문화재조사연구단' 보존과학실에서 근무를 시작했다. 어려서부터 손으로 만지는 모든 것들을 좋아했는데, 보존처리를 통해 출토된 유물이 내 손을 통해 원형을 찾아가는 과정이 아주 재미있게 느껴졌다. 유물이 가진 역사적인 이야기를 분석하여 숨어있는 이야기를 찾아내는 과정 또한 매우 흥미로웠다. 약 15년이란 시간이 흐른 뒤 국제교류팀(현 국제협력단)에서 당시 새롭게 수주한 방글라데시 사업을 수행하기 위해 발령을 받아 자리를 옮겼다.

사실 당시에는 공적개발원조에 대해 정확히 인지하지 못한 채 사업에만 몰두했다. 단순히 내가 가진 기술과 정보를 그들에게 쏟아

▲ 대학생기자단이 찍어준 사진.

부으면 된다고 생각했다. 단순한 착각이었다. 각각의 문화유산은 저마다의 문화를 배경으로 가지고 있기에 그에 대한 이해력 없는 일방적인 정보의 주입은 오히려 그들에게 혼란만 가져올 수 있다는 사실을 사업이 끝난 후에야 깨닫게 되었다. 조금 더 성숙해질 수 있는 기회였다고 본다.

이제 미얀마 사업 현장 책임을 맡으면서 공적개발원조가 무엇인지, 또 어떻게 사업을 운영해야 하는지 조금씩 알아가고 있는 중이다. 물론 아직도 그 정답은 찾지 못하고 있지만, 최대한 수원국의 입장에 서서 그들에게 필요한 무엇인가를 찾아내고자 애쓰고 있다.

사랑해요 미얀마, 애정해요 문화유산

미얀마를 방문해본 사람이라면 누구든 미얀마의 매력에 푹 빠지게 될 것이다. 나 또한 사업 수행을 위해 처음 미얀마를 방문했을 당시를 잊을 수 없다. 당시 한국문화재재단은 캄보디아 사업과 라오스 사업을 먼저 수행 중이었다. 미얀마는 캄보디아처럼 번잡하고 화려하지 않으면서 또 라오스처럼 시골 느낌도 들지 않았다. 딱 좋을 만큼 번화했으며, 딱 좋을 만큼 차분했다. 사람들 또한 매우 친절했고, 음식 또한 마음에 들었다. 그냥 모든 것이 좋았다.

지금까지 3년 정도 미얀마 사업을 수행해 오면서 많은 우여곡절이 있었다. 사실 내 전공은 금속·도토기 보존처리지만, 미얀마 사업의 주 내용은 건축과 벽화다. 보존과학을 전공하는 사람들끼리는 잘 알려지지 않은 룰이 있다. 내 전공 분야를

넘어 다른 사람의 전공 분야를 되도록 건드리지 않는다는 것. 이것이 미얀마 일을 시작하면서 처음 느낀 고민거리였다. 다행히 벽화 보존, 건축, 고고학 등 별도의 전공자를 뽑아 미얀마팀을 꾸려 현재는 안정적으로 사업을 수행하고 있다. 보존과학을 시작하고 나서 십 몇 년간을 보존과학업에 종사하면서 참 많은 현장들을 운영해 왔는데, 그때마다 쉬운 일은 없었다. 하나씩 하나씩 원인을 분석하고 해결책을 강구했다.

현재의 미얀마 사업은 오는 2020년 12월에 종료된다. 1차 사업은 바간의 민난투 마을에 위치한 파야똔주 사원을 대상으로 했다. 2021년부터 5년간 진행될 2차 사업도 최근 확정되었다. 2차 사업은 지금보다 분야를 넓혀 한국의 역사도시 운영 노하우를 활용해 민난투 마을에 역사마을을 구축하겠다는 계획이다. 아마 생소한 주제에 2021년 나는 또 다시 위기에 봉착할 것이다. 하지만 언제나 그랬던

▲ 현재의 미얀마 사업은 2020년 12월에 종료된다. 1차 사업은 바간의 민난투 마을에 위치한 파야똔주 사원을 대상으로 했다. 2021년부터 5년간 진행될 2차 사업도 최근 확정되었다.

것처럼 재단의 다양한 전문가들과 협업하여 슬기롭게 헤쳐나갈 수 있으리라 생각한다.

어려움이 있을수록 문화유산 공적개발원조에 대한, 그리고 미얀마에 대한 애정이 쌓여간다. 지금은 그저 미얀마에 오래오래 남아 2차 사업, 3차 사업을 계속하고 싶다는 마음뿐이다. 어려움이야 극복하면 된다. 나를 포함하여 재단의 구성원, 나아가 한국의 문화유산 공적개발원조가 지금을 넘어 점점 더 발전하며 앞으로 나아가길 희망한다.

우리의 프로젝트를 소개할게

한연주

하고 싶은 것이 많았던 시기에 『냉정과 열정사이』를 읽으면서 회화 복원에 대한 관심을 갖게 되었다. 이후 우연히 아버지의 추천으로 시험을 보게 된 대학에서 많은 것을 경험하고 배우고 실패했다. 국내에 회화 보존학과의 한계성을 인식하면서 외국 유학을 선택했고 영국 런던에서 문화재 분석 공부를 하기 위해 유학을 갔다. 대영박물관 보존과학실에 오래 계셨던 지도교수님의 추천으로 벽화 보존학과가 있는 지금의 대학원 교수님을 소개받았고 입학 전 면담에서 완전히 세뇌를 당했다.

문화재를 공부하고 보존하는 일을 하는 나에게 바간에서의 하루, 파야똔주 사원 벽화와의 하루하루는 무엇과도 바꿀 수 없는 소중한 경험이다. 문화유산 ODA란, 저개발국과 개발도상국의 유·무형 문화유산의 보존과 복원을 지원하는 사업을 뜻한다. 단순히 물질적인 지원을 넘어서 미얀마 사람들 스스로 그들의 문화 정체성을 구축해 나갈 수 있도록 함께 그들의 문화유산을 연구하고, 기록하고,

보존하며 지켜나가는 것이 미얀마 바간에서 진정한 문화유산 ODA를 수행하는 의미가 아닌가 하는 생각을 가지고 희망적으로 참여하고 있다.

끝나지 않은 밑그림 벽화

매일 오전 아홉 시쯤 너무 더워지기 전, 파야똔주 사원 앞으로는 크고 작은 버스와 차들, '툭툭'들이 관광객을 가득 태우고 도착한다. 관광객들이 차에서 내려 파야똔주 사원을 한 번 보고, 들어오는 문 앞 계단에 도착할 때면 할아방과 그의 아들은 매의 눈을 하고 서서, 신발을 벗고 들어가야 한다고 이야기한다. 그리고 조용히 그들과 함께 실내로 들어오면서 사진을 찍지 말라고 당부한다. 파야똔주 사원 내부는 상당히 오밀조밀하다. 한 명씩 사원 내부로 들어오면 붓다와 함께 화려하게 채색된 벽과 천장을 정면으로 볼 수 있다. 왼편의 어두운 복도를 지나다

△ **파야똔주 사원.**
파야똔주 사원 앞으로는 크고 작은 버스와 차들, '툭툭'들이 관광객을 가득 태워서 도착한다. 관광객들이 내려서 파야똔주 사원을 한 번 보고, 들어오는 문 앞 계단에 도착할 때면 할아방과 그의 아들은 매의 눈을 하고 서서 신발을 벗고 들어가야 한다고 이야기한다.

보면 파야뜬주 사원을 유명하게 한, 아직 끝나지 않은 밑그림 벽화의 위치를 보호하고 있는 유리판이 보인다. 사람들이 줄줄이 이어서 복도를 지나는 동안은 밑그림 벽화의 위치를 알고 있지 않다면 알아차리는 것은 쉽지 않다. 복도의 공간도 협소하고 조명 또한 없기 때문이다.

파야뜬주 사원을 평생 동안 관리해 온 할아방의 설명에 의하면 1990년대에 미국의 한 프로젝트에 의해 밑그림만 그려진 벽화라는 사실이 밝혀졌으며, 그 중요성이 인정되어 유리 보호판이 설치되었다고 한다. 그때 당시 미국에서 지원한 품목은 지금도 사원 내부에서 사용되고 있다. (실내표지판과 안전 펜스 줄; 실제 실내표지판에 미국팀이 기증했다고 되어 있다).

800살의 무형유산을 소개합니다

사원 내부에서 한 구역을 펜스로 막고 작업복을 입고 작업을 하다 보면 종종 관광객들이 호기심 반, 의심 반의 눈초리로 서성인다. 그런 사람들 중에는 우연히 석양을 함께 보았던 호주에서 온 관광객들, 두 아들과 함께 바간을 찾은 국제경제기구 연구원, 프랑스 루브르 박물관에서 아프리카 미술을 담당하는 큐레이터, 영국에서 온 노부부, 덴마크에서 바간으로 매년 오는 관광가이드 등 정말 다양한 사람들이 있다. 그 중에서 꼭 우리가 작업하고

현장 오딧세이

뚝뚝(Tuk Tuk)

동남아시아의 대표적 대중교통 수단인 '뚝뚝'은 '뚝뚝이'로도 불리는 삼륜 택시(三輪-, Auto rickshaw)로 한국문화재재단의 ODA사업이 진행 중인 캄보디아와 라오스, 미얀마에서는 그 명칭이 각각 달리 불린답니다. 캄보디아에서는 '뚝뚝', 라오스와 미얀마에서는 '툭툭'으로 불리죠. 형태도 지역에 따라 다르며, 인원탑승제한은 없지만 기본적으로 2~3인승이 기본이예요. 미얀마의 경우 도시화된 양곤에는 없고 바간에는 최근 들어 많아졌어요. 관광객들이 택시처럼 이용하는 경우가 많죠. 미얀마보다 역사가 깊은 이웃한 캄보디아와 라오스에서는 관광객들이 이 뚝뚝(툭툭)을 이용할 때 비용 흥정에 유의해야 해요.

이 뚝뚝은 말이지요, 1세대 삼륜차로 불리는 다이하츠 미젯이 원형으로 알려져 있어요. 이름에서 느껴지듯 동남아 지역 뚝뚝의 발전에 일본이 끼친 영향은 실로 대단하답니다. 실제로 일본 우정성은 동남아지역에 2만 대의 중고삼륜차를 기증한 적이 있다고 해요. 우리 문화유적ODA사업 종사자들은 그보다 한층 수준 높은 문화재 복원 사업으로 한국의 이름을 높이려고요!

⛰ 바이크로 출근하는 한연주 연구원.
포장된 도로가 아니고 자갈길이라 운전이 까다로운 편인데, 그래서 파야뜬주 사원에 도착할 즈음엔 사원지기들이 주차를 돕기 위해 나와서 기다린다고 한다. 그림은 김동민 소장.

있는 것에 관심을 보이는 사람들이 있다. 가끔은 직접 "어디에서 왔나요?" "무엇을 하는 것인가요?"라고 묻는다. 그럴 때 나는 정말로 감사하다. 그리고 그들에게 주로 다음과 같은 내용들을 소개한다.

"우리는 13세기 사원으로 알려진 파야뜬주의 사원벽화를 고고학국립박물관국과 함께 보존처리 일을 하고 있습니다. 여러분의 가이드가 설명해 주었듯이 파야뜬주 사원은 벽과 천장, 복도까지 벽화가 그려져 있습니다. 여러분이 서 있는 이 공간의 천장을 보면 그 세밀한 벽화를 직접 볼 수 있습니다"

관광객 중 누군가가 물었다.

"우리가 공항에 도착해서 구입하는 바간 사원 방문 입장권의 수익은 누구에게 가고 있는지 알고 있나요?"

모른다고 대답했다. 그는 그것을 알고 올바르게 재분배하는 것이 옳은 일이지 않냐며 파야뜬주 사원 보존 프로젝트에 행운을 기원한다고 하면서 자리를 떴다.

우리의 일을 설명하는 것은 매우 중요한 일이다. 관람객 대부분은 본인의 일생에서 단 한 번뿐인 방문일 것이다. 그것이 파야똔주 사원 보존 ODA사업의 무형적인 가치를 더 많은 사람들에게 전해주는 하나의 중요한 단계이지 않을까 싶다.

슈퍼주니어를 사랑한 미얀마 파트너

한아선[ ]

사람 사이의 관계와 인연이 그러하듯 한국과 파야똔주 사원과의 인연은 퍽 드라마틱했다(뒤에 박지민 연구원이 자세히 소개할 예정). 미얀마는 인도차이나반도의 가장 위쪽에 위치하고 있는 나라로 지진이 많다. 이런 환경에서 3천 여 사원이 존재한다는 것 자체로 가공할 만한 일인데, 재단과 파야똔주는 그 지진이 매개가 되어 주었다고 해도 틀린 말이 아니다. 나는 지금 미얀마의 '경주'라고 불리는 바간의 파야똔주 사원에 건축 연구원으로 참여하고 있다.

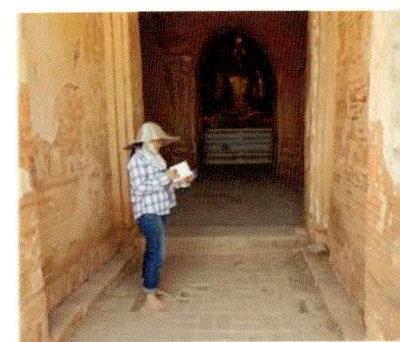

☝ **미얀마 고고학국립박물관국 담당자 메이 씨.** 수준급의 한국어 구사가 가능하다.

건물을 분석하다보면 시대를 거슬러 호기심이 발동했고, 당대의 생활과 문화를 상상하는 일이 좋았다. 나는 고건축이 갖는 그런 매력에 세계유산에 관심을 갖다가 재단에 들어왔다. 현장에 투입되기 전에는 3년간, 현재 재단이 진행하고 있는 문화유산 ODA사업들의 기획과 행정으로 참여했다. 앞서 다녀간 선배 여자 연구

[ ] 대학교에서 건축학과에 입학. 고건축 답사를 다니면서 문화재의 매력을 느끼고 건축역사 및 이론학(고건축)으로 석사과정을 마쳤다. 한국의 고건축에서 시작된 공부는 세계유산으로 이어졌고 현재는 한국문화재단 문화유산 ODA사업으로 미얀마 바간 지진피해 복구지원 사업의 건축 연구원으로 참여하고 있다.

원들의 '포기'를 지켜보고, 출산과 육아 등 녹록치 않는 과정들을 거치며 내 의지와 상관없이 일과 분리되거나 좌절감이 들 때도 있었다. 정체감과 혼돈 사이에서 고민할 무렵, 파야똔주에서 메이를 만났다.

한국 프로젝트를 담당하는 미얀마 고고학국립박물관국 담당자 메이Ms. May Myat Noe Ko는 한국의 슈퍼주니어를 사랑하는 나의 미얀마 친구다. 많은 아이돌 중에서 슈퍼주니어를 좋아하는 이유를 물으니 '아저씨 같은 유머가 좋아요'라고 말한다. '아저씨 같은 아이돌', 뭔가 상충되는 느낌이다. 한국문화를 좋아한 그녀가 독학으로 배운 한국어는 수준급이다. 영어가 능숙하지 않은 나에게는 사이다 같은 파트너였다. 처음 메이 씨는 나를 선생님이라고 불렀다. 부를 때마다 느껴지는 어색함이 익숙해지기까지 시간이 걸렸다.

메이 씨는 건축을 전공한 친구다. 대학교 졸업 후 미얀마 고고학국립박물관국에서 건축담당으로 바간 지역의 건축물을 보존관리하는 일을 하고 있었다. 건축학도라는 공통점 때문이었을까. 우리는 서로 통하는 공감대가 많았다. 설계할 때 밤을 새는 고충들, 비참한 비판의 시간, 남자 과대 비율이 만든 분위기 속 적응기 등 국가는 달랐지만 꽤 많은 것에서 통했다.

현장을 이동하는 차량이 한 대뿐이어서 메이 씨와 주변 사원 조사를 할 때면 종종 메이 씨의 오토바이로 우리 둘은 단출하게 이동을 했다. 점심시간이 되면 메이 씨는 바간 맛집으로 나를 안내해 주기도 했다.

» 한아선 연구원과 메이 씨.

유적가이드

바간, 새의 시선으로 바라보다 1

  드론은 차세대 산업의 중요한 역할을 하면서 문화유산분야에서도 활발하게 활용되고 있다. 얼마전 드론을 활용하여 독도의 라이다(LiDar) 작업을 성공한 학예사가 대통령의 표창을 받은 적이 있을 만큼 드론은 이제 우리 생활에 밀접하게 연결되어 있다. 드론을 활용한 택배를 시도하는 업체들도 있고 이제는 드론택시가 개발되고 일상에서 만나게 될 날도 머지 않은 걸 보면 공상과학영화는 단순히 영화에서 멈추지 않고 우리의 현실에 점점 더 다가오고 있다.

2019년 미얀마에서 바간 파야똔주 사원에 대한 고고학적 조사를 진행한 적이 있다. 상하반기로 나누어서 기초적인 조사와 발굴조사를 진행했는데 파야똔주 사원과 주변의 유적을 촬영하기 위해 매일 하루도 빠짐없이 드론이 사용되었다. 그 덕에 파야똔주 사원은 물론 다른 바간의 유명한 유적들을 촬영할 기회를 가지게 되었다.

바간에서의 작업은 미얀마 고고학국립박물관국 바간사무소와 함께 진행되었는데, 마침 바간사무소의 드론이 고장 나서 우리의 드론이 현장 출장 기간 내내 여러가지 용도에서 사용되었다. 일반인의 시선으로 만날 수 없는 하늘에서 본 유적들은 어떤 모습을 하고 있을까?

▲ 바간 에야와디 강의 일몰.

1. 담마얀지(Dammayangyi)

  담마얀지는 바간에서 가장 크고 웅장한 사원이다. 바간 왕조의 다섯 번째 왕인 나루투(Narathu 1118-1171)는 아버지인 알라웅시투(Alaungsithu)와 형 민신소(Min Shin Saw)를 죽이고 왕이 되었다. 왕이 된 이후 죄책감에서 벗어나지 못한 나루투는 바간에서 가장 큰 사원을 건축하여 자신의 죄를 속죄하고자 하였다. 이 사원이 담마얀지다.

▲ 담마얀지 사원과 에야와디 강.

▲ 담마얀지 사원 안에 있는 팔을 자르는 형틀.

▲ 담마얀지 전경.　　　　　　　　　　　　▲ 사원 뒤로 넘어가는 해.

나루투 왕은 폭력적이면서 동시에 매우 치밀하고 완벽함을 추구하던 사람이었다. 담마얀지 사원을 건립할 때, 벽돌과 벽돌 사이의 공간이 생기지 않게 지시했으며 일을 잘 못하는 일꾼들은 팔을 잘라버리기도 하였다. 팔을 자를때 썼던 형틀이 아직도 담마얀지 사원 안에 남아 있다.

2. 레미엣나(Le Myet Hna) 사원

레미엣나 사원은 바간의 동쪽에 있다. 위성지도에서 보면 냥우 공항의 왼쪽에 있는 사원이다. 바간에서 찾아보기 힘든 순백의 칠이 되어 있는 사원이다. 한국팀이 보존·복원을 하고 있는 파야똔주 사원과 같이 민난투 마을에 위치한 이웃 사원이다. 13세기의 사원으로 현재까지 주기적으로 외곽에 대한 도색작업이 진행되고 있어 과거 바간 사원들의 모습을 추정할 수 있게 한다.

레미엣나 사원의 앞쪽에는 이전에 나무기둥으로 만들었던 건물의 초석이 정연하게 남아 있어 당시의 건축형태를 파악할 수 있다. 건축,고고학적으로도 흥미로운 사원이다. 미얀마는 레미엣나 사원과 파야똔주 사원이 있는 주변 일대를 민난투 마을이라고 부르고 있다. 또한 향후 이 마을을 바간의 세계유산 관리의 시범적인 마을로 조성하여 보수, 복원, 관광, 개발 등이 공존할 수 있는 마을로 만들 계획에 있다.

■ 미얀마에는 수많은 레미엣나 사원이 있다. 그 중 바간에는 두 곳의 레미엣나 사원이 있는데 하나는 민난투 마을의 사원이고 다른 하나의 사원은 대한민국 조계종에서 후원한 사원이다. 이 사원의 경우 한글로 된 간판이 있는데 바간의 남서쪽에 위치한다. 두 사원의 이름이 같아서 헷갈릴 수 있다.

◀ 레미엣나 사원과 민난투 마을.

▲ 파야똔주 사원과 레미엣나 사원.

▲ 레미엣나 사원 사역(남에서).

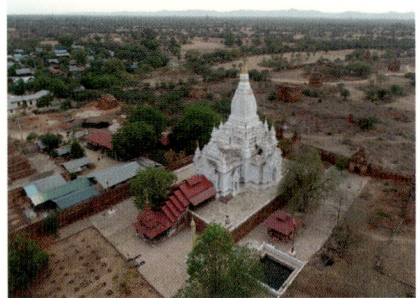
▲ 레미엣나 사원 전경(북동에서).

▲ 레미엣나 사원 사역 평면 구조.

3. 파야똔주(Phaya Thone Zu) 사원

바간을 문화유산의 관점으로 바라보면 "세계 3대 불교유적이고 유네스코 세계유산이며 매우 중요한 유적이지!"라고 말할 수 있다. 현지에 사는 사람들은 어떨까? 물론 소중한 문화유산이라 생각하고 유산에 대한 애착심은 항상 느낄 수 있다. 그와 동시에 바간의 유적들과 바간이라는 공간은 미얀마인들 삶의 터전 그 자체다. 그래서 바간에서는 사원 주변에서 농사 짓는 모습. 그리고 사원 사이를 한가롭게 거닐며 풀을 뜯는 소, 염소 등을 쉽게 볼 수 있다. 아무도 유적이라는 이름으로 그들을 제지하거나 금지하지 않는다. 삶이 종교이고 종교가 삶인 너무나도 자연스러운 모습을 볼 수 있다. 다행스럽게도 이러한 광경은 때로는 관광객들이 놓칠 수 없는 추억의 장면으로 고스란히 카메라에 담겨진다. 사원 앞에서 풀을 뜯는 염소떼들 그리고 트랙터로 사원 주변을 갈고 있는 농부.

민난투 마을의 북쪽에 자리한 사원 중 특이한 모양을 하고 있는 파야똔주 사원 주변에서도 이러한 장면이 자주 목격된다. 파야똔주 사원의 서쪽은 매일 아침 저녁 100마리 가량의 염소들이 출퇴근 하는 길이다. 아침에 집에서 나와 파야똔주 옆을 지나 신선한 풀이 많은 곳을 하루종일 찾아다니고 해질녘 집으로 돌아갈 때 다시 파야똔주 옆을 지난다. 그들의 출퇴근길이 바뀌지 않는 이상 매일 매일 볼 수 있는 진풍경이다.

☆ 파야뚠주 사원과 주변 광경.
⬇ 파야뚠주 옆을 지나 풀뜯고 귀가하는 염소님들.
≫ 사원 주변 경작을 위해 갈리고 있는 땅들.

파야뚠주 사원은 민난투 구역에 위치한 사원으로 13세기에 축조된 것으로 알려져 있다. 사원은 하나의 기단부에 세 개의 작은 건물이 연결되어 조성된 구조다. 이러한 구조는 바간의 3,822개의 사원 중 유일한 건축 구조다. 사원은 477~479으로 그 번호가 별도로 붙여서 관리되고 있다. 내부에는 13세기에 그려진 것으로 추정되는 벽화들이 그려져 있다. 477건물에는 내부 전체에, 478 건물에는 주실에만, 그리고 479 건물에는 벽화가 그려져 있지 않다. 전문가들에 따라 의견이 다르기는 하지만 미완성에는 확실한 이유가 있었던 것 같다. 그 이유에 대해서는 몽골군이 침입해서 완성이 안 되었다는 설과 후원을 하던 재력가의 후원이 어느 순간에 끊겼을 것이라는 설이 유력하다. 유네스코에서 바간을 세계유산에 등재할 때 3,822개 건조물 중 파야뚠주 사원이 34개의 1등급 중 하나로 소개가 되었다. 역사적, 회화적 가치가 매우 뛰어난 사원이라는 반증이라 할 수 있다.

파야뚠주 사원이 자리한 바간의 동남쪽 지역에는 민난투 마을이 남쪽에 자리하고 있으며, 레미엣나를 비롯하여 탐불라, 나라띠야파테, 난다만야 등 13세기의 사원들이 주로 모여 있다.

☆ 파야뚠주 사원 전경.   ☆ 파야뚠주 사원과 그 주변의 사원들.

▲ 바간 왕궁(복원).

▲ 바간 왕궁 전경(오른쪽 뒤로 탓빈뉴, 왼쪽 뒤로 아난다 사원. 저 멀리 담마얀지).

▲ 바간 왕궁터 전경(짠싯따 왕궁터).

4. 바간의 왕궁터

바간의 성곽 안쪽에는 여러가지 사원들이 있으며 그와 함께 바간의 왕궁을 복원해 놓은 건물이 있다. 관람객들은 약 500원의 요금을 지불하고 입장해야 하는 곳이다. 16세기의 양식을 따라서 만들었다고는 하나 역사적인 가치가 높지 못하고 관광의 코스로 일부 관광객들이 들르는 곳이다.

복원된 왕궁의 남서쪽 근거리에는 바간 왕조 첫 번째 왕인 어노라타와 짠시따의 왕궁으로 알려진 터가 보존되어 있다. 미얀마 고고학국립박물관국에서는 지속적으로 이곳에 대한 발굴조사를 진행하고 있다. 기존에 발굴조사가 완료된 곳은 지붕을 씌워 보호하거나 아니면 그냥 그 상태 그대로 관람객들에게 공개하고 있다.

바간 왕궁터는 크게 두 곳으로 나뉜다. 하나는 오른쪽에 보호각이 씌워진 어노라타왕의 왕궁터이고, 다른 하나는 왼쪽(동쪽)의 짠시따왕의 왕궁터이다.

왕궁터 유적에는 우물처럼 생긴 것들이 있다. 그것도 한두 개가 아니고 엄청나게 열을 지어 늘어서 있다. 이것은 이전에 목조건물의 기둥을 받치는 역할을 한 구조물이다. 바닥에는 사암으로 만든 원형의 초석이 있는데 나무 기둥 하부에서 힘을 받치는 역할을 했다. 바간 왕궁터에서 재미있는 게 발견되었는데 화장실이다. 화장실은 당시의 커다란 항아리 모양의 토기를 위에서 아래로 일부가 겹치게 쌓았다. 서로 겹치는 부분은 일부러 깨뜨려서 위에서 아래로 볼일을 볼 수 있게 하였다. 화장실에 사용된 토기는 약 180cm 가량 깊게 만들어졌다. 아마도 거의 꽉 차올 때쯤 누군가 잔뜩 코를 막고 퍼냈을 것이다. 미얀마에서 고고학이 조금만 일찍 발전하였더라도 기생충분석 같은 것을 할 수 있었을 텐데 하는 아쉬움이 남는다.

미얀마인, 특히 바간에 거주하는 사람들은 왕궁터 유적을 매우 중요한 유적 중 하나로 생각한다. 왕궁터와 가장 가까운 곳에는 쉐구지(Shew Gu Gyi / No. 1589)사원이 있는데, 해마다 중요한 명절이 되면 다른 사원은 몰라도 이 사원에는 사람들이 어마어마하게 많이 몰려서 짧은 기간 동안 장사를 하는 작은 포장마차들이 즐비하게 늘어선다.

▲ 바간 왕궁터와 쉐구지 사원.

짠시따 왕궁터에서 발견된 비문에 의하면 바간 왕조의 통치기간 동안 55명의 왕이 있었고 왕궁은 4번 정도 이동한 것으로 기록되었어요. 비문에 의하면 네 번째 왕궁은 34대왕인 핀뱌(Pinbya)에 의해서 나가보 워드(Nagabo Ward:현재의 올드 바간)에 지어졌다고 기록되었고 바간 로얄나무궁전은 464년 올드바간의 중심부 쉐구지 사원의 북쪽에 건립되었으며 사라바문(Saraba Gate) 에서 멀지 않은 곳에 자리한다고 기록되어 있죠. 현재 왕궁터는 쉐구지사원의 북쪽에 자리하고 사라바문이 동쪽 근거리에 위치하고 있어 비문에 나온 기록이 현재의 위치와 일치하고 있음을 알 수 있답니다.

2장
천 년의 세월을 딛고 폐허 속 공주와 만나다

라오스의 공식 명칭은 라오인민민주공화국(Lao People's Democratic Republic)으로, 인도차이나 반도에 위치한 라오스는 북서쪽으로 미얀마와 중국, 동쪽으로는 베트남, 남쪽으로 캄보디아, 서쪽으로 태국과 국경을 접하고 있는 내륙 국가이다.

세상은 빨리 변하고 흘러가지만 상대적으로 라오스는 때 묻지 않은 자연환경과 문화를 유지하고 있다. 그래서 라오스를 방문한 경험이 있는 사람들은 라오스를 '추억으로만 남은 마음의 고향' 같다고 하며, 시간이 멈춘 곳이라고 표현하기도 한다.

황남빵과 메콩강

백경환

하늘 높은 줄 모르고 치솟는 고층빌딩보다 고즈넉한 산사에 관심이 많았던 평범한 건축학도였다. 사극을 보면 등장인물들의 숨막히는 암투나 남녀주인공의 애틋한 사랑이야기보다 배경으로 나오는 전통건축물에 눈이 많이 갔다. 그래서 일반적으로 건축학과에서 2년에 한 명 꼴로 선택한다는 비주류 분야, 고건축의 길을 선택했다. 국립문화재연구소에 근무하면서 익산 미륵사지 석탑, 경주 불국사 삼층석탑, 경주 남산 열암곡마애불상 등의 건축문화재를 연구하고 보수하는 작업에 참여했다.

'들어가지 마시오'라는 팻말을 둘러친 문화재 보수 현장에서 가끔씩 여행객들을 접하곤 했다. 어린이를 동반한 일행이 주변에 올 경우에 부모로 추정되는 분들로부터 가끔씩 들리는 말이 있다. '너 자꾸 말썽 피우고 공부 열심히 하지 않으면, 저 사람들처럼 된다!' 이 말 속에는 크게 두 가지 오해가 있는 것 같다. '땡볕에서 육체 노동을 하는 일은 좋지 않다'와 '문화재 현장에서 일하는 사람들은 공부를 열심히 하지 않았다.' 이 일이 좋아서 평생을 공부하고 연구하는 사람들 입장에서는 억울함보다 답답함이 앞선다. 문화유적에 대해, 발굴과 복원에 대해 아는 국민이 실상 많지 않다는 얘기다. 우리의 일이 또 그 만큼 알려지지 않았다는 반증이기도 하다.

고대건축을 선망하던 소년, 라오스를 택하다

어릴 적 티브이를 볼 때, 나는 무슨 이유인지 몰라도 만화영화보다 다큐멘터리가 좋았다. 이름 모를 서양인이 나와서 원주민들과 함께 탐험하고, 광활한 사막에서 땅을 파기도 하고, 각종 도구(버니어 캘리퍼스 같은 도구도 어린 나의 눈에는 최첨단 장비로 보였다)를 이용해서 건축물을 조사하는 장면은 마냥 신기했고, 동경의 대상이었다. 또 건축을 공부하면서는 앙코르 유적을 좋아했고 언제가 될지 모르지만 먼 훗날 직접 복원해보고 싶다는 막연한 꿈도 있었다. 하지만 그런 일들은 어디까지나 서양인들과 일본인들만의 전유물이라 치부했었다.

그러다가 경주 남산에 있는 불상 조사를 위해 매일 산을 오르고, 傳인용사지 석탑 복원을 위해 옥개석(지붕돌) 곡선을 그리던 어느 날, 한국에서도 드디어 라오스, 캄보디아, 미얀마 등 해외에 있는 문화재를 복원하는 프로젝트를 시작한다는 소식을 접했다. 오랫동안 꿈꿔 왔던 일을 할 수 있는 기회였다. 그토록 기다려온 일이라 망설일 이유가 없을 텐데, 왠지 발걸음이 쉽사리 떨어지지 않았다. 이제 나이가 조금 들었다고 엉덩이가 무거워진 걸까? 아니면 낯선 해외생활이 두려웠던 걸까? 경주에서 생활하면서 느끼는 일상의 소소한 즐거움이 너무나 소중하게 느껴졌다. 갑자기 황남빵이 맛있어지고, 지나간 4월의 벚꽃이 벌써부터 그리워졌다. '지금 하고 싶은 것을 하자!' 어쩌면 일상의 즐거움이라는 것에는 미래의 보장된 안정이 포함되어 있는 것 같았다. 그래서 결심했다. 라오스로 떠나기로….

▲ 라오스 비엔티안에서 팍세로 가기 위해서는 프로펠러 비행기를 이용해야 한다.

▲ 팍세공항
추락사고가 발생한 메콩강을 지나서 얼마 되지 않아 팍세공항 활주로에 바퀴가 닿는 순간, 비행기를 타고 있던 사람들은 안도의 한숨을 내쉬었다.

메콩강 추락 사고, 팍세 착륙, 그리고 안도

라오스의 수도 비엔티안에서 '홍낭시다' 사원으로 가기 위해서는 프로펠러 비행기를 타고 팍세로 가야 한다. 그런데 팍세로 가는 2013년 10월 23일, 정확히 일주일 전에 라오스에는 대형사고가 있었다. 비엔티안에서 팍세로 가던 라오항공 QV301편이 기상악화로 메콩강에 추락한 것이다. 이 사고로 탑승객 49명 전원이 사망했고, 이 중에는 한국인 세 명도 있었다. 비엔티안 왓따이 국제공항 내 TV에서는 계속 비행기 잔해와 유해 수습 장면이 나왔다. 같은 경로와 비행기로 팍세를 가야 하는 입장에서 신경이 쓰일 수밖에 없었다. 비엔티안을 이륙해서 팍세로 이동하는 한 시간 남짓한 동안 탑승객들은 숨을 죽이고 있었다. 추락사고가 발생한 메콩강을 지나서 얼마 되지 않아 팍세공항 활주로에 바퀴가 닿는 순간, 비행기를 타고 있던 사람들은 안도의 한숨을 내쉬었다. 마치 물속에서 오래 숨을 참고있다가 밖으로 나온 뒤 내뱉는 사자후처럼.

미륵사지의 막내에서 왓푸의 리더로

라오스에 오기 전 몸담았던 곳은 국립문화재연구소였다. 연구소에서 투입된 첫 현장은 익산 미륵사지석탑 복원 현장이었다. 그리고 나는 그 현장에서 막내였다. 선배들이 오랜 시간에 걸쳐 해오던 작업을 그대로 따라가기 바빴고, 현장책임자의 잔소리에 남몰래 투덜대기 일쑤였다. 하지만 운 좋게도 나는 선조들과 선배들의 발자취를 따라가며 많은 것을 배울 수 있었다. 또한 문화재계의 역사적인 사건이라고 할 수 있는 익산미륵사지석탑 사리장엄 발굴에도 참여할 수 있었다.

경주에서는 월성해자, 불국사 삼층석탑, 傳인용사지 등의 건축유적에서 연구를 했다. 사천왕사지址, 쪽샘 유적 등의 발굴조사와 그 현장에서 출토된 유물을 보존처리하는 작업에 직간접적으로 참여할 수 있는 기회도 있었다. 다양한 전공(고고학, 미술사, 보존과학 등)의 연구원들과 협업을 하면서 문화유산 분야에서 학제간 연구의 중요성을 절실히 깨달았다.

다중의 역할이 만들어낸 온갖 별명들

익산을 시작으로 경주를 거쳐 라오스에 오기까지 많은 현장에서 배우고 또 익혔다. 어느새 홍낭시다 사업이 시작되고, 왓푸에서는 책임자 자리에 와 있었다. 모든 것이 새로운 현장이었다. 언어, 기후, 유적, 음식, 문화. 낯선 환경 속에서 시시각각 결정해야 하는 것들이 너무 많았다. 때로는 라오스와 한국의 문화 차이로 인해, 양측을 모두 설득시키고 이해시켜야 하는 일도 많았다.

최빈국으로 항상 같이 언급되는 캄보디아와 라오스는 문화유산 분야에서는 하늘과 땅 차이다. 캄보디아는 앙코르 유적에서 국제사회와 오랜 협력을 통해 관광산업과 문화유산 보존 기술이 비약적으로 발전했다. 그리고 그들은 어떻게 하면 외국팀으로부터 투자와 지원을 잘 받을 수 있는지 알고 있다. 하지만 라오스는 국

▲ 경주 남산 열암곡 석불좌상 밴딩(Banding) 작업.

제사회에 지원을 먼저 요청하는 법이 없다. 설령 지원을 요청하더라도 적극적으로 나서지 않는 편이다. 한국에서는 이런 라오스의 성향을 잘 알지 못해서 라오스의 소극적인 모습에 서운해 하고, 나는 중간에서 안타깝고 답답할 때가 많았다.

한국의 문화유산을 대할 때도 조심스럽지만, 다른 문화권의 유적을 복원한다는 것 자체는 큰 부담이었다. 현장에 혼자 있을 때는 해가 질 때까지 고민을 하고, 생각을 하고, 또 고민을 하고 꼬리에 꼬리가 이어지는 생각으로 밤새 현장에서 발길을 떼지 못한 적도 많았다.

현장에는 한국 팀을 비롯해서 현지스텝들까지 약 50명 가량이 참여하고 있어서 처음에는 이름 외우는 것도 힘들었으나, 지금은 그들의 성향, 장단점이나 가족관계까지 다 파악하고 있다. 라오스인들은 아무리 돈을 많이 벌 수 있는 일이라도 즐겁지 않으면 하지 않는다. 그러므로 현장에서 즐겁게 일을 할 수 있도록 신경을 많이 쓰고, 홍낭시다 복원에 대한 동기 부여를 계속 해주고 있다.

나는 주어진 별명에 걸맞는 사람도 돼야 했다. 코리안키드라고 부른 프랑스 팀에게는 '앙팡 테리블'[1]로서, 그들의 높은 콧대를 꺾어줘야 했고, 동시에 국제협력팀 간 가교 역할도 충실하게 해야 했다. 미스터 마피아로서는 마을주민

---

[1] 앙팡 테리블(Enfant Terrible) : 프랑스 문학가인 장 콕토(Jean Cocteau)의 소설 제목에서 비롯된 말로서 '무서운 아이'라는 뜻이다. 특정 분야에서 경이로운 수준의 두각을 보이는 신인을 일컬을 때 쓰는 말이다.

과 현장스텝들의 경조사에 다 참석하고, 그들과 동고동락했다. 그리고 무엇보다 '카타남'(3부에서 소개)으로서 '시다공주의 방'▮을 안전하게 복원해야 했다. 미륵사지 석탑 현장에서 근무할 때 당시 책임을 맡고 있던 분을 보며 답답한 적이 종종 있었다. '왜 저렇게 고민을 많이 하지? 그냥 하면 되는데.' 하지만 현장을 책임진다는 것은 그렇게 '그냥 하면 되는' 것이 아니라는 것을 조금씩 알게 됐다. 홍낭시다 현장을 꾸려 나가면서 나도 모르게 조금씩 바뀌어 갔다. 누군가의 표현 대로 어느새 참파삭과 잘 어울리는 사람이 되어 있었다. 맞지 않는 옷을 입은 것처럼 불편할 때도 많았다. 그래서 라오스에서 힘들 때면 그 분에게 전화를 걸기도 한다. '츤데레' 같은 성격이라 퉁명스럽게 답하곤 했지만, 힘든 부분을 이야기하면 누구보다 잘 이해를 해줬다. 늘 위로가 되고, 힘을 얻는다.

라오스에서 7년의 세월이 흐르고 어느덧 현장에서 함께 하는 이들이 많아졌다. 복원에 대한 철학이 다르고, 상황을 바라보는 견해가 달라서 현장에서 치열하게 토론을 하기도 한다. 내 뜻대로 하지 못하는 일도 많이 생긴다. 하지만 함께 고민하고, 머나먼 오지에서 특별한 추억을 공유하고 있는 것만으로 감사하다.

ODA사랑방
현장토론

홍낭시다 현장에는 다양한 전공의 연구원이 있습니다. 각자 그 동안 현장에서 경험한 것도 다르죠. 따라서 문화유산 보존과 복원에 대한 철학과 사안을 바라보는 시점이 다를 수밖에 없어요. 또 현장에서는 실행계획과 설계도면에 없는 무수한 변수가 생긴답니다. 해체 중 예기치 못한 상황이 생길 때는, 현장에서 즉각 세부사항들을 결정해야 하죠. 그때마다 우리는 각자의 견해를 밝히고, 치열하게 토론을 합니다.

▮ 초창기에 '홍낭시다'를 '시다공주의 방'이라고 표현했다. 엄밀하게 말해서 '방'이 아니라 '사원'이지만, 개인적으로 좋아했던 표현이다.

눈을 감으면 찾아오는 '미라'

2010년 봄, 나는 익산 미륵사지석탑에서 경주로 현장을 옮겼다. 아름다운 경치를 보고 감정이 움직이는 편이 아님에도 불구하고 경주의 봄은 참으로 아름다웠다. 지금도 경주는 늘 설렘의 공간으로 자리 잡고 있다.

경주에서 나는 남산 열암곡마애불상 정비방안 연구를 진행하고 있었다. 4월의 어느 날 문경에서 다급한 전화가 한통 왔다. 아파트 건설현장에서 목관이 발견됐다는 것이다. 고고학과 보존과학을 담당하는 고참 선생님들(차순철, 정민호, 이보현)의 손에 이끌려 나도 문경으로 가게 됐다. 중장비에 의해 이미 훼손된 회곽의 나머지 부분을 해체하고, 목관을 현장 근처에 임시로 마련해 둔 수습장소에서 실측조사를 했다. 목관을 실제로 보는 것은 처음이었으나 촘촘하게 짜 맞춘 목관의 형태에 감탄을 했다.

한참을 목관 실측에 열중하고 있는데, 도면 종이가 펄럭이기 시작했다. 강풍을 동반한 비가 퍼붓기 시작한 것이다. 더 이상 조사가 어려운 상황이었다. 결국 시신이 담긴 목관을 통째로 문경에 있는 장례식장 '국화원'으로 옮겨서 계속 진행하기로 했다.

▲ 2007년 5월 경주 남산 열암계곡.
무게 약 70톤의 불상이 엎어진 채 발견됐다. 암반으로부터 코가 불과 5cm 떨어져 아름다운 콧날이 무사했다.
프랑스 르몽드 신문은 1면에 '5cm의 기적'이라고 표현하며, 대대적으로 보도했었다.

⚞ 임시 천막에서 목관 실측조사. ⚞ 미라가 잠들어 있는 목관 옮기기.

미라의 옷 '분리하기'

목관 개봉 시 시신의 급속한 부패를 방지하기 위해 장례식장의 시체보관실로 옮기고, 목관을 열어보니 다수의 직물과 의복이 있었고, 염습을 한 상태의 삐삐머리(양갈래로 곱게 땋은 머리)를 한 미라의 존재가 확인됐다. 말로만 듣던 미라를 처음으로 보게 됐다. 미라는 육안으로 보기에도 피부가 부드럽고 탄력성이 느껴질 정도로 보존 상태가 좋았다. 모두들 미라를 보고 놀란 가운데, 최고참 선생님은 그 자리에 모인 각 조사기관들과 긴급하게 회의를 했다.

기나긴 회의 끝에, 출토 복식자료와 목관은 국립문화재연구소 보존과학센터에서 보존처리 하기로 했고, 미라는 서울대학교 의과대학 법의학연구소에서 보관하기로 결정됐다. 그런데 보존과학센터에서는 옷만 가져간다고 하고, 법의학연구소에서는 미라만 가져간다고 했다. 언뜻 보기에도 미라는 옷을 여러 겹 입고 있는 듯 했다.

고참 선생님과 나는 서로의 얼굴만 바라보다가 이것은 우리가 해야 하는 일임을 직감했다. 하지만 곤히 잠들어 있는 망자

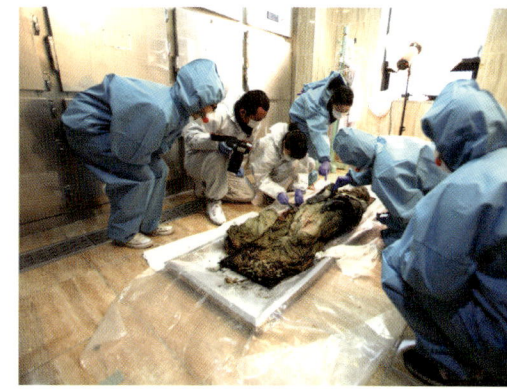

⚞ 장례식장 시체보관실에서 문경 미라 긴급 조사.
오랜 회의 끝에 보존과학센터에서는 옷만 가져간다고 하고, 법의학연구소에서는 미라만 가져간다고 했다.

를 깨운 것만으로 모자라, 낯선 여자의 옷고름을 풀어야 한다니 도통 내키지 않았다. 머릿속에는 온통 '망자의 저주', '처녀귀신의 복수' 같은 단어들만 떠다녔다. 한참을 망설이다가 드디어 마음을 먹었다(접었다?). 크게 심호흡을 하고, 속으로 계속 주문을 외웠다. '이것은 문화재다. 나는 문화재 조사를 하고 있다.' 그렇게 나는 미라가 입고 있는 옷고름을 풀기 시작했다. 가장 바깥쪽에 입고 있는 옷은 벗기기 쉬운 편이었지만, 안쪽으로 가면 갈수록 살갗에 붙어 있어서 분리하기가 힘들었다(벗긴다는 표현보다는 훨씬 나은 것 같아 '분리한다'라고 하겠다). 시체보관실이라서 추웠지만, 온몸에 땀이 흘러내리고 있었다.

저고리 하나가 팔꿈치에 걸려서 잘 분리되지 않았다. 고참 선생님이 팔을 조금 비틀어 보는 게 좋겠다고 말씀하셔서 팔꿈치를 잡고 조심스럽게 조금씩 틀었다. 그러던 중 '뿌두둑' 소리가 났다. 나는 심장이 내려갔다 올라온다는 뜻을 그때서야 알게 됐다. 어찌나 소스라치게 놀랐던지 지금도 그 순간을 생각하면 아찔하다.

그렇게 밤새 시체보관실에서 낯선 여자의 옷을 분리했다. 그리고 잠을 청했으나 눈을 감아도 그 미라의 잔상이 눈앞에 생생하게 보였다. 그로부터 한동안 미라의 잔상은 계속 남아 있었고, 가끔은 꿈속에도 나타났다. 하지만 떨쳐버릴 수 없으니 그냥 받아들이고 적응하며 살 수밖에 없었다. 희한하게도 2019년 금동요니(3부 참조)를 발견한 이후 문경 미라가 등장하는 악몽을 꾸지 않게 되었다.

> **문·화·유·적·상·식**
>
> ### 문화재보호법
>
> 미라는 현재의 시점에서는 알 수 없는 과거 시대의 다양한 정보를 담고 있어요. 미라를 통해 과거의 식습관이나 질병 등의 생활상을 추정할 수 있는 타임캡슐이나 다름없죠. 미라는 그 자체로 역사이며, 추후 연구를 위해 지속적인 보존이 필요합니다. 하지만 우리나라는 미라의 관리나 보존 관련 규정이 없기 때문에 극소수 개인 연구자들(주로 냉동보관실의 여력이 있는 의과대학 교수)에 의해 관리되거나 대부분은 장사 등에 관한 법률 제 12조(무연고 시체 등의 처리)에 근거해서 화장 처리되고 있어요.
>
> 미라를 '문화재보호법'이나 '매장문화재보호 및 조사에 관한 법률'을 근거로 관리하면 되지 않을까 생각도 했습니다. 하지만 제가 문경 진성이낭 미라의 옷고름을 풀어야 하나, 말아야 하나를 두고 고뇌했던 것처럼, 미라는 문화재이기 전에 영면에 들어가 있는 망자이자, 어떤 사람에게는 조상의 소중한 시신이기도 해요. 마땅히 '보존돼야 할 가치'와 차디찬 냉동실이 아닌 '땅 속에 묻힐(또는 묻을) 권리'가 상충하죠. 이처럼 이해관계자에 따라 견해를 달리 할 수 있는 부분이기에, 미라 관련 법 미비나 관리 체계에 대해서 사회적으로 심도 깊게 논의가 됐으면 좋겠어요.

미라와 시다공주

목관 발견 당시 뚜껑 위에 놓여있던 명정에는 '眞城李娘진성이낭'이라고 묵서돼 있어 미라는 진성 이씨 성을 가진 여성으로 추정됐다. 퇴계 이황의 본관이 진성 이씨이므로, 가문 계보를 조사했으나, 특정인물을 찾을 수 없었다. 여성을 지칭하는 '낭娘'자가 명정서식에 사용된 유일한 사례였는데, 홍낭시다의 '낭'도 같은 뜻이라는 점은 참 신기하다.

최근 문경 미라에 관한 글을 쓰다가 2018년 기사에 문경 진성이낭 미라가 화장됐다는 것을 알게 됐다. 이후 어떻게 진행됐는지 궁금해서 서울대 법의학연구소 측에 문의를 했다. 정확한 화장 시기를 물어보자, 2018년에 나간 기사는 오보였으며, 2019년 봄에 화장을 했다고 전해줬다.

홍'낭'시다의 금동요니를 발견하고, 진성이'낭' 미라가 화장되고 난 후부터 미라의 잔상이 나타나지 않은 것도 우연의 일치 치고는 신기한 일이 아닐 수 없다.

채석공의 아들 돌 의사가 되다

전유근[1]

1986년 여름, 충청남도 보령군 웅천면 대창리 고요한 시골마을에 갑자기 "콰광 광광!" 다이너마이트 터지는 소리가 요란했다. 석산의 돌을 채석하기 위해 발생한 이 쾅한 소리는 이내 저 멀리 가버리고 무슨 일이 있었냐는 듯이 무심하게 한 아버지와 아이가 뚝방을 걸었다. 이 두 사람의 귀에는 다시 쨍챙 거리며 돌을 깨

---

[1] 대학교에서 문화재보존과학을, 대학원에서 석조문화재 비파괴진단을 전공했다. 국립문화재연구소 보존과학실을 거쳐 지금은 한국문화재재단에서 세계유산 석조문화재 보존을 위한 업무를 수행하고 있다. 라오스에서 유적보존과 관련된 전체적인 사항과 현지 기술교육을 전담하고 있다.

는 날카로운 타격음이 돌공장에서 점점 크게 들려왔다. 축 늘어진 메리야스에 조다쉬 슬리퍼를 신고 쭈쭈바를 빨며 따라오는 아이에게 아버지가 말했다.

"너는 커서 돌 일이랑 먼서기는 하지 말어!"

검게 그을린 아버지는 뜨거운 땡볕 때문인지, 시끄러운 소리 때문인지, 아니면 다른 이유 때문인지 얼굴을 찡그리며 아들에게 퉁명스럽게 말했다.

"왜?"
"지금은 말해줘도 모를 껴, 나중에 크면 알어."
"그럼 아빠는 내가 나중에 크면 어떤 일을 했으면 좋겠어?"
"의사! 그것도 나중에 크면 왜 그런지 알 껴."
"나는 포크레인 되고 싶은데……."

▲ 2017년 2월 라오스의 건기 시즌에 비(?)를 맞으며 조사하던 중에.
포크레인이 되고 싶었던 꼬마는 현재 한 아이의 아버지가 되었고 직업에 자부심을 가지고 가족의 생계를 위해 돌 일을 하고 있다. 그것도 한국이 아닌 라오스에서.
다만 아버지의 바람이 무의식적으로 반영된 것인지 돌을 치료하는 의사가 되었다.

해방 이후 90년대 후반까지 다른 나라로부터 공적개발원조를 받아왔던 대한민국. 1987년 우리나라의 1인당 국민총소득(GNI)이 3,480달러였던 당시 고향의 아버지 세대는 생활고를 해결하기 위해 농사, 가전수리 또는 석산에서 돌을 채석하고 다듬는 일을 직업으로 삼았다. 늘 피곤하고 고단한 일이었다. 본인의 일에 자부심을 가졌던 아버지였지만, 자식은 시원한 사무실에서 금성 선풍기를 쏘이며 편하게 살아가기를 바랐다.

국민총소득 32,115달러, OECD 경제력 13위, 공적개발원조를 수행하는 대한민국. 포크레인이 되고 싶었던 꼬마는 현재 한 아이의 아버지가 되었고 직업에 자부심을 가지고 가족의 생계를 위해 돌 일을 하고 있다. 그것도 한국이 아닌 라오스와 캄보디아에서. 다만 아버지의 바람이 무의식적으로 반영된 것인지 돌을 치료하는 야매 의사가 되었다.

모든 돌에는 사연이 있다

2017년 1월 2일 첫 출근. 홍낭시다 사원 보존분야로 한국문화재재단에 입사한 나를 팀원들이 반갑게 맞이해주었다. 인사도 잠시, 팀원들은 이내 자리로 돌아가 바쁘게 일을 했다. '새해 첫 날인데 왜 이렇게 바빠 보이지? 서울이라서 그런가? 서울 가면 눈 뜨고도 코 베인다고 했어. 어리버리 하지 말자' 이렇게 다짐하고 자리에 앉았지만 뭘 해야 할지 몰랐다. 그때 팀장님이 과거 홍낭시다 보고서를 읽어보라며 "유근 쌤, 조만간 장기출장 가실 테니 신입직원인 지금은 편안하게 있으세요."라는 말과 함께 앞으로 고생길이 보인다는 웃음을 지으며 자리로 돌아가 바빠 보이는 일을 했다. '앞으로 작성해야 될 보고서, 무너진 홍낭시다의 사진, 그리고 걱정' 이것이 내가 한국에서 느낀 홍낭시다의 첫 느낌이었.

한 달 후, 나는 라오스 현장소장님인 백경환 연구원과 함께 홍낭시다에 도착했다. 한국팀이 홍낭시다에 다시 왔다는 소식을 듣고 왓푸사무소 관계자가 현장에 찾아왔다. 백 소장님은 나를 석재 전문가로 소개시켜 주었다. '석재?' 라오스 사람들이 의아한 표정을 지어 보였다. 나중에 이해한 사실이지만 라오스 유적복원사업에 참여하고 있는 다른 나라의 국제 팀들은 대부분 고고학, 건축을 전공한 사람들로 구성되어 있고, 석재만을 전공한 사람은 처음 대면했던 것이다. 한국에서는 문화재 보존분야가 세분화되어 당연하게 여겨지지만 라오스에서는 석재 전공자가 생소했던 것이다. 잠시 후, 라오스의 현지 담당자는 홍낭시다의 돌에 대하여 물었다. 단순한 호기심에 의한 질문이 아닌, 내가 어느 정도의 수준인지 테스트하려는 질문 같았다. 순간이었지만 어떻게 대답해야 할지 많은 고민을 했다.

첫 번째 답변 고민 : '홍낭시다 북동쪽 방향에 위치한 푸카오산의 돌은 지금으로부터 약 6,500만~1억 4,500만 년 전에 형성된 퇴적암으로 구성되어 있으며 대부분 사암으로 구성되어 있다. 사암은 2밀리미터 이하의 입자들이 퇴적되어 만들어진

■ **사전준비**
  – A형, B형 간염, 파상풍, 장티푸스 등 풍토병 방지를 위한 다량의 예방주사
  – 위험을 대비한 여행자보험 및 마일리지 적립을 위한 라오항공 가입
  – 홍낭시다 과거자료 검토 및 사전조사, 출장계획 수립, 라오스 공문발송

■ **라오스 출장일정**
재단 계획보고 → 문화재청 계획보고 → 출국(비엔티안) → 주라오스 대한민국대사관 사업설명 → 라오스 정보문화관광부 계획보고 → 이동(팍세) → 왓푸세계유산사무소 계획보고 → 홍낭시다 업무수행 → 왓푸세계유산사무소 결과보고 → 라오스 정보문화관광부 결과보고 → 주라오스 대한미국대사관 결과설명 → 귀국(인천) → 재단 결과보고 → 문화재청 결과보고

라오스 출장에서 통상적으로 진행되는 업무과정입니다. 지금은 통상적으로 하는 업무라서 인지하지 못했는데 정리하다 보니 신입직원의 눈에 왜 팀원들이 바빠 보였는지 이해가 갑니다. ODA 사업은 본업도 중요하지만 행정과의 싸움이기도 하죠.

⬆ 2017년 상반기 홍낭시다 전경.
돌들이 온통 검다.

암석으로 대부분 석영, 장석, 운모류들로 구성되어 있다. 홍낭시다 사원은 푸카오 산의 사암으로 건축되었을 것이다.' 이렇게 말하면 될까? 그런데 너무 말이 어려울 것 같았다. 이런 답변은 포기하자.

두 번째 답변 고민 : '홍낭시다 뒷산은 티라노사우르스가 살던 시대에 만들어진 돌로 구성되어 있으며 홍낭시다 사원은 사암이라는 돌로 축조되었을 것이다.' 이정도면 어렵지 않겠지? 음, 그런데 짧은 영어로 어떻게 말하지?

낭시다 돌이 준 교훈 '설렘'

이런 저런 고민을 하는 우물쭈물한 내 모습이 안쓰러웠는지 라오스 담당자는 홍낭시다 사원 돌에 관하여 많은 이야기를 해줬다. 그때 명확하게 들려오는 한 단어 'Black stone'. 그렇다. 이 책의 수많은 사진처럼 홍낭시다의 색상은 검다. 그

▲ **복원용 석재 가공 후의 색상.**
홍낭시다의 최초의 돌 색상이다.

러나 홍낭시다 사원을 축조하기 위해 사용된 돌은 밝은 녹회색의 사암이다. 다만 수백 년의 시간이 흐르면서 홍낭시다는 무너지고, 비를 맞고, 조류, 지의류 같은 미생물들이 석재 표면에 서식하면서 현재의 모습처럼 표면이 검게 되었다. 라오스 담당자의 말에 가만히 고개를 끄덕이며 '홍낭시다는 Black이 아니다'라는 말을 아꼈다. 그리고 눈을 감고 홍낭시다 사원 최초의 모습을 떠올려봤다.

'밝은 녹회색 사암은 석공들의 수많은 정다듬질로 백색에 가까운 색상을 띠고, 하나하나의 돌들이 정성스레 쌓여 완성된 순백의 홍낭시다 사원. 왓푸와 앙코르를 잇는 고대길 순례자들이 녹음이 짙은 열대 밀림에서 바라보던 해맑은 홍낭시다 공주. 최초의 모습을 다시 볼 수 있을까? 라는 설레임'. 이것이 내가 라오스의 홍낭시다 사원 앞에서 경험한 첫 느낌이었다.

남들에게 차마 말하지 못했던 부끄러운 이야기지만, 오랜 시간 동안 문화재 보존을 위한 일을 업으로 살아오면서 나에게 문화유적은 생계유지, 연구주제, 실적의 대상이었다. 당시에 느낀 감정은 개인적으로 기존에 가져보지 못한 완전히 다른 세계였다. 그렇게 홍낭시다에 대한, 문화유산에 대한 나의 감정은 별것 아닌 돌의 색상으로 인해 '걱정'에서 '설렘'으로 이동해 갔다.

"넌 언제 라오스로 돌아와?"

박민선

낭시다가 불러준다면 … 주문을 걸어

"넌 언제 라오스에 다시 돌아오니?"
"……."

가끔 메신저를 통해 안부를 주고받던 팍세 시내의 호텔 직원이 물었다. 그 때는 단기간의 인턴을 마치고 돌아와 집에서 이것저것 딴 짓을 하며 보내던 조금 긴 공백기였다. 늘 홍낭시다가 궁금했지만 실제로 다시 갈 수 있을 것이라는 생각은 하지 못했던 때이기도 했다.
돌아간다고? 난 한국 사람인데, 라오스로 '돌아간다'? 그런데 이상하게도 그 말이 참 좋았다. 마치 주문처럼 그 말을 듣는 순간부터 정말로 돌아가고 싶어졌다. 그러다가 재단에서 2018년 프로젝트 계약직 공채에 라오스팀을 뽑는 것을 보고 지원했다. 하지만 기회를 잡지 못했다. 포기하려고 하던 중, 2019년 하반기에 라오스팀에 다시 모집공고가 난 것을 우연히 보게 되었다. 두 번 떨어지고 나면 완전히 포기할 수 있겠지 싶었다. 마음의 미련을 버리려고 지원했다. 심지어는 지원자도 많아서 모든 것을 내려놓고 면접을 보러 갔다. 그런데 덜컥(?) 붙어버리고 말았다. 나에 대한 자존감이 너무 바닥을 치고 있던 시기여서일까? 능력 있고 젊은 인재

| 미술교육과에 입학하였으나 교사에는 뜻을 두지 못하고 애니메이터와 편집 디자이너라는 과정을 거쳤다. 그러다가 대학원에 진학해 문화재 수리복원학과에서 전통건축을 공부하였고 현재 라오스 ODA 현장에서 건축부분을 담당하고 있다.

▲ 홍낭시다에는 각각의 번호를 가지고 있는 무수한 돌들이 있다.
돌 하나하나를 사진으로 찍고 기록하는 일들을 진행 중인 박민선 연구원.

들이 많았을 텐데 왜 나일까 하는 생각이 들 만큼 아무런 기대도 하지 않고 있던 상황이었다. 하지만 나를 뽑아 주신 분들은 내가 미처 알지 못하는 나의 장점을 보았을 지도 모른다. 그렇게 믿고 싶다. 다시 재단으로 돌아온 나에게 몇몇 선생님들이 농담처럼 물었다.

"뭐가 좋다고 다시 왔어요?"
"그러게요. 모르면 몰라서 왔다고나 할 텐데요."

대답은 그렇게 했지만 다시 오게 돼서 참 다행이다. 홍낭시다가 살아나는 모습을 좀 더 지켜볼 수 있어서 다행이다. 2020년 1월, 그렇게 나는 다시 라오스로 돌.아.갔.다.

팍세에서의 일상

"라오스 좋다던데, 그런 곳에서 세 달이나 살면 정말 좋겠어요. 부럽네요."

이 얘기를 자주 들었던 것 같다. 부러우면 마음껏 부러워 해도 된다. 누군가의 부러움의 대상이 되어 보는 것도 그리 나쁘지는 않으니 말이다. 직접적으로 표현은 하지 않지만, 아무래도 외국에 나가 있으니 시간도 좀 자유롭고 주말이면 여행도 자주 다니니 좋겠다고 생각하는 사람들이 많은 것 같다. 물론 그런 짐작 속에는 우리의 일에 대한 오해도 많다.

출근은 다 함께

라오스에서 우리의 일상은 대략 이렇다. 아침 6시 45분, 어떻게든 침대에서 몸을 떼어내야만 한다. 그 시간이 생존을 위해 아침밥을 먹기 위한 처절한 몸부림이자 마지막 데드라인이다. 15분 내로 씻고, 짐을 챙기고(대부분 초등학생처럼 잠자기 전에 가방을 싸놓긴 하지만 잠들기 전에 보던 아이패드라든지 휴대폰, 충전기 등을 챙겨야 한다.), 대충 눈썹도 출근시키고(눈썹 없이 나가면 미완성의 나를 보여주는 것으로 타협 불가다.), 일곱 시 전에는 후다닥 방을 나선다.

숙소 1층 식당에서 일곱 시부터 조식 주문을 받는데, 출근 차량이 7시 30분에 출발하기 때문에 주문한 음식이 나오는 시간을 감안하면 실제로 식사를 할 수 있는 시간은 15분 이내이다. 아침을 먹으면서 계속 시계를 확인하는 일은 필수다. 약 5분쯤 남았을 때, 테이블에 남겨진 음식을 스캔한다. 손에 들 수 없는 것부터 먼저 먹어야만 한다. 주 요리인 계란요리가 관건이다. 아직 많이 남아 있다면 포크를 용도 변경해야 한다. 일곱 시 25분 이전까지 찍는 것이 포크의 역할이었다면 25분 이후부터는 미는 것이 포크의 주요 용도이다. 입에 밀어 넣기. 최대한 많이.

⬆ 홍낭시다 현장사무소에 걸려 있는 스텝들의 사진.

햄스터 공법으로 양 볼에 비축하기. 7시 29분, 양 볼에 있는 계란요리를 조금씩 씹어가면서 일단 가방을 챙기고 한 손에는 남아 있는 빵을 들고 일어선다. 이 때, 빠른 판단이 필요하다. 남겨진 과일 한 쪽을 포기할 것인가 취할 것인가.

마지막 과일을 급히 먹으려다가 "시간 다 됐으니 갑시다."라는 말에 한입도 아닌 반입 물었던 과일을 접시에 내려놓고 일어서는 아픈 경험을 해본 사람이라면 가장 긴장되는 순간이다. 부지런히 음식을 삼키고 한 쪽 볼에 여유가 좀 생겼다면 일단 볼에 넣는다.(아, 난 아무래도 전생에 다람쥐나 햄스터였나 보다). 그리고, 차량에 시간 맞춰 탑승.

주말이 뭐예요?

타지이기 때문에, 그리고 우리끼리라서 더욱 잘 지켜야 하는 것이 시간이다. 숙소가 있는 곽세 시내에서 홍낭시다의 사무소까지는 전용 차량으로 약 한 시간 정도 소요된다. 사무소에 도착하면 8시 30분. 필요한 것들을 챙겨 다시 현장으로 나간다. 그 곳에서 점심시간 전까지 우리의 주 업무를 수행한다.

11시 30분쯤에 차량을 운전해 주는 미스터 신에게 점심을 주문한다. 그는 단골 식당에 전화해서 반찬과 그 날 먹을 밥의 양을 알려 주고 12시에 우리를 사무소에 내려준 후 식당에 들러 음식을 받아 전달해 준다.

현지인들의 점심시간은 두 시간이다. 한국 팀은 점심식사를 마치고, 각자 정리해야 할 작업을 하며 2시까지 사무소에서 일을 하며 머문다. 라오스의 오후 2시는 한국에서 오후 4시다. 우리는 전송해야 할 문서와 결재해야 할 것들을 그 시간 전에 해결해야 한다. 게다가 현장에서의 인터넷 상황이 안 좋아서(겪어 본 사람만이 이해할 수 있는 바로 그 속도!) 한국에서는 3분이면 해결될 것이 기본 30분, 혹은 세 시간까지 걸리기도 한다.

그렇게 점심시간이 끝나고 오후 작업이 시작된다. 오후의 현장 작업은 4시 30분에서 5시 사이에 종료된다. 다시 사무실로 돌아와, 데이터 정리와 재단과의 업무 등을 마무리하고 다섯 시 30분에 퇴근 차량에 오른다. 우리가 출장을 나가 있는 시기는 주로 라오스의 우기(5월에서 10월까지)를 벗어난 시기이기 때문에, 낮의 길이가 길지 않아 퇴근길의 주변은 이미 캄캄해져 있다. 숙소에 도착하면 6시 30분. 시간은 그리 늦은 것 같지 않지만 해가 일찍 져서 마치 한밤중에 도착하는 듯한 느낌이다.

▲ 현장에서의 점심 풍경.
소박하지만 음식맛은 좋은 편이다.

이렇게 우리의 '하루 일과 끝'이면 좋겠지만, 대부분은 각자 호텔 방에 들어가 현장 사무소의 인터넷 상황 때문에 전송하지 못한 자료를 전송하고(인터넷 속도가 크게 빠르지는 않다) 남은 업무 처리와 데이터 정리 등으로 저녁 시간을 보낸다.

라오스에 머문 시간이 긴 직원일수록 입맛을 잃어가는 것 같다. 처음엔 저녁을 건너뛰더니 점차 아침도 포기한다. 그들이 무엇을 먹고 버티는지 나는 모른다. 누군가는 숙소 주변에서 산 도넛을 먹다가 한 손에 쥔 채로 잠이 들었다고도 하고, 누군가는 매일 저녁 불닭볶음면을 먹다가 위와 장이 엉망이 되어 버렸다고 한다. 난 아직 그렇게까지는 되지 않았지만, 점점 저녁 식사를 챙겨 먹지 않게 되는 날이 늘어가고 있는 듯하다. 그렇다면, 주말은 어떻게 보내느냐? 주말? '그게 뭔데요? 아! 침대에 몸 얹어 놓고 충전하는 날이 바로 주말이라는 날이죠? 여행이요? 여행은 꿈속에서 다니죠!'

진드기가 머리에 붙었어요!

"언니, 제 머리에 뭐가 있는지 좀 봐주세요. 너무 아파요."

2017년에 인턴으로 라오스에 함께 갔던 조보경 연구원이 머리를 들이밀었다. 아프다는 부분을 살펴보니 커다랗고 까만 물사마귀 같은 것이 붙어 있었다. 처음에는 사마귀 같은 것이 자라난 건가 했다. 그런데 왠지 그 모양이 예전에 사무실에서 키웠던 개의 털 속에서 종종 발견되던 진드기를 닮은 것 같았다. 인터넷으로 검색해 보니 맞는 것 같았다. 보경 씨는 그것이 살아 있는 생명체임을 극구 부정하면서 만지지도 못하게 했다. 머리에 붙어 자라기 시작한지 좀 된 듯 크기가 작지 않았는데 그렇게 자랄 동안 머리 감을 때마다 걸리적거리지 않았냐고 물었더니, 아파서 건드리지 못했다고 한다. 소장님의 호출을 받고 들어온 미스터 신도 보자마자 진드기라면서 종종 그런 일이 있다며 대수롭지 않게 말하고 머리빗으로 쓱쓱 빗으면 떨어진다고 했다. 그래도 머릿가죽을 파고들어 자라난 녀석인데 억지로 잡아떼면 안 될 것 같아서 내가 알콜 솜으로 닦아낸 후 힘이 약해졌을 때

떼어 주겠다고 하니 "악! 싫어요. 병원 갈래요!"라며 피했다.

그 사이 미스터 신은 어디선가 머리빗을 구해 오고, 나는 알콜 솜을 들고 쫓아다니고, 보경 씨는 싫다고 소리 지르며 도망다니는 상황이 되었다. 결국 병원에 가서 제거하기로 결정하고 점심시간을 이용해서 병원에 갔다. 그런데 그 녀석

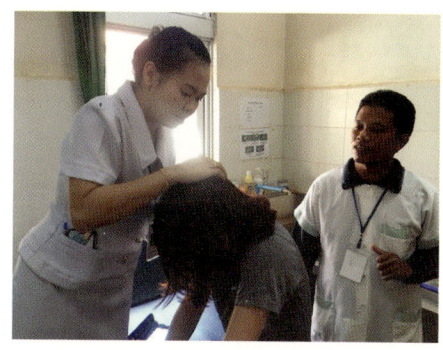

▲ 진드기 붙어있던 자리를 소독하고 있는 보경 씨.
미스터 신은 보자마자 진드기라면서 종종 그런 일이 있다며 대수롭지 않게 말하고 머리빗으로 쓱쓱 빗으면 떨어진다고 했다.

이 병원에 도착해 보니 없어졌다고 한다. "차에 떨어진 거 아냐? 슬금슬금 기어서 내 몸으로 올라오면 어쩌지?" 차 안 여기저기 찾아봤는데도 없었다고 한다. 그래도 혹시 몰라 병원에서 소독하고 약을 사가지고 왔다고 했다. 오후가 되어 현장에 나갔더니 현장 아저씨들이 벌써 다 알고 웃으면서 놀렸다. 야생 진드기가 가끔 나무 같은 데서 사람 몸으로 옮겨 붙기도 한단다. 그런데, 보경 씨 머리에 붙어 있던 진드기는 어디로 가버린 걸까? 병원 가는 줄 알고 도망쳤나?

현장 오딧세이

언니

"언니~, 민선언니~" 함께 실습 갔던 친구가 현장에서 멀리 있는 나를 부를 때 항상 이렇게 불렀어요. 약간의 콧소리가 섞인 높은 톤의 목소리였는데, 현장의 인부 분들이 그게 재미있었나 봐요. 어느 새, 그 친구가 나를 부를 때마다 여기저기에서 "언니~!" 소리가 몇 번의 메아리처럼 들려오기 시작했어요. 그리고는 뒤 따라 오는 웃음소리. 투박한 시골 아저씨들이 부르는 "언니~!"는 아무리 들어도 적응이 되지 않았지만 함께 웃을 수 있는 시간들이 행복했답니다.

여기서 팁! 우리나라에서는 손위의 여자를 부를 때 사람이 남자일 경우 이면 누나라 부르고, 여자일 경우 언니라고 부르지만, 라오스에서는 부르는 사람이 누구이든 상대방이 나보다 나이 많은 여자이면 '으아이ເອື້ອຍ. 언니', 나보다 나이 많은 남자이면 '아이ອ້າຍ. 오빠'라고 부른답니다.

3장

크메르의 찬란한 유산,
한국의 몽상가들과 만나다

'캄보디아는 앙코르와트를 자랑스러워하는 크메르인들의 나라다.'
크메르인?! 다소 생소할 수 있는 단어다. 크메르(khmer)란 우리나라로 치면 '한(韓)'에 해당하는 단어로 캄보디아를 상징하는 단어이다. 그래서 캄보디아 사람을 '크메르인'이라고 부른다. 그 외에도 캄보디아 말은 '크메르어', 캄보디아 요리는 '크메르 음식'이라고 부른다. 크메르인들은 고대 크메르 제국의 후예이다. 크메르 제국은 쇠퇴하여 더 이상 옛 면모를 가늠하기 어렵게 되었지만 크메르인들이 고도로 발전시킨 '크메르 문화'는 캄보디아뿐만 아니라 동남아시아 전역에 전파되어 지역문화의 형성과 발전에 기여하였고, 여전히 큰 영향을 미치고 있다.

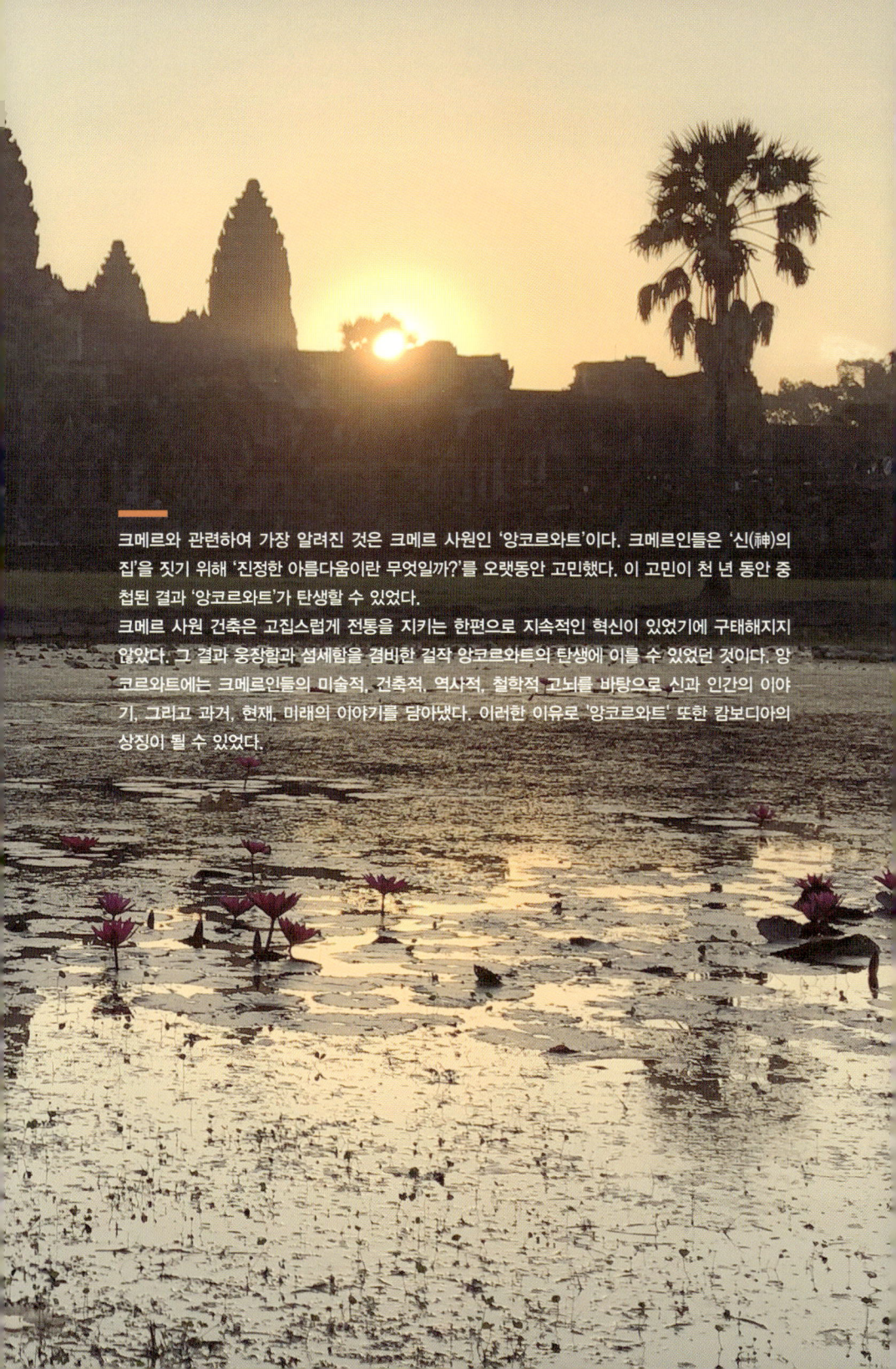

크메르와 관련하여 가장 알려진 것은 크메르 사원인 '앙코르와트'이다. 크메르인들은 '신(神)의 집'을 짓기 위해 '진정한 아름다움이란 무엇일까?'를 오랫동안 고민했다. 이 고민이 천 년 동안 중첩된 결과 '앙코르와트'가 탄생할 수 있었다.

크메르 사원 건축은 고집스럽게 전통을 지키는 한편으로 지속적인 혁신이 있었기에 구태해지지 않았다. 그 결과 웅장함과 섬세함을 겸비한 걸작 앙코르와트의 탄생에 이를 수 있었던 것이다. 앙코르와트에는 크메르인들의 미술적, 건축적, 역사적, 철학적 고뇌를 바탕으로 신과 인간의 이야기, 그리고 과거, 현재, 미래의 이야기를 담아냈다. 이러한 이유로 '앙코르와트' 또한 캄보디아의 상징이 될 수 있었다.

코이카가 문화유산 ODA사업을 시작했다

박지민

캄보디아 사업은 2012년에 처음 제안서를 작성했다. 기초지식이 아무것도 없었고, ODA를 왜, 어떻게 할 것인지 쓰는 방법도 몰랐다. 국내의 문화유산 보존·복원 사업과 해외의 사업은 어떤 차이가 있는지도 전혀 몰랐다. 당연하게도 서류심사에서 탈락했다. 캄보디아 수원기관인 압사라청과 이메일이 오고 가는 과정을 거쳐 여기저기 확인을 하다 보니 적확한 절차가 무엇인지 확인할 수 있었다. 2013년의 사업제안서는 좀 더 구체적이고 실현가능한 방향을 잡기 시작했다. 일단 서류 심사가 통과되었다.

코이카는 우리나라의 무상원조를 전담하는 기관이고 1990년 이후 지금까지 지속적으로 원조사업을 추진해 온 전문기관이다. 그러나 문화유산 분야의 사업은 처음이었다. 그래서 코이카는 외부 전문가를 섭외하여 2014년 3월 사업기획조

학사와 석사, 박사 과정 모두를 건축학으로 마쳤다. 94년에 건축문화재 현장에 들어 10여 년간 지역의 건축문화재조사와 대학 강의에 바쁜 나날을 보내다가, 2008년 4월부터 국립문화재연구소 건축문화재연구실에서 정림사지, 미륵사지 고증연구, 미륵사지석탑 판축 실험, 복원설계 등을 담당했다. 한국문화재재단의 문화유산 ODA 추진 개척자다. 현재 한국문화재재단에서 ODA팀 부팀장으로 재직 중이며, 캄보디아의 코끼리테라스 유적 보존·복원 사업의 현장 책임자다.

▲ 2014년 10월 구조안전 모니터링(을 위한 크랙게이지 부착). 가운데가 박지민 연구원.
KOICA는 우리나라의 무상원조를 전담하는 기관이고 1990년 이후 지금까지 지속적으로 원조사업을 추진해 온 전문기관이다. 그러나 문화유산 분야의 사업은 처음이었다. 그래서 코이카는 외부 전문가를 섭외하여 2014년 3월 사업기획조사를 실시했다.

사를 실시했다. 이 조사에서 실제 사업 추진에 도움이 되는 중요한 제언도 있었지만, 사업 자체가 엎어질 위기에 처하기도 했다. 조사 종료 이후 제출해야 하는 보고서도 작성하지 않았다. 이 상황은 어떻게든 수습해야만 했다. 코이카 캄보디아사무소에서 기획조사 당시 외부 전문가들이 작성했던 달랑 두 페이지 상당의 의견서를 바탕으로 77페이지의 조사보고서를 작성해야만 했다. 부록을 포함하면 140페이지가 넘는 분량이었다. 지난 2년 동안 이 사업에 대해 깊이 고민하고 가상의 시뮬레이션을 돌려보고 여러

> **ODA수첩**
>
> 주 캄보디아 한국대사관 측과 캄보디아의 대외 수원총괄기구인 CDC(The Council for the Development of Cambodia) 측은 2015년 추진 사업을 양측 합의에 의해 결정하고 우선순위를 선정하기 위한 회의를 개최했답니다. 그런데 협의가 진행되던 중 의외로 앙코르 유적 보존·복원 사업이 우선순위로 떠올랐죠. 아마도 캄보디아 측에서 다른 분야의 원조사업도 중요하지만, 앙코르 유적 보존·복원 사업 추진을 강하게 요구했던 것으로 보입니다. 결과는 2015년 착수 사업 중에서 이 사업이 1순위로 결정되었어요! 극적인 상황이 발생했지만, 당시엔 이것을 알지 못했어요. 사업이 엎어질 뻔했다는 것도, 1순위로 결정되었다는 것도.

자료를 수집해 왔었기 때문에 의견서에 담긴 내용과 현장에서 담은 메모를 바탕으로 여러 상황들의 전후관계를 짐작할 수 있었다. 나중에 사업이 확정되고 나서 확인된 내용에 의하면 우여곡절 끝에 기획조사 보고서가 제출된 후에도 이 제안사업은 거의 버리는 사업으로 취급받았다.

성탄선물, R/D 체결

코이카 사업은 입찰을 통해 사업수행기관을 선정하는 것이 원칙이다. 2014년 9월 외교부 개발협력국이 주관하고 외부전문가가 참여하여 평가하는 '공공협력에 의한 사업'을 모집한다는 것을 알게 되었다. 여기에 캄보디아 앙코르유적 보존·복원사업 신청서를 작성하여 제출했고, 10월 현지에서 벌어지는 실시협의를 준비했다. 공공협력사업을 신청하면서 2차 사업기획조사부터 공동수행이 가능했기 때문에 12월의 실시협의에 참여할 수 있었다. 이 때, 앙코르 유적 이곳저곳을 방문하면서 코이카 본부와 캄보디아사무소 담당자들, 협의에 참여한 외부 전문가들에게 사업의 목적과 세부계획들을 충분히 설명할 수 있었다. 그리고 수원기관인 압사라청 담당자들과 협의를 진행하면서 사업기획조사에서 추가로 제안된 내용들이 반영될 수 있도록 설득하고 조정안을 만들 수 있었다.

실시협의를 출발하기 전 사무실에서 이틀 밤을 꼬박 새우고 시엠립으로 가는 비행기를 타자마자 앉은 채로 잠들어서 랜딩하는 충격에 잠에서 깨어났다. 4박 6일의 짧은 시간이었지만, 해가 떠 있는 시간은 쉴 새 없이 현장과 여러 기관을 방문하고 관계자들과 협의를 진행했다. 저녁을 먹고 숙소에 들어와서는 매일매일 조사하고 협의된 내용을 정리하느라 새벽 4~5시에나 겨우 잠을 청할 수 있었다. 매우 긴박하게 돌아가는 현장조사와 협의과정을 통해 현장에서 발생할 수 있는 여러 변수들을 이야기하고 이를 극복하기 위한 방안들을 제시하면서, 기획조사 과정에서 코이카 사업 담당자들에 갖게 되었던 의심과 불신을 해소할 수 있었다. 그리고 2014년 성탄절 다음 날, 코이카 캄보디아 사무소와 압사라청 사이에서 R/D Record of Discussion가 체결되었다.

워커 홀릭, 과로 그리고 암진단

그러던 중 4월 무렵 갑작스럽게 눈에 이상 징후가 나타났다. 회사 근처의 개인병원 안과에서는 그동안 무리했으니 안정을 취하면 나을 거라는 진단을 했다. 거의

▲ 2015년 6월_ICC-Angkor 1차 사업 착수 발표

5주 동안 안약을 넣고 약을 먹으며 사업집행계획 작성을 계속했다. 그러나 약효는 없었고, 증세는 더욱 심해지기만 했다. 눈꺼풀은 점점 처지고 복시도 심해졌으며 혀가 굳어 발음이 잘 되지 않기 시작했다. 음식물을 삼키는데 장애가 발생하기 시작할 무렵 좀 더 큰 안과 전문병원을 방문하게 되었다. 거기서 중증 근무력증 판정을 받았다. 이후 3차 병원을 추천받고 진료의뢰서를 받아서 큰 병원으로 옮겨가게 되었다.

그렇게 병원을 전전하던 2015년 6월 시엠립에서 개최된 ICC-Angkor에서 신규 사업으로 코이카 프로젝트가 발표되었다. 컨퍼런스홀에서 만난 당시 코이카 캄보디아 백숙희 소장님은 일 제대로 하려면 치료부터 잘 받으라며 격려를 해주셨다. 2015년 5월은 우리나라에 메르스가 창궐하던 시기여서 대부분의 대형병원들은 출입자 관리에 초비상인 상황이었는데, 덕분에 병원 예약을 잡는 것이 매우 수월했다. 국가적으로는 위기상황이었지만, 개인적으로는 메르스 덕에 3차병원에서 안과-신경과-흉부외과-수술에 이르는 과정이 한 달 이내에 이루어지는 기적이 발생했다. 중근 근무력증의 특성상 발병 원인은 찾기가 힘들었지만, 운 좋게도 첫 번째 조치(흉선 제거수술)에서 원인을 찾게 되었다.

흉선암이었다. 다행히 전이가 되지 않은 상태에서 제거할 수 있었다. 그리고

는 5주간의 방사선 치료와 함께 지금까지 5년 이상 투약 치료를 하고 있다. 근 20년간 문화유산 관련 일을 하면서 쉴 새 없이 달려왔던 몸뚱이가 드디어 고장이 나버린 것이다. 워커홀릭은 좋지 않다. 쉴 때는 쉬어야 한다. 병이 난 덕분에 수술, 방사선 치료와 안정을 위해 약 100일간 휴직을 했고, 몇 년 동안 공들여서 만들었던 앙코르유적 보존·복원 사업에는 참여할 수 없었다. 아쉽지만 신호가 왔을 때 멈춰야 했고, 일만 바라보며 달려오던 과정을 멈추고 일은 일대로, 관계는 관계대로 재정비를 해야만 했다.

서두르지 말 것, 그러나 세밀하고 꼼꼼히

하지만 코이카가 문화유산 ODA사업을 인지하기 시작했고, 어떤 가능성을 감지하기 시작했다. 캄보디아 앙코르유적 보존·복원사업은 2019년 2차 사업으로 연결되었다. 코이카 사업 역사상 3차 사업까지 연결된 사례는 없다고 했지만, 모르는 일이다. 2차 사업에서 어떤 성과를 거두느냐에 따라 미래는 달라질 수 있을 것으로 본다. 다만, 지금의 변수는 코로나19이다. 코이카 입장에서도 늘 해오던 사업 외에 SDGs Sustainable Development Goals: 지속가능 개발 목표 기준에 적합하면서 수원국의 요구를 충족시키는 새로운 사업을 찾아내고 성공적으로 수행하는 것은 중요하다. 당분간은 코로나19 극복을 위한 보건 관련 사업이 주류를 이루겠지만, 문화유산 ODA사업도 명맥이 끊기지는 않을 것으로 예상한다. 어차피 문화유산 ODA사업은 굵고 짧게, 임팩트를 나타내는 사업이 아니다. 밑바닥을 다지며 천천히, 촘촘히, 사람과 마음을 얻어가는 사업이 되어야 한다. 그래서 서두를 필요는 없다. 오히려 사업을 기획하고 구상하는 단계에서부터 더욱 세밀하고 꼼꼼히 해야 한다.

▲ 2015년 6월 당시 황량했던 캄보디아 프레아피투 사원군 앞.

앙코르와의 질긴 인연, 그리고 한국문화재재단 입사

김지서

앙코르유적은 지금의 '나'를 존재하게 해준 고마우면서도 애증이 남는 유적이다. 처음으로 앙코르를 접한 건 1998년 내가 중학교 2학년 때의 일이다. 당시 우리 가족은 홍콩에서 살고 있었는데 캄보디아라는 나라에서 어마어마한 유적이 발견되어 꼭 가봐야 한다는 소식을 지인에게서 들었다. 우리는 가족여행을 캄보디아로 갔다. 세계문화유산에 대해서 개념도 없던 시절 꼭 가보라는 지인의 말을 듣고 캄보디아 정세도 확인 안 한 채 비행기를 타고 간 시엠립. 내전이 끝났지만 아직도 약탈이 횡횡하고 위험한 미지의 세계였다.

공항을 제외한 온 세상은 칠흑 같은 어둠이 깔려 있었고 공항 밖에서 동물원의 동물을 쳐다보는 듯한 캄보디아인들만 우리를 반겨주고 있었다. 아버지는 너무도 겁이 나서 택시를 타자마자 '가장 비싼 호텔로 가주세요'라고 했다. 어차피 그 때는 운영 중인 유일한 호텔이 앙코르 그랜드 뿐이었다. 공항에서 단지 몇 킬로미터밖에 되지 않은 거리였지만 택시를 타고 가면서 걱정과 겁에 질려서 우리는

| 중학교 3학년 때 우연한 기회에 앙코르와트를 보고 고건축에 매료되어 이후 한국전통문화대학교 전통건축학과에 진학하여 고건축의 길을 걷기 시작했다. 체코와 바르셀로나에서 고건축구조로 석사 학위를 받았다. 이후 국립문화재연구소 건축문화재연구실에 연구원으로 중요문화재에 대한 구조모니터링 및 R&D 연구를 수행했다. 현재는 신북방의 주역인 우즈베키스탄 사업을 이끌고 있다.

마치 택시의 인질마냥 끌려가고 있었다. 다행히 택시는 우리를 앙코르 그랜드 호텔에 안전히 내려주었다. 우리는 안도하고 잠을 청할 수 있었다. 당시 어린 나이였고 모든 상황을 이해하지는 못했지만, 그때 아버지의 심정을 들어보면 가본 여행지 중 밤 시간이 그렇게 무서웠던 적은 없었다고 했다.

☆ 1998 앙코르와트 답도 전경 및 가족사진.
답도 좌측은 아직 보수가 시작되지 않은 때였고, 현재는 보수가 이루어지고 있는 상황이다.

총든 군인이 지키던 앙코르

다음 날 오전 부슬부슬 비가 내리고 있었다. 칠흙 같은 어둠이 지나고 평온한 아침이 찾아왔다. 현지 한국인 가이드가 우리와 미팅을 가졌고 캄보디아의 상황에 대해서 간단한 설명을 해줬다. 내전이 끝났지만 나라는 지금 혼란상황에 있으며 원래 있던 한국인들도 다들 다른 나라로 피신해 있다고 했다. 그래서 현지에서 운영을 하고 있는 식당 주인이 우리의 가이드가 되어주었다. 우리는 오전부터 앙코르를 보기 시작하였다. 식당에서는 야생 곰 한 마리를 키우고 있었다. 후에 캄보디아 사업으로 인하여 이곳에 왔을 때는 당시 곰을 키우던 식당을 찾았는데 안타깝게도 가이드와 같이 찍은 사진이 없어서 나를 이곳 앙코르로 인도해준 의인을 다시 만날 수는 없었다.

앙코르 유적은 총을 든 녹색 군인들이 지키고 있었다. 문화유산에 대한 갈취도 횡횡하던 시절이었다. 내전의 피해로 멍이 든 유적은 기둥을 사격을 하기 위한 용도로 쓰였는지 기둥 곳곳에 총알자국이 있었고 곳곳에 파괴된 문화유산이 있었다. 낮 시간에는 군인이 주둔하고 있었지만 밤이 되고 다음 날에는 유적 일부 및 유물이 사라지는 경우가 다반사라고 했다.

시간이 흘러 나는 대학에 들어가 고건축을 전공했다. 사람의 인생에서는 여러 갈림길이 있듯 그 갈림길을 가는데 있어서 자신의 선택이 곧 인생이 되는 경우가 대부분일 것이라는 생각을 한다. 그리고 사람은 자신이 한 일에 대한 보상을 하며,

혹은 빚을 갚으면서 살아가는 것이라고 들었다. 나 또한 과거에 진 빚이 있다. 문화유산 ODA를 통하여 그 빚을 갚아나가고 있는 것이 아닌가 싶은 생각이 들 때가 많다.

ODA 경험의 시동, 아이티 파병

2010년 1월 12일, 아이티의 땅이 요동치기 시작하였다. 규모 7.0의 대지진이 카리브해에서 발생하여 아이티를 덮쳤다. 건물들이 엿가락처럼 휘고 도로 곳곳에 싱크홀이 생겼다. UN에서는 한국과 일본의 아이티 급파를 요청하고 우리는 그 명을 따라야 했다.

나의 ODA 일은 이 시점에서 시작되었다. 군에 복무 당시 아이티에 공병 통역장교로 파병을 가게 되었다. 지진의 피해로 200,000명 이상의 사상자가 나왔고 국가는 초비상사태에 이르렀으며 민심은 아비규환 자체였다. 이런 절망에 빠져있는 사람들에게 하나의 단비로 작용하자는 의미에서 우리는 단비부대라는 애칭으로 불렸다. 북한 땅굴을 파던 시추부대는 땅굴 대신 아이티의 물(水)굴을 파서 깨끗한 지하수를 공급하였다. 전시에 북한군의 남침 길목을 막아야하는 공병장비들은 아이티의 무너진 건물과 도로를 정비하며 반대로 길을 열어주었다. 이 시기에 나는 통역장교로서 부대 간, 민간인 간 그리고 NGO 단체 간 소통의 다리의 역할을 수행하며 사람에 대해서 배우고 소통의 기술을 터득하였다. 아이티는 한국 전쟁 당시 한국을 도와준 고마운 나라이다. 한국은 지원을 받는 나라에서 이제는 지원을 하는 나라로 아이티에게 진 빚을 갚게 되었다.

부대 밖에서는 아이티의 의사, 변호사, 판사들이 하루 아침만에 직장과 가족을 잃고 철조망 사이로 굳은 살이 박힌 손

⬆ 2010 아이티 파병 당시 통역장교 수행 모습.
우측 맨끝이 김지서 연구원.

을 내밀면서 구걸했다. 하루 먹을 음식과 일당 5불만 받으면 어떤 일도 하겠다는 아이티의 인텔리들이 하루에도 수십 명이 찾아왔다. 5개국어 능통자는 물론이고 갖가지 기술을 가진 사람들이 일거리와 먹거리 그리고 잠 잘 곳을 찾아 매일 같이 찾아왔다.

절망에 빠진 사람들을 보면서 이들의 눈에서 눈물이 마르지 않는다는 것이 무엇인지를 보니 더더욱 나보다 못한 입장의 사람들을 도와야겠다는 생각이 들었다. 도움을 받는 사람이 진정으로 원하는 것이 무엇인지 알고자 하는 자세와 마음가짐을 배웠다. 이후 ODA의 삶을 살아가는데 하나의 나침반이 된 소중한 경험이었다.

몇 년이 지난 2015년, 나는 한국문화재재단에 입사했다. 사실 캄보디아가 아니었으면 지금쯤 다른 일을 하고 있었을 것 같다. 도대체 언제까지 캄보디아가 나를 부를까 하는 운명에 대한 호기심과 새로운 세계에 대한 열망에 입사를 결정했고 감당하려고 노력했다.

▽ **한국이 복원정비사업을 진행한 캄보디아 앙코르 유적인 프레아피투 T사원.**
10대 때 이곳에 와서 꿈을 품고 떠났던 소년은 세월이 흘러 현장의 사업 책임자로 돌아왔다.

앙코르와의 12년

박동희

옛날에 쓰던 내 여권의 스탬프에는 2008년 7월 2일 캄보디아에 들어온 날짜가 선명하게 찍혀있다. 이 스탬프는 내가 앙코르 유적 복원 일을 시작한 시점으로부터 딱 12년이 지났다는 것을 알려준다. 사실 막연한 호기심과 무모한 모험심으로 앙코르에 뛰어들었는데, 어느덧 12년이 지났으니 이제 조심스레 앙코르 유적 복원 일에 종사하는 사람이라 말해도 될 것 같기도 하다.

한국에서는 보존과학을 전공했다. TV에서 도자기를 붙이는 모습을 보고, 박물관에서 일하는 것이 멋져 보여 선택한 전공이었다. 대학을 다니던 4년 동안 재밌게 공부했지만, 졸업을 앞두고 평생 이 일을 하려고 생각하니 의구심이 들었다. '과연 잘하는 선택일까?' 결국 결정을 유보하고 평소에 동경하던 앙코르와트로 일종의 도피 여행을 떠나게 되었다.

학부 과정에서 가르침을 주셨던 사와다 교수님의 소개로 앙코르 유적 복원팀에

한국에서 문화재보존과학을 전공했으나, 앙코르에 매료되어 캄보디아 현지에서의 삶을 시작했다. 일본복원팀(JASA)에서 경험을 쌓았고, 크메르 유적 복원으로 건축학 박사학위를 취득하였다. 2015년에 한국문화재재단이 수행하는 앙코르 유적 복원사업에 합류했다.

서 반년 동안 인턴생활을 할 수 있었다. 앙코르에서는 학부 때와는 다른 생생한 공부를 경험할 수 있었기에 모르는 것 투성이었지만 하루하루를 즐겁게 보냈다. 그리고 공부를 할수록 앙코르의 아름다움, 위대함에 감탄했다. 무엇보다도 앙코르 유적을 위해서 내가 뭔가 도움이 될 수 있겠구나 싶은 막연한 기대감이 앙코르에 계속 머무르고 싶게 했다. 마음을 따라가다 보니 어느덧 앙코르 유적으로 석사, 박사까지 마치고 있었다.

앙코르 유적 복원이 학업에 이어 직업으로 이어지기까지 상당한 운이 작용하였다. 아무래도 국가 원조사업은 세금을 바탕에 두고 국가 대 국가로 이뤄지는 일이다 보니, 제 3국의 외국인이 일본 사업에 끼어서 급료를 받는 것은 거의 불가능한 일이었다. 또 한 명의 고학력 백수가 탄생할 뻔했다. 하지만, 정말 운 좋게도 적절한 시점에 한국이 앙코르 복원에 참여하였고, 나는 그 시기에 편승하여 직업

▼ 앙코르와트.
앙코르 유적을 위해서 뭔가 도움이 될 수 있겠구나 싶은 막연한 기대감이 앙코르에 계속 머무르고 싶게 했다.

인으로서 앙코르 유적 복원을 계속할 수 있었다.

땅은 땅대로 재밌고, 돌은 돌대로 재밌다

앙코르에서 내가 있었던 첫 현장은 바이욘Bayon 사원이었다. 대학을 갓 졸업한 시점이었지만 앙코르에 대해서는 아는 것이 거의 없어서 바닥부터 다시 배우겠다는 초심자로서의 각오를 다지고 있었다. 당시 단장님을 처음 뵙고 나는 "무슨 일이든 다 시켜 주십시오."라고 부탁을 했고, 단장님은 "방학을 맞이해서 각 분야별 교수님들이 현장 조사를 오실 테니까 현장에서 일을 돕도록 하게!"라고 지시하셨다. 유적 복원은 고고학, 건축학, 구조공학, 보존과학, 암석학, 생물학, 미술사 등등, 생각 이상으로 다분야의 협력 속에서 일들이 돌아가고 있다는 것을 알게 되었다. 대상은 똑같은 바이욘 사원임에도 불구하고 교수님들은 서로 다른 시각으로 유

▲ 고고학 발굴조사.

▲ 보존과학 약품 실험.

▲ 지반공학 입도 측정.

▲ 생물학 지의류 조사.

적을 바라보고 계셨다. 고고학 교수님은 땅만 보셨고, 암석학 교수님은 돌만 보셨다. 그런데 이것이 땅은 땅대로 재밌고, 돌은 돌대로 재밌었다. 새로운 교수님이 오실 때마다 '이 교수님은 또 어떻게 사원을 보실까'라는 기대감이 들었다.

여러분! 저 사람은 일본 사람입니다

바이온 사원은 앙코르 유적 중에서도 관광객들에게 가장 유명한 세 사원 중 하나로 꼽혀 언제나 관광객으로 붐빈다. 그래서 현장에서 일을 하고 있으면 관광객들의 질문공세로 일에 집중하기가 쉽지 않았다. (모르는 사람들한테 사진을 가장 많이 찍혔던 시기이기도 하다). 여유가 있거나 기분이 좋을 때에는 친절하게 설명을 해 주기도 했지만, 바쁘거나 지쳤을 때에는 질문을 못 알아듣는 척하기도 했다.
그러던 어느 날 평소처럼 현장조사를 하고 있었는데, 한국 가이드를 필두로 한 무리의 관광객들이 나타났다. 가이드가 설명을 시작했다. "자 여러분, 저기 저 사람은 일본 사람입니다." 조사하던 손이 멎었다. '이거 나한테 하는 말이 분명한데?! 뭐라 말을 해야 하나…, 내가 한국말을 하면 난감해 하겠지?' 가이드가 말을 이어나갔다. "일본은 1994년부터 바이온 사원을 복원하고 있습니다. 그런데 이

▲ 관광객으로 가득한 바이온 사원.

▲ 조사에 대해 질문하는 관광객.

렇게 복원해주고 입장료에서 돈을 떼 가고 있습니다." 앞 말은 맞는데, 뒷 말은 틀린 내용이었다.

이미 못 알아듣는 척하고 있었기에 뭐라 말을 할 수 없었다. 여러모로 안타까웠다. 자극적인 이야기로 일본이 앙코르에서 하는 공헌을 깎아내리는 현실도, 졸지에 일본인이 되어버려 한국어를 모르는 척하는 나 자신도, 그리고 수많은 나라들이 참여하는 앙코르 복원사업에 한국이 없다는 것도.

나는 그렇게 선진국들의 무대에서 제 삼 국의 학생으로서 인턴생활을 묵묵히 이어나갔다.

❥ **바이온 사원.**
앙코르 유적 중에서도 관광객들에게 가장 유명한 세 사원 중 하나로 꼽힌다. 관광객들로 항상 붐비는 곳이다.

익산의 돌 장인과 캄보디아와의 교류

박성철

ACPCS Asia Cooperation Program On Conservation Science는 아시아권 문화재 보존과학 국제 연수 프로그램이다. 이 프로그램은 아시아권 문화재 보존과학자들을 대상으로 교육 지원을 수행하는 대표적인 과정이다. 현지 우수한 인력 양성을 위한 해외원조 사업 성격을 가지는 프로그램 중 하나이다. 보존과학에 몸담기 시작하면서 가까이에서 지켜봐온 프로그램이지만 나와 인연은 없었고 앞으로도 없을 줄 알았다. 하지만 2018년은 달랐다. 현장 중심의 길을 걷고 있던 나에게도 이런 기회라는게 온 것이다. 대상지는 앙코르와트로 잘 알려진 나라, 캄보디아였다. 태어나 처음으로 가게 되는 캄보디아, 설렘 반 걱정 반의 싱숭생숭한 감정이 다가왔다.

다른 프로그램도 마찬가지겠지만 가기 전의 준비 과정이 만만치 않게 많았다. 수차례 걸쳐 검토 회의를 거치고 교육지원 물품과 그와 관련된 교육과정을 선정하

| 대학에서 지질학을, 대학원에서 암석학을 전공했다. 국립문화재연구소 건축문화재연구실에서 수행한 경주불국사삼층석탑(석가탑), 익산미륵사지석탑 해체수리의 전반적인 보존과학적 연구 및 처리를 담당했으며 국립문화재연구소 남북문화재사업단에서 만월대 보수 정비계획 및 DMZ 세계문화유산에 관한 업무를 수행했다. 현재, 캄보디아의 프레아피투 사원과 코끼리테라스의 유적보존과 관련된 보존처리, 보존과학적 연구 및 현지 기술교육을 담당하고 있다.

는 과정으로 진행되었다. 사전 준비가 어려웠을 뿐 막상 도착한 캄보디아에서는 의외로 순조롭게 일이 진행되었으며 반갑게 환영까지 해주었다. 한밤중에 도착했지만 숨이 턱 막히는 더위조차 반가웠다. 앞으로 친해져야 될 도마뱀을 보며, 이것이야말로 자연친화적인 도시가 아닐까 싶었다.

상처 속에 찬란함을 찾다

본격적인 교육에 앞서 짧은 휴식과 함께 앙코르와트 답사를 할 수 있는 시간적 여유가 생겼다. 두근거리는 마음으로 한나절 남짓 짧은 코스로 경험할 수 있었다. 답사지 설명에 도움을 주신 현지 가이드로부터 앙코르와트의 완벽 투어는 2박 3일로도 부족하다는 설명을 들었다. 앙코르와트는 생각보다 잘 정돈되어 관리되고 있다는 생각이 느껴져서 관람이 편안했다. 그리고 크메르 건축의 정수를 볼 수 있어 개인적으로는 영광이었다. 하지만 곳곳에 세월의 흔적이 많이 남아 있는 부분적 훼손과 보존처리 흔적이 마치 영광의 상처 같았다. 그럼에도 불구하고 당시 양식사 연구에 도움이 될 수 있는 부조들의 화려함과 정교함에 매료되지 않을 수 없었다. 여기서도 돌쟁이 지질쟁이는 그냥 보는 법이 없었다. 앙코르와트를 구성하는 암석이 사암이라는 것을 보고 특징적인 구조가 있는지를 관찰하기도 했다. 벽체 가까이 가는 것은 제한적이었지만 가능하긴 했다.

다음으로 발걸음을 옮겨 따프롬 사원으로 이동했다. 사원 초입에 들어서자마자 낯익은 한국말이 등 뒤로부터 들려왔다. "아저씨!" 나는 반사적으로 뒤를 돌아보았다. '4달러!' 어린아이들이

▲ 2018년 아시아권 문화재 보존과학 국제연수의 현지기술교육 과정에서 앙코르보존소 현지 연구원들을 대상으로 〈접합 후 표면마감 처리 방법 교육〉 중인 박성철 연구원.

▲ 기후 특성으로 인해 나무의 성장이 폭발적이라 벌목으로 제어하는 것은 어려우며, 해결책으로 성장을 억제시키는 약제 주입을 통해 느리게 생장하게 만들어 조절한다.

가판을 들고 노점 판매를 하는 것이었다. 한국에서는 흔치않은 풍경이었고 마치 1950년대 한국전쟁 이후 어려웠던 시기의 사진을 현장에서 보는 듯한 풍경이었다. 어린아이들은 나뿐만 아니라 일행들에 향해서도 무차별적으로 "언니", "누나", "이뻐요" 등을 날리며 호객을 하기 시작했다. 하지만 그 누구도 "멋진", "미남 형" 등으로 부르는 아이는 없었다.

우리는 현장을 벗어나 따프롬 사원을 둘러보기 시작했다. 첫 시선은 중앙에 서 있는 나무에 가서 꽂혔다. 사원과 한몸이 되어 서있어 너무나 자연친화적이었다. 하지만 사원 보호 차원에서는 좋은 모습은 아니다. 기후 특성으로 인해 나무의 성장이 폭발적이라 벌목으로 제어하는 것은 어려우며, 해결책으로 성장을 억제시키는 약제 주입을 통해 느리게 생장하게 만들어 조절한다는 설명을 들었다. 결과적으로는 자연과 문화재를 양립할 수 있으니 이 또한 자연친화적으로 볼 수 있다.

그리고 대망의 코끼리테라스가 있는 곳으로 발길을 돌렸다. 이때까지만 해도 나의 근무지가 될 수 있을 것이라고는 생각지도 못했다. 첫 인상은 웅장한 크기였다. 그리고 부분적인 불안정 구역, 언제쯤 수리가 진행 될까라는 의문이 들었었다.

만 하루의 짧은 휴식과 준비 이후 앙코르 보존소 직원들을 대상으로 10명 남짓한 인원과 함께 일주일가량 교육을 진행했다. 교육은 대상 직원들의 열의로 순조롭게 진행됐으며, 다양한 크메르 양식의 석조 조형물을 가까이 볼 수 있는 좋은 기회도 되었다.

익산과 캄보디아

나는 국내 미륵사지석탑 보수 정비에 참여한 적이 있다. 현장에서 땀 흘리고 일하던 어느 날 예기치도 않게 찾아온 특별한 기회는 나의 선택이 아니라 필수가 되었고, 캄보디아로 가게 될 새로운 운명을 맞이할 수 있게 되었다. 정말 생각지도 못한 우연한 기회의 ACPCS프로그램 참여는 지금의 캄보디아 ODA사업의 참여 기회로 이어졌고, 언제쯤 복원 정비 공사를 할까라고 생각했던 코끼리테라스를 대상으로 직접 진행하게 되었다.

백제의 활발한 교류는 캄보디아까지 이어졌었다. 그 증거로 캄보디아 캄퐁 참 출토 백제 불상이 그 증거 중의 하나이다. 교류는 물류만이 아니라 인적 교류도 있지 않았을까? 21세기를 가로지르는 2020년 현재, 마치 백제의 중심지였던 익산 돌 장인이 인적 교류를 통해 캄보디아로 가는 듯하다. 이 모든 것이 숙명이라 생각되고 앞으로의 여정도 기대가 된다.

▲ 2013년 7월 불국사 삼층석탑(석가탑)의 상층기단갑석 해체 중 발견된 금동불입상 수습 중인 사진.
박성철 연구원이 최초 발견자라고 한다.

코끼리테라스 관광객에서
연구원으로

이민지

2019년 7월 나에게 주는 선물로 직장인에게 결코 짧지 않은 10일의 휴가를 다녀왔다. 목적지는 캄보디아였다. 그곳에서 건축봉사와 교육봉사를 하며 스스로를 되돌아보는 시간을 가졌다. 봉사활동 기간은 6박8일이었다. 봉사활동 프로그램 중 주말 하루는 앙코르 유적 투어가 포함되어 있었다. 앙코르톰, 앙코르와트, 타 프롬, 바이욘 등 다양한 곳을 들렀다. 모두 앙코르 유적을 간다면 꼭 들리는 대표적인 사원들이었다. 전통건축을 공부했고, 전통건축 관련 직업을 갖고 있던 나지만, 한옥, 우리나라 사찰 등 너무 우리의 것에만 국한되어 경험하고, 보고 있었다는 생각이 들었다. 동남아의 유명 관광지로 불리는 사원들 몇몇 곳을 가보긴 했지만, 앙코르 유적은 지금까지 보지 못한 새로운 경험이었다. 사원군이 모여 있다는 사실로도 충분히 흥미로웠고, 여러 다큐에서만 보던 광경을 눈으로 직접 보니 더욱 경이롭게 느껴졌다. 나는 사원을 들릴 때마다 여느 관광객과 다르지 않게 인증사진을 찍기에 바빴다. 바이욘에서 얼굴조

▲ 캄보디아 여행 당시 흐린 노을을 바라보며.

▎대학교에서 전통건축을 전공했다. 전통건축 시공회사를 다니며, 다양한 한옥과 문화재를 접했고 이후, 국립문화재연구소 건축문화재연구실에서 경상남도 곳곳의 사찰을 다니며, 두 권의 경상남도 석탑 보고서를 발간하였고, 2번의 몽골 출장을 다녀와 초이진라마사원 보고서를 작업하였다. 2019년 캄보디아 여행 후, 2020년 한국문화재재단에 입사해 캄보디아 사업에 함께 참여하고 있다. 국내에서 세계로 견문을 넓혀가고 있는 중이다.

각과 코를 맞대고 사진을 찍고, 안젤리나 졸리가 촬영했다는 타프롬의 커다란 나무 앞에서도 인증사진을 찍었다. 그중 코끼리테라스 앞 잔디광장에서의 기억은 새삼스럽다. (이때까진 여기가 내 일터가 될줄은 상상도 하지 못했었다.)

6박8일의 봉사활동이 끝나고 앙코르 유적의 프레아피투에 갔다. 2018년에 한국문화재재단에서 주관한 프레아피투 학술발표에 참관했던 기억으로 캄보디아에 가면 꼭 들리려고 생각했던 곳이다. 우선 첫 느낌은 부재들이 사원주변으로 널려있어 '오잉? 뭐지?'라는 생각과 '아, 덥다'뿐이었다. 사원군 다섯 곳을 모두 둘러보고, 사원의 계단에 올라가 널려진 부재를 바라보며 '이 부재들이 모두 제자리를 찾아가 사원이 복원된다면 어떤 모습일까?'라는 상상도 잠시 했다. 그리고 이렇게 수많은 관광객이 오는 전 세계적인 문화재 복원에 한국이 참여하고 있다는 자부심과 함께 전통건축을 공부하고 문화재를 연구하는 직업을 가진 한 사람으로서 이런 현장에서 일하고 싶다는 소망을 갖게 되었다.

그리고 돌아온 나는 재단과 코이카 홈페이지를 매일 확인했다. 마침 재단에서 캄보디아 앙코르 유적 연구원을 뽑는 공고가 올라왔다. 신기하고 놀라운 마음으로 나는 바로 지원했다. 그리고 나는 지금 캄보디아 ODA사업에 참여하고 있다. 코로나 때문에 현장에 나가지 못하고 사무실에서 열심히 코끼리테라스 도면작업을 하고 있다. 그땐 몰랐다. 내가 코끼리테라스 앞에서 인증사진을 찍고 하하호호 할 때, 여기가 내 일터가 될 줄은.

▲ 동료와 함께 현지에서 구입한 작업 바지가 신축성이 떨어져서인지 작업 도중 뜯어지고 말았다. 급히 입고 있던 조끼를 허리에 두르고 작업 마무리 중일 때 현장에서 누군가가 이 장면을 찍었다.

2부

인도차이나가 '그들'을 만나는 방법

1장

'우리는 기도할 테니
미스터 마피아는
약을 주시오'

문화재청과 한국문화재재단은 2013년부터 라오스 세계유산인 '참파삭 문화경관 내 왓 푸사원과 고대 주거지'(Vat Phou and Associated Ancient Settlements within the Champasak Cultural Landscape) 보존·복원 사업을 추진하고 있다. 공적개발원조(Official Development Assistance, ODA)의 일환으로 진행 중인 이 프로젝트는 대한민국이 해외 문화유산을 복원하는 첫 사업이다.

사진_ SivilayKomphabay

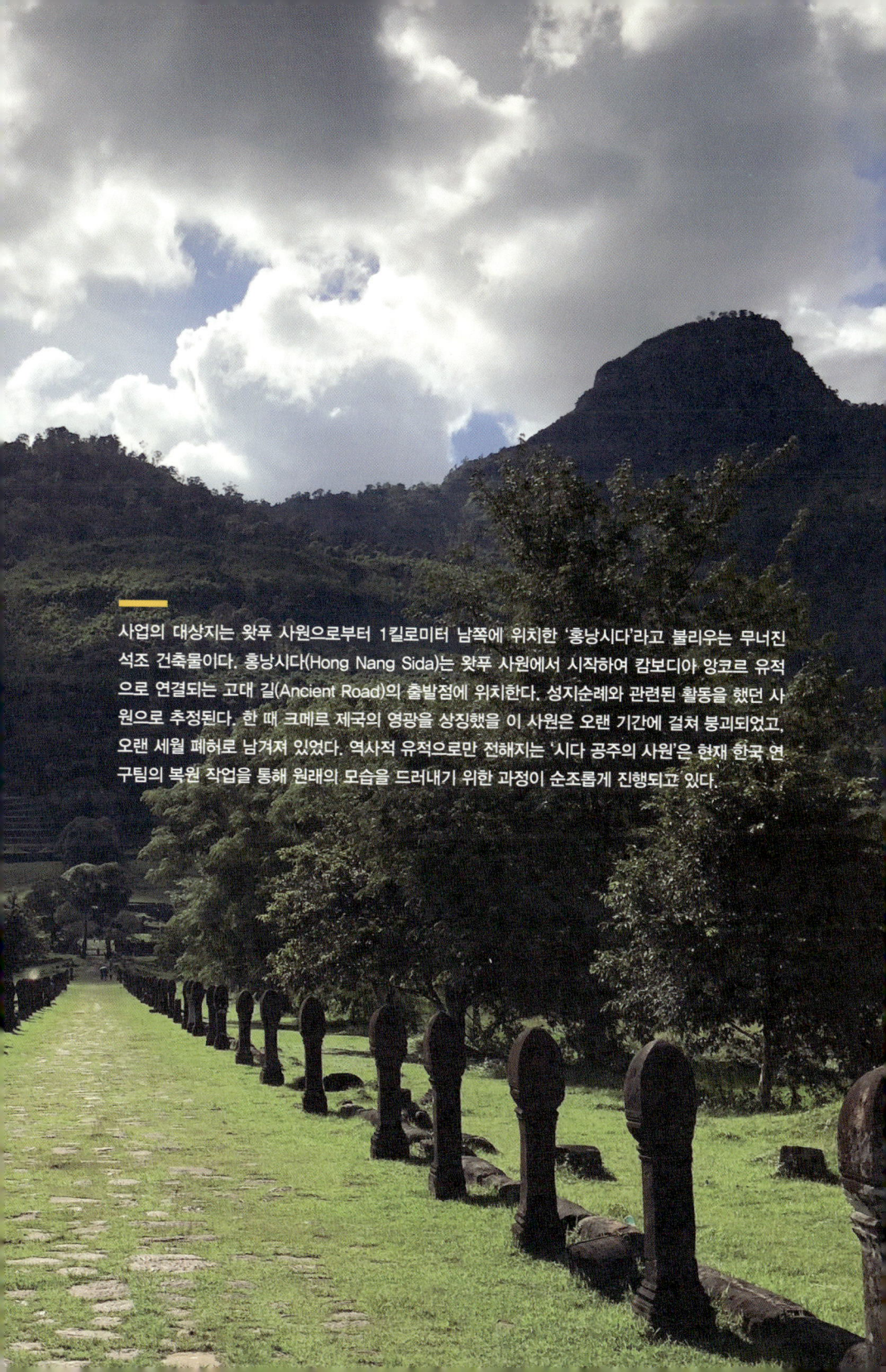

사업의 대상지는 왓푸 사원으로부터 1킬로미터 남쪽에 위치한 '홍낭시다'라고 불리우는 무너진 석조 건축물이다. 홍낭시다(Hong Nang Sida)는 왓푸 사원에서 시작하여 캄보디아 앙코르 유적으로 연결되는 고대 길(Ancient Road)의 출발점에 위치한다. 성지순례와 관련된 활동을 했던 사원으로 추정된다. 한 때 크메르 제국의 영광을 상징했을 이 사원은 오랜 기간에 걸쳐 붕괴되었고, 오랜 세월 폐허로 남겨져 있었다. 역사적 유적으로만 전해지는 '시다 공주의 사원'은 현재 한국 연구팀의 복원 작업을 통해 원래의 모습을 드러내기 위한 과정이 순조롭게 진행되고 있다.

도마뱀들과의 동거

박민선

범죄의 현장엔 반드시 흔적이 남는다

라오스 현장에서는 고추장도 귀한 찬이다. 점심에 먹고 남은 튜브 고추장을 테이블 위에 두고 퇴근을 했는데, 다음 날 먹으려고 보니 보이질 않았다. 주변을 다 찾았는데 아무런 흔적도 없어서 다 먹고 버렸는데 착각을 했나 싶었다. 그러면서도 버린 기억이 없어 혼잣말로 "쥐가 물어갔나?" 하고 중얼거렸다. 이 말을 할 때만 해도 그럴 가능성은 없다고 생각해서 농담처럼 내뱉은 말이었다. 결국 찾지 못하고 새것을 꺼내 먹다가 다시 테이블 위에 두었는데 다음날 보니 또 없어졌다. 이번엔 정말 이상하다 싶어 사무실 구석구석을 뒤졌다. 한참을 뒤진 끝에 박스 뒤쪽에서 뚜껑 부분만 조금 남은 고추장 튜브를 찾아냈다.

그렇다면 튜브 몸통은? 그리고 그 안의 매운 고추장은? 별로 상상하고 싶지 않지만 아마도 사무실 주변에 매콤한 맛을 무척 좋아하는 쥐가 살고 있는 것 같았다. 얼마나 맛있으면 튜브까지 다 먹었을까. 그렇게 한국 고추장의 맛을 본 쥐는 취향을 한식으로 바꿨는지 우리의 비상식량을 탐내며 여기저기 흔적을 남기기 시작했다. 라면도 여러 개 뜯겼고, 아끼던 김자반도 습격당했다.

복합기의 도마뱀 잔해

현장사무소 큰 사건의 배후에는 항상 쥐와 도마뱀이 있다. 2017년 어느 날인가는 갑자기 복합기가 말을 듣질 않았다. 한국에서야 전화 한 통 걸어 사람을 부르면 되지만 복합기를 고칠 수 있을 만한 곳은 팍세 시내에나 나가야 있으니 왕복 두 시간 거리를 오라고 할 수도 없을 뿐 아니라 오지도 않을 터였다. 결국 퇴근길에 차 뒤에 묶어 시내의 대리점에 내려놓고 왔다. 고장의 원인은 쥐가 선을 갉아 먹어서였다.

2020년 상반기 출장. 이번에도 복합기에 고장이 나 있었다. 프린터로 출력을 시도했는데 뭔가가 갈리는 소리와 함께 도마뱀의 흔적이 종이에 찍힌 채 나왔다. 내부에 분해된 도마뱀의 잔해들이 끈적하게 달라붙어서 고칠 수도 없는 지경이 되어 버렸다. 결국 한참의 불편함을 견뎌낸 후에 새 복합기를 구입해야 했다고 한다.

어느 날인가는 아침에 출근을 해서 에어컨을 켰는데 '타닥타닥'하며 뭔가 걸리는 소리가 났다. 재빨리 전원을 껐지만 뭔가 꼬리처럼 보이는 것이 툭하고 바닥으로 떨어지면서 비린내가 진동했다.

그들의 흔적은 괴롭다

아, 젠장! 대대적인 에어컨 대 공사가 시작되었다. 이미 고장 나 있던 두 대의 에어컨도 수리하고, 총 넉 대의 에어컨을 청소해 달라고 했다. 도마뱀 꼬리를 뱉어냈던 에어컨에서는 이미 죽어 썩어가고 있던 한 마리의 도마뱀 사체가 더 나왔다. 어쩐지, 에어컨을 켜면 악취가 나기 시작한 것이 좀 되었

ODA사랑방

라오스에서 전자제품을 사용하는 방법

현장사무소에는 쥐가 많아서 전자제품 케이블이나 전선을 갉아 먹는 경우가 자주 발생해요. 또 도마뱀은 수시로 복합기나 에어컨에 들어가서 가끔 롤러에 압사당하거나, 팬에 꼬리가 잘리기도 하죠. 라오스의 오지마을에서 귀한 전자제품을 오래 쓰고, 복합기에서 도마뱀의 잔해를 보지 않기 위해서는 모든 전자제품에 보호용 덮개를 만들어 씌워줘야 한답니다.

던 것 같다. 더 황당했던 것은 하루 종일 고치고 청소하고 간 에어컨이 다음날 다시 고장 난 것이다. 에어컨에서 찬바람이 나오질 않아서 사람을 다시 불렀는데, 이번엔 실외기를 쥐가 갉아서 문제가 생긴 것이었다. 쥐는 현장에서 운행하는 중장비의 선을 끊어놓기도 한다. 우리가 퇴근하고 나면 그들의 보이지 않는 움직임은 시작된다. 그리고 반드시 흔적을 남긴다. 그들의 흔적은 참으로 괴롭다.

점심식사 변천사

2020년 상반기에 출장을 나가서 깜짝 놀랐다. 점심 식단과 먹는 방식이 너무 달라져서였다. 밥을 그릇에 담아 먹고(?), 숟가락과 포크를 사용하고, 가끔씩 디저트로 과일까지 먹을 수 있었다. 너무나도 당연한 것이 뭐 놀랄 일인가 싶겠지만, 2016년과 2017년의 열악했던 점심식사와 비교하면 놀랄 수밖에 없었다.

찰밥 한덩이와 꼬치

2016년, 아침 출근길에 밥과 반찬을 파는 가게에 들러서 라오스의 주식인 카오 냐오(찰쌀밥)와 나무에 끼워 구운 꼬치 몇 개, 쏨팍(라오스식 김치) 등을 산다. 모든 것은 비닐봉지에 담긴다. 다만 뜨거운 밥만 비닐봉지에 바나나 잎을 한 번 더 깔고 퍼 준다. 분홍 줄무늬가 들어간 비닐봉지에 담긴 찰밥 한덩이. 그렇게 사 간 도시락을 점심 때, 봉지 째 전자레인지에 돌려서 테이블 위에 놓고 손으로 한 덩어리씩 떼서 잘게 자른 꼬치들과 함께 먹는다. 그나마 한국에서 공수해 온 스팸이나 김, 고추장이 있는 날은 잘 먹는 날이다. 사람들의 얼굴에는 표정이 없다. 연명하기 위해 먹는다는 그런 비장함만이 가득하다.

2017년도 크게 다르지 않았다. 가끔씩 도저히 밥이 먹기 싫어지는 날, 아끼던 라면을 끓여 먹기는 했으나 주 메뉴는 여전히 찰밥과 꼬치였다. 그러다가 출장이

현장
오딧세이

고고학 전공 연구원의 함척과 뱀

동남아를 여행해본 독자들이라면 알겠지만, 재단이 문화유산 ODA사업을 하고 있는 인도차이나반도에서는 도마뱀을 보는 일이 흔한 일상입니다. 투숙하는 호텔 벽에서도 왕왕 발견되니까요.

이들 지역에는 도마뱀뿐 아니라 뱀도 자주 출몰하는데요, 저의 출장지인 캄보디아 현장사무소에도 종종 뱀이 숨어들곤 합니다. 이 녀석들도

▲ 라오스 도마뱀_백경환 제공

▲ 캄보디아 도마뱀_박지민 제공

도마뱀처럼 전자제품들을 좋아합니다. 숨어 지내면 다행인데 외부로 나왔다가 발각이 되는 날에는 초상을 치러야 하죠. 틈통이 나도 풀어주는 라오스 문화와는 달리 캄보디아는 관용을 베풀지 않습니다.
에어컨에 숨어 지낸지 여러 날 된 뱀 한 마리가 있었어요. 연구원들 모두는 에어컨 밖으로 꼬리를 늘어뜨리고 있는 녀석이 전선이려니 했습니다. 그런데 유심히 보니 그 선이 어느 날엔 왼쪽으로 휘어 있고, 또 다음 날엔 오른쪽으로 휘어 있는 거예요. 고고학이 전공인 제 손엔 늘 현장에서 사용하는 함척(측량용 자)이 들려 있습니다. 전선인 줄 알았던 그 녀석의 정체를 알게 된 날, 저와 함께 있는 연구원은 2인 1조가 되어 녀석을 소탕했습니다. 그 함척과 배드민턴 채로

▲ 문제의 뱀_박동희 제공

말이지요. 그 도구들이 어떻게 활용되었는지는 독자 여러분의 상상력에 맡길게요. 연구원들 운동 함양을 위해 마련해둔 배드민턴 채는 이후 사용하지 못하게 되었습니다.
뱀을 소탕한 다음 날 가장 일찍 출근한 박동희 연구원으로부터 단체톡방에 문자가 올라왔어요. "벽에 피가 낭자하네요, 지워도 안 지워져요!"
뱀 소탕, 다소 격렬하긴 했으나 우리 연구원들의 신변은 소중하니까요!

▲ 라오스 현장사무소 초창기 점심시간 풍경.
주먹밥만으로 연명하듯 점심을 '떼우던' 시절이 있었다. 주먹밥을 먹은 연차가 가장 긴 백경환 소장이 힘들게 식사하는 모습.
그 모습을 보고 다른 연구원들이 웃고있다.

끝나갈 무렵에 일반 쌀로 지은 밥인 카오짜오를 사기 시작했다. 밥이 달라지면서 반찬도 조금은 달라졌지만 그냥 조금 달라진 정도였다.

연명하던 식사에서 메뉴별 식사로

2020년 상반기의 출장은 달랐다. 점심시간이 되어가자 우리 차량을 운전해 주는 미스터 신(한국인 이름 같지만 라오스 사람이다. 원래의 이름은 신 뒤에 뭔가가 한참 길게 붙지만, 줄여서 신으로 부른다.)이 어디론가 전화를 하고 조금 후에 차를 몰고 사라졌다가 플라스틱 바구니를 들고 나타났다. 거기에 계란부침과 야채볶음, 그리고 은색 용기에 담긴 밥과 접시, 포크들이 담겨 있었다. 생수 외에는 거의 아무것도 들어있지 않던 냉장고에는 김치와 고체형 카레, 된장 등이 풍족하게 들어 있었다.

내막을 들었다. 내가 합류하기 전인 2019년, 홍낭시다 보존·복원 프로젝트에 참여했던 박동희 연구원이 그 주인공. 그는 '그저 생존을 위해 먹던' 현장사무소의 점심식사 시스템을 획기적으로 개선해놓고 떠났다. 우리는 이제 매일 메뉴가 다른 식사를 한다.

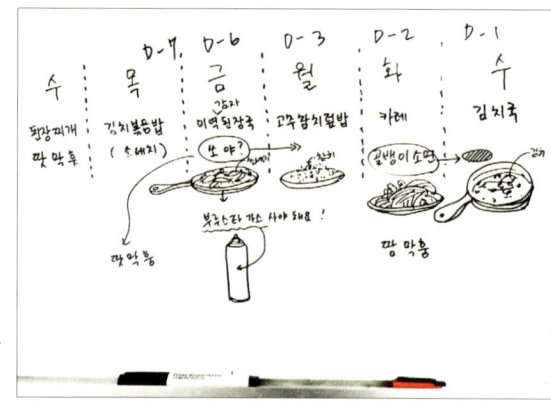

▶ 라오스 현장사무소
점심 메뉴는 빛나는 발전을 했다.
보드의 그림은 박민선 연구원 작품.

현장 오딧세이

라오스의 '안동'이라 불리는 곳으로의 출장

박수인

2018년 즈음부터 라오스 사업을 담당하면서 예닐곱 번 라오스를 다녀왔다. 한참 <꽃보다 청춘> 열풍으로 라오스 루앙프라방, 방비엥이 한국인의 관광지로 각광받고 있을 시기였다. 친한 친구들은 티브이에서나 본, 푸르른 꽝시 폭포를 연상하며, 날 부러워했지만 사실은 그게 아니었다.

처음 라오스 팍세에 방문하기 전, 선임 연구원들은 흔히 팍세를 한국의 안동에 비유하곤 했다. 루앙프라방과 더불어 유네스코 세계문화유산에 등재된 왓푸 유적의 도시여서인지, 문화유산과 전통으로는 유명해서인지, 젊은이들이 놀 수 있는 곳이 없어서인지, 느낌적인 느낌만 희미하게 알 수 있었다.

첫 출장을 다녀온 후, '안동'이라는

▲ 팍세로 가는 작은 프로펠러 비행기

▲ 라오스 현장사무소

별칭이 얼마나 찰떡같았는지 새삼 깨달았다. 팍세는 라오스 수도 비엔티안에서 프로펠러 비행기를 타고 한 시간을 날아가야 만날 수 있다. 성인이 된 이후로 매년 해외에 발을 딛었지만, 프로펠러 비행기는 처음이었다. 내부는 꼭 버스처럼 생겼다.

| 전북 남원에서 태어나 서울에서 중고등학교를, 충청남도 부여에서 대학교를 다녔다. 문화재관리학을 전공하였고, 2017년 한국문화재재단 국제교류팀(국제협력단 전신)에 합류했다. 입사 첫 해, 방글라데시를 시작으로 라오스, 캄보디아, 미얀마, 프랑스, 인도양의 모리셔스까지 다양한 국가를 다니며 세계문화유산과 인류무형유산을 경험했다. 현재 캄보디아 앙코르유적 보존·복원 사업에서 전반적인 사업관리를 담당하고 있다..

▲ 한국ODA 현수막이 설치된 홍낭시다 사원 앞.

정겨운 사무실 전경. 논과 밭 한가운데에 한국팀의 현장사무소가 있다.

 한켠에는 사원 부재 해체를 위한 비계가 적치되어있고, 지게차를 잠시 세워두었다. (내 고향 시골에서는 '스키로다'라 부른다). 아주 시골에서 만난, 현장사무소 앞 흩날리는 태극기가 괜히 마음을 이상하게 만든다. 소와 개를 흔히 볼 수 있는 흙길을 따라 1킬로미터 정도 가다보면 홍낭시다 사원이 나온다.

첫 출장은 국제회의 참석이 목적이었다. 라오스의 왓푸 유적에서는 한국 외에 인도, 프랑스, 이탈리아까지 복원에 참여하고 있다. 참여하는 국가에 따라, 문화재 복원의 원칙과 방법이 상이하기 때문에, 유네스코에서는 문화재 보존·복원 참여국(공여국)이 모여 복원 방향성을 논의하는 회의를 개최하라 권고한다. 사업 추진 현황을 공유하고, 유네스코 전문가의 권고사항을 수렴하여 향후 사업계획에 반영한다.

나의 첫 라오스 출장은 이 국제회의에 참석하여, 한국팀의 사업현황을 점검하고 향후 사업계획을 세우기 위함이었다. 주로 사무실에서 업무를 진행하는 나와 팀장님이 움직였는데, 현장 모니터링은 무난히 진행되었지만 점심식사가 흥미로웠다. 라오스 출장자들이 '현지식으로 준비했어요'라고 이야기하길래, 어떤 음식이 나올지 기대하고 있었다. 오전에 현장을 둘러보고, 점심을 먹으러 현장사무소로 향했는데, 충격과 놀라움에 사로잡혔다. 앞서 박민선 연구원의 설명대로다.

왓푸 축제의
추억

백경환

한국인 소장을 향한 농사마을의 구애

나는 라오스 현지인들에게 한동안 미스터 마피아로 불렸었다. 그렇게 불려진 데에는 그 유래가 있다.

라오스는 여러 면에서 인프라가 부족한 나라지만, 라오스에서도 남부 깡촌에 위치하고 있는 홍낭시다 주변에는 정말 아무것도 없었다. 심지어 왓푸에서 홍낭시다로 가는 길 1킬로미터 구간에는 두 개의 작은 시냇물이 가로 지르고 있어서 우기나 우기 후 바닥상태가 좋지 않을 때는 차량이 진입하는 게 사실상 불가능했다. 그만큼 고립된 곳이었다.

현장사무소도 홍낭시다에서 약 800미터 떨어져 있어(유네스코의 권고로 현장에서 멀리 떨어진 곳에 건립할 수밖에 없었다) 현장작업을 위해서는 장비를 짊어지고 도보로 이동하거나 경운기를 타는 것 외엔 달리 방법이 없었다.

이 모든 상황을 차치하더라도, 사업 초기엔 당장 현장작업을 함께할 사람들이 없었다. 왓푸 사무소의 도움을 받아서 어렵게 구한 사람들은 홍낭시다가 위치한 농사마을Ban Nongsa의 주민들이었다.

▲ 홍낭시다 진입로는 진흙탕으로 변하기 일쑤여서, 경운기 이동을 위해 수시로 정비를 해줘야 한다.

초창기에는 라오스어를 잘 하지

▲ 2016년에 시냇물이 흐르는 곳에 임시 다리를 설치해서 우기에도 차량이 지나다닐 수 있게 했다.

못할 때라, 필사적으로 이름과 얼굴을 매치시키면서 외웠다. 아침에 만나서는 유일하게 할 줄 아는 인사 '싸바이디ສະບາຍດີ, 안녕'로 어색한 웃음을 주고받았다.

마피아, 고통스러웠지만 훈장이 된 성배

2013년 10월에 홍낭시다 복원착수식을 하고, 이듬해부터 본격적으로 현장작업을 시작했지만 왓푸사무소 직원뿐만 아니라, 어렵게 구한 현지 스텝들도 인사를 하면 그저 웃기만 할 뿐, 별다른 소통이 없었다. 같이 일을 하는 것이 처음이고 언어가 다르니까 그럴 수 있겠다고 생각하고 그들과 소통하기 위해 열심히 라오스어를 공부했다.

그렇게 일 년을 보내고 맞이한 2015년 2월. 왓푸에서는 매년 2월 '왓푸 축제'가 열리는데 라오스 남부 최대의 축제로, 이 기간에는 라오스 사람뿐만 아니라, 인근 태국과 베트남, 캄보디아 사람들도 왓푸 사원을 찾아 참배하고 축제를 즐긴다. 조용하고 평화롭던 왓푸 사원 일대가 몰려드는 인파로 들썩들썩할 때다.

라오스에는 1년 동안 마을 단위로 돌아가며 열리는 '분반(분:축제, 반:마을)'도 있는데, 왓푸와 홍낭시다가 위치한 농사마을(반농사)의 축제는 왓푸축제가 끝난 다음 날에 열린다.

왓푸축제와 마을축제일이 다가오면서 현지 스텝들에게서도 한껏 들뜬 분위기가 감지됐다. 어느 날 현장작업을 하다가 잠시 쉬는 시간이 되자, 삼삼오오 모여서 꽤나 진지하게 토론을 벌였다. 그러다가 스텝 중에 맏형 역할

⬆ 2015 왓푸 축제 포스터.
매년 2월에 열리는 왓푸축제에는 인근 나라인 태국과 베트남, 캄보디아에서도 참배객들이 몰려온다.

을 하는 '캄뽕'씨가 수줍은 미소를 지으며 나에게 다가왔다. 나에게 뭔가 한참을 말하는데 무슨 말인지 잘 알아들을 수 없어서 옆에 있던 시빌라이(영어로 소통이 되는 왓푸사무소 직원이다)씨에게 내용을 확인했다.

"당신을 마을축제에 초대하고 싶어 해요."

나는 흔쾌히 가겠노라고 대답했다. 그러자 대답을 듣고 쭈뼛쭈뼛 망설이던 사람들이 하나둘씩 내 앞으로 모여들더니 자기들 집에도 와달라고 했다. 나는 초대받은 집에 모두 가겠다고 대답했다. 다들 아주 기뻐했다. 영문을 몰라서 시빌라이씨에게 물었더니 뜻밖의 얘기를 털어놨다.

"실은 우리 왓푸사무소 직원부터 마을 주민들까지 다들 한국팀을 믿지 않았어요. 다른 나라들처럼 잠시 왔다가 대충 하는 척만 하다가 아무 말도 없이 떠나지 않을까 했었고, 한국인끼리만 어울릴 줄 알았거든요. 그런데 그 동안 한국팀이 보여준 모습에 신뢰를 갖게 되었어요. 그리고 우리 문화를 존중하고, 라오스어로

현장 세미나
'캄-'

'캄라', '캄레', '캄뽕', '캄탄', '캄씨', '문캄', '키캄', '캄씽' …. '캄'은 라오스어로 '금'이라는 뜻이에요. 우리나라에 '金'씨가 많은 것처럼 라오스엔 '캄'이 들어가는 이름이 참 많답니다.

▲ 현장사무소에 걸어둔 홍낭시다 사업 안내 패널 속 사진에서 아버지를 찾고 있는 '캄씽'의 딸들.

열심히 소통하려고 노력하는 모습에 조금씩 마음을 열고 있어요. 마을 사람들도 이제 미스터 백을 친구로 받아들이는 것 같아요. 나도 농사마을에 살고 있으니 우리 집에도 와줬으면 좋겠어요."

그날 나는 짝사랑하던 여학생이 드디어 데이트 신청을 받아준 것처럼 설레고 기뻤다. 그날 내가 초대받은 집은 모두 일곱 곳이었다. 일과시간에는 초대받은 집에 갈 수가 없어 점심시간(12~14시)을 이용해서 일곱 집을 다 돌 계획을 세웠다. 첫 집으로 한국 팀 현장사무소 관리인인 '캄시'의 집에 갔다. 집에 들어서자 평소 매우 시크한 표정만 보여주던 캄시가 아주 밝은 미소를 띠고 조심스럽게 음식을 내왔다. '마피아'였다. 피가 잔뜩 들어가 있고 날 것 그대로인 고기다. 선뜻 손이 가지 않았지만 어렵게 초대받은 자리인 데다가 그들이 가장 귀한 손님에게 내놓는 음식이라는 데 마다할 수가 없었다. 그렇게 한입을 먹었는데, 순간 '아차' 싶었다. '이것은 내가 감히 먹을 수 없는 음식이구나.'

'당신들과 잘 지내고 싶어요, 진심을 알아 주세요'

하지만 나의 입만 바라보고 있는 캄시와 그 가족들 앞에서 차마 입에 넣은 것을 뱉지 못해 꿀꺽 삼켰다. 그렇게 캄시 집에서 첫 마피아를 경험하고, 두 번째 집에 갔는데 거기서도 '마피아'가 가장 먼저 나왔다. 흡사 '이 마피아를 먹어야, 우리 마피아의 일원이 될 수 있어'와 같은 신고식을 치르는 기분이었다. '아…, 이제 어찌

할 수가 없다. 그냥 받아들이는 수밖에….'
그렇게 나는 그들이 내놓은 최고급 손님맞이 음식인 '마피아'를 일곱 집을 거치며 꾸역꾸역 먹었다. 그들의 성의를 존중하는 측면도 있었지만, 그들에게 신뢰를 주고 싶었다.

'나는 당신들과 잘 지내고 싶어요. 제 진심을 알아 주세요….'

▲ 마피아.
라오스인들이 귀한 손님을 맞을 때 내놓는 대표적 음식이다.

그렇게 일곱 번째 집까지 돌고 오후에 현장사무소로 돌아왔다. 그런데 책상에 앉으려는 순간 배에서 '쿠르릉 쿠르릉' 천둥소리가 나기 시작했다. 책상에서 화장실까지의 거리 단 5미터. 그러나 그 5미터를 차마 가지 못하고 중간에서 일을 내고 말았다. 그 후로 나는 화장실에서 나올 수가 없었다.

이 모든 일련의 과정을 현장사무소 관리인 캄시가 처음부터 지켜보고 있었다. 평소 표정에 변화가 없기로 유명한 캄시지만 그때만은 걱정 어린 눈빛과 동시에 너무나 신난 표정을 하고 있었다. 그리고 그는 그길로 마을에 돌아가 이 이야기를

》 처음 초대받았던 농사마을 축제.
(이때까지는 괜찮았다).
사진 좌측 끝에 파란 옷을 입은 사람이 캄시다.

마을사람들에게 전했다. 나는 그날부터 농사마을 일대에서 '미스터 마피아'로 불리게 됐다.

나로서는 창피한 일이었지만, 그들과 하나의 추억을 공유하는 사이가 된 것 같아 마냥 싫지는 않았다. 상처뿐인 영광이었지만, 그들이 주는 훈장으로 생각한다.

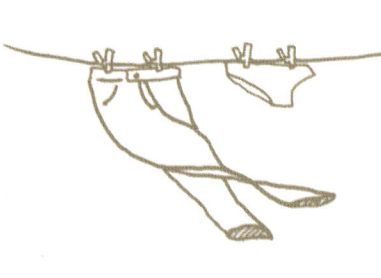

▲ 훈장은 또 주어졌다. 이 사건은 재단 내 연구원들 사이에서 자주 회자되는 유명 일화가 되었다. 이 이야기를 들은 김동민 미얀마 파야똔주 소장의 귀에도 들어갔다. 옆 그림은 김동민 소장의 상상화로 재단 동료 연구원들이 주는 또 다른 형태의 훈장인 셈이다.

농사마을의 약사와 기도하는 라오스인

라오스 인구의 약 70퍼센트 이상은 불교를 믿는다. 그 신앙심도 대단하다. 아무래도 사업 현장이 도심에서 벗어난 외곽 마을에 있다 보니 그들의 그런 신앙심을 직간접적으로 체험할 기회가 많았다.

농사마을 주민들은 아플 때, 사원에 가서 기도를 드린다. 기도가 아픈 몸을 낫게 해준다고 믿는다. 마을에서 약 12킬로미터 거리에 일본에서 지어준 병원이 한 곳 있는데, 우연히 그 병원에 들렀다가 기겁을 했던 적이 있다. 그 병원에 있다가는 없던 병도 걸려서 나올 것 같았다. 화장실은 언제부터인지 알 수 없지만 고장이 나서 아무 데서나 용변을 보고 있었고, 병실 수가 부족해서 많은 환자들이 복도와 외부에 나와 누워 있었다. 제대로 된 치료와 관리를 기대하기 힘든 모습이었다.

현장에서 돌을 옮기는 작업을 하다가 허리를 삐끗한 적이 있다. 한동안 지팡이를 짚고 일을 할 수밖에 없었다. 그 모습을 본 현지 주민들은 모두 나에게 사원에 가서 기도하라고 진심어린 충고를 했다. 그들의 신앙심을 잘 알기에 '기도가 어떻게 치료를 할 수 있느냐'고 반문하지는 않았다. 그냥 '짜오 짜오(네, 네)'라며 대충 대답을 했다.

▲ 홍낭시다 해체 전 기도

▲ 홍낭시다에서 기도하는 주민들

수일이 지나고, 허리가 자연스럽게 낫게 됐는데, 주민들이 와서 내게 물었다. 어느 사원에 가서 기도를 드렸기에 그렇게 금방 나았냐며 모두 신기해 했다. 차마 자연스럽게 나았다고 답하지 못하고, 홍낭시다에서 기도를 했다고 말했다. 주민들은 시다공주가 미스터 마피아를 낫게 해줬다며 다들 기뻐했다.

'우리는 기도를 할 테니 미스터 마피아는 약을 주세요'

비슷한 일화가 또 있었다. 현장사무소 관리인(깜시)이 농사일을 하다가 허리를 삐끗했는데, 통증으로 상당히 고통스러워 했다. 차마 그냥 지켜볼 수가 없어서 통증이라도 조금 덜어줘야겠다는 생각에 비상약으로 가져갔던 타이레놀 반 알을 쪼개서 줬다. 평소에 약을 잘 먹지 않아서 그런지 진통제 효과가 금방 나타났던

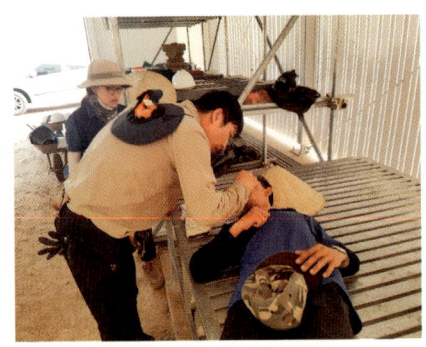
▲ 현장에서 간단한 응급처치.

가 보다. 다음 날 아침 현장사무소에 출근을 하니, 마을사람들이 옹기종기 모여 사무실 앞에서 나를 기다리고 있었다. 내가 준 약을 먹고 통증이 사라졌다는 소문을 듣고 평소에 앓던 질환을 치료하기 위해 찾아온 사람들이었다. 진통제라는 것이 치료가 아니라 통증을 잊게 해주는 것인데, 이 상황이 미안하기도 하고 안타까웠다.

"이 약은 낫게 해주는 것이 아니라, 아픈 것을 잠시 잊을 수 있게 해주는 거예요."

라오스어로 힘들게 떠듬 떠듬 말했으나, 그 말을 알아들었는지 어떤지 다들 '버뺀양'이라고 하면서 약을 원했다. 결국 한 명 한 명 어디가 아픈지 물어본 다음에(크게 의미는 없지만) 증상에 따라 종합감기약과 타이레놀을 반 알씩 나눠줬다. 이후로도 마을에 아픈 사람들은 간헐적으로 나를 찾아왔다. 그리고 나는 그들의 아픈 사연을 듣는 것이 일과 중의 하나가 됐다. 머지않아 비상약으로 가지고 간 약은 동이 났고, 동료 연구원들이 기침을 할 때마다 눈치가 보였으며, 나는 그렇게 농사마을에서 약사가 됐다.

> **현장세미나**
>
> **버뺀양** ບໍ່ເປັນຫຍັງ
>
> 라오스의 대표적인 표현이라고 할 수 있습니다. 뜻 자체로는 '괜찮아'라고 할 수 있으나, 다양한 상황에서 쓰이는 말이죠.
> 예를 들어, '좋지 않지만, 나쁘진 않아!', '내가 괜찮으니, 너도 괜찮을 거야!', '내가 괜찮으니, 너도 괜찮아야 해!' 등이 있습니다.
> 무조건 '괜찮다'라는 뜻으로 받아들였다간 예상치 못한 결과를 초래할 수도 있어요. 그러니 라오스에서 사업을 하거나 여행을 하는 분들은 '버뺀양'의 뉘앙스를 잘 파악해야 합니다.

농사 마을의 아이유, 그리고 맏켄

박지민

그날 저녁의 두 풍경

2015년 가을 문화재 보존처리장비 지원사업을 위해 재단의 연구원들이 라오스로 출장을 가게 되었다. 3명의 출장팀원 중에 라오스가 처음인 여성 연구원이 있었다. 보통 장비는 한국에서 구매해 현지로 보내는 경우도 있지만, 경우에 따라 현지에서 구입해 지원해 주는 경우도 있다. 현지에서 구입하기 어려운 경우에는 인접한 국가에서 구입하기도 한다. 당시 출장에서도 이런 이유로 태국으로부터 일부 장비와 가구류를 구매했다. 그런데 태국에서 물건들을 구매해 육로로 국경을 넘는 과정에서 약간의 문제가 발생했다. 공식적으로 한국 정부가 라오스 정부에 지원해주는 사업이었기 때문에 통관 문제를 사전에 검토하지 않은 것이 실수였다. 한국은 육로로 국경을 넘는 체험을 할 수 없다. 그런 행위를 했다가는 큰 일이 날 것이다.

▲ 라오스와 태국 사이의 충멕 국경사무소에서 지하터널을 통해 이동하는 중.(정확히는 지도상의 국가 경계선을 넘어가는 중이다).

국경 넘어가기

육로로 국경을 넘었던 경험이 처음은 아니었지만, 실감이 나지 않았다. 2013년 착수식 출장 때 도보로 국경 통과를 체험했는데, 라오스와 태국을 잇는 충멕 출입국관리소에서였다. 라오스쪽 사무소에 여권을 제출하여 출국 도장을 받고 국경 쪽으로 이동하여 지하 통로를 통해 태국 땅에 들어섰다. 그리고 태국 사무소에 여권을 제출하여 입국 도장을 받았다. 다시 태국 사무소에서 출국 도장을 받고 지하통로를 통해 라오스로 돌아와 입국 도장을 받는데 불과 20분도 걸리지 않았다. 평화의 소중함을 온 몸으로 깨닫는 순간이었다.

사람이 이렇게 쉽게 드나들었기 때문에 물건도 쉽게 들어올 거라고 착각했던 것이 문제였다. 태국에서 물건들을 잔뜩 실은 트럭이 국경에 도착해 태국 쪽에서는 출국을 했으나 라오스에서 거부당했다. 확인되지 않은 물건이 국경을 넘어올 수 없다는 것이었다. 어찌 보면 당연한 처리 절차였겠지만, 태국까지 가서 물건을 사온 직원 입장에서는 황당한 상황이었다. 물건을 실은 트럭은 태국도 라오스도 아닌 곳, 지도로 치면 국경선 위에 있는데 오도가도 못 하는 상황이었다. 일단 물건들을 잘 덮어서 묶어놓고 국경에 있던 우리 연구원을 픽업해 왔다. 그리고 왓푸사무소 직원에게 연락하니, 다음 날 날이 밝으면 본인이 가서 해결하겠다고 해서 결국 의기양양하게 트럭을 데리고 왔다.

미인 연구원이 만든 펜덤

국경에서 그렇게 티격태격 하고 있던 중, 현장 사무소에서는 늦어지는 복귀를 궁금해 하며 기다리고 있었다. 해가 떨어지고 나서 기다림에 지쳐갈 무렵 현장사무소의 티브이를 켜고 뭔지 모르는 방송을 보고 있었다. 그 사이 마을 사람들이 하나 둘씩 사무소로 모여들었다. 그 당시까지만 해도 홍낭시다 현장사무소 옆에 집들이 지어지기 전이었지만, 사업을 진행한 이후 현장에서 같이 일하던 인근 마을 주민들이 현장사무소에 놀러오던 때였다. 그런데 이들이 이 날 사무소로 놀러온 것은 비단 티브이가 있어서가 아니었다. 한국에서 온 피부가 하얗고 깨끗한 미인 연구원이 사무소에 있었기 때문이었다. 티브이를 보기에 좋은 각도와 위치도 있겠지만, 마을 주민들이 이 연구원 주변에 모여들었다. 우여곡절 끝에 국경에 묶여있던 직원이 도착하고, 다음 날 장비들도 모두 도착했다.

라오스에는 함께 일했거나 인연이 닿은 사람들에게 좋은 기운과 행복을 기원하는 의미로 손목에 맏켄을 채워주는 풍습이 있다. 맏켄이 끊어질 때 소원이 이루어진다고 했다. 그런데 이 날 함께 출장 갔던 세 명 중에서 현장에 남아있는 한 명(미스터 마피아)을 제외하고 나머지 두 명에게 맏켄를 채워주는데 그게 유독 한 명에게 집중되었다.

심지어 맏켄을 채워주기 위해 마을 사람들이 줄을 서서 기다렸다. 꼭 다시 오기를 바랐던 모양이다. 여기까지는 그 날 현장에서의 사진을 카톡으로 받고 들었던 이야기다. 카톡으로 받은 사진의 제목은 '농사 마을Ban Nongsa의 아이유'였다. 라오스 현지에서 아이유를 능가하는 인기를 구가하는 스타가 탄생했다고. 안타깝게도 그 날 이후로 농사 마을의 아이유는 라오스를 다시 방문한 적이 없다.

| Ban은 마을이라는 뜻을 가진 라오어 이다. Nongsa는 우연히 한국어 농사와 음가가 같을 뿐이다.

산불에 대처하는 라오스인

백경환

할 수 있는 건 기도뿐

2016년 4월 왓푸사원 일대에 큰 화재가 있었다. 인도팀이 복원하고 있는 왓푸사원의 남궁전 남측 임야에서 불이 붙기 시작해서 남궁전 일대를 태우고, 주신전 주변까지 불길이 순식간에 번진 것이다. 굉장히 심각하고 다급한 상황이라 홍낭시다 현장 업무를 제쳐두고 화재를 진압하기 위해 뛰쳐나갔다. 놀랍게도 인도팀은 '강 건너 불 구경'을 하고 있었다. 남궁전에는 이미 많은 사람들이 모여 있어서 나는 불길이 향하고 있는 주신전으로 뛰어올라갔다. 다행하게도 그곳에서 왓푸사무소 관계자를 만났다. 그런데 그는 더 이상 불길이 주신전으로 번지지 않게 해달라고 조용히 기도를 할 뿐이었다. 내가 '왜 화재를 진압하지 않고 있느냐'고 묻자 조용히 기도를 마친 그가 이렇게 대답을 했다.

2016년에 있었던 왓푸사원 화재.

"소방서는 한 시간 거리에 있고, 왓푸사원에는 소방설비가 없으며, 내가 할 수 있는 일은 신에게 기도하는 것뿐이에요."

우리나라라면 상상할 수도 없는 일이다. 그러나 라오스에서는 종종 접하게 되는 단면들이다. 그 기도가 통했는지 알 수 없지만 다행스럽게도 불길은 더 이상 주신전으로 번지지 않았고, 일주일 넘게 주변 숲을 다 태우고서야 자연 소멸됐다.

❖ 화재 진압 시도.
소화기 하나로 어떻게 산불을 진압하겠는가마는, 저 때의 심정은 정말 절박했다.

만약 왓푸사원에 소방방재설비가 잘 갖춰져 있고 전화 한통이면 바로 달려오는 119 대원들이 있다면 어떨까? 그때도 그들은 기도에만 의지할까? 기도란, 인간의 힘으로 어찌할 수 없을 때 인간의 능력보다 뛰어나다고 생각하는 절대적 존재에게 비는 것이라고 생각한다. 나는 그들의 신앙심을 존중한다. 한편으로 인간의 힘으로 해결할 수 있는 일임에도 불구하고, 기도에 의존할 수밖에 없는 그들의 현실이 안타깝다. 문화유산 ODA사업을 하고 있지만, 이 사업을 통해 그들의 삶과 그 터전이 인간의 힘으로 나아질 수 있는 방향을 고민하게 된다.

오이의 꿈

전유근

어렸을 적 돌 일은 하지 말라던 아버지의 말을 안 듣고, 포크레인이 되고 싶었던 시골마을의 아이는 지금 돌 일을 하고 있다. 그것도 인도차이나반도의 라오스라는 나라, 게다가 깡촌에서. 언젠가 누군가가 내게 왜 돌을 전공으로 선택했는지 물었던 적이 있다. 사실 그 질문을 받기까지 나는 내가 왜 돌을 선택했는지 생각해 보지 않았었다. "그냥 하다보니까 돌을 하고 있더라고요"라고 대답했던 것 같다. 대충 얼버무리기 위해 답을 했던 것인데, '그냥 하다보니까.' 그게 맞는 말이다.

돌과 함께 놀고 돌과 함께 성장

나는 초등학교 시절 여느 남자아이들처럼 구슬치기를 참 좋아했다. 구슬치기를 잘하기 위해서는 기본적으로 쇠구슬이 있어야 한다. 유리구슬은 타격감이 없고 싱거워서다. 지금은 인터넷 주문으로 손쉽게 구할 수 있는 쇠구슬이지만 당시에는 이 쇠구슬이 아주 귀했다. 나는 쇠구슬을 구하기 위해 흔하디 흔한 동네 돌 공장을 종종 찾아갔다. 돌공장에는 가끔가다 망가진 기계가 있었는데 그 장비 안에는 베어링이 있고, 그 베어링 속에 쇠구슬이 있었기 때문이다. 석공들은 쇠구슬을 모아뒀다가 이따금씩 찾아오는 나와 친구들에게 내놓기도 했다.

중·고등학교 시절에는 다리 밑에서 돌판구이를 이용해 자주 고기를 구워먹었다. 다리 밑에는 산에서 떠밀려온 마른 나뭇가지들이 많고 넓적한 돌들도 많았다. 그러나 강가에 있는 돌은 너무 크거나 작아서 돌판구이로는 적합하지 않았다. 그래서 건축용 외장재를 만들기 위해 3센티미터 반듯하게 자른 돌공장의 돌을 서리했다. 돌을 서리하다 걸려서 혼나기도 했지만 이후에는 석공들에게 무상공급을 받았다. 가끔씩 뜨거운 열 때문에 돌이 깨질 위험성도 있지만 반듯하고 넓적한 화강암 석판에 구워먹는 고기 맛을 생각하면 그 정도 위험은 감수할 만했다.

대학교는 문화재 보존 관련 학과에 들어갔고, 세부전공에서 돌을 선택했다. 다른 이유는 없다. 단지 화학, 물리학보다는 돌이 쉬웠다. 그리고 학점도 다른 과목에 비해 상대적으로 좋았다. 그래서 돌을 전공했다. 상대적으로 돌이 쉬웠던 이유는 어린 시절의 기억들과 익숙함이 반영된 듯하다. 나의 무의식은 어린 시절의 기억을 잃어버리지 않았고, 과거의 내가 미래의 나를 이끈 셈이다.

라오스 현장사무소는 동네 꼬마들의 놀이터다. 이 꼬마들은 홍낭시다에서 일을 하고 있는 아버지들의 아이들이며 매일 유적에서 뛰어놀며 지낸다. 어느 날은 현장사무소 앞집에 사는 미스터 로의 둘째아들 오이에게 아버지가 어떤 일을 하고 있는지 장난스레 물어봤다.

▲ 라오스 현장사무소 앞집의 아이들.
중간이 미스터 로의 둘째아들 (사진_장동민)

"홍낭시다를 고쳐요"

"그래서 좋아?"

"좋아요!"

"넌 나중에 커서 어떤 사람이 되고 싶어?"

"$&#*@($%&%"

나의 라오스어가 아직 짧아 오이의 꿈을 못 알아들었다. 약 7~80명의 라오스 조카들. 꿈이 '$&#*@$%&%'와 같은 알 수 없는 이 아이들은 커서 일부는 라오스의

현장 오딧세이

현장사무소의 이웃들

2013년 제가 처음 홍낭시다에 왔을 때 이 삼거리 주변은 허허벌판이었어요. 하지만 이곳에 현장사무소를 지으면서 현장에서 일하는 라오스 사람들이 하나둘씩 모여들기 시작했어요. 이들은 홍낭시다 현장에서 한국팀과 일을 하며 모은 돈을 차곡차곡 모아 집을 짓는데 사용했답니다. 지금은 이 삼거리에 총 일곱 가구가 모여 살고 있어요. 각 집에서 키우는 닭 우는 소리, 아이들 뛰어노는 소리 덕분에 외로움을 느낄 새가 없을 정도예요. 현장에서 일하는 스텝들은 퇴근

길에 현장사무소 맞은편 짬빵 평상에 모여앉아 라오라오(라오스 전통 증류주. '라오'는 '라오스'를 말하고, '술'이란 뜻도 있어요)로 그날의 피로를 잊곤 하는데, 그 시간 우리 한국팀은 사무실 안에서 현장 데이터를 정리하고 보고서 작성을 합니다. 잠시 밖에 나갔다가 그들 눈에 발각되면 무조건 독한 라오라오를 받아 마셔야 하죠. 가끔 전유근 박사는 일부러 그들에게 잡혀서 몇 잔을 먹고, 얼굴이 벌개져서 들어오곤 한답니다.

도시, 또는 태국이나 베트남으로 일을 하기 위해 떠나고, 고향에 남아있는 대부분은 어떤 형태로든 문화유적과 관련된 일을 하며 살아갈 것이다. 이 아이들이 성장한 후에 과거 무의식 속에 투영되어 있는 지금의 나와 홍낭시다는 어떤 기억일까? 오이가 말해준 꿈과 같이 지금은 알 수 없다. 하지만 지금 하고 있는 돌 일이 라오스 조카들을 위한 ODA라는 것은 알고 있다. 지금 내가 이 아이들을 위해 할 수 있는 일도 좋은 모습을 보여주기 위해 노력하는 것뿐이다.

라오스 가족 이야기

92년 바로셀로나 올림픽에서 역도의 전병관 선수가 마지막 시도에서 무거운 역기를 번쩍 들어올린 순간을 지금도 잊지 못한다. 금메달이 확정된 전병관 선수는 무척 감격스러워 했다. 티브이 자막으로 금메달 확정이라는 문구와 함께 나온 전병관 선수 성씨의 영문 'Chun'을 난 지금도 선명히 기억한다. 2000년 문화관광부 고시에서 제안하는 성씨 '전'의 영문은 'Jeon'이다. 그러나 나는 중학생 시절의 기억을 떠올리며 'Chun'으로 사용한다. 그래서 내 딸아이의 여권 성 표기란에는 미안하게도 일반적이지 않은 'Chun'이라는 영문명이 표기되어 있다.

이웃이 아니라 가족입니다

'미스터 춘'은 라오스에서 맨 처음 불린 내 호칭이다. 나는 춘이 아니라 전이라고 계속

현장세미나

라오스에서의 호칭

라오스에서는 사람을 부를 때 이름을 직접적으로 부르기도 하지만 친한 사람끼리는 애칭을 많이 사용합니다. 가장 재미있는 애칭을 뽑자면 '캄라 마낀따이=개의 내장을 먹으러 온 캄라', '콘폰똑=비 내리는 사람'이 있어요. 이렇게 애칭을 부른다는 것은 서로가 많이 친해졌다는 것을 의미하죠. 저요? 저는 '닥터 쩐'으로 불립니다.

강조하였으나 어쩌다보니 지금은 '춘'도 아니고 '전'도 아닌 '쩐'으로 불린다. 돌병원 원장 '닥터 쩐'. 이것이 나의 라오스 애칭이다.

매년 7개월에서 9개월. 그렇게 라오스에서 4년 동안을 반복해 지내왔다. 이것은 나의 가족과 매년 3~4개월만 같이 생활한다는 것을 의미한다. 한국의 가족보다 라오스 친구들과 더 오랜 기간을 같이 지내는 셈이다. 그

❦ 코로나로 국내에 복귀한 한국 연구원들에게 보내온 홍낭시다 현장 사진.
코로나로 국내에 들어와 있던 한국팀이 왓푸사무소 스텝에게 작업사진을 찍어 보내달라는 요청을 보냈다. 보고용 작업사진을 처음 찍어보는 이들은 셀카를 찍어서 보내왔다.
사진 좌측이 시사마이 우측이 노팔락이다.

동안 약 스무 번의 마을잔치, 여섯 번의 결혼식, 네 번의 장례식, 세 번의 문병을 다녀왔고 네 명의 조카도 생겼다.

그리고 한 사람, 한 사람들에 대한 기쁨도, 말 못할 속사정도 마음속에 쌓여간다. 어떤 이는 미국으로 이민 간 친척이 시계를 보내줬다고 하고, 어떤 이는 돈을 모아 송아지를 구매했다. 어떤 이는 홍낭시다 현장사무소 앞으로 이사를 왔고, 다른 어떤 이는 집을 벽돌로 지었다. 어떤 이는 아이가 말라리아에 걸려 아프고, 또 다른 어떤 이는 라오스 사무소의 직원을 사위로 얻었다. 어떤 이는 비엔티안으로 유학 가는 동생의 학비를 위해 이웃에 돈을 빌렸다고 한다. 이들은 나의 아버지 기일을 챙겨주고, 우리의 생일을 챙겨주며, 피곤에 찌들어 사는 한국 팀원들에게 술을 권하고, 위로하고 같이 기뻐해준다. 그렇게 우리는 가족이 되었다.

사랑하면 기약하는 것들

매 시즌 일을 마치고 한국으로 돌아올 때 우리는 이들과 항상 조촐한 뒤풀이를 했다. 뒤풀이는 라오스 친구들이 각자 집에서 음식을 가져오고, 음식준비가 어려운 한국팀은 맥주를 준비했다. 늘 조용히 시작하지만 앰프에서 나오는 음악을 배

경으로 수십 번의 건배가 이어지다보면 하나 둘씩 자리에서 일어나 춤을 추는 사람들로 매번 흥겹다. 이 뒤풀이에는 '바씨'이라고 하는 의식도 같이 하는데 손목에 실을 걸어주면서 행운을 빌어주는 것이다. 그렇게 서로의 행운을 빌어주며 뒤풀이를 마치고 헤어진다.

뒤풀이에서 말하는 헤어짐은 다가올 만남을 포함하고 있다. 그러나 다른 ODA사업과 마찬가지로 홍낭시다 사업이 종료되는 시점에서는 라오스 가족들과의 진짜 헤어짐이 올 것이다. 그 시점에는 물가에 내놓은 아이를 걱정하는 부모처럼 이런저런 걱정을 할 것 같다.

▼ **라오스 홍낭시다 현장 가족들.** 중앙의 노란티가 전유근 연구원.

'만약에 한국팀이 홍낭시다에서 철수하면 어떻게 될까?',
'복원공사 할 땐 챙겨야할 것이 많은데 잘 챙기겠지?',
'아, 맞다! 저번에 주기로 했던 자료 깜빡하고 안 주고 왔다',
'잘 지내고 있을까?',
'한국팀 없이도 스스로 잘할 수 있겠지?'

우리 팀 모두가 같은 마음이겠지만 나는 라오스가 정말 잘 되었으면 좋겠다. 그리고 언젠가 다가올 진짜 헤어짐의 시기에 걱정없이 다시 만날 것을 기약하며 뒤풀이를 했으면 하는 소망이 있다. 그래서 항상 현재의 즐거움과 헤어짐을 생각하며 홍낭시다를 복원하고 있다.

비 내리는 사람, 콘 폰똑

김익현

비가 아니라 땀이예요

한국 사람들에게는 루앙프라방, 방비엥으로 잘 알려져 있는 나라 라오스. 캄보디아에 이은 나의 두 번째 출장국가는 그 라오스였다. 그런데 라오스 북쪽에 위치하는 루앙프라방과 방비엥과는 거리가 먼, 남쪽 참파삭 지역에 위치한 홍낭시다라는 유적이었다. 수도인 비엔티안에서 출장지인 참파삭까지 가기 위해서는 비행기를 한 번 더 탑승해야 했는데, 사진이나 영상에서만 보던 프로펠러비행기였

[1] 대학에서 문화재학을, 대학원에서 고고학을 전공하였다. 재단에 입사한 후 국내에서는 의정부 민락 2지구 발굴조사, 소규모 발굴지원사업 등을 담당하였고, 해외에서는 라오스 홍낭시다 유적과 캄보디아 프레아피투 유적의 고고학 조사를 담당하였다. 현재는 캄보디아 2차사업의 고고학 연구원으로 유적의 고고학 조사와 장비운용 등을 담당하고 있다.

다. 흔들림이 많아서 좀 무서웠다.

동남아시아의 날씨는 여전히 덥고 힘들었다. 동남아시아에 도착해 비행기 문 밖을 나올 때마다 느껴지는 덥고 습한 공기가 적응하기 참 어렵다. 그래도 건기에는 다닐 만하다고 말하지만 항상 땡볕 아래에서 가림막 하나 치고 일하는 나에게는 관계없는 이야기이다. 현지인들도 점심시간을 전후로는 잘 돌아다니지 않는다. 심지어 개들도 그늘에 누워서 자고 있다가 해질녘에 일어나서 돌아다닌다. (낮에 만난 개들 대부분이 옆으로 누워있다). 한국에서도 여름이 오면 항상 눅눅한 상태로 지내는 나에게 동남아의 날씨는 적응하기 정말 힘들다. 낮에는 항상 축축한 상태로 지낸다고 상상하면 된다.

친근함의 훈장, 별명

라오스 발굴조사가 한창 진행되고 있을 때였다. 여느 날처럼 조사를 위해 파놓은 구덩이에서 현지인들이 작업 중인 모습을 지켜보고 있었던 적이 있었다. 내 바로 아래에서 작업 중인 현지인이 위를 쳐다본 후 옆에 있던 동료들과 대화하더니 갑자기 웃기 시작했다. 어리둥절해 있던 나는 라오스 왓푸박물관 직원인 시빌라이(라오스 이야기에서 자주 언급되는 사람이다.)에게 무슨 상황인지 물어보았다. 내가 흘린 땀을 보고 비가 오는줄 알고 하늘을 보았는데 거기에 내가 있었다는 것이다.

그렇게 해서 나는 라오스 첫 출장에서 '콘

ODA사랑방
현장사무소 앞의 망고나무

라오스의 건기(10~4월)에는 거의 비가 내리지 않아요. 2~3월 망고나무에 꽃이 필 무렵 잠시 내리는 비가 있는데 라오스 사람들은 'Mango Rain'이라 부르며, 맛있는 망고 시즌이 돌아오고 있음에 반가워 하죠. 홍낭시다 현장에는 그 동안 많은 연구원들이 참여했어요. 짧게는 몇 달, 길게는 몇 년까지 오지마을에서 함께 땀을 흘리며 고생했죠.

현장조사 기간이 끝나고 홍낭시다를 떠나는 그들을 위해 망고나무를 심기 시작했는데, 2~3월에 비가 내리면 망고나무에 떨어지는 망고레인을 보며 무럭무럭 잘 자라길 기원합니다. 그리고 언젠가 그들이 돌아올 날을 기대하죠.

위 사진의 망고나무에는 이름표가 붙어 있어요. 땀이 비처럼 내리는 그림이 그려 있죠. 누구의 나무인지 짐작할 수 있을 거예요.

폰똑(콘:사람, 폰똑:비)'이라는 별명을 갖게 되었다. 별명을 들으면 다들 멋지다고들 하지만 사실은 땀을 엄청나게 흘리고 있는 축축한 사람이라는 뜻이다. 다른 한국팀 연구원들을 부를 때는 보통 성으로 부르지만(백경환 소장 : Mr. 빽, 전유근 연구원 : Mr. 전 등) 그날 이후 나를 부를 때는 왓푸박물관 직원들과 현장에서 함께 일하는 현지인들 모두 '폰똑'이라고 부른다.

처음에는 놀리는 것처럼 느껴졌지만 라오스 사람들의 친근함의 표시였다고 생각한다. 최근에는 이 별명을 영어(Mr.Rain)로 바꾸어 부르면 어떻겠느냐고 이야기했다가 주변인들에게 안 어울린다고 핀잔을 들었다. 이유는 뭔가 멋져보여서란다. 왜 나는 멋진 사람이 되면 안 되는지 모르겠다.

노숙인?
야간 경비?

박민선

처음 라오스 팍세에 갔을 때 놀랐던 점 중에 하나가 밤이 되면 노숙을 하는 사람들의 모습이었다. 그 수가 많다거나 그들이 사람을 놀라게 해서가 아니다. 내가 묵던 숙소 맞은편에는 상점이 하나 있는데 저녁 때 상점이 문을 닫으면 그 앞(인도)에 이불을 펴는 사람이 있다. 들리는 말로는 야간 경비라는데, 그저 상점 앞에서 잠을 자주는 것만으로도 충분히 경비가 될 수 있겠다는 생각도 들었다.

재미있는 것은 그 경비가 혼자가 아니다. 해가 떨어지고 나면 어디선가 가족들과 함께 나타난다는 사실. 길가에 이불도 대충 펴는 것이 아니다. 마치 방에 이불 펴듯 제대로 깔고 덮고 잔다. 너무 자연스러워서 마치 내가 누군가의 집 안방을 가로질러 가고 있는 착각이 들 정도다.

가끔씩 그 옆에 있는 식당에 가려고 아무 생각 없이 지나가다 인사도 받는다. 이

불 속에 누워 얼굴만 내민 채 건네는 인사에 처음에는 놀라기도 하고 어색하기도 해서 얼굴도 제대로 못 마주쳤는데 좀 지나고 나서는 내가 먼저 반갑게 인사를 하게 되었다.

"싸바이디!ສະບາຍດີ, 안녕"

홍낭시다 현장 최초의 1회용 도시락

아침부터 숙소 식당에 작은 소동(?)이 있었다. 발굴팀 선생님 한 명이 일찍 나와서 아침 식사 주문을 하고 기다리고 있었는데 나중에 온 백 소장님에게만 커피며 오렌지 쥬스를 주고 그에게는 아무것도 주지 않는 것이었다. 이상하게 생각한 백 소장님이 식당 직원에게 왜 그러느냐고 물었다. 여러 팀들이 식사를 하고 있어서 아마도 다 먹고 앉아 있다고 착각을 했던가 보다. 결국 발굴팀 차량 출발 시간도 다 되어 그가 그냥 나가버렸다.

뒤늦게 주문한 볶음밥을 가지고 온 식당 직원이 나한테 '왜 주문한 사람이 없냐'고 물었다. '그는 늦어서 갔다.'라고 했더니 그 때부터 뭔가 심각한 분위기가 되었다. 서빙을 해주는 씨씨가 너무 미안하다고 말해 달라며 몇 번을 얘기했다. 내가 괜찮아라고 했지만 이번에는 도시락을 싸 줄테니 꼭 전해 달라

▲ 팍세에 있는 숙소의 인근 도로변 인도에서 과자를 먹으며. 연구원들의 특징 중 하나, 현지적응 능력이 탁월하다는 것이다.

고 부탁하는 것이었다. 나도 시간이 없었지만 거절하면 하루 종일 씨씨의 마음이 불편할 것 같아 그러겠다고 하자 식당 직원인 텅사이와 씨씨가 분주하게 움직이기 시작했다. 텅사이는 창고에서 1회용 도시락을 찾아오고 씨씨는 음식을 담았다. 도시락을 닫아야 하는데 잘 닫히지 않으니까

▲ 출장 기간이 끝나고 팍세 떠나던 날 호텔 직원들과 함께.
맨 앞에 있는 친구가 도시락 싸주던 씨씨. 왼쪽 끝이 텅사이다.

둘이 우왕좌왕 하더니 결국 프론트에 앉아 있던 여자직원인 왓싸나까지 동원됐다. 그러다가 텅사이가 어디선가 스테이플러를 들고 와서 1회용 용기를 닫는데 성공했다. 그러자 그 와중에 자기들끼리 "와, 너 정말 대단하다!"고 하면서 즐거워하더니 과일까지 챙겨주었다.

덕분에 우리 팀의 출발 시간은 5분 넘게 지체되고 나는 씨씨의 간절한 부탁에 따라 홍낭시다 현장까지 도시락을 배달하는 최초의 '도시락 배달꾼'이 되었다. 그 날, 도시락에 담긴 것은 그냥 밥이 아니었다.

소환 팔찌

캄시가 급히 사무실로 들어왔다. 현장 사무소 경비를 맡고 있는 내 친구 캄시. 무뚝뚝한 캄시가 초조한 얼굴로 다가와 우리의 손목에 맏켄을 묶어주며 낮은 목소리로 기원한다. 알아들을 수는 없지만 한국에 무사히 도착하기를, 비행이 안전하기를, 비엔티안까지의 육로 여정이 무사하기를, 그리고 건강하기를 기원했을 것이다. 뒤이어 왓푸 직원이자 현장 인부들을 통솔해 주는 시빌라이가 들어왔다.

그가 또 하나의 만켄을 묶어주었다.

금요일에 퇴근할 때까지만 해도 우리가 그렇게 급히 현장을 떠나오게 되리라고는 생각하지 못했다.

소식을 듣고 급하게 엮은 듯 다른 때보다 조금은 성글게 짜여진 만켄을 다른 때보다 더 꼼꼼하게 묶어주는 캄시의 마음이 전해졌다. 말은 들리지 않는데 마음이 들릴 때가 있다. 우린 각자 다른 언어로 얘기를 하지만 그것이 들릴 때가 있다. 홍낭시다의 현장 아저씨들이 여느 때처럼 출근을 해서 밖에서 우리를 기다리고 있었다. 왓푸 직원이 이미 전달을 했는지 다들 근심스런 눈빛으로 나무 아래에 모여 우리를 맞았다. 그들 모두가 우리의 손목에 만켄을 걸어주며 무사한 여정을 기원해 주고 싶었겠지만 시간이 없어 시빌라이가 모두를 대신했다. 어느 때보다도 더 간절한 마음이 실로 엮어 손목에 묶였다. 감사의 마음에 눈 주변이 시큰해졌다.

나는 만켄의 힘을 믿는다. 2020년의 상반기 라오스 출장이 내게 있어서는 세 번째의 출장이었는데 그 세 번이 모두 나에겐 다른 상황이었다. 2016년에는 석사과정 실습생으로 처음 참여하고, 2017년에는 인턴으로, 그리고 2020년에는 프로젝트 계약직으로 참여했다.

갈 때마다 그런 생각을 했다. 누군가가 내 손목에 묶어준 만켄 중 내가 라오스에 다시 오기를 기원해 준 것이 있었을 거라고. 누군가 나를 라오스로 부른 '소환팔찌'였던 거라고.

그러면서 손목에 걸려 있는 세 줄의 만켄을 볼 때마다 조용히 기원을 담았다. 우리를 다시 무사히 라오스로 데려다 주기를.

⬆ 16년과 20년 현장을 떠나기 전 현지인 분들이 묶어준 막켄.
모두 각자의 기원을 담았다는 데에는 차이가 없지만 20년 3월 마지막날 그들이 묶어준 막켄은 사뭇 남달랐다.

현장
오딧세이

홍낭시다 현장사무소 지킴이 캄시를 소개합니다

홍낭시다 현장을 시작할 때 샀던 신발의 밑창이 떨어질 때마다 스테이플러와 본드로 임시처방을 해서 계속 신고 다녔어요. 특별한 이유가 있었던 것은 아니었고 라오스 스텝들의 옷이나 신발들이 멀쩡한 것이 없다는 것을 알게 된 이후부터였던 것 같아요.

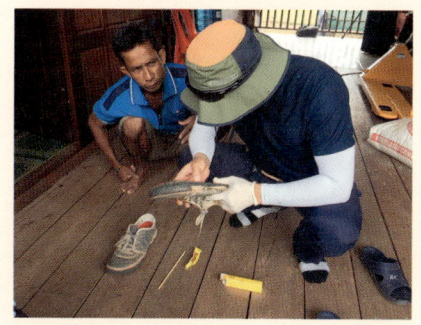

그러던 어느 날 현장사무소 관리인 '캄시'가 나에게 말도 않고 신발을 쓰레기통에 버렸지 뭐예요. 그가 보기에 너무 궁상맞은 짓이라고 생각한 것 같아요. 나는 쓰레기통에서 그 신발을 다시 꺼내 임시 수선을 했답니다. 캄시가 옆으로 와서 항의를 했죠. '이제 그만 버리지!'

▲ 2020년 10월 라오스를 관통한 태풍 피해로 캄시가 훼손된 지붕을 수리 중이다.

우스갯소리로 하는 말 중에 현장사무소 관리인을 뽑기 위한 면접을 볼 때, '캄시'는 그 이름 덕을 톡톡히 봤다는 말을 종종 해요. 이름에서 왠지 '감시'를 잘할 것 같았기 때문이죠.
알고 보니 '캄시'는 농사마을에서 유명한 1등 명사수이자, 마을 노래자랑을 휩쓰는 싱어송라이터였더군요. 동네 주민들이 가장 좋아하는 만담가이기도 합니다. 그리고 캄시는 자다가도 아내 목소리가 들리면 벌떡 일어나는 공처가랍니다.

2장
월급 수령 사인이 달라지는 이유

2015년 9월, 대한민국이 문화유산을 통한 국제 평화실현의 장인 앙코르 유적 복원에 동참하였다. 다소 늦은 감이 있지만 한국의 참여는, 한국과 캄보디아에 의미하는 바가 크다.
우리나라는 캄보디아와 유사한 비극을 경험한 나라이다. 제국주의가 팽배하던 시대에는 피 식민국으로, 냉전의 시대에는 이념의 갈등이 실체를 드러낸 비극의 현장으로, 그에 이은 정치적 부패와 빈곤에 이르기까지 근현대의 역사는 마치 판박이와 같다. 단 한국은 이를 극복한 국가이다. 이런 의미에서 앙코르 유적 복원에 한국이 참여하는 것은 기존의 지원국들과는 다른 긍정적 의미가 될 수 있다.

제2차 세계대전이 끝나면서 제국주의 시대가 종식되어갔다. 캄보디아도 이 흐름 속에서 겨우 독립을 맞을수 있었다. 하지만 곧 냉전의 시대가 찾아왔다. 캄보디아는 '6.25전쟁과 분단'이라는 사건을 겪은 한국과 함께 냉전의 시대가 낳은 대표적인 희생국으로 꼽힌다.

1975년 프랑스가 물러난 캄보디아에서는 크메르 루주라는 공산당이 집권하였다. 이들은 모두가 농민이 되면 평등한 세상이 될 것이라는 꿈을 바탕으로 급진 공산혁명 실험을 강행하였다. 지식과 기술을 가진 사람들을 비롯해 농업혁명에 적합하지 않다고 판단한 수백 만의 자국민들을 학살하였다. 1979년 크메르 루주는 축출되었다. 이들의 집권은 5년에 불과하였지만 캄보디아는 수십 년 동안 되돌릴 수 없을 만큼 피폐해졌다.

크메르어를
하지 않는 이유

박동희

새해에 새롭게 시작한다는 마음가짐으로 결심했던 것 중 하나가 '크메르어' 습득이었다. 우선 기초 크메르어 책을 하나 구매했고, 매일 꾸준히 공부했다. 열심히 하기도 했지만, '쑤어쓰데이(안녕하세요)'만 말해도 캄보디아 사람들의 칭찬이 이어져 기쁜 마음에 공부를 계속할 수 있었다.

하지만 생각만큼 성과는 나지 않았다. 우리는 곧잘 한글로 모든 발음을 쓸 수 있을 것이라 생각하는데, 그건 정말 큰 오산이다. 크메르어는 'ㄱ'도 두 가지, 'ㅋ'도 두 가지로 세분화 된다. 우리가 사용하는 ㅈ, ㅊ, ㄷ, ㅌ, ㅂ, ㅍ 모두 다 두 가지씩 발음이 된다. 당연히 귀로 들어서 쉽게 구분이 안 된다. 그래도 삼 년쯤 하니까 웬만한 생활 회화는 가능해졌다. 캄보디아 사람들이 시장이나 식당, 현장에서 어설픈 크메르어를 구사하는 외국인에게 너나 할 것 없이 스승을 자처하고 나서 준 덕분이었다.

할 수 있지만 사용하지 않는 크메르어

크메르어를 처음 공부하던 때를 되새겨 보니, 당시 현장 소장님에 대해 다소 이상하다고 생각했던 기억이 떠오른다. 그 소장님은 캄보디아에서 활동한 지 10년

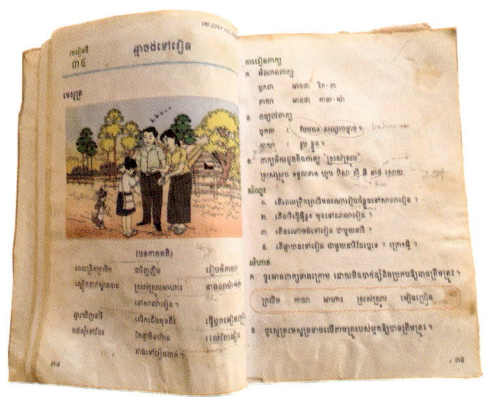
▲ 크메르 교과서

이 넘었고, 크메르어도 능숙하게 구사할 수 있었다. 그럼에도 불구하고 현장에서는 한 마디의 크메르어도 사용하지 않았다. 궁금해 하자 자기가 크메르어를 잘 못해서 그런다고 답변하였다. 납득이 가지 않았다.

어느 정도 친해지고 술자리를 함께 하였을 때 이 질문을 다시 던졌다. "혹시 현장일 할 때 답답하면 크메르어로 말하고 싶지 않으세요?"라고 묻자, 그제서야 본심을 털어 놨다. 소장님이 외국인이다 보니 어색한 발음의 크메르어를 하다보면 인부들이 비웃는 경우가 있다는 것이었다. 현장을 원활하게 운영하려면 권위가 있어야 하고, 소장이 무섭지 않으면 현장이 잘 돌아가지 않는다는 것이었다.

나에게 이 문제는 10년이 지난 지금도 묵은 고민거리로 남아있다. 지금 나는 잘 하지 못하는 크메르어지만 마음껏 뱉고 있다. 내 발음이 이상하다고 한들, 캄보디아 사람들이 웃는다고 한 들, 발음이 우스운 거지 나를 우스운 사람으로 대하지 않을 거라는 막연한 믿음이 있기 때문이다. 과연 어떤 길이 옳을지는 모르겠다.

월급 수령 사인이 달라지는 이유

캄보디아에서의 삶이 길어질수록 크메르어가 익숙해져 갔다. 그럼에도 불구하고 캄보디아 글자를 읽는 것은 쉽지가 않았다. 뱀같이 휘어진 문자들이 다 똑같아 보였다. 꼬리가 어디로 휘었냐에 따라 이게 'ㅍ'이 되기도 하고 'ㅌ'이 되기도 했

▲ 크메르 사원의 비문.

다. 현장 일에 지쳐 한 달 정도 공부에서 손을 떼면, 공부했던 모든 게 거짓말처럼 머릿속에서 사라졌다. 크메르 문자는 노력만으로 깨우칠 수 있는 수준의 것이 아니었다.

수차례의 시도와 실패를 반복하던 중에 큰 기점이 찾아왔다. 캄보디아에 오고 나서 햇수로 9년이 되던 해의 1월 1일이었다. 새해에는 일출을 보며 각오를 새로이 하는 일들이 많았는데, 그 해의 일출은 특히나 많은 생각을 하게 해 주었다. 그중 하나가 1년만 더 지나면 10년인데, 크메르어를 읽을 줄 모른다는 것이 수치로 다가올 수 있겠다는 생각이었다. 이에 아찔함을 느꼈고, 피나는 노력 끝에 10년의 과제, '크메르어 알파벳'을 뗄 수 있었다.

크메르어를 읽게 된 후의 캄보디아는 또 다른 세상이었다. 무엇보다 간판에 적힌 글자 읽는 것이 너무 재밌었다. 사실 크메르어 간판은 글자를 못 읽어도 무방한 경우가 많다. 대부분 취급하는 품목을 그림으로 그려두어서 누가 봐도 알 수 있다. 글을 못 읽는 사람이 그만큼 많기 때문이다.

현장의 인부 아저씨 중 절반 이상이 글자를 읽지 못한다. 읽고 쓰기에 능숙한 사람이 손에 꼽힐 정도이다. 그래서 사람들을 선별해서 일을 시켜야 하는 경우가 많다. 복원 공사 과정에서 해체한 돌은 모두 기록

▲ 그림이 많이 사용되는 크메르어 간판.

을 남기는데, 이 일을 할 수 있는 사람도 선별해서 써야 한다. 심지어 월급을 지급할 때, 매번 사인이 달라지는 분도 있다.

호환 마마보다 무서운 뎅기열

2008년 인턴을 막 시작했을 때의 일이다. 구석진 관사의 한 골방에는 구조공학을 전공한 박사(과정)님이 감금되어 있었다. 뎅기열에 걸렸다고 설명을 들었지만 처음에는 이해가 안 갔다. 아직 신정환의 뎅기열 사건이 발생하기 이전이어서 한국에서는 아직 생소한 병명이었다.

> **현장세미나**
> ### 감사해요, 세종대왕님!
> 크메르어는 현재 사용되는 알파벳이 가장 많은 언어로 기네스북에도 올라가 있습니다. 그리고 크메르어가 산스크리트어에서 파생된 언어로 브라만 계급의 힘의 근원과도 같아서 일부러 어렵게 만들지 않았을까? 라는 합리적인 의심도 들어요. 그럴수록 세종대왕에 대한 감사의 마음이 각별해지죠. 크메르 문자는 너무 어려워요. 저 또한 알파벳을 숙지하는 데에 9년이 걸렸거든요. 정말 한국 사람들은 세종대왕에게 감사하는 마음을 가져야 해요. 참, 캄보디아에서 모르는 사람에게 물을 때, 크메르 문자로 적은 메모를 내밀지 마세요! 혹 실례를 범하는 상황이 될 수도 있답니다.

알고 보니 캄보디아에서 호환 마마보다 무서운 것이 뎅기열이었다. 뎅기에 걸린 사람의 피를 먹은 모기가 다른 사람을 물면 옮는데 이 병에 걸리면 고열과 근육통을 동반하고 정말 무서운 것은 혈소판 수치가 감소, 최악의 경우에는 온몸의 구멍에서 피를 흘리다가 죽을지도 모른다는 것이다. 그런데 이 병은 예방주사가 없을 뿐 아니라 초기 진료도 어렵고 치료약도 없다고 한다. 즉 모기한테 물리지 않는 것이 답인데 그게 현실적으로 불가능하니 걸린 사람을 격리해야만 했다. 그런 이유로 구조공학 박사(과정)님이 골방 모기장 안에 감금되어 있었던 것이다. (뎅기에 대한 정보는 정확한 사실이 아니다).

뎅기라는 무지의 불치병이 공포로 다가왔고, 나는 급히 보험을 알아봤다. 그러나 보험사에 문의하는 족족 이미 출발한 후에는 가입할 수 없다고 했다. 결국 보험사에서 근무하시는 아버지 친구를 통해서 힘겹게 가입을 할 수 있었는데, 가격이 정말 비쌌다. 심지어 가입 후 한 달이 지난 뒤부터 적용된다고 했다. 그래도 선택의 여지가 없었다. (다행인지 불행인지 그 때 가입한 보험을 쓸 기회는 없었다).

유일하게 먹을 수 있었던 짜파게티

그로부터 5년 뒤인 2013년 7월, 씨엠립 인근에 위치한 벵 메아리아 사원의 조사에서 유난히도 모기에 많이 물렸었다. 사실 모기는 이미 너무 많이 물려와서 특별하게 생각지 않았는데, 이번엔 낌새가 달랐다. 열이 나더니 조금만 움직여도 금세 힘겨워져서 몸을 가눌 수가 없었다. 하지만 여행자 보험이 없었다. 지난 해까지 부지런히 보험에 가입해왔었는데, 한 3년 아무 문제가 없다 보니 보험 가입비가 아깝다고 생각했던 것이다. (세 달 이상의 장기 여행자 보험은 많이 비싸다).

3일 간 숙소에서 버텨 보았지만 더해가는 고통에 캄보디아인 직원 타우리 씨의 도움을 받아 잘한다는 현지 병원을 찾았다. 의사는 뎅기가 아니라 독감이라는 진단을 내렸고, 나는 해열제와 진통제를 처방받고 숙소로 돌아왔다. 약을 먹어도 고열과 함께 뼈마디가 끊어질 듯 아팠다. 정말 큰 문제는 편도선이 많이 부어서 침을 삼키기가 너무 어려웠다. 갈증은 났지만 한 방울의 물을 삼키려면 두 방울의 눈물을 흘릴 정도였다. 완전히 식욕을 잃었다. 이대로는 죽을지 모르겠다는 생각에 최대한 먹으려 노력했지만, 일주일 동안 먹은 것이 고작 두 그릇의 죽과 짜파게티 하나, 아침햇살 하나, 홍삼꿀물 하나가 전부였다. (정말 아무것도 먹기 싫었지만 짜파게티라면 먹을 수 있겠다는 생각이 들어 힘겹게 공수해서 먹었었다).
이 병은 단순한(?) 독감이 아니라 분명 뎅기열일 것이라는 생각에 이르렀다. 그렇다고 해서 처방이 달라지지 않을 거라는 생각에 그냥 홀로 버텼다. 10일쯤 되었을 때 조금씩 기력이 되돌아왔다. 그리고 전신에서 붉은 반점이 돋아났다. 뎅기열이 다 나을 즈음에 생긴다는 붉은 반점이었다. 불안과 안심이 동시에 밀려왔다.

사실 이 뎅기열의 정말 무서운 점은 따로 있었다. 병이 낫고 나서 한 달 지난 시점에 머리카락이 한 움큼씩 빠지는 것이었다. 안 그래도 논문을 쓰면서 얼마 남지 않은 머리카락이었기에 정말 큰 걱정이었다. 고등학교 때 친했던 친구 중에 의사가 된 친구에게 모처럼 연락을 해서 사정을 말했다. 친구는 일주일 동안 영양섭취를 끊고 그렇게 열이 올랐으니 모근이 상해서 빠질 수 있다고 했다. 청천벽력과 같은 소리였다. 그런데 기다려 보란다. 다시 자라 날 수도 있으니…. 결과적으로 머리카락은 다시 났다.

뎅기열은 많은 것을 남겼다. 타지에서 죽을지도 모른다는 생각, 그리고 캄보디아에서의 삶이 결코 쉬운 일이 아니라는 생각. 이후부터 나는 반드시 보험에 가입하고 있다.

바라이에서 배운 생존 헤엄

나는 수영에 대한 자신감이 있다. 2019년 홍낭시다 사원 복원에 투입되었을 때에는 라오스의 상징인 메콩강을 수영으로 한번 건너봐야 하지 않겠냐고 시골 출신의 전유근 박사님과 의기투합하기도 했었다. 백경환 소장님이 물뱀한테 물린다고 만류하는 바람에 성사되지는 않았지만 메콩강 횡단 수영은 여전히 아쉬움으로 남아있다.

그런데 사실 수영을 할 수 있게 된 지는 얼마 되지 않았다. 캄보디아에 처음 왔을 당시만 해도 바닥에 다리가 닿지 않는 곳에는 들어갈 엄두를 내지 못했었다. 학생 때 운동도 할 겸 수영을 배우러 동네 수영장을 나갔는데, 강사가 처음부터 자유형을 가르쳐 물을 꾀나 먹는 바람에 고통스러워하다가 얼마 안 되어 관뒀었다. 결국 캄보디아에서 물놀이를 가게 되면 항상 혼자 물가에 앉아서 물놀이하는 사람들

▲ 쿨렌산 폭포에서 물놀이하는 사람들.

▲ 더울 때에는 해먹에서 쉬는 게 최고다.

을 부럽게 쳐다보고만 있다가 왔다.

캄보디아에서는 생각보다 물놀이를 할 기회가 많다. 더운 한낮에 개울가에서 헤엄치고 있는 아이들을 매일 볼 수 있다. 무더위에 현장일을 하다 보면, 다같이 그냥 개울가에 뛰어드는 경우가 있는데 그럴 때마다 헤엄을 못 치는 것이 한스러웠다.

유적지가 아니라 유원지로 사용되는 바라이

앙코르에서는 물놀이를 할 수 있는 특별한 장소가 하나 있는데, '바라이'라는 곳이다. 천 년 전 앙코르제국 당시에 만든 인공저수지인데, 규모가 어마어마하다. 서바라이는 동서가 7.8킬로미터, 남북이 2.2킬로미터에 이른다. 수심은 강우량에 따라 달라지는데, 기본적으로 사람 키보다 훨씬 깊기 때문에, 바닥에 발이 닿아야 수영을 할 수 있는 사람들은 장비가 필요했다.

그런데 캄보디아 사람들은 이 바라이를 유적지가 아니라 유원지로 사용한다. 물가에 원두막들이 설치되어 있고, 여기서는 구운 고기와 맥주를 판다. 물을 보면서 여유로운 식사를 즐기다가 헤엄도 치고 그물침대에서 낮잠도 자는데, 상당히 괜찮은 쉼을 얻을 수 있다.

이 바라이에서 헤엄치는 아이들을 관찰하다가 크메르식 전통 개헤엄을 터득했다. 방법은 매우 간단하다. 팔로 하늘을 그리듯 크게 휘젓고, 그 다음으로 다리를 크게 한 번 휘젓는다. 이를 계속 반복하여 가라앉지 않으면 된다. 이 헤엄법은 머리를 물속에 넣지 않는다. 바라이는 흙탕물이기 때문에 머리가 물속에 들어가서 좋을 게 하나도 없으니 캄보디아에서 이보다 적합한 헤엄법이 없다.

▲ 비행기에서 바라본 서바라이.

정글 속의 유적은 정글에 사는 사람이 안다

'정글 속의 유적 조사는 정글에 사는 사람들의 도움을 받아야 한다.' 어찌 보면 당연한 이야기인데, 이 사실을 깨닫기까지 상당한 시간이 걸렸다.

2014년은 박사논문을 쓰기 위해 현장조사를 많이 했던 해이다. 주제를 크메르 벽돌사원으로 잡아서 많은 벽돌사원들을 조사하고 다녔었다. 사원들 중에는 숲 속에 위치한 것들이 많아서 고생을 많이 했다. 지도가 있어도 사원을 찾는 일은 쉽지 않았다. 길이 없는 경우가 허다했고, 지뢰나 유실된 폭발물들에 대한 두려움도 있었다. 건기 조사는 그나마 할 만했지만, 우기 조사는 할 만한 일이 아니었다. 비가 온 지 얼마 되지 않았는데도 숲길의 풀들이 사람 키만큼 자라 있었다. 가시덩굴의 방해가 특히 성가셨다. 피해 갈 수 없는 물웅덩이가 많아 신발이 젖는 것은 애초에 포기하고 다녔지만 젖은 신발은 도무지 익숙해지지 않았다. (결국 등산화를 신지 않게 됐다).

순식간에 결성된 유적 조사단

2014년 9월 10일 오전, 그날도 코켈 사원 인근 숲속의 벽돌 사원들을 조사하고 있었다. 아침인데도 불구하고 누적된 피로로 몸과 마음은 이미 지쳐 있었다. 지도에 점선으로 표시된 사원으로 들어가는 샛길을 찾기 위해 오토바이로 숲길을 천천히 수차례 왕복하였지만 도저히 찾을 수가 없었다. 지역 주민들에게 물어봐야겠다 싶었을 때, 마침 허름한 식당이 나타났다. 오토바이를 멈춰 세워두고 식당에 들어섰다.

바닥은 흙바닥인데 실내와 실외가 따로 구분되지 않았다. 지붕은 목조로 짠 틀 위에 지푸라기를 덮어 겨우 비를 피할 수 있을 정도였다. 장판을 덮은 나무 테이블이 길게 두 줄 늘어져 있고, 테이블 주변에는 빨간색 플라스틱 의자들이 놓여 있었다. 전형적인 시골 식당이었다. 콜라를 주문하고 때가 낀 플라스틱 의자에 앉았다. 식당에는 먼저 온 손님들이 있었는데, 이른 아침부터 벌써 얼큰하게 한 잔 하고 있는 상황이었다. 너무나 자연스러운 분위기로 봐서 오늘이 모처럼의 낮술이 아님을 알 수 있었다. 오히려 그들에게는 이 식당에 외국인이 들어왔다는 것이 낯선 상황같았다. 별 말 없었지만 시선은 호기심을 숨기지 못하고 있었다. 아마도 그 식당에 들어선 외국인은 내가 처음이었던 것이 틀림없었을 것이다.

벽돌 사원으로 들어가는 샛길을 물어야 해서 먼저 가볍게 인사를 건넸다. 낯선 외국인이 크메르어를 할 줄 안다는 사실에 경계심이 순식간에 무너진 듯했다. "어디에서 왔냐?", "캄보디아에는 얼마나 있었냐?", "여기는 무슨 일로 왔냐?" 등등 많은 질문이 쏟아졌고, 우리는 순식간에 친해졌다.

이들은 숲속의 벽돌 유적에 대해서 누구보다 잘 알고 있었다. 그러나 가는 길에 대

▲ 코켈의 현지인 식당.
이들은 숲속의 벽돌유적에 대해서는 누구보다 잘 알고 있었다. 그러나 가는 길에 대한 설명이 쉽지 않았다.
결국 자리를 파하고 동행하기로 했고, 순식간에 벽돌 유적 조사단이 결성되었다.

한 설명이 쉽지 않았다. 결국 자리를 파하고 동행하기로 했다. 순식간에 벽돌 유적 조사단이 결성되었다. 사실 이 자리에서 놀란 일이 하나 있었다. 앉아있는 동안은 전혀 몰랐는데, 일어서려 하니 한 사람의 다리 한쪽이 없다는 것이 눈에 들어왔다. 아마 지뢰로 한쪽 다리를 잃었을 것이다. 놀란 내색을 하지 않고 출발했다.

그 후로 유적 조사는 일사천리였다. 그들은 내가 원하던 유적들 외에 지도에도 없는 벽돌 유적까지 알려주었다. 이 지역의 유적들은 그들이 어렸을 때 놀았던 놀이터와 다름없었을 것이다. 덕분에 예상했던 것보다 훨씬 빨리 조사를 마칠 수 있었다.

긴급 결성된 벽돌유적 조사단과 많이 친해진 나머지 저녁식사에 초대받았다. 집에 닭요리가 있으니 먹고 가라는 것이었다. 조사가 빨리 끝난 덕분에 시간도 남았고, 이런 자리에서 빼는 스타일이 아니라 흔쾌히 승낙했다. 그들의 오토바이를 따라 숲속으로 따라갔다.

마을이 있을 것 같지 않은 정글 속에 십여 채의 집들이 모여 있었다. 집들은 전형적인 크메르 고상가옥으로 1층에는 동물들이 살고 있고, 2층에는 사람들이 사는 형태였다. 집에는 부인과 어머니, 그리고 여덟 명의 자식들이 있었다. 총 열 명의

▲ 코켈의 프라삿 톰 사원.

형제인데 두 명은 결혼해서 독립했다고 했다. 연령대가 다양한 아이들이 아버지의 외국인 친구가 신기했는지 다들 주변에 둘러앉았다.

알고 보니 닭 요리가 있다는 것이 아니라 닭을 잡아주겠다는 것이었다. 놀랍게도 닭을 잡기 위한 공기총이 등장했다. 닭들이 얼마나 똑똑하고 잽싸던지 공기총을 장전하니 다 도망가 버렸다. 결국에는 느릿느릿 걸어 다니는 오리를 잡았다.

짠 오리구이와 크메르식 잔 돌리기

이런저런 이야기를 나누다 보니 오리 한 마리로 만든 요리가 나왔다. 접시는 하나인데 이 접시를 바라보는 눈은 스무 개가 넘었다. 친구는 나더러 먼저 먹어보라고 권했다. 손님이 우선시 되는 것은 한국과 똑같았다. 그런데 오리고기를 맛보고 깜짝 놀랐다. 완전히 소금덩어리였다. 왜 이렇게 먹는지 약간의 시차를 두고 이해가 되었다. 오리고기 한 점에 많은 밥을 먹어야 했던 것이다. 그래도 이 짠

▲ 닭을 잡겠다고 꺼내든 공기총.

▲ 소금 가득 오리고기 요리.

오리고기는 모처럼의 진수성찬이었던 것이 분명해 보였다. 나는 함께 오리고기 한 점과 밥 한 그릇을 맛있게 먹었다.

비닐봉지에 담긴 투명한 쌀술도 대접받았는데, 잔이 없어서 한 모금씩 돌려마셨다. 술이 들어가니까 잘 들리지 않던 사투리들도 이해가 되는 것 같았다. 나는 그렇게 정글에 사는 크메르인 친구와 특별한 하루를 보냈다.

안타깝게도 그 날 이후로 이 친구와 연락할 방법이 없었다. 아마도 코켈 숲에 다시 가더라도 찾지 못할 것이다. 마음속에 간직해야겠지.

▲ 유적을 안내해 준 친구.

캄보디아의 사람들과
그들의 기억
– 아직 캄보디아인들에게 크메르루즈는 진행 중

김지서

나는 사람들과 대화하는 것을 매우 즐기는 편이다. 캄보디아인들과 대화를 나누는 일도 행복했다. 캄보디아는 우리나라와 많은 유사점을 가진 나라이다. 다른 나라의 식민지 고난도 겪었고 내전 또한 식민지 시절 이후에 찾아와서 많은 이들이 가족을 잃거나 아직도 행방불명 중인 상태이다.

대전기록원에 찾아온 초청 연수생

재단에서 캄보디아 관계자들을 초청한 적이 있다. 초청 연수는 총 열 명의 압사라청 직원들이 참여를 했었다. 초청 연수를 통해 우리나라의 문화유산 기술력을 홍보하고 전파를 함으로써 국가간 신뢰도를 쌓는 것이 주목적이었다. 대전에 있는 문화재청을 방문할 때는 함께 국가기록원도 방문했다. 청사 내부에 유네스코 세계기록유산으로 등재된 〈KBS 이산가족을 찾습니다〉 전시회를 열고 있었다. 가이드였던 내가 이에 대해서 설명했다.

"여러분, 우리나라는 남북 분단 이후 한국전쟁으로 많은 국민이 생이별을 경험했습니다.

▲ 프놈펜 크메르루즈 당시 킬링필드 전경. 캄보디아인 수십 만 명에 대하여 대학살을 자행했던 현장이다.

이런 가족들이 아직도 존재하고 있습니다. 지금 이 화면은 헤어질 때는 어린아이였지만 지금은 노인이 되어 처음으로 남과 북에 있는 자신의 가족과 통화를 하는 장면입니다."

영상에는 할아버지가 전화기 너머로 고향을 확인하고 가족관계 등을 확인하면서 감격과 기쁨의 눈물을 흘리는 장면이 담겼다. 지금도 그때 당시 상황을 설명하면 나도 눈시울이 붉어지곤 한다.

"그래도 여러분은 크메르루즈 이후에 국가가 통일되어 가족과 상봉은 가능할 수 있어 다행이라고 생각합니다. 현재 우리나라는 이산가족 상봉을 신청해서 가족끼리 만나는 일은 거의 로또에 당첨될 확률입니다. 세월도 많이 지나서 돌아가신 분들이 많답니다".

그런데 이 말을 듣다가 갑자기 몇몇 연수생들이 잠시 자리를 비우고는 사라졌다. 나중에 자세히 보니 다들 세수를 하고 온 것이었다. 그날 밤에 일과를 마치고 같이 이야기를 나누는 가운데 들었다.

"아까는 한국어 영상이라서 알아듣지는 못했지만 느낄 수 있었어요. 그 기쁨을. 그 슬픔도 함께. 갑자기 헤어진 어머니와 누나 생각이 나서 잠시 화장실에 가서 울고 왔어요."

> **현장세미나**
>
> **크메르루즈**
>
> '붉은 크메르'라는 뜻이예요. 1967년에 결성된 크메르루즈는 시아누크가 1970년 론놀의 우익 군사쿠데타로 전복되자 농촌지역에 대한 대대적인 세력확장을 통해 마침내 1975년 4월 수도 프놈펜을 장악함으로써 정권장악에 성공하였죠. 그러나 폴포트가 이끈 크메르루즈정권의 4년간에 걸친 통치기간은 20세기 어느 좌파정권에서도 찾아볼 수 없는 잔인함과 무자비한 보복으로 얼룩졌어요. 150만 이상의 캄보디아인이 학살되었고, 전문지식인층과 기술자층이 기회주의라는 죄명으로 죽어갔습니다. 이러한 비인간적인 야만과 살상은 서방에서 〈킬링필드〉라는 영화로 제작되어 전 세계에 알려지기도 했어요.

아직도 이들의 기억 속에는 크메르 루즈의 상처가 깊이 남아 있다는 것을 알 수 있었다. 아직도 캄보디아인들 중에는 생사를 확인하지 못하거나 가족의 소식을 궁금해 하는 사람들이 많다.

▲ 대전기록원에 방문한 캄보디아 1차 단기초청연수생.
대전 청사 내부에서 유네스코 세계기록유산인 〈KBS 이산가족을 찾습니다〉 특별전을 하고 있었다.

탄소팔 씨 Tann Sophal 이야기

압사라청 고고보존국 부국장. 현장에 대한 지식이 해박하고 항상 웃음을 잃지 않는 압사라청 최고의 조력자, 탄소팔 씨에 대한 이야기다.

"크메르루즈 당시 군인이 우리를 불러 세우더니 어느 트럭에 우리 남매를 태우려고 하는게 아니겠습니까? 집이 어디냐? 이런 질문과 함께. 같이 어디로 가야겠다는 군인의 말에 우리는 철렁이는 가슴을 안고 있어야 했습니다. 살려달라고 울부짖는데 갑자기 아버지가 나타나시더니 자신의 신분을 확인 받고 우리는 알 수 없는 공포의 트럭에서 나올 수 있었습니다. 지금도 생각해보면, 만약에 아버지가 나타나지 않았더라면 과연 내가 살아있을까 싶어요."

"저는 이제 결혼도 하고 첫 아이가 프놈펜에 있는 대학교에 입학을 하게 되었습니다. 하지만 저는 방학 때마다 집으로 오는 딸아이가 대학교 개강이 되어 다시 가야 한다면 늘 눈물부터 나옵니다. 저는 프놈펜에 대한 트라우마가 있어서 왠지 딸아이가 프놈펜으로 가면 영영 돌아오지 못할까봐 늘상 걱정이 앞서요. 프놈펜은 누구에겐 캄보디아의 수도이지만 저에게

▲ 탄소팔 씨(왼쪽)와 함께

는 다시 돌아올 수 없는 죽음의 도시라는 기억이 남아 있습니다."

탄소팔 씨와 대화를 나누면서 한 이야기이다. 정말 탄소팔 씨가 어린 여동생과 그 트럭을 탔으면 어떻게 되었을까. 천만다행이다. 캄보디아에서 나와 정말 친분이 두터운 친구 하나를 만나지 못했을 수도 있었겠다는 안타까움과 안도감이 교차하는 순간이었다.

틴티나 씨 Tin Tina 이야기

압사라청 기록물국 부국장. 음주가무를 좋아하고 노래 부르는 것을 좋아하는 풍류로 가득한 친구. 그에게도 상처가 있었다.

"티나 씨, 오늘 캄보디아 국경일이네요. 대량학살 승리의 날이에요."

▲ 틴티나(Tin Tina, 중앙 파란색 티셔츠 착용) 부국장. 초청연수 당시 석굴암을 방문하고 기와불사에 참여했다.

"지서, 나는 일 년 중에 이 날이 가장 싫어. 사람들은 이날에 다들 프놈펜으로 가서 이 날을 기리고 승리를 축하하는데, 이 날은 나에게 오직 슬픔만 있어. 가족은 다들 행방불명이 되어서 생사도 확인 못하고 있고······. 나도 낮에는 나무 위에 올라가서 사람들을 피해 다니고 끼니를 망고로 때우곤 했어. 밤에는 조심스럽게 내려와서 이동하고 또 동이 트기 전에 다른 나무 위로 올라가서 매일을 불안감과 공포에 떨면서 지냈어. 그래서 나는 이날이 정말 싫어. 망고를 질리게 먹어서 더 이상 망고도 먹지 않아".

망고. 캄보디아에 있을 때 하루에 하나씩 먹어도 질리지 않았는데, 틴티나 씨에게는 애환의 과일이다.

이심전심

박동희

"그렇다면 내가 당신의 공연을 볼 줄 아는 사람들을 모아다 주면 어떻게 하겠소?"

소가죽을 뚫어가던 송곳질에 잠시 공백이 생겼다. 무심한 듯 쳐다보지도 않고 건성건성 대답하던 소판 씨는 그제서야 외국에서 온 이방인을 정면으로 바라보더니 이렇게 말했다.

"정말 그럴 수 있다면, 설령 돈을 못 받는다 하더라도 할 수 있지요."

한국과 캄보디아의 합동 전통공연을 기획하다

2018년 말에 프레아피투 사원 복원공사의 종료가 예정되어 있었다. 한국에서 오랫동안 전통공연 예술감독을 맡아온 진옥섭 이사장님은 종료식으로 한국과 캄보디아의 합동 전통공연을 기획하였다. 한국의 전통공연에 대해서는 이사장님 본인이 그 누구보다 잘 알고 있었기에 전혀 걱정이 없었지만 캄보디아의 공연은 처음부터 하나하나 준비해야 하는 상황이었다.

▲ 외지에서 온 손님을 아랑곳 하지 않고 작업을 계속하는 소판 씨.(중앙이 진옥섭 이사장이다).

▲ 티 치엔 스바엑톰 공연장.

이사장님과 함께 캄보디아를 대표하는 무형유산으로 거론되는 공연들을 하나하나 찾아보았다. 역사적이고 전통적인 공연일 것, 사업 종료 공연에 적합할 것, 그리고 가급적이면 공연단이 시엠립에 있을 것. 이 모든 조건에 충족되는 곳이 '스바엑톰'이었다. 특히 치엔 소판 씨가 운영하고 있는 '티 치엔 극단'은 캄보디아 전국에서도 전통을 고집하고 있는 유일한 스바엑톰 극단으로 평가받고 있었다.

2018년 6월 4일, 사전에 미리 약속을 잡고 극단으로 향했다. 차로 진입하기 어려운 곳에 공연장이 위치해 있었다. 건물은 깔끔하니 좋았다. 나중에 알게 된 사실

▲ 가죽공예 작업.

▲ 그림자극에 사용되는 가죽공예 작업.

▲ 소판 씨에게 그림자극을 전수해준 캄보디아 스바엑톰의 거장 故 '티 치엔'.

이지만 일본사람들이 지어줬다고 한다.

극단 안으로 들어가니 웃통을 벗은 마른 아저씨가 통나무 작업대에서 소가죽에 구멍을 내는 작업을 하고 있었다. 극단장 치엔 소판 씨였다. 소판 씨는 외국에서 온 손님들에게 간단하게 인사만 하곤 구멍 뚫는 작업을 이어나갔다. 소가죽을 이용해 그림자극에 사용하는 도구를 만드는 중이었다.

진옥섭 이사장님은 소판 씨에게 하나하나 물어보기 시작했다. 소판 씨는 소가죽에 구멍을 뚫으며 이어지는 질문에 무심한 듯 짧게짧게 대답했다.

프레아피투 앞에서 재현된 크메르 제국의 영광

소판 씨는 어려서부터 할아버지 티 치엔 씨로부터 스바엑톰을 배웠다고 했다. 할아버지는 캄보디아 사람들 모두로부터 존경받았고, 그런 할아버지의 공연을 그대로 이어가고 싶다고 했다. 하지만 지금의 스바엑톰은 더 이상 신을 위한 제사가 아니라 관광객들을 위한 공연이 되어버렸다고 했다. 그 결과 많은 공연자들이 관광객들의 요구에 맞춰 빠른 템포로 각색한 공연들만이 인기를 얻는다는 것이다. 자신들의 공연은 일 년에 불과 수차례 하는데, 극단을 유지하기가 쉽지 않다고 했다. 그래서 이렇게 작은 가죽공예품을 만들어 기념품으로 팔아 연명하고 있다고 했다. 대화는 본론에 접어들었다. 이사장님은 혹시 공연을 부탁하게 되면 얼마나 드는지 물었다. 소판 씨의 작업이 잠시 중단되었다. 하지만 시선은 소가

죽에 머물러 있었다. '천 달러'라고 대답했다.

나중에 이사장님으로부터 들은 이야기지만 가격을 이야기할 때 그의 눈동자가 흔들렸다고 한다. 이사장님은 한국에서 비슷한 세월을 겪어왔기에 그의 기분을 누구보다 잘 알 수 있다시며, 모처럼의 공연기회였기에 비싸게 말할 수는 없고, 또 극단을 생각하자니 마냥 싼 값을 부를 수도 없었을 것이라 이야기해 주셨다.

2018년 12월 7일 늦은 오후, 앙코르 유적 인근에 사는 사람들이 스바엑톰을 보기위해 프레아피투 앞으로 하나 둘 모이기 시작했다. 한국 팀이 복원공사를 마무리하고 기념 공연으로 스바엑톰을 한다는 이야기가 소문이 난 것이었다. 공연이 시작되기도 훨씬 이전에 객석은 가득 찼다.

공연은 완전히 어두워지기 전에 시작되었다. 공연이 진행됨과 동시에 점점 하늘이 어두워져갔는데, 그림자들은 더욱 선명해져갔다. 마치 크메르 제국의 영광이 서서히 되살아나는 것 같았다.

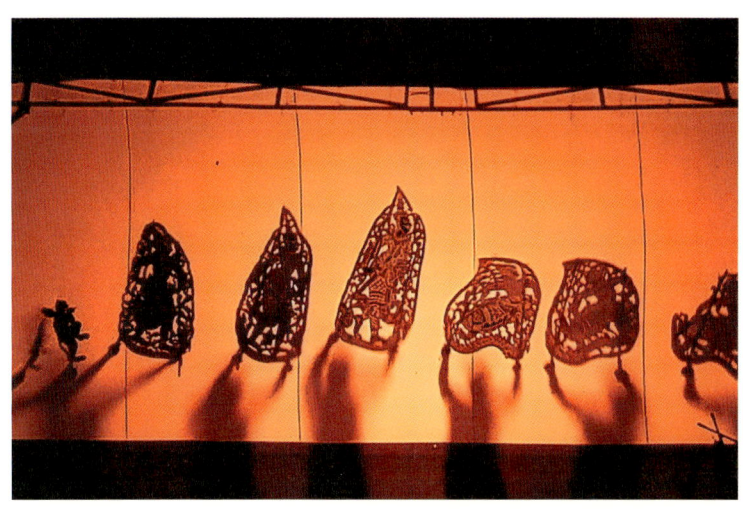

▲ **프레아피투 사원 앞에서 진행된 스바엑톰 '라마야나' 공연.**
크메르 제국의 영광이 서서히 되살아나는 것 같았다.

웨딩촬영 핫플
프레아피투 까오썩 테라스

김익현

캄보디아 1차 사업 대상지였던 프레아피투 사원군의 '까오썩 사원 테라스'는, 주변에 유명 유적지들이 워낙 많아서 아직 널리 알려지지 않은 곳이다. 유적의 위치가 중심에서 약간 떨어져 있어서 '과연 사람들이 많이 방문할까?' 라는 생각을 1차 사업 때 많이 했었다.

웨딩 촬영지로 활용되는 유적지

2019년 하반기부터 캄보디아에서 2차 사업을 시작하게 되었는데, 현장에서 작업을 하다보면 프레아피투에 방문하는 서양 관광객들이 생각 이상으로 많았다. 1차 사업을 진행할 때는 동네 꼬마아이들의 놀이터 같은 느낌이었는데 이제는 찾는 방문자들이 많이 늘었다. 한국이 복원 사업을 했다는 입소문이 나면서 한국 방문객들의 걸음도 많아졌다. 그리고 의외의 방문객들이 있는데 바로 시엠립 지역의 예비 신혼부부들이다. 웨딩촬영을 하러 방문하기 시작한 것이다. 전에는 '앙코르와트'나 '따프롬' 등 유명한 사원에서 촬영이 많았는데 프레아피투 사원이 입소문을 타면서 방문이 늘었다. 한국 연구원들이 고생해서 복원해 놓은 유적에 사람들이 많이 방문하니 기분이 얼마나 좋은지 모른다.

▲ 프레아피투 사원에서 웨딩촬영 중인 예비 신혼부부들.

캄보디아와 라오스에 출장 나와 있는 동안 결혼식에 초대받아 방문한 적이 있었다. 라오스는 결혼식을 웨딩홀이나 호텔에서 하는 경우도 있지만, 아직 많은 경우 집에서 결혼식을 올린다. 결혼식은 신부집에서 진행하고 식을 올린 날부터 3일 동안 신부집에서 손님을 맞이한다. 결혼식이 끝나면 분가를 하는 경우도 있지만 시골에서는 신랑이 처가에 들어가서 같이 산다.(한국의 데릴사위와 비슷하다).

캄보디아의 결혼식은 한국과 비슷하다. 보통 결혼식장에서 식을 올리는데 특이한 점은 신랑신부가 결혼식을 진행하는 동안 옷을 여러 번 갈아입고 나온다. 정확히는 기억이 나지 않

▲ 라오스 출장 때 초대받아 갔던 결혼식 행사장에서.

지만 대략 5~6벌의 의상을 준비한다고 들었던 기억이 난다. 결혼식을 준비하면서 어떤 부분이 가장 힘드냐고 질문한 적이 있다. 역시 결혼식 때 입을 옷을 고르는 게 가장 힘들었다는 대답이 돌아왔다.

잔치 요리들

음식은 두 나라 모두 전통음식 위주로 나온다. 향신료에 거부감이 없으면 먹는데 큰 문제가 없겠지만 향신료와는 관계없이 먹기 힘든 음식들이 몇 가지 있었다. '차 쌋꼬 엉끄롱' 빨간개미와 소고기 볶음이라는 음식을 초대받아 갔다가 먹은 적이 있다. 결혼식에서였다. 음식이 나왔을 때는 향신료가 들어간 소고기 볶음인줄 알고 먹었다. 그런데 신맛이 너무 강해서 음식을 자세히 보니 통후추처럼 생긴 건 다 빨간개미였다. 개미가 신맛이 난다는 건 알고 있었지만 상상 이상이었다. 신맛과 개미 때문에 기억에 남는다. 그럭저럭 먹을 만했다.

라오스 음식 중 기억에 남는 건 '카오뿐' 국수이라는 음식이다. '라오 락사'라고도 하는데 한국의 소면과 비슷하다. 국수와 채소(양배추, 숙주, 고수 등)를 그릇에 담고 육수를 적당량 넣어서 먹는 음식이다. 식당에서도 팔지만 마을축제나 잔칫날 먹었던 게 가장 기억에 남는다. 집집마다 육수를 만드는 방법이 달라서 초대를 받으면 그 집 카오뿐은 어떤 맛일지 궁금해하면서 방문했던 음식이다.

▲ '차 쌋꼬 엉끄롱'(빨간개미와소고기 볶음).

크메르
맛 기행

박동희

여행에는 식도락이 빠질 수 없다. 나는 스스로 최고의 가이드를 자부하는데 그 이유는 유적 안내가 아니라, 바로 취향에 맞춘 맛집 안내가 가능하기 때문이다. 씨엠립이란 도시에는 작지만 다양한 맛집들이 집약적으로 모여 있다. 이곳에서는 현지식은 물론 세계 각국의 음식들을 맛볼 수 있는데, 식당들마다 가격이 대체로 저렴하다. 이런 환경 때문인지 씨엠립은 배낭여행객들이 관광하기 좋은 도시 순위에서 항상 상위권에 있다.

맛집의 기준은 사람마다 다르다. 어떤 사람은 가성비가 중요하고, 어떤 사람은 고기만 좋아한다. 현지에 왔으면 현지 음식을 먹겠다고 하면서도 결국 한식만 찾는 이들도 있다. 따라서 유적을 안내하는 과정에서 상대방의 성향을 잘 파악하고 거기에 걸맞는 식당을 안내하는 것이 가이드에게 부여된 하나의 과제이기도 하다.

▼ 엉꼬이레잉 '프라삿 네앙 뽀우' 원두막.

맛집과 관련해서는 여러 사람들과의 기억이 있다. 가장 기억에 남는 분이 진옥섭 이사장님이다. 이사장님은 풍류를 즐기는 분이다. 그리고 현지를 받아들이고자 하는 마음이 있다. 이런 분들에게는 주로 '엉꼬이레잉' 스타일의 가게들을 추천해 드린다. '엉꼬이레잉'이란 '앉아서 논다'라는 말로 직역할

▲ 현지인에게 유명한 '아하드탄끄담'.

수 있는데, 돗자리를 깔아둔 원두막에 앉아 음식을 먹는 형태의 식당을 지칭하기도 한다. 이런 식당에서는 주로 크메르 음식을 다루는데, 꿀을 발라 구운 닭이나 소고기 꼬치구이를 잘한다. 이사장님이 오셨을 때에는 씨엠립 공항 인근에 위치한 '프라삿 네앙 뽀우'를 안내해드렸다. 대성공이었다. 식후 그물침대에서 약간의 여유를 즐겼던 것도 유효했던 것 같다. 이사장님은 현지인들이 좋아하는 식당도 좋아하셨는데, '아하드탄 끄담'이 평가가 좋았다. 직역하면 단순하게 '게 식당'인데 현지인들로 항상 문전성시이고 로컬에서 알려진 식당이다. 이 집에서는 캄보디아 특산품인 후추와 함께 볶은 게요리를 먹어야 한다. 기름을 두르고 게와 계란을 볶는데, 한국에서는 보기 힘든 초록색 생후추가 들어간다. 좋은 식재료들에서 빠져나온 맛이 기름에 집약되기 때문에 반드시 밥을 비벼먹어야 하는 음식이다.

음식 이야기에는 전유근 박사와의 추억도 빼놓을 수가 없다. 전유근 박사는 뱃속까지 한국인이라 한식만 먹는다. 말로는 아무거나 좋다고 하지만 항상 한식집

▲ '프라삿 네앙 뽀우'의 소고기 꼬치구이.

▲ '아하드탄끄담'의 게 볶음 요리.

2부 인도차이나 '그들'을 만나는 방법

에서 밥을 먹자고 유도한다. 이런 분들에게 추천할 수 있는 식당들도 많다. 가장 대표적인 곳은 '대박'이라는 한식집인데, 지금은 현지인들이 더 많이 찾는 식당이 되었다. 저렴한 가격에 삼겹살이나 양념갈비를 무제한으로 먹을 수 있다. 캄보디아의 돼지는 보통 자연 속에서 건강하게 자라기 때문에 돼지고기를 선택하면 웬만해서는 실패가 없다. 전유근 박사가 즐겨 먹은 음식은 콩국수다. 캄보디아는 지력이 좋고 일조량이 높아 콩이 정말 맛있다. 제주 우도에서 온 손님들이 땅콩 맛에 두 손 들 정도니 말이다. '상황나라'라는 식당에서는 콩국수를 다루는데, 이게 별미다. 더위에 식욕이 없을 때에는 여기를 추천한다.

▲ 캄보디아의 콩으로 만든 콩국수.

▲ 프랑스 식당 '케마'.

아내가 즐겨가는 가게도 추천할 만하다. 아내와는 주로 집에서 한식을 먹다 보니까 외식을 하게 되면 분위기 있는 식당을 찾는다. 특히 캄보디아는 프랑스 식민 지배의 영향 때문인지 고급스러운 프랑스 코스 요리를 저렴하게 즐길 수 있는 곳들이 많다. 그중 '케마'라는 식당은 강가의 프랑스 식민지 시대 풍 건물을 리모델링하여 운영하고 있어 분위기가 좋다. 달마다 라끌렛 프랑스 치즈 요리, 오이스터 굴프랑스 디저트 뷔페 등 다양하고 특별한 이벤트가 많다.

마지막으로 술을 즐기는 내가 추천하는 곳이다. 와인을 마시고 싶을 때에는 이탈리안 레스토랑 '마마'를 추천한다. 여기서는 프리미티보 와인과 콰트로포마지 피

▲ '마마'의 콰트로포마지 피자.

▲ '쁘떼아솜낭'의 동남아 다금바리 회.

자를 시키면 실패하지 않을 것이다. 가성비도 높지만 맛 자체가 매우 좋다. 실내에서 먹으려면 예약을 미리 하는 편이 좋다. 독한 술이 먹고 싶을 때에는 '쁘떼아솜낭'을 추천한다. 동남아 다금바리라는 별명을 가진 흰살생선을 다루는데, 사시미로 먹으면 이과두주랑 매우 잘 어울린다. 그리고 매운탕 말고 하얀 스프로 끓여달라고 하면 지리를 만들어주는데, 이과두주를 또 한 병 시키게 한다. 코로나만 아니면 지금 당장이라도 캄보디아에 가고 싶을 정도이다.

크메르 특급 식재료

캄보디아에는 꿀을 따는 날이 따로 있다. 꿀의 농도가 한껏 농축되었을 건기의 끝 무렵, 보름달이 뜨면 미리 봐뒀던 벌집을 찾아 나선다. 숲에서 자란 만큼 나무 타기는 능숙하지만 혹여라도 잠이 덜 든 벌의 공격을 받으면 위험하기 그지없다. 그래서 매캐한 연기를 뿜는 나뭇가지를 들고 올라간다고 한다.

이렇게 구한 귀한 꿀이 목청꿀이다. 일반 꿀과는 달리 가루가 많다. 벌들이 묻혀온 꽃가루일 것이다. 맛은 살짝 새콤하다. 꿀물을 만들어 먹기에는 맛이 좀 그렇지만, 플레인 요거트에 넣어먹으면 향이 어우러져 너무 좋다. 가래떡에도 잘 어울린다.

▲ 목청꿀을 넣은 플레인 요거트.

귀한 식재료라면 민물 랍스터라고 불리는 '벙 껭'도 추천한다. 우리나라말로 징거미새우라 는 이름이 있기는 한데 실물을 봐도 다들 생소 할 것이다. 새우와 같은 외형인데 파란색의 긴 팔이 특징이다. 프놈펜 남쪽 타케오의 벙껭이 맛있다고 하는데, 이제 도로 사정이 좋아져서 씨엠립에서도 맛볼 수 있다. 구워 먹기도 하고 쪄먹기도 한다.

타케오의 벙껭에 견줄 수 있는것이 껩의 블루크렙이다. 우리나라의 꽃게 처럼 생겼는데 껍질이 파란색이다. 물론 불을 맞으면 빨갛게 변한다. 맛은 향이 농축된 게맛이다. 여기도 우리나라처럼 암게가 비싼데, 알 때문인 것 같다.

그 외에도 공심채, 레이디핑 거, 여주, 쥐똥고추, 어간장, 팜 슈가 등 한국에서 구하기 어려 운 고품격 식재료들이 많다.

▲ 벙껭이라고 불리는 민물 랍스타.

사실 평범한 재료임에도 특별 한 맛을 내는 것들이 많다. 돼 지고기가 정말 맛있는데, 부드 러운 맛보다 고기의 고소함이나 감칠맛이 특별히 좋다. 계란도 많이 고소 하다. 껍질이 엄청 두껍고 단단한데, 노른자의 색도 훨씬 짙다. 그래서인지 캄보디아 사람들은 계란 노른자가 아니라 붉은자라고 부른다. 시중에서는

▲ 설탕야자 열매.

계란만큼 오리알도 많이 판다. 캄보디아의 계란이 맛있긴 한 데 살다보면 결국 계란보다 오 리알을 사먹게 된다. 캄보디아 사람들은 여주를 넣은 오리알 전을 즐겨먹는데, 한국사람도 분명 좋아할 맛이다.

▲ 오리알 오믈렛.

감자, 고구마, 땅콩 등 뿌리식물도 매우 맛있다. 딱 봐도 비옥할 것 같은 붉은 토양과 강렬한 일조량이 이런 차이를 주는 듯하다. 야채 중에는 옥수수가 특별하다. 아무 간을 하지 않고 에어프라이어에 그냥 구워 먹어도 맛있다. 아니 이게 최고의 맛이라 따로 조미를 하지 않는게 좋을 듯하다.
한국에 있는 지인들이 종종 캄보디아에서 뭐먹고 사냐고, 한국음식 그립지 않냐고 걱정을 하는데, 사실 먹고 사는 건 썩 괜찮다.

현장세미나

크메르 후추

캄보디아에는 우리나라에서 보기 힘든 귀한 식재료들이 많은 편이예요. 그중 최고로 꼽는 것이 후추랍니다! 캄보디아 후추가 우리나라에는 많이 알려지지 않았지만, 아마 전 세계 후추 중에서 최상품에 속할 거예요.
초록색의 후추 열매는 시장 야채상에서 구할 수 있는데 가루에 비해 맵지 않고, 후추 특유의 풍미를 품고 있답니다. 그래서 볶음 요리에 곁들이면 좋아요. 크메르 요리 중에 오징어와 후추를 굴소스에 볶은 '먹앙머러이크쩌이'라는 것이 있는데 이 음식이 초록색 후추열매의 맛을 가장 잘 살린 음식이지 않나 싶어요.
말린 후추도 맛과 향이 좋은데요, 보관이 용이해서 저는 한국의 지인들에게 줄 선물로 많이 가져오는 편이예요. 이걸 맛본 이후로 한국의 대표조미료 회사에서 나오는 사각형 가루 후추를 끊었다는 지인이 여럿 있답니다.

▲ 일러스트_ 징누리

야생에서 사는 법

수렵과 채집은 구석기인들의 전유물이 아니다. ODA 현장의 인부아저씨들은 기본적으로 정글에서 서바이벌이 가능하다. 이런 분들과 함께 있으면 재미난 경험을 할 수 있다.

▲ 새총으로 잡아 요리한 다람쥐 튀김.
올림픽에 새총 종목이 있다면 분명 캄보디아의 효자종목이 되었을 것이다.

삼보 프레이 쿡 현장의 인부아저씨들은 새총을 상시 휴대하고 있었다. 돌이켜보면 새보다 다람쥐를 더 많이 잡았던 것 같다. 삼보 프레이 쿡은 숲 속에 있는 유적인 만큼 숲 동물들이 현장에 종종 출몰했다. 그중 다람쥐가 가장 흔했다. 20미터 밖에서도 보이지 않던 다람쥐를, 아저씨들이 어찌 맞추는지 신기할 따름이다.

불교국가인 캄보디아에서 이 작은 축생을 재미로 잡을 리는 없다. 다람쥐는 잡아서 껍질을 벗기고 손질을 한 뒤에 기름에 바삭하게 튀겨 반찬 삼아 먹는다. 사실 맛은 잘 기억이 나지 않는다.

한번은 새총으로 이런 것도 잡을 수 있나 싶은 동물도 있었다. 아침에 일을 막 시작하려 할 때, 아저씨들이 살짝 웅성이더니 한 분이 새총을 쐈다. 내가 이 동물이 나타났다는 것도 인지하기 전에 이미 상황은 종료되어 있었다. 동물은 기절한 상태로 정체를 드러냈다. 크메르어로 '츠카에바(숫강아지)'라고 부른다고 하는데 도무지 강아지로는 보이지 않았다. 팔다리에 막이 있어 나무 위를 날아서 다니는 동물인데, 한국어로 말하자면 '날강아지'라 부름이 맞을지도

▲ 날강아지.가죽이 비싸게 팔린다고 하는데 만져보니 털이 부드러웠다.

모르겠다.

날강아지를 잡은 인부 아저씨는 평소에 다람쥐를 잡고 보이던 시크함과 달리 신나보였다. 알고 보니 이 가죽이 좀 비싸게 팔린다고 했다. 아저씨는 능숙한 솜씨로 피를 빼내고 가죽을 벗긴 뒤 널어 말렸다. 털을 만져보니 부드러웠다. 비싸게 팔린다는 게 이해가 갔다. 고기는 어느 새 요리가 되어 점심거리가 되어 있었다. 살코기는 거의 없었지만 맛은 소고기 맛과 비슷했다.

▲ 가죽을 벗겨 말리는 장면.

자연 속 식량조달 능력은 라오스의 인부아저씨들도 캄보디아에 못지 않았다. 2019년 9월 초 산속에 위치한 힌두 사제의 은둔처 유적 조사를 갔을 때였다. 점심 때가 되니, 인부 아저씨들이 아주 자연스럽게

▲ 푸카오 산속 유적 조사 당시 모습.

여기저기로 흩어졌다. 그러더니 금방 식재료를 모아왔다. 나뭇가지를 다듬어 꼬치를 만든 후 식재료들을 꽂았고, 피워낸 군불에 능숙하게 구워나갔다. 사실 우기가 되면 참게들이 유적에 출몰해서, 맛있겠다고 생각한 적은 있었지만 그렇게 먹게 될 줄은 몰랐었다.

민물게 치고는 씨알이 굵지만 손바닥보다 작아서 뭐 먹을 게 있을까 싶었는데, 한입 먹어보니 '맛있다!' 라는 말이 절로 나왔다. 외국인에게 자신들의 음식을 먹이고 관찰하는 것은 현지인들의 공통된 즐거움인가 보다. 잘 먹는 내 모습에 다들 기뻐하는 눈치였다. 결국 9월 말에 게 파티를 열었다.

▲ 라오스 산속에서 수급한 점심 식재료들.

박슐랭
가이드

전범환

재단에 캄보디아 앙코르 연구로 박사학위를 받은 박동희 연구원은 재단 내 국제 협력단에서는 자타가 공인하는 요리사다. 해외 체류 기간이 길어지면서 출장 팀들의 생존방식들은 실로 다양하게 진화해 왔는데, 그런 중에 박동희 박사가 합류하는 팀은 상상하지도 못한 한국의 음식들을 즐기는 특혜를 누린다는 평가다. 같은 레시피로 요리를 해도 박동희 연구원이 만들어주는 요리는 맛이 다르다는 게 현지 팀들의 증언.

재단이 보유한 특급 요리사를 소개합니다

캄보디아에 처음 출장을 갔을 때 집에 돌아갈 때 사갈 만한 것들을 찾으러 다닌 적이 있다. 이때 박동희 연구원이 추천해준 것이 후추다. 마트에서 후추는 현지 물가를 고려하면 꽤 비싼 편이었는데 100그램에 7천원 정도 했던 것으로 기억한다. 뭐 후추를 그리 자주 먹겠나 싶어 통후추를 소량으로 사고 그라인더도 장만했다. 출장에서 복귀한 뒤 후추를 맛본 나와 아내는 집에 있던 오*기 후추를 바로 버렸다. 그리고 기념품으로 사간 후추를 모두 집에 놓고 두고 두고 먹었다. 지금도 집에서는 캄보디아 산 후추만 먹고 일반 식당에 가도 후추는 잘 먹지 않는다. 박동희 연구원이 우리집 입맛을 바꾸어 놓은 셈이다.

2019년에 캄보디아 출장을 갔을 때다. 식사자리에서 이런 저런 음식 이야기를 하다가 소금 이야기가 나왔다. 박동희 연구원은 음식의 맛을 내는 중요한 요소 세 가지가 불, 소금 그리고 기름이라고 말했다. 불맛이라는 것을 알게 된 이후 불의 역할이 중요하다는 것은 이해했지만 소금이 그렇게 중요할까? 우리나라 신안에서 나는 천일염을 씻어서 프라이팬에 구워서 먹을 정도의 정성을 가지고 소금을 먹는 편이었지만 소금이 중요한 요소라는 건 크게 와닿지 않았다. 박동희 연구원은 코셔솔트 Kosher Salt를 추천해 주었다. 달걀 후라이에만 넣어서 먹어도 그 맛이 다른 소금과는 다르다는 것을 느낄 거라면서. 시엠립에서 코셔솔트를 파는 곳은 딱 한군데 있었다. 박동희 연구원은 본인이 처음 소개해준 기념으로 코셔솔트를 선물해 주었다. 출장을 마치고 집에 가서 코셔솔트를 맛본 아내는 그 소금을 귀하게 여겨 별도의 통에 담아서 보관한다. 특히 고기를 구워 먹을 때 우리 식구는 꼭 이 소금에 고기를 찍어 먹는다. 안 먹어봤으면 말을 하지 마쇼! 한 번도 안 먹어본 사람은 있어도 한 번만 먹어본 사람은 없다는 그 소금.

캄보디아에서 만들어 먹는 묵

박동희 연구원의 일화는 한 가지가 더 있다. 지난 2018년 캄보디아팀에 방문할 일이 생겨 현지에서 필요한 것이 없느냐고 물었다. 다들 괜찮다고 했는데, 박동희 선생이 카톡을 보내서 조심스럽게 도토리가루(묵가루)를 가져다 줄 수 있냐고 물었다. 갑자기 도토리가루를 가져다 달라는 말에 주변에서 쉽게 구할 수 있는지가 의문이

▲ 한국에서 공수해간 도토리가루로 만들어 캄보디아에서 먹은 도토리묵무침. 재료가 없지, 못하는 요리가 있나. 박동희 연구원에게 불가능한 요리는 없다.

었다. 출장 가기 며칠 전 본가에 갈 일이 있어서 어머님과 이런 저런 이야기를 하다가 곧 출장을 가야 하는데 도토리가루를 가져다 달라는 연구원이 있다고 말했다. 마침 어머님이 집에 도토리가루가 있다면서 가져가라 하시는 게 아닌가. 때 아닌 박동희 연구원의 특명을 잘 수행할 수 있겠다 싶어 도토리가루를 받아서는

코셔(Korsher)라는 단어는 유대교의 카슈루트(kashruth 유대교의 음식에 관한 율법인데 이를 따르는 음식을 카셰르라 한다)에 맞게 제조된 음식을 가리킨다. 코셔소금은 그러한 음식을 위한 재료로 코셔솔트라고 부른다.

그대로 캄보디아로 공수했다. 박동희 연구원은 너무 많이 가져왔다면서도 싱글 벙글 했다. 도토리가루를 가지고 뭘 해먹을 거냐는 물음에 도토리묵이 너무 먹고 싶어서 도토리묵을 쑤어 먹을 거라고 했다. 도토리묵을 할 줄 아느냐고 물었더니 당연히 할 줄 안다고 대답했다. 이 사람 도대체 뭐하는 사람일까?

캄보디아를 다녀온 후 며칠이 지나 박동희 연구원에게 연락이 왔다. 도토리묵을 잘 쑤어서 먹었다고. 그것도 아주 맛있게. 묵밥까지 만들어 먹었다고 했다. 기억을 더듬어보면 2016년 처음 국제협력단에 왔을 때 박동희 연구원의 자취방에 놀러간 적이 있었는데, 그때 와인을 한잔 하면서 급하게 안주로 내어 놓은 것이 바지락 팽이버섯 볶음이었다. 뇌리게 깊이 박혀 있었는데, 그때부터 박슐랭 가이드를 신봉하는 사람이 되어 있었던 것이다.

라오스 농촌에서 쫄면을 해먹다

2019년 상반기 라오스에서는 난데없이 쫄면이 먹고 싶다는 연구원이 있었다. 이 연구원은 한식을 무척이나 사랑하고 좋아하는 사람이다. 캄보디아 시엠립에는 한국식당이 많으니 일을 하면서도 한식당을 주로 찾아다니는 아주 한국적인 사람이다. 하지만 라오스에는 한국요리를 하는 식당이 없다. 당시 라오스 출장 예정이던 박동희 연구원은 어떻게 공수를 했는지 제면기를(지금 생각해도 웃음밖에 안 나온다) 라오스에 가

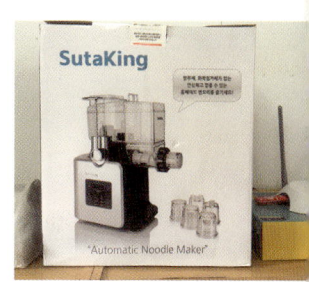

▲ 비행기 타고 라오스에 간 제면기.

지고 갔다. 그리고는 이것 저것 면을 뽑은 동영상을 찾아보고 직접 반죽해서 제면기로 면을 뽑아 쫄면을 만들어 주었다고 한다. 라오스의 오지 참파삭에서 직접 면을 뽑아 만들어 먹었던 쫄면은 어떤 맛이었을지…. 아쉽게도 나는 그 쫄면을 맛보지 못했다. 일부 연구원들에게만 전설같은 이야기로 전해진다.

▲ 라오스에서 요리된 쫄면.

원숭이가 던진
물병에 맞다

김익현

나는 문화유산 ODA사업에서 고고학분야를 담당하고 있다. 흔하지 않은 직업이기도 하고 국내도 아닌 해외에서 발굴조사를 하고 있기 때문인지 주변의 지인들이나 처음 만나는 사람들은 나의 일에 대해 여러 가지로 질문을 해온다. 그 중 가장 많이 궁금해 하는 것이 한국과 동남아 발굴조사의 차이점과 어려움에 관한 것이다. 한국과 동남아시아의 발굴조사를 하는 데 방법에는 큰 차이가 없다. 물론 환경과 여건, 문화, 언어에서는 여러 가지 어려움이 있다. 한국에서는 발굴조사를 하다가 유물이 출토되면 어느 시대 유물인지 대부분 구별이 가능하지만 외국에서는 구분이 힘들다. 해외 발굴조사를 진행하면서 나오는 유물을 처음 접했을 때는 어느 시대인지 구별은 고사하고 기와와 토기조차 구별할 수가 없었다. 마치 학부 신입생으로 되돌아간 기분이었다. 시간이 흘러 자주 보고, 현지인들에게 듣는 과정을 거치며 익숙해지기는 했지만, 여전히 가장 어려운 부분이다.

▲ 인도차이나반도에서 발굴조사를 하다보면 어느 곳을 가든지 다양한 동물들을 만난다.

'소통'이 어렵냐, '소화'가 어렵지

언어 부분도 현장에서 겪는 어려움 중 하나이지만 손짓, 발짓과 간단한 현지어를 조합하면 어지간한 내용은 다 소통할 수가 있었다. 누가 말했는지는 잘 모르겠지만 '바디랭귀지는 만국공통어이다' 란 말이 틀린 말은 아니다. 그래도 정확한 의사전달이 아니다보니 종종 문제가 생기기도 한다. 호미를 가져와 달라고 했는데 삽을 가져다주는 경우도 있었고, 위험하니 조심하라고 하니 다른 곳을 가리키는 상황도 있었다.

물자 문제도 있다. 한국에서는 발굴조사에 사용되는 장비나 연장을 비교적 쉽게 구할 수 있지만 동남아시아에서는 구하기도 어렵고, 만약 구한다고 해도 원하는 품질이 아니라 자주 망가지곤 한다. 그래서 현장 출장 전에 한국에서 최대한 많은 물품을 준비해서 출발하는데, 그럴 경우 동일한 물건을 여러 개 가지고 공항을 통과하다보니 입국 과정에서 실랑이가 벌어지곤 한다. 물건을 가지고 들어가서 판매하려는 것으로 오해받는 것이다. 어렵게 반입한 물건이다 보니 별것 아니지만 아껴 쓰고 더 애착을 가지고 사용하게 되는 것 같다.

동남아의 개미는 아프다

다른 문제로는 곤충과 동물에 대한 어려움도 있다. 개미나 모기가 그 중 하나로 모기는 설명이 필요 없을 것 같으니 넘어가고, 개미의 경우 한국에서 우리가 알고 있는 개미들과는 많이 다르다.

동남아시아의 개미는 아프다. 작은 개미도 무시하면 안 된다. 이 녀석들에게 물리면 1주일 정도 부어오르고 가렵다. 개미에게 여러 번 물리다 보니 이제는 길을 가다가 멈추기 전에 개미가 다니는 길인지 아닌지 부터 확인하게 될 정도이다.

▼ 캄보디아에서 흔히 보는 원숭이들.
관광객들에게 주의가 필요하다.

문화유산 ODA사업으로 내가 발굴조사를 위해 처음 방문한 국가는 캄보디아였다. 캄보디아에서 진행한 발굴조사는 학술발굴조사로 오랜 시간 동안 방치되어 무너진 크메르제국의 유적을 복원하기 위한 기초조사 중의 한 부분이었다. (한국에서의 발굴조사는 크게 두 가지로 나뉘어지는데 건축이나 토목공사에 의해 파괴될 수 있는 유적을 조사하고 기록으로 남기는 구제발굴과, 학문적 목적으로 조사를 행하는 학술발굴로 나뉘어진다. 한국에서 이루어지는 대부분의 발굴조사는 구제발굴에 속한다고 생각하면 된다). 조사를 한 유적은 앙코르톰이라는 크메르제국의 수도 안에 위치하고 있었는데 유적지에 가는 길에는 많은 동물들을 볼 수 있었다. 물소, 코끼리, 원숭이 등이 있는데 그 중 원숭이를 가장 많이 볼 수 있다.

앙코르톰의 남쪽 출입문 주변부터 앙코르톰의 중앙에 위치한 바이욘사원 근처

> **현장세미나**
>
> ## 바닥에 누워있는 댕댕이와 냥이
>
> 인도차이나를 여행하다보면 이렇게 길바닥에 누워있는 동물들을 여상 많이 만날 거에요. 나중엔 동물들 사이 전염병이 돌았나 의심이 갈 정도로 많이 봅니다. 처음 캄보디아 출장을 가서 이렇게 누워있는 동물들을 보고 하도 신기해 볼 때마다 사진기에 담은 적이 있어요. 그런데 이상하다고 생각하실 필요가 없답니다. 워낙 한낮의 기온이 높다보니 상대적으로 온도가 낮은 바닥에서 열을 식히는 거니까요.

까지 원숭이들을 참 많이 볼 수 있다. 동물원에서나 볼 수 있었던 녀석들이 눈앞에서 먹이를 받아먹고 가까이 다가가도 가만히 있으니 처음에는 신기했었다. 하지만 영악한 녀석들이라 관광객이 먹을 것을 들고 있는데 안 줄 것 같으면 달려들어 빼앗아 가는 모습도 종종 볼 수 있었다. 내가 일하던 곳은 원숭이가 다니지 않는 지역이기에 그 녀석들에게 약탈당할 일이 없을 것이라 생각하였지만 나도 당하게 되었다.

2017년도 3월 말 발굴조사의 막바지 작업이 한창일 때였다. 조사를 위해 약 1.5미터정도 파고들어간 구덩이(trench, 트렌치) 안에서 유적 실측을 하는 중 위쪽에서 기척이 느껴져 밖을 바라보니 원숭이 한 마리가 내 쪽으로 다가오고 있었다. 그 녀석이 다가온 목적은 작업 중 마시기 위해 옆에 놓아둔 물이었다. 녀석은 뻔뻔한 표정으로 다가와 앉더니 당연하다는 듯이 물통을 잡고 이빨을 병따개처럼 사용해 물을 마시기 시작했다. 황당하기도 하지만 신기하기도 해서 바라보고 있었는데, 반쯤 마신 물병을 나에게 냅다 집어던지는 게 아닌가. 당황해 하는 나를 비웃듯 녀석은 뒤도 안 돌아보고 유유히 사라졌다. 일방적으로 약탈당하고 놀림당한 기분이었다. 그 날 이후 유적이나 동물원에서 원숭이가 보이면 그 녀석이 먼저 생각난다. 혹시나 동남아시아에 오게 된다면 다들 원숭이에게 약탈당하지 않게 조심하였으면 한다. 난 원숭이가 너무 싫다.

▲ 문제의 원숭이. 호기롭게 다가와 내 물을 마시고는 사라졌다.

고양이 사원,
고양이의 집

박지민

김익현 연구원의 말처럼 시엠립과 앙코르를 돌아다니다 보면 동물들을 많이 만나게 된다. 유적지에서는 원숭이나 닭도 보이고, 유적지와 도심을 가리지 않고 댕댕이들도 많이 보인다. 댕댕이들이야 전 세계 어디나 존재하고 보이는 것이니 여기서 댕댕이들이 길바닥에 누워있는 것이 신기할 것도 없다. 그런데, 어느 순간 '고양이들은 어디 있지?'라는 생각이 들었다. 댕댕이들이 존재한다면, 냥이들 역시 어느 골목에선가 우다다다를 하고 있는 것이 자연스러운 모습일 텐데, 기억을 더듬어 봐도 냥이를 본 기억이 없었다. 아마도 어려서부터 늘 댕댕이와 함께 살아서였는지, 냥이들이 늘 나에게 곁을 허락하지 않았던 수십 년의 기억이 누적되어 지나가는 냥이를 보고서도 신경을 쓰지 않았기 때문인 것 같다.

"엇! 고양이다"

어느 날, 사업 취재를 위해 한국에서 기자가 왔다. 정해진 일정을 소화하던 중, 앙코르와트 일출을 보러 새벽길을 나섰다. 베스트 포토에 속하는 앙코르와트 중앙탑 일출은 아니었지만 떠오르는 해를 보고, 앙코르와트를 향해 발걸음을 옮겼다. 몇 발짝을 떼지 않은 곳에서 문득 냥이 한마리가 눈에 들어왔다. 특이한 종도 아니고 숏헤어 종류였다. "엇! 고양이다" 그러자 여기저기 널리고 널린 게 고양이인데 뭘 그리 놀라느냐는 반응이 나왔다. "나는 처음 봤는데?"라고 했더니 그럴 리가 없단다. 그리고 며칠이 지났다. 시엠립 현장사무소에서 한창 일하고 있는데, 마당에서 고양이가 들어왔다는 소리가 들렸다. 지나가던 길고양이가 들어올 수도 있겠거니 했다. 직원들이 고양이를 쓰다듬어주고 있었고, 이 녀석도 딱히 거

▲ 캄보디아 2차 사업을 위한 현장사무소 전경.

부반응이 없었다. 나는 몇 발짝 떨어져서 지켜보고 있었다. 그런데 갑자기 녀석이 슬금슬금 다가오더니, 내 다리에 지 머리를 문질렀다. 생전 처음 당하는 일. 나를 거부하지 않는 고양이라니.

고양이에서 '돼지'로의 진화

그렇게 그 녀석은 우리 사무소 마당을 어슬렁거리기 시작했다. 그러다 어느 날은 사무소 안을 탐색하기 시작했다. 마침 건기가 시작되던 무렵이라 나는 목이라도 축이라고 접시 하나를 꺼내어 물그릇을 만들어 주었다. 그날 저녁 퇴근하고 나서 앙코르 마트에 가서 고양이 사료와 밥그릇을 구입했다. 뭐가 좋은 건지도 모르고, 뭘 좋아할지도 모르지만 일단 생선맛 나는 과자 형태의 사료를 골랐다.

다음 날 아침 현관 앞에 물 그릇과 사료 그릇을 놓아두었고, 어느 순간 보니 사료가 줄어든 것을 확인할 수 있었다. 어느 날인가부터 사료 먹는 모습이 목격되기도 했고, 물 마시고 가는 것이 보이기도 했다. 그러던 어느 날 사무실에서 일하고 있는 내 발 밑에서 뭔가가 느껴졌다. 이 녀석이 드디어 사무실 안으로 들어온 것이다. 이 날부터 이 녀석의 활동 범위는 사무소 마당에서 사무소 안으로 확장되였다. 그러던 어느 날, 현관 앞에 내놓은 이 녀석의 사료 그릇에 다른 길냥이가 먹이를 탐하고 있는 장면이 포착되었다. 무신경한 채 베풀었던 선행이 동네 길냥이들의 파티로 변해있던 것이다. 그래서 녀석의 밥상을 사무실 안으로 옮기고, 호시탐탐 실내 진입을 노리던 길냥이들은 우리들의 방어로 인해 결국 도둑 식사를 포기하게 되었다. 그러자 이 녀석은 점점 살이 올랐다. 이 날 이후 이 녀석의 이름은 '돼지'가 되었다. 그와 함께 활동 범위는 점점 넓어졌다. 어느 날은 빈 의자 위

▲ 노트북 가방 안에 노트북 대신 들어간 돼지.

를 점령하더니, 어느 날은 책상 위로 뛰어 올라와 일하고 있던 키보드와 마우스를 점령했다. 점점 비대해지는 몸집을 보고, 누군가는 나를 고양이 '확대범'으로 오인하기도 했다.

활동 영역의 확대

어느 순간부터 우리가 퇴근하면 이 녀석은 어디서 밤을 보낼까가 궁금했다. 어느 날, 출근해서 사료와 물 그릇을 채운 뒤 정리실 문을 열고 "돼지야. 밥먹어라"고 불렀더니, 녀석이 물탱크 아래에서 폴짝 뛰어내려왔다. 사무실을 수리하면서 고가 물탱크 청소를 했고, 아래쪽 구조물에 가벽을 세워 안쪽이 들여다보이지 않도록 공사를 해놓았는데, 여기가 녀석의 은신처였던 것이다. 가만히 보면 이 녀석은 길 위에서 어느 녀석에게 쥐어터졌는지 여기저기 상처가 있었다. 지나가던 댕댕이나 냥이들에게 얻어맞고 다니다 보니 안전한 곳을 찾았던 모양이다. 안이 들여다보이지 않는 이 곳이 은신처로 그만이었을 것 같다. 그러다가 이제는 우리와

안면을 트고 현장사무소를 제 집처럼 드나들기 시작한 것 같았다. 사무실 안에 쿠션을 사두고 불러보았으나, 쿠션을 죽어도 밟으려 하지 않았다. 사료 그릇 앞에 쿠션을 두었더니 굳이 쿠션을 요리조리 피해서 밥도 먹고 물도 먹었다. 아마도 한국 냥이와는 달리, 이 나라의 냥이들은 차가운 바닥을 선호하는 것 같았다. 어느 날 저녁 퇴근길에 녀석을 찾았더니 사무소에서 나갈 생각이 없어보였다. 그래서 사료와 물을 채워두고 밖에서 문을 잠근 뒤 퇴근했다. 다음 날 아침에 출근해보니 사료와 물은 거의 비어 있었다.

이제는 어엿한 가족

불과 몇 주 사이에 살이 오르는 것이 정상인 것으로 보이지는 않았다. 혹시나 하는 마음에 고양이 임신 기간을 검색해봤다. 약 2달 정도인 것으로 확인되었다. 이 녀석이 우리 사무실로 들어앉은 기간을 따져보니 어쩌면 조만간 일을 치를 것 같기도 했다. 그러던 어느 토요일, 휴일 근무를 위해 사무실에 가서 여느 때처럼 사료를 챙겨주고 일을 하고 있었다. 그날 따라 이 녀석은 사무실 구석구석을 뒤지고 다녔고 낑낑거리는 소리가 유독 크다는 생각이 들었다. 왜 그러나 싶어 뒤를 따라다니며 뭘 하나 봤더니, 사무실 뒤쪽 정리실을 어슬렁거리다 선반 위로 훌쩍 뛰어 올랐다. 그리고는 예전에 한 번 들어가 본 적이 있는 문구류 보관 박스 옆에서 낑낑거리기 시작했다. 박스 위 접힌 부분을 열어주니 냉큼 들어가 앉았다. 나는 그 자리가 편한가보다 싶어 뚜껑을 슬쩍 덮어두고 내 일을 했다. 잠시 후 같이 일하던 한양대 대학원생이 내 방으로 뛰어 오더니, "선생님, 치마르 chhmar; 캄보디아어로 고양이라는 뜻 새

▲ 꼬물이 세 마리가 몸을 가누기 시작했다. 자세히 보면 모두 색이 다르다.

▲ 꼬물이들 젖만 물리고 나면 일을 방해하기 시작한다. 조금씩 늘어지더니 뻗기 시작했다.

끼 낳은 것 같아요"라고 했다. 놀라서 뛰어가 보니 돼지는 기진맥진한 채로 누워있고 꼬물거리는 녀석들 두 마리가 보였다. 이 녀석이 사무실을 찾아 들어온 것도, 때가 되어서 밖에서 들여다볼 수 없는 박스를 찾은 것도 다 이것 때문이었다. 출산하느라 기진맥진했을 텐데 새끼들 때문에 꼼짝도 못하겠다 싶어서 물 그릇을 박스 안으로 옮겨주었다. 잠시 후에 보니 약간 기력을 차린 듯 앞 다리를 짚고 일어서 있었는데, 젖을 물고 있는 새끼 세 마리가 보였다. 2월 15일 낮 12시 무렵이었다. 고양이가 없는 이상한 도시라는 혼자만의 착각이 와장창 깨지고, 길냥이가 사무소로 어슬렁거리며 들어와 마치 제집인양 활보하다가, 이젠 정말 가족이 탄생한 날이다.

▲ 캄보디아 현장사무소 현판식을 마치고 한양대 식구들과 찍은 기념사진.
박지민 연구원은 중앙에 있는 여성(한양대 대학원생) 세 명의 이름을 따서 아기냥이 이름을 지었다. 맨 우측부터 박지민 연구원, 그 다음이 전범환 연구원. 우로부터 네 번째 앉아 있는 사람이 '박슐랭' 박동희 연구원이다.

2부 | 인도차이나가 '그들'을 만나는 방법

캄보디아에는 반테이 츠마르 Banteay chhmar 라고 하는 아주 유명한 사원이 있다. 번역하면 '고양이 사원'이다.

문방구를 보관하던 사과박스만한 택배상자가 좁아졌다. 꼬물거리던 아기 냥이 세 마리가 조금씩 성장하자, 버리지 않고 두었던 세탁기 박스를 이용해서 냥이 가족의 집을 만들었다. 대형 타월을 사다가 바닥에 깔고 햇빛을 가리기 위한 여름 이불을 사다가 창가를 가려주었다. 온 몸으로 꼬물거리며 엄마젖을 찾던 아기 냥이들이 조금씩 움직이기 시작할 무렵, 코로나 사태로 현장에 있던 직원들이 순차적으로 귀국길에 올랐다. 졸지에 현지에서 우리의 일을 도와주는 보파 씨가 집사가 될 수밖에 없었다. 새끼 냥이들이 조금 컸겠다 싶어 냥이 장난감을 하나 사서 보냈더니, 부쩍 성장한 녀석들의 우다다 영상이 날아왔다. 그로부터 서너 달이 지나고 나자 보파 씨로부터 "이것들 똥 싸는 기계에요."라는 메시지가 왔다. 캄보디아 사람이 표현하는 한국어 수준이 이렇다. 다시 시엠립에 갔을 때 이 녀석들이 나를 기억할지 모르겠다. 아기 냥이 세 마리의 이름은 제일 까만 녀석이 '하나', 조금 덜 까만 녀석이 '다연', 짙은 회색인 녀석이 '해빈'이다. 당시 코끼리테라스 발굴조사를 담당하고 있던 한양대 대학원생들의 이름을 하나씩 붙였다. 세 명 모두 조사가 끝나고 한국에 가기 전까지 애들이 빨리 커서 한 번씩 만져 보고 싶다고 했었다. 그러나 이들이 귀국하기 전에 아기 냥이들은 제 발로 딛고 설 정도로 자라지는 못했다. 한참 지난 후에 아이러니하게도 아기 냥이 세 마리는 모두 수컷으로 확인되었고, 이름을 붙인 한양대 대학원생 세 명은 모두 여학생이었다.

We are making our story. Not history nor herstory yet. But, we still moving. Like this cat family.

ODA사랑방

과일나무와 고양이가 함께하는, 도심 속 캄보디아 사무소

내가 하는 일을 타인에게 가장 쉽게 설명할 때, 흔히 '캄보디아 앙코르와트에 있는 사원을 복원'한다고 이야기하면 다들 알아듣는 척한다. 라오스 팍세, 미얀마 바간보다는 캄보디아가 '문화유산'으로 더 알려진 관광지이기 때문이다.

2018년 국회에서 캄보디아 현장 점검을 나온다 하여 급하게 출장을 떠나게 되었다.

캄보디아는 굉장한 '도시'였다. 사업을 위해 다녀본 현장 중, 일반적으로 우리가 상상하는 도시의 이미지에 부합하는 곳이었다. 인터넷도 잘 터지고, 환전소도 많고, 편의점도 많았고, 도로에 차도 많았고, 심지어 일반적으로 '달러'가 통용되었다. 그리고 한인식당도 심지어 많았다. 이 모든 것을 경험하면서 굉장히 놀라웠다. '이런 곳에서 사업을 한다고?'라는 부러움과 놀라움의 연속이었다.

▲ 라오스 비엔티안, 프랑스 개발청(AFD) 사무소

▲ 주택을 개조해 사용 중인 캄보디아 시엠립, 1차 사업 현장사무소.

당시 라오스 사업을 담당하면서, 업무 협의차 프랑스 개발청(Agence Françoste de Développement, AFD) 비엔티안 사무실을 방문했었는데, 주택을 개조해서 사용하는 사무실에서 일해보고 싶은 마음이 들었었다.

시간이 흘러 우리 사무실이 그렇다니 감회가 새로웠다.

1차 사업을 할 때에는 캄보디아 협력기관에서 정부 소유의 2층짜리 건물을 한국팀의 현장사무소로 내어주었다. 1층 일부는 사무실로, 일부는 구조재료실험실로 사용하였는데, 현장까지 거리가 너무 멀어, 2차 사업을 할 때는 한국에서 시설팀장님까지 모셔, 여러 후보 중 제일 괜찮은 곳으로 골랐다. 이름 모를 꽃나무와 잭프룻 나무가 쑥쑥 자라는 곳이다.

▲ 2차사업 현장사무소

올해 2월 건기에만 하더라도 북적북적했는데, 기약없이 계속되는 코로나19의 영향으로, 지금은 현지 스태프 한 명과, 경비원, 고양이 몇 마리만 남아있다. 작년 11월부터 우리와 함께한 캄보디아 현지 스텝, 보파 씨는 건축과 한국어를 둘다 잡은 유능한 직원이다. 홀로 사무실을 지키면서 사업에 큰 보탬이 되고 있다.

그리고 어느새 우리 사무소를 보금자리로 삼은 '돼지'와 그 가족. 해외 출장 중인 박지민 연구원은 한참 업무이야기를 하고 있다가도, 고양이 때문에 일 못하겠다고 툴툴대면서 와중에 '돼지네' 사진을 보내온다.

▲ 캄보디아 사무소, 보파씨(왼).

앙코르 유적 속 작은 경매장

캄보디아에서 앙코르 유적에 들어가는 교통수단으로는 툭툭, 자전거, 관광 패키지를 통한 미니버스 등이 있어요. 사원마다 거리가 있어, 더운 캄보디아에서 보도로 앙코르 유적를 돌아다니면 온 몸의 수분을 빼앗기기 때문에 이 동수단은 필수랍니다.

툭툭에서 내리는 순간, 마주하는 가장 흔한 풍경이 있는데요, '아이들'입니다. 어디서 나타났는지 우르르 달려오죠. 특히 타프롬 사원 앞에서 내리면 수많은 아이들에 둘러싸이는 건 순식간이에요. 당황하며 상황 파악할 시간 따위는 없죠. 아이들은 너도 나도 손을 내밀어요. 그 손에는 마그네틱이 한 가득. 나이가 많아봤자 6~7살 정도로 보이는 아이들이 영어, 한국어, 크메르어, 중국어 온갖 언어를 사용하며 마그네틱 가격을 외칩니다. 외국을 나가면 기념으로 그 나라 마그네틱을 구매하는 저에겐 좋은 기회였죠. 3개에 5달러를 부르던 아이들이 제가 고민을 하자 한 명 두 명 가격을 낮추기 시작합니다. 마치 경매장 같아요. 고민이 길어질수록 가격은 낮아집니다. 저는 3개에 5달러였던 마그네틱을 5개에 3달러에 구매했어요. 스스로 매우 만족스러운 소비였다고 생각했죠.

지인들에게 마그네틱 선물을 하는 관광객이라면 앙코르 유적 타프롬 사원 앞 작은 경매장을 추천해요. 어느 기프트 샵보다 저렴하게 구매할 수 있어요.

3장
퇴근하는 소떼와 한국에서 온 바이크맨

바간(Bagan)을 수도로 한 바간왕조는 9세기 중엽 기초가 마련되어, 11세기에서 14세기 동안 전성기를 구가했다. 다민족 지역인 미얀마를 정치적으로 통합하고 상좌부 불교(Theravada Buddhism)를 근간으로 하는 문화적 정체성이 이 시기 마련되었다. 현 미얀마 영토의 거의 대부분에 걸쳐 영향력을 행사했던 통일왕조였기 때문에 바간시대 불교 문화유산은 미얀마 전국에 산재하고 있다.

바간(Bagan, 위도 21°10', 경도 94°52')은 건조한 중부 평원의 에야워디 혹은 이라와디(Ayeyarwady or Irrawaddy) 강 동편에 인접해 있고, 현재 강과 가까운 저습지를 제외하고는 농업이 매우 불리한 기후 환경을 가지고 있다. 수천을 넘는 불교건축을 위해서는 지역 농업생산력이 뒷받침되어야 한다. 발굴·복원된 구 바간 성곽은 제법 넓은 해자로 둘러싸여 있으며, 이 해자는 강의 수위가 현재보다 높거나 강수량이 풍부했던 상황을 짐작하게 한다. 바간 불교건축의 전성기는 전지구적 중세 온난기(Medieval Warm Period, 약 950년 ~ 1250년)에 해당한다. 바간이 속한 중부 평원 지역은 현재보다 많은 강수량에 기초한 농업이 발달했었고 이를 통해 바간 왕조가 중부 지역 및 미얀마 전 지역을 정치·문화적으로 통일할 수 있었던 것으로 생각된다.

이 시기 바간은 아시아 불교문화의 중심지로서 번영을 누렸다. 이웃한 인도, 스리랑카 및 크메르 왕조의 많은 승려들이 바간으로 모여들었으며 이를 통해 상좌부 불교(Theravada Buddhism)를 중심으로 다양한 불교종파가 꽃을 피웠다. 사회경제적 번영과 국제적 불교문화 분위기 속에서 불사를 통해 공덕을 염원하는 미얀마 불교문화가 발전해 많은 이들이 불교건축물의 조성을 후원하였다. 이러한 시대적 요구에 부응하여 단기간 내에 건축물들을 완공할 수 있는 기술 수준이 성숙하였고 수천 기 이상의 불교건축물들이 250여 년 동안 조성될 수 있었다.

미얀마를 열다

2012년 8월 재단으로 이직하여 처음 ODA사업을 접하고 라오스와 캄보디아 사업을 집중적으로 준비했었다. 그 무렵 이리나 보코바 유네스코 사무총장과 키쇼 라오 세계유산센터 센터장이 약간의 시차를 두고 한국에 방문하여 문화재청장과 면담을 가졌다. 이들은 약속이나 한 듯 외국과의 협력이 필요했던 미얀마를 언급하며 한국의 지원을 부탁했다. 문화재청에서는 미얀마의 문화부에 연락하여 문화유산 분야 교류협력을 위한 국장급 MOU를 9월말에 체결하였다. 그리고 협력사업 추진을 위해 회의를 소집하였다. 거기서 최우선적으로 실무자 중심으로 현장조사가 필요하다고 의견이 모였다.

그러나 관련 예산을 별도로 편성할 수 없어서 라오스 사업을 준비하던 재단이 예산 일부를 활용하여 미얀마 바간 유적 현황 기초조사를 추진하게 되었다. 겨우 마련한 소액의 예산으로 국내 전문가 한 분에게 조사를 의뢰하여 간략한 보고서를 받았다. 사업 추진 주체도 결정되지 않았고, 문화재청에서는 당시 준비하던 라오스 사업 외에 다른 사업의 예산을 마련할 여유가 없었다. 다행히 회의에 참석했던 코이카 관계자로부터 정부부처 제안사업으로 신청해보라는 권유를 받아 2013년 신청을 목표로 사업제안서를 작성해보기로 했다.

2013년에 사업제안서를 작성하기 전, 문화재청은 미얀마 문화부와 체결한 MOU의 후속조치로 현장조사 및 업무협의를 위한 친선 교류 방문을 추진했다. 재단과 국립문화재연구소에서도 관계자들이 참여했다. 현지에서 문화유산 보존·복원 사업의 대상으로 난파야 사원을 선정하고, 바간 고고학박물관에 문화재보존처리장비를 지원하는 것이 결정되었다. 바간 유적은 3천 여 개의 사원들 대부분이 벽돌 조적조인 불교 사원인데, 유이한 힌두 관련 유적이 난파야 사원과 낫 라웅 짜웅이다. 그리고 난파야 사원은 벽돌 조적조가 아니고 사암을 벽돌 모양으로 다듬어 쌓은 형태를 하고 있었다. 세계 3대 불교 유적이라 일컬어지는 바간에서 벽돌조가 아닌 사암조의 힌두 사원이 선택된 것이 갸우뚱했지만, 라오스나 캄보디아의 유적이 석조 힌두 사원이었기에 그럴 수도 있다고 생각했다. 그런데 사업제안서 작성이 진행될수록 사업 컨텐츠가 흐트러지기 시작했다. 외부 사람들을 만나고 이런 저런 이야기를 들으면서 팔랑귀가 작동했는지 사업의 뼈대가 사라지고 이질적인 사업의 모둠으로 변해가고 있었다. 문화유산 ODA사업에 대한 이해가 넓지 않은 상황에서 컨텐츠와 기대효과가 명확하지 않으면 사업이 채택될 가능성이 매우 낮을 수밖에 없다.

2013년 정부부처 제안사업에 문화재청을 통해 코이카에 캄보디아와 미얀마의 사업 제안서를 제출했다. 결과적으로 캄보디아 사업은 서류심사를 통과하여 다음 단계로 진행되었으나 미얀마 사업은 서류심사를 통과하지 못했다. 그럼에도 불구하고 보존처리장비 지원사업을 통해 미얀마 측과 네트워크를 유지하려는 노력을 기울였고, 한 번 더 정부부처 제안사업을 시도해보기로 했다.

2014년 말, 코이카의 정부부처 제안사업에 제출한 미얀마 ODA사업 추진은 미래가 불투명했다. 그나마 사업 형성 궤도에 접어든 캄보디아 사업과 연계하여 유적 보존·복원을 위한 기초 상태 모니터링을 진행하기로 했다. 혹시라도 유적 자체에 거동이 발생하는 경우, 즉 구조적인 변형이 발생하는 경우에 육안으로 확인할 수 있고, 별다른 기술이 없어도 고가의 측정 장비를 동원하지 않아도 확인할 수 있는 간편한 도구들을 설치했다. 외부전문가들과 함께 2014년 10월 캄보디아에 가서 주요 사업대상 유적 다섯 개의 사원에 50여 개의 측정점을 설치하고, 11월에는 미얀마에 가서 두 개의 사원에 20여 개의 측정점을 설치했다.

▲ 바간 고고학국립박물관국 전경.

ODA사랑방

미얀마, 두 번의 방문이 남긴 여운

권미영

여행에세이를 읽으며 '여행지가 여행자를 선택했다'는 문구를 볼 때마다 굉장히 이성적으로 돌변해서 '여행의 낭만을 극대화하기 위해 과장이 지나친 표현'이라고 생각하곤 했다. 하지만 나에게도 여행지가 나를 선택했다고 여긴 순간이 있다. 미얀마가 그랬다.

나는 기본적으로 목적이 분명한 여행을 선호한다. 산티아고길을 걷기 위한 스페인행, 세토우치예술제 참여를 위한 일본행, 사하라 사막에서 하룻밤을 위한 모로코행 등 내가 선택한 목적지에 도착해서 의도한 바를 이루었을 때 큰 기쁨을 느끼곤 했다. 미얀마 또한 마찬가지였다. 구름 위에 떠있는 수천 개 파고다의 일몰사진을 보고 순식간에 미얀마 여행을 계획하게 되었다. 양곤에서 시작해서 바간, 인레로 이어지는 미얀마에서의 일정은 사건의 연속이었다. 여행 일주일 전에 급하게 비행기표만 끊고 첫날 묵을 숙소만 결정한 채 시작한 여행이었지만, 나는 나의 특장점인 체력과 길 위에서 만난 사람들의 도움을 받아 풍성하게 채울 수 있었다. 오버부킹이 된 버스 덕분에 기사님 옆 간이의자에 앉아 일곱 시간을 이동했던 버스 여정, 운좋게 참여한 파웅도우 축제, 별이 무수히 떨어지는 바간 하늘을 보며 했던 밤수영과 오토바이를 타고 바간시내를 누비며 이름 모를 파고다에 앉아서 맥주를 마시던 호사 등 즐거운 우연이 모여서 미얀마에서의 잊을 수 없는 추억을 만들었다. 무엇보다 나를 미얀마로 이끌었던 바간의 일출과 일몰은 몇 번이고 봐도 질리지 않는 장면이어서, 다녀온 후에 만나는 사람마다 미얀마를 추천하고 다녔었다.

그렇게 언제 다시 올지 모른다고 생각했던 미얀마를 일년 만에 출장으로 다시 방문하게 되었을 때에는 놀라움이 컸다. 담당업무와 전혀 관련 없는 해외출장을 가게 되는 일 자체가 좀처럼 없기에, 미얀마 출장을 위해 공항으로 출발할 때에도 실감이 나지 않았다. 후발대로 이사장님과 팀장님을 모시고 무사히 숙소에 도착해서 미얀마 맥주를 한모금 들이키고 나서야, 내가 비로소 미얀마에 다시 왔음을 느낄 수 있었다. 빠듯했던 출장 일정 중에도 미얀마의 매력을 조금이라도 더 소개시켜 주려는 직장동료들 덕분에 1분1초 단위로 계획된 스케줄에 몸을 맡기어 미얀마를 즐겼다. 한국에서 온 사람들을 환영하기 위해 미얀마분들이 준비한 전통공연과 수료식, 현장의 선배들한테 듣는 파야똔주 사원의 역사, 박물관에서 진행된 VR 시연회 등 여행으로 왔으면 경험하지 못했을 광경들을 눈에 가득 담았다. 문서로만 들여다보던 미얀마 사업현장을 방문하면서 연수생들이 수료증을 들고 뿌듯해하는 표정과 한국에서 기증한 보존기재들이 박물관의 미얀마 문화재 보존에 기여하고 있는 모습에서 자부심을 느꼈고, 동시에 국제교류팀의 일원으로 ODA사업에 일조할 수 있게 역량을 키워야겠다는 다짐도 하게 되었다.

많고 많은 나라들 중에 미얀마에서의 여행을 더욱 특별하게 기억하는 것은, 나 스스로 여러 이유를 만들어내며 미얀마 여행을 이상화시킨 것도 없지 않을 것이다. 하지만 정말 '미얀마가 나를 선택했다'고 믿게 되자, 미얀마에 대한 더 강한 애착을 느끼게 된 건 부인할 수 없다. 나는 '미얀마' 이후에 가끔 이런 우연이 다시 일어나길 기대하는 마음으로 다음 여행지를 기다리고 있다.

| 예술경영을 전공하고 문화예술계 직장에서 근무하면서 공연기획 사업을 진행했었다. 현재는 한국문화재재단 국제협력단에서 유네스코 업무를 담당하고 있다.

만달레이 공항 이미그레이션에 잡혔어요!
우당탕탕 와장창창 미얀마

주로 단기출장을 다니기 때문에, 가끔 현장에서 필요한 물품을 조달할 때가 있다. 현지 사업 운영에 필요한 크고 작은 물품들이 대부분이다. 김동민 연구원과 함께한 출장은 늘 와장창창 우당탕탕이다. 김동민 연구원은 위기대응능력, 즉, 닥쳐서 해결하는 능력이 굉장히 탁월하다. 김동민 연구원은 나의 첫 사수이기도 했는데, 입사하자마자 <방글라데시 국립박물관 문화재 보존 및 관리 역량 강화사업>을 함께 했었다.

비행기를 일곱 번이나 타야 했던 일주일짜리 출장. 짐의 반은 부탁받은 USB와 이젤로 채워졌다. 파야똔주 사원 벽화 도록을 디지털파일로 USB에 저장해서, 미얀마 바간국제조정위원회에서 나눠줄 계획이었다. 이젤은 외교부 사업 모니터링 점검단 대상 사업현황 브리핑용이었다. 라오스와 미얀마를 묶어서 떠난 출장이었다. 라오스에 들어갈 때에는 별일 없었는데, 미얀마에서 입국절차를 밟던 중 X-ray 검색대에 걸렸다. 상업적으로 팔려는 것이 아니고 국제회의 기증품이라 설명을 했지만, 미얀마 만달레이 공항의 보안직원은 강경했다. 마침 문화재청 국제협력과장님도 함께 이동 중이어서, 일행을 기다리게 하는 것이 꽤 부담스러운 상황이었다.

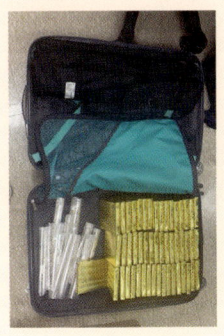

▲ 파야똔주 벽화 도록을 담은 USB 150여 개와 이젤.

얼른 김동민 연구원에게 전화했다. 공항직원은 다른 데스크로 날 데려가더니 관세를 내야 한다고 했다(만달레이 공항 한쪽에는 관세 부과기준이 걸려 있었는데, USB는 2개까지만 무료반입이 허용되었다). 공항 직원은 관세를 계산기에 찍어주었다. 31,000짯이 얼마인지 감도 못 잡고 있을 무렵, 김동민 연구원한테 또 전화가 왔다. 큰일인줄 알고, 평소 친분이 (조금) 있던 미얀마 종교문화부 차관한테 연락을 했단다.

▲ USB 관세.

"내가 연락은 다 해놨어! 그런데 관세 얼마 내래?"
"31,000짯이요."

31,000짯. 한국돈으로 27,000원이다. 졸지에 한국팀은 3만 원도 안 되는 관세를 내기 싫어서 그 높은 분께 연락을 한 셈이 되었다.

고사 이야기

김동민

'발이 시려워'

재단 문화재 조사연구단에서 근무할 때였다. 발굴조사를 담당하는 한 연구원으로부터 밤마다 한 할아버지가 꿈에 나타나는데 발이 시렵다는 말을 한 후 사라진다는 얘기를 들었다. 시간이 지난 후 그 연구원이 담당하는 한 무덤 터에서 미라 한 구가 발견되었는데, 하필 그 무덤터가 한 겨울에 작업을 하기 위해 쳐 두었던 비닐하우스의 경계에 미라의 발 부분이 위치하고 있었다고 한다. 아마도 꿈에 나타난 할아버지가 그 무덤 터의 주인이었는지 싶어서, 간단하게 고사를 지내고 미라를 수습했다는 이야기를 들었다.

⬆ 2018년에도 과일바구니를 준비하여 파야똔주 사원의 불상 앞에 무릎을 꿇고 고사를 지냈었다.

요즈음은 많이 사라졌지만 내가 조사연구단에 근무하던 시절에는 발굴조사를 하기 전, 보통 개토제<sub>開土祭:집을 짓거나 묘지를 조성하기 위해 땅을 처음 팔 때 산신이나 토지신에게 제사를 지내는 건축의례를 실시하는 경우가 많았다. 돼지머리와 각종 과일들을 차려놓고 땅을 파기 전 지신地神이 노하지 않게 미리 신고를 하며, 발굴조사 기간 동안 별 탈 없이 조사가 이루어지기를 염원하는 것이다. 아마도 몇백 년 또는 몇천 년 이상을 자리 잡고 있던 무덤 터를 주인의 허락 없이 파내야 하기에 영혼을 달래는 의미도 있었을 것이다.

2018년 파야똔주 사원 발굴조사 실시에 앞서서도 개토제를 실시한 적이 있다. 사실 당시에는 우리나라와 미얀마는 서로 문화가 달라서 굳이 한국의 방식대로 개토제를 지낼 필요를 느끼지 못했다. 개토제를 생략하고 발굴조사를 착수했고, 발굴조사 과정에서 미코팀을 통해 유사 문화가 있다는 것을 알게 되었다.

서로의 문화를 존중하다보니 서로 개토제 이야기를 꺼내기가 조심스러웠던 것이다. 지금이라도 개토제를 지내자는 의견이 모아져서 파야똔주 사원 안에 안치된 부처님 앞에 과일 바구니를 놓고 절을 하며 이번 발굴조사가 안전하게 끝날 수 있도록 고사를 지냈다.

2019년 파야똔주 사원 외부의 조사 및 철물 구조물 설치를 위해 비계를 설치할 때였다. 미얀마에서는 사원의 손상을 방지하기 위해서 철제 비계보다는 대나무 비계를 많이 사용한다. 비계를 설치하는 현지 업자를 불러 비계 설치를 시작한지 얼마 지나지 않아, 비계 설치과정 점검 차 비계 위에 올라섰는데 싸늘했다. 발바닥에 대나무가시가 날아와 꽂힌 것이다. 다행히 발바닥패치가 있어 그나마 상처가 심하지 않았다.

늦었지만 불안한 마음에 고사를 지내기로 했다. 시장에 가서 정성스레 과일바구니를 준비하고 2018년처럼 파야똔주 사원의 불상 앞에 무릎을 꿇고 고사를 지냈다. 마침 근처 사원을 지나 출근을 하던 독일 선생님 안드레아도 불러 세워 시주를 부탁했다. 한국팀과 독일 선생님은 차례로 절을 하고 꽁지돈을 과일 사이에 찔러 넣었다.

미얀마에서는 고사를 지낸 후 고사에 사용된 과일과 시줏돈을 어려운 사람에게 나누어 준다. 바간에서는 밤사이 사원을 지키는 사람들이 있는데, 바간 왕조 시대부터 이들은 미얀마에서 최하층민으로 생활을 해왔던 터라 집도 없고 너무 가난하여, 주변 사람들로부터 도움을 받아 생활을 하고 있다. 파야똔주 사원 앞에도 어린아이를 포함한 한 가족이 천막에서 생활하며 밤 사이 파야똔주 사원을 지키고 있다. '그래, 과일바구니는 저들에게 줘야겠다.'는 생각도 잠시 비계를 설치하던 사람들이 바나나를 먹고 있었다. 과일 사이에 찔러 둔 돈은 이미 없어진지 오래. 조금은 황당하고 짜증도 났지만, 저들도 저마다의 사정이 있겠지 생각하며, 낮 동안은 비어 있는 관리인의 천막에 만짯을 살짝 놓아두었다.

고사 덕일까, 이후 비계를 설치하는 과정에서 별다른 사건 사고는 없었고, 비계도 튼튼하게 설치할 수 있었다.

▲ 한국팀과 왕래가 많은 독일 선생님 안드레아(왼쪽)와 함께.
한연주 연구원(오른쪽). 안드레아 선생님은
한국팀 고사 때도 시주로 참여했다.

해우소의 여인 in Bagan

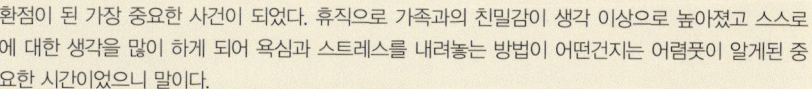

스트레스를 해소하는 건 현재를 살아가는 모든 사람에게 아주 중요한 일이다. 각자 다른 방법으로 스트레스를 해소하는데 운동, 만들기, 독서, 여행 그리고 물건을 부수거나 망가뜨리는 유료의 공간이 별도로 있는 걸 보면 스트레스 해소는 현대인에게 가장 중요한 활동 중 하나가 아닌가 싶다.

2018년 7월 잘 다니고 있던 직장에서 휴직을 한 적이 있다. 사실 그 전까지 스트레스를 어떻게 해결하는 게 좋을지조차 모르고 살기는 했다. 뭐 아직까지 명확한 나만의 스트레스 해소 방법이 없는 것 같기도 하지만 약 8개월간의 휴직은 인생에 있어 결정적인 변환점이 된 가장 중요한 사건이 되었다. 휴직으로 가족과의 친밀감이 생각 이상으로 높아졌고 스스로에 대한 생각을 많이 하게 되어 욕심과 스트레스를 내려놓는 방법이 어떤건지는 어렴풋이 알게된 중요한 시간이었으니 말이다.

외국에서 일을 하다보면 생각지도 못한 일들이 발생하는 경우가 매우 많다. 한국에서와는 낯선 다른 인간관계, 그리고 매일 매일 터져나오는 새로운 일들로 매일 신속한 의사결정을 해야 한다. 특히나 현재 진행되고 있는 동남아시아의 문화유산분야 업무들은 대한민국에서 처음으로 진행되는 일들로 선행된 경험들이 전무하기 때문에 맨땅에 헤딩하는 일들이 매일 꾸준하게 발생한다. 이런 일을 국내의 규정과 지침에 맞추어 진행하기 위해서 수도 없이 많은 랜선상의 의논과 협의가 진행되고 그 결과가 문서화 되어야 비로소 추진될 수 있는 인들이 대부분이다. 때로는 본연의 업무에 지장을 줄 정도로 극심하게 몰아치는 일들로 자신도 모르게 내적 스트레스가 쌓이게 된다.

2019년 4월부터 약 2개월, 그리고 9월부터 또 2개월 정도 바간에서 일을 하면서 답답할 때, 바람을 쐬고 싶을 때, 그리고 혼자만의 시간을 갖고 싶을 때마다 찾는 곳이 있었다. 우연히 탓빈뉴 사원 주위를 거닐다 발견한 사원인데 고즈넉하고 시원한 바람에 이끌려 자주 들르는 사원이었다. 사원의 이름은 낫라웅짜웅 Nathlaung Kyaung*으로 바간에서는 난파야 Nanphaya와 함께 유이한 힌두교 사원이다. 말로는 설명할 수 없지만 사원에서 느끼는 청량감과 시원함이 여러가지 생각들을 날려버리는 느낌이었다. 적어도 그 당시 그 공간에서의 그 시간은 모든 걸 잠시 잊을 수 있었으니까.

낫라웅짜웅은 탓빈뉴 사원의 남동쪽 약 100미터 거리에 위치하고 있다. 사원 앞에는 커다란 나무가 있고

▲ 낫라웅짜웅 밖에서 본 모습(안쪽 작은 창으로 들어온 빛 한줄기가 시선을 사로잡는다).

⬆ 유창한 영어로 낫라웅짜웅 사원을 설명해준 기념품 가게 아줌마.

이 나무에는 실에 매달린 작은 쇳덩이들이 있다. 이 쇳덩이들은 서로 부딪치며 청명한 소리를 내는게 마치 우리가 산사에서 들을 수 있는 풍경과 같은 소리를 들려준다. 이것들을 구경하다보면 아주머니 한 분이 다가와서 말을 건다. 매우 유창한 영어로 이것 저것 물어보는데, 아니 동네 아줌마가 이렇게 영어를 잘 할 수 있을까? 아주머니는 물건 팔 생각은 안 하고 낫라웅짜웅의 사원에 대한 설명을 해 준다. 얼마나 많은 사람들이 이 아주머니의 설명을 들었을까라는 생각이 들면서 나도 모르게 그 아주머니의 설명에 빠져든다. 게다가 이 아주머니의 설명이 전혀 터무니없는 것이 아니다. 물론 본인 가게 앞의 문화유산에 대해 아는 것이 당연히 많을 수 있겠지만 마치 노련한 가이드처럼 사원과 관련된 이야기를 술술 풀어낸다. 아주머니의 친절함은 사원 안으로 들어설 때까지 이어진다. 이제는 괜찮다고 해도 사원 안까지 찾아들어와 사진이 잘 나오는 위치가 어디며 이 부조는 무엇을 조각한 것인지 세세하게 설명해 준다. 힌두교에 대한 지식도 해박해서 웬만한 가이드 저리가라의 수준이다.

사원에서 갖는 혼자만의 시간 동안 바람은 유난히도 시원하게 불어재낀다. 가만히 앉아 있으면 옛 바간시대 이 사원을 만들었던 장인들의 숨소리가 큰 창문 사이 바람에 실려 귓등을 간지르는 것 같다. 온몸의 털이 소름돋아 오르고 오싹하며 시원한 느낌이 다시 온 몸을 감싼다. 사원에서 한동안 시간을 보내다 나오면 기념품 가게 아주머니의 영업은 그때부터 시작이다. 정말로 기가막힌 전략이다. 잔뜩 설명을 듣고 나서 안 살 수도 없는 노릇 아닌가. 작은 기념품 하나를 품에 안고 온다. 이후 매번 갈 때마다 마주치는 이 아주머니는 이제는 얼굴을 알아본다. 처음 기념품을 사고 그 뒤로는 한 번도 안 사서 그런지 이제는 설명도 안 해주고 기념품도 권하지 않는다. 간혹 다른 일행과 가면 다시 친절하게 설명하면서 보이는 그 표정은 너도 알고 나도 아는 말 없는 침묵, 그저 침묵 속의 유쾌하고 재미있는 약속이다. 한국에 돌아와서도 가끔 아주머니의 설명과 상술이 표정과 함께 떠오른다. 안 보면 또 그리워진다고 다시금 그리워지는 바간, 그리고 낫라웅짜웅이다. 다음 번에 가게 되면 그 때는 기념품을 몇 개 더 사와야겠다.

낫라웅짜웅(Nathlaung Kyaung)

낫라웅짜웅 사원은 931년 타웅투지(Taunghthugyi)왕에 의해 건립된 사원으로 힌두신인 비슈누에게 헌정된 사원이에요. 바간에 테라바다 불교가 들어오기 한 세기 전(약 100년 전)에 건립되었죠. 불교 이전 인도 등의 영향을 받은 흔적이 남아 있는 사원이라고 볼 수도 있어요. 불교유적이 대부분인 바간에서 난파야와 함께 유이한 힌두교사원이랍니다. 평면 형태는 방형이며 내부에 방형의 기둥이 있어 회(回)자의 형태를 하고 있어요. 중심부 기둥 사면에는 비슈누 스투코가 자리하고 있답니다. 건물의 외곽에는 크리슈나, 라마 등 비슈누의 10 화신이 스투코 부조가 있었으나 상당수가 도난당하고 남은 스투코는 철장으로 보호하여 도난을 방지하고 있죠.

낫(Nat)은 바간의 민간신앙을 의미하는 용어인데요. 우리가 말하는 '정령'정도로 해석이 될 지 모르겠네요. 불교가 들어오기 전에 낫신앙은 강력한 작용을 하였고 불교가 들어와서도 이와 융합된 것들이 매우 많으며 아지까지 그 흔적들이 많답니다.

문 화 유 적 상 식

표절인가? 창조적 모방인가?:
바간 마하보디 Mahabodhi 사원

카피copy는 우리의 일상 곳곳에 있다. 학창 시절 시험이 다가오면 교실 앞자리에 앉은 성실한 친구들의 노트를 문구점에서 복사했었고, 리포트도 카피해서 제출하곤 했었다. 카피캣copycat · 모방자 기업, 즉 선두기업의 아이디어를 참조하여 원조보다 가성비 좋은 제품을 내놓는 기업들도 많다. 많은 작가들이 고대의 신화나 전설로부터 이야기의 모티브를 얻어 자기들만의 새로운 생각을 더한다. 음악가들과 스포츠 선수들은 우상의 음악과 플레이 스타일을 카피하면서 자신만의 스타일을 완성하는 것이 일반적이다. 막막한 상태에서 힘겹게 쥐어짜는 것보다 모방을 활용하는 것은 분명 지혜로운 일이다. 고대 인도의 석공들은 영구적인 석조건축물을 만드는 과정에서 기존의 목조건물을 카피했다. 카피의 요소가 사라지고 거대하면서도 정교한 석조건축으로 나아가는 여정이 고대 인도의 종교건축 발전 과정이었다. 예술의 본질은 자연 또는 현상의 모방이라고 한다. 지구에서 가장 유명한 건축물 중 하나인 에펠탑은 사람의 몸을 형상화 하였다고 한다. 고대 인도의 사원은 성스러운 히말라야를 형상화 하였다.

'서태지와 아이들', '듀스'가 한창이던 때 학창시절을 함께 보낸 미얀마-대한민국 바간협력 프로젝트 팀장인 김동민 연구원, 한국문화재재단 ODA사업 팀장인 전범환 연구원과 함께 바간 현장차량으로 이동 중 종종 함께 많이 들었던 음악은 '응답하라 1994/1998' 시대의 노래를 최근 다른 음악인들이 세련되게 리메이크한 곡들이었다. 더운 하루 업무를 마치고 지구 상 어느 곳보다 멋진 석양을 가진 바간을 달리는 1평 남짓한 차 안에서 함께 듣는 추억의 노래들은 참 상쾌할 때가 많았다.

서태지와 아이들의 90년대 음악들에는 아슬아슬할 정도로 원본과 닮은 음악들이 많다. 서태지 씨가 밝힌 바에 의하면 당시 미국 흑인음악들을 많이 참고했다고 한다. 그런데 서태지 씨의 음악에는 참고를 넘어서는 혁신적인 음악도 많다. 그 중에 나는 '하여가'를 좋아한다. 흑인 힙합음악에 사물놀이의 에너지가 화학적으로 잘 어우러진 이 곡을 들었을 때의 짜릿함은 지금도 생생하다. 바간의 많은 불교건축물들에서는 석가의 땅, 인도의 원본에 대한 깊은 공감과 함께 지역의 사정에 맞추어 각색한 개성과 혁신성이 잘 느껴진다. 하여가처럼. 동남아시아의 다른 고대 왕국들도 오랜 시행착오를 거쳐 수립된 인도의 사원건축에 담긴 아이디어와 스타일을 각 지역의 전통, 환경 및 재료에 맞추어 의역하고 재해석했다.

그런데 마치 놀이공원 등에 세워진 에펠탑 복제처럼, 인도의 사원을 그대로 복제한 흥미로운 건축물이 하나 있는데, 바간의 마하보디 사원이 그것이다. 석가모니가 깨달음을 얻은 보드가야Bodhgaya에 세워진 마하보디Mahabodhi 사원을 그대로

❯❯ 인도 보드가야(Bodhgaya) 마하보디 사원

▲ 미얀마 바간 마하보디 사원.

카피하여 바간에 옮겼다. 아슬아슬할 정도로 원본과 비슷한 '난 알아요'처럼. 그나마 실제 사원의 디테일을 꼼꼼히 조사하고 카피한 것이 아니라, 마하보디 사원의 관광기념품 모형을 카피하여 원본의 수준에 크게 못 미치는 건물이다. 역설적이게도 이런 이유로 수천 개 이상의 불교건축물이 있는 바간에서 유사한 스타일을 찾아볼 수 없는 매우 개성적인 건축물로 남게 되었다. 미얀마 고고국립박물관국에서는 바간의 고대 건물 및 고고학유적을 역사적, 미학적 가치에 기반해 등급을 나누어 관리하고 있는데, 이 개성 넘치는 건축물은 유명한 쉐지곤Shwezigon 대탑, 아난다Ananda 사원, 탓빈뉴That Bin Nyu 사원 등과 같은 1등급 유적에 속한다.

표절이든 아니든 공전의 히트를 기록한 '난 알아요'는 대중음악의 흐름을 획기적으로 바꾼 대사건으로 많은 이들에게 기억되고 있다. 그렇다면 불교 최고 성지의 사원을 바간으로 옮긴 카피 사원은 당시 신자들에게 어떤 의미였을까?

바간; 새의 시선으로 바라보다 2

5. 탓빈뉴(That Byin Nyu Temple)

⌃ 탓빈뉴 사원.

탓빈뉴 사원은 바간에서 가장 높은 건축물로 Big 5 사원 중 하나로 꼽힌다. 가장 높은 사원 답게 바간 어디에서도 가장 먼저 눈에 띄는 사원으로 원래는 흰색이었던 것이 세월이 지나면서 검은색의 흔적을 고스란히 간직하고 있는 사원이다. 최근 탓빈뉴는 미얀마 정부에서 설치한 야간조명의 효과를 톡톡히 보고 있다. 사원의 외벽이 흰색에 가깝기 때문에 외부에 설치된 조명이 반사되어 바간 야경에서 가장 눈에 띄는 사원으로 저녁 바간 야행의 명소가 되고 있다.

⌃ 탓빈뉴 사원(하늘에서 본 평면 형태).

⌃ 탓빈뉴 사원 주변 전경.

▲ 탓빈뉴 사원의 야경.　　　　　　　　▲ 우기의 시작(바간 왕궁터와 탓빈뉴 사원).

6. 술라마니(Sulamani Phaya)

술라마니 사원은 바간의 Big 5 사원 중 관광객이 가장 많이 찾는 곳이다. 2016년 8월 24일 바간의 남서쪽 차욱(Chauk) 지역에서 리히터 규모 6.8의 지진이 발생했다. 바간의 3,822개의 사원 중 400여 기의 사원이 이 지진으로 피해를 입었는데, 당시 유튜브에 술라마니 사원의 상층부가 무너지는 과정이 생중계되었다. 지진 전에도 내부의 아름다운 벽화와 바깥쪽의 다양한 소재로 장식된 스투코 및 건축 양식이 빼어나 관광객들에게 가장 인기가 많은 사원이었는데, 지진으로 더 유명해지게 된 셈이다.

▲ 복구 중인 술라마니 사원.

▲ 지진 전 술라마니 사원.

2016년 지진이 나고 미얀마 정부는 발빠르게 복구작업을 시작했다. 2016년 12월 지진 후 찾은 바간의 사원에서 수많은 사람들이 사원에서 무너져내린 벽돌을 운반하는 것을 보았다. 사람들은 대나무비계에 일렬로 늘어서서 고무양동이에 벽돌 2~3개를 겨우 담아 아래로 운반했다. 그런데 놀라운 사실은 사원의 복구를 위해 동원된 수많은 사람들 대부분이 자원봉사로 모인 사람들이었다. 불교유적의 피해소식을 들은 불자들이 미얀마 전국에서 바간으로 달려와 보수도 받지 않고 사원을 복구하는 것을 보고 불교 국가 미얀마에 강한 인상을 받았다.

▲ 술라마니 사원의 무너진 벽돌을 아래쪽으로 운반하는 사람들.

▲ 술라마니 사원과 담장.

▲ 담마얀지(우기의 시작을 알리는 천둥소리).

▲ 담마얀지와 풀 뜯는 소(건기라 먹을 풀이 별로 없다).

7. 바간 왕조시대 교육기관(신뷰신:Hsin Byu Shin Complex)

현재 바간에는 대학이 없다. 양곤, 만달레이 등에는 국립대 등 유명한 대학들이 있다. 양곤대학과 양곤외국어대학에 한국어과가 있는 것을 보면 미얀마에서는 한국어에 대한 관심이 꽤 이전부터 있었음을 알 수 있다. 또한 최근에는 한국의 드라마와 가요, 그리고 영화가 한국어 교육의 중요한 콘텐츠로 자리잡고 있다. 한국팀과 바간에서 일을 하고 있는 미얀마 파트너(미얀마 공무원) 중 한 명(May Myat Noe Ko:여)은 한국의 그룹(슈퍼주니어)을 좋아한 나머지 한국어에 관심을 가졌다고 했다. 그리고 그 뒤로 드라마, 영화 등 한국문화에 푹 빠져 있다 했다. 그녀의 빼어난 한국어 실력은 현장에서 업무를 하는 동안 우리에게 엄청 큰 도움이 되었다.

▲ 바간왕조시대 교육기관 ; 신뷰신 컴플렉스.

바간왕조 시대 바간에는 승려들을 위한 대학이 있었다. 근대 이후의 대학처럼 많은 학과와 건물, 그리고 학생이 있었던 것은 아니지만 당시에도 교육을 담당하고 소승불교를 가르치는 곳이 있었다고 볼 수 있다. 바간의 남동쪽 민난투 마을의 서쪽에는 신뷰신 컴플렉스가 있는데 사각형의 담장으로 둘러싸인 곳이 당시의 대학으로 역할을 했던 곳이다.

신뷰신 컴플렉스에는 사원, 강당, 숙소 등이 잘 갖추어져 있고 아직까지 건물과 흔적들이 남아 있다.

▲ 신뷰신 컴플렉스(기숙사:승려들의 공간).

8. 바간의 대나무 작품(So Min Gyi Phaya)

바간을 여행하게 되면 가장 많이 볼 수 있는 기념품 중 하나가 라끄웨어(Laquareware)다. 우리나라의 칠기와 유사한 기법으로 만들어지는 공예품이다. 칠하고 그리고 여러가지 무늬를 입히는 것이 우리나라 칠기의 기법과 매우 유사한데, 동남아에서 이러한 공예품을 만나게 되는 문화와 트렌드는 예나 지금이나 전 세계에 공통적인 현상이었던 것 같다. 칠기문화의 경우는 한국, 중국, 일본을 비롯한 동북아 국가에서 다양하게 확인된다. 바간에는 라끄웨어만 전문적으로 만드는 마을이 있을 정도로 이 방식으

▲ 미얀마 라끄웨어 작품.

미얀마 라끄웨어는 바간의 특산품 중 하나이다. 바간에는 수많은 라끄웨어 공방이 있으며 수준에 따라서 차이가 있기는 하나 이를 생업으로 삼는 사람들이 꽤 많아서 라끄웨어 제작과 관련된 수십 가구씩 모여서 작은 마을을 형성하고 있는 곳이 여러 군데 있다. 미얀마 라끄웨어의 특징은 대나무를 얇고 가늘게 썰어 그것을 이어 붙여 우리나라 도자기 제작의 테쌓기와 같은 방식으로 그릇 등을 만든다. 접착제를 쓰지 않는다고는 하나 최종적인 부분에는 접착제를 쓰기도 한다. 이후 겉을 다듬은 후 칠을 입히고 그 위에 각종 문양을 그려 넣는다. 바간 라끄웨어의 특징 중 하나인 파내기는 여러가지 색상을 검은색 안에 미리 칠하고 칼로 긁어내는 깊이에 따라 다른 색이 나오게 되어 있다. 매우 정교한 힘을 주어야 동일한 색상이 나올 수 있게 되어 있어서 독특한 제작방법을 가지고 있다고 할 수 있다.

로 만들어진 공예품들은 관광객들에게 특히 인기가 많다. 하지만 최근 관광객이 급감하면서 이러한 공방들에서 마스크를 만들어 판매하고 있다고 한다. 가슴 아픈 일이다.

바간에서 대나무를 이용한 작품은 라끄웨어 말고 한 가지가 더 있다. 바간의 사원 이곳 저곳을 다니다보면 어렵지 않게 찾을 수 있는 대나무비계다. 벽돌로 만들어진 사원들은 시멘트나 사암제 사원과는 다르게 벽돌 하나 하나가 아주 강하게 만들어지지 않고 800~900도 사이에서 구워진 벽돌을 사용하기 때문에 강성이 높은 철제 비계를 벽돌 위에 놓고 사용하기 어렵다. 미얀마 사람들은 이를 극복하기 위해 가벼우면서도 탄력이 높고 쉽게 부러지지 않는 대나무를 활용한다. 저렴한 가격도 선택에 중요한 요소였다.

그 중에서도 단연코 그 아름다운 자태를 뽐내는 건물의 대나무비계가 있는데, 에야와디 강을 뒤로 하고 바간의 서쪽 주도로 변에 자리하고 있는 탑이다. 소민지파야

▲ 바간에서 대나무비계가 가장 아름다운 소민지파야.

⯅ 소민지 파야 전경.

(So-Min-Gyi Phaya)라고 불리는 이 건물에 설치된 대나무 비계는 아주 멀리서도 보인다. 그 형태가 마치 파란 하늘에 매달린 금강초롱 같다. 설계도도 없이 만들어졌음에도 불구하고 좌우대칭이 정확하게 맞아 그 안의 탑이 건축물인지 바깥의 비계가 건축 작품인지 구분이 안 간다.

멀리서 보면 대나무일 거라고는 상상이 안 되는데 더군다나 탑을 보수하기 위한 작업대라고 누가 생각할 수 있을까. 그저 작품으로 만들어진 조형물이라고밖에 생각이 들지 않는 곡선이다. 이 아름다운 곡선이 바간의 파란 하늘과 조화롭게 어우러져 우뚝 솟아 있다.

대나무비계는 팜트리 줄기를 물속에(원가 같이 들어가는 거 같음) 담구었다가 대나무를 결구하는 데 사용한다. 대나무를 묶을 때 수분기가 많으면 굉장히 짱짱하게 묶여서 마르고 난 뒤에도 쉽게 풀어지지 않는 물리적 특징을 잘 이용하였다.

⯅ 소민지 파야 내부의 구조.

밍글라바
파야뜬주

한연주

바간의 아침은 이르다. 새벽 6시면 아직은 어둑어둑할 서울의 3월과 많이 다르다. 바간의 새벽은 이미 파란하늘과 태양의 포근한 뜨거움이 느껴진다. 정각 6시가 되기 10분 전, 에어컨이 나오는 시원한 방에서 일어나 창문 밖을 보면 우리 숙소 앞 동네 유일한 매점 앞으로 오토바이 하나가 도착한다. 매점 주인의 딸이 도착해서는 가게 셔터를 올리고, 밤새 모래가 베일처럼 쌓인 가게 앞 계단을 빗자루로 쓴다. 일상적이고 포근한 아침 풍경 위로, 바간의 명물인 하늘의 풍선(열기구)들이 보이면, 현장에서의 어려움들은 모두 사라지고 새롭고 힘차게 하루를 시

❖ 바간 전경.

작하고 싶어진다. 바간 관광의 메인인 열기구를 우리 팀에서 타 본 사람은 아직까지 없다. 하지만 가격이 얼마인지 (한번 탑승에 400달러 정도), 얼마나 멋진 풍경이 될지, 아무것도 아닐 수도 있지 않을까 하는 만담은 식사자리의 메인 대화 주제 중 하나이다. (소장님이 우리 2차 사업되면 태워준다고 하셨다).

아침 식사는 숙소에서 간단히. 현장마다 다르다. 이번 바간 현장에서는 함께 숙소에 머무르면서 소장님이 요리를 하였다. 이전의 참여했던 부탄, 조지아, 인도의 프로젝트들은 호텔에서 먹었었다. 나에게 호텔 아침 조식은 2주가 유통기한이었다. 계속해서 반복되는 식사보다는 잠이 더 소중해지거나 나만의 소중한 아침 시간이 더 간절해졌기 때문이다. 현

▲ 말 많고 탈 많았던 한국팀의 바이크.

장 작업은 하루 24시간을 동료와 같은 호텔 또는 같은 공간에서 지내는 것이다. 비행기를 타서 내리는 그 순간까지만 여행이다. 내리는 순간 이후부터는 일의 연속이라고 해도 과언이 아니다. 우리에게 미얀마 바간은 사무실이자 집이 되는 것이다.

일의 연속인 현장에서 우리에게 소중한 존재는 뚜라, 나와 동갑내기 운전기사이다. 매일 아침부터 저녁 늦게까지, 가끔 주말까지도 뚜라는 우리 숙소 앞으로 출근한다. 나의 하루 첫마디는 언제나 "밍글라바 뚜라" 였다. 뚜라의 차를 타고 10분이면 도착하는 파야똔주 사원, 매일 이 10분 동안 오늘 우리 팀의 이동경로와 하루의 모든 일들을 뚜라와 바간 팀 전원이 이야기한다. 사이사이 얼마 전 태어난 뚜라의 딸 이야기, 우리가 가고 싶어하는 시장 골목 위치, 철물점 위치 및 판매 품목, 오토바이 대여소, 새로 생긴 카페와 관광상품점 위치까지도 알게 되는 알차고 스펙터클한 시간이다.

급변하는 현장 상황 속에서 가끔은 일찍 현장에 도착해야 하거나, 한 팀은 바간 고고학국립박물관국의 한국 사무실로, 한 팀은 파야뚠주 사원 출근이 불가피한 경우가 생긴다. 그때는, 나는 한국 팀의 자랑인 전용 전기바이크를 타고 파야뚠주 사원까지 출근! 약 15분, 더 빨리 갈 수 있지만, 바간에 도착해서 인생 처음 탄 나의 전기바이크는 시속 20킬로미터 이하이다. 최소 속도이지만 나에게는 빠르다. 빨간 안전모를 쓰고 바이크 앞에 나의 바간 전용 대나무 가방을 넣고 파야뚠주 사원으로 향한다.

차가 많지 않은 파야뚠주 사원으로의 출근길은 '그날의 할 일'을 생각하기에 딱 좋다. 너무 멀지도, 너무 덥지도, 너무 황량하지도 않다. 숙소에서 파야뚠주 사원으로 가는 길은 몇 가지가 있다. 그 중에서 나는 숙소의 작은 동네 골목들을 지나, 큰 사거리를 조심스럽게 건너서, 하와이나 제주도에서나 볼 수 있는 큰 야자수가 양쪽으로 있는, 아침에도 태양의 뜨거움이 이글이글 보이는 길로 가는 것을 좋아한다. 가는 길에 크고 작은 사원들, 파야뚠주 지킴이 할아방 가족의 집, 새로 지어진 논란의 바간 전망대, 우기가 되면 강이 된다는 다리, 미얀마 신혼부부가 자주

▲ 파야뚠주 사원 앞 매점. 기념품 등을 판다. 한국어 바간 안내 책자 등도 저곳에서 만날 수 있다.

보이는 인기 웨딩촬영 사원 구역 등을 지나 바간 고고학국립박물관국과 한국문화재재단 깃발이 나부끼는 파야똔주 사원의 정문으로 도착할 수 있기 때문이다.

파야똔주 사원에 도착하면 절대 열쇠의 소유자 할아방과 벽화 보존처리를 한 적이 있는 그의 아들인 수습 사원지킴이, 그리고 사람을 전혀 경계하지 않는 세 마리의 강아지가 기다리고 있다. 전기바이크 초보운전자인 내가 파야똔주 사원 앞으로 무사히 도착할 때면, 파야똔주 사원을 아침 일찍 열고 앞에서 쉬고 있는 할아방의 아들이 약간 언덕진 그늘 아래(고난이도) 주차를 도와주었다. 아마 전기바이크가 현장 작업 마지막까지 잘 살아남은 이유 중 하나가 아닐까 싶다.

다른 나라의 문화유산 유적 현장에서 그들과 함께 작업하는 ODA사업 현장 작업들은 현지 사람들과의 관계가 보존의 방향과 그 문화재의 가치를 알리고, 연구하고, (재)평가하는 데 많은 영향을 준다고 생각한다. 그래서 매일 파야똔주 사원에 도착하면 바간 현지에서 유행 중인 나의 대나무 가방을 들고 신발을 벗으면서 "밍글라바 할아방!", "밍글라바 할아방 아들!"을 외친다. 내가 사원 안으로 들어가는 길에 보이는 모든 사람과 강아지들에게도 "밍글라바!"라고 한다. '밍글라바'는 "오늘도 파야똔주 사원 벽화에 대해 더 많은 것을 알 수 있는 하루가 되게 해주세요"라고 하는 소원과도 같은 인사다. 나는 파야똔주 사원 벽화와의 하루를 그렇게 시작한다.

바간에서의 주말 & 007 바간 사원 지킴이

현장에서 주말은 없다. 바간은 집이자 사무실이기 때문이다. 그 일상 속에서도 작은 일탈이 되는, 감성 낼 수 있는 날이 있다.

주말에는 현장에 나가기 전 「바간의 찻집」에서 본 풍경을 상상하면서 올드바간에 있는 찻집으로 전기바이크를 타고 일찍 길을 나선다. 도착하면 그 소설책에 나오는 것처럼 어린 아이들이 차를 가져다준다. 우유에 설탕이 많이 들어간 차다. 메뉴에서 고른, 정확히 알지는 못하지만 달콤하고 납작한 빵도 주문한다.

처음 들어갔을 때 어색하고 뭔가 아리송한 분위기가 있었다. '누구지? 여기는 현지인 오는 곳인데? 딱 봐도 외국인인데….' 하는 분위기다. 그러나 아무렇지 않은 듯, 호기심 가득한 듯 홀 서빙을 하던 12살 정도 된 두 남자 아이들이 우리에게 주문을 받고나서는 이내 찻집에 흐르던 어색함은 사라진다. 그 다음 주에 갔을 때는 나를 기억하는 듯 아이들은 나에게서 같은 주문을 받고 따뜻하고 달콤한 차와 달콤한 납작빵을 주었다. 이런 순간들이 주말도 없고 사생활도 없는 현장에서의 삶을 조금이라도 여유있게 해주는 작고 행복한 일탈이다.

바간에서의 첫 주말은 출근길에 보이던 크고 작은 사원 현장을 견학했었다. 한아선 연구원과 함께. 파야똔주 사원의 건축설화를 우연히 듣게 된 것도 이때였다. 하루는 주변의 사원 안에 있는 벽화를 보고자 했다. 그래서 열쇠를 가지고 있는 할아방에게 여쭤보았고, 옆 사원들을 가면서 할아방이 파야똔주 사원의 북쪽에 있는 탐불라 사원을 소개했다. 이 사원은 파야똔주 사원에 비해 약 세 배 정도 크며, 여왕을 위해 지었다는 사원이다. 파야똔주 사원의 서쪽편으로는 나라띠야빠테 사원이 위치하고 있다. 바간의 마지막 왕을 위해 지어진 사원이라고 전해진다. 두 개의 큰 사원 사이에 위치하고 있는 파야똔주 사원은 바간 내에서도 독특한 세 개의

▲ 점심시간. 김동민 소장이 준비한 점심을 평상에서 먹는다.

사원이 연결되어 있는 구조를 가지고 있다. 파야똔주 사원은 세 명의 자매를 위해 지어졌다는 이야기를 할아방이 해주었다. 그리고 중간(#478)에 들어가는 문이 있는 사원이 큰 언니, 그리고 (#477 과 #479) 양쪽이 여동생들이라는 것이다. 얼마나 신빙성이 있는지 알 수는 없지만 이러한 구전들이 계속해서 전해지고 밝혀지는 것이 바간 벽화만의 문화 정체성을 찾을 수 있는 길이라고 생각했다.

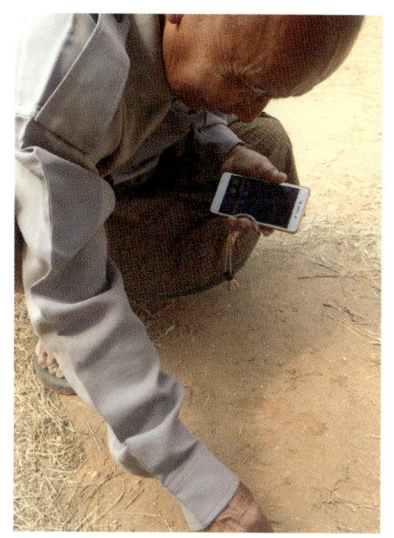

▲ 뭔가를 설명하는 할아방.

뭐 먹지?

현장 오딧세이

바간 현장에서 밥을 먹는 일은 행복이자 스트레스예요. 모두의 취향을 다 맞출 수 없고 2주 정도의 시간이 지나면 갈 만한 곳, 새로운 곳 모두 다 가보고 각자 가고 싶은 곳은 어느 정도 정해져 있기 때문이죠. 이럴 때 따로, 또는 같이 먹을 수 있는 미얀마의 바베큐 저녁 문화는 정말 좋은 저녁 식사 메뉴랍니다. 〈K7〉은 바간의 1호 문화재인 쉐지곤 사원 앞에 위치하고 있는 음식점인데 각자 먹고 싶은 바베큐 구이를 시키면 되는 곳이예요. 맥주와 함께 〈K7〉 바로 옆에는 바간의 가장 비싼 고급 이탈리안 레스토랑 〈샤키〉가 있어요. 스테이크와 와인, 그리고 독특한 식당의 구조로 수많은 작은 조명들이 설치된 작은 정원을 바라보면서 스테이크, 파스타, 피자 등을 먹을 수 있는 곳이죠. 유일하게 카드가 되는 곳이기도 합니다. 중요한 분이 오셨을 때만 가는 우리의 회식장소! 맛있어요! 도시의 문명을 다시 맛보는 느낌 샤키!. 〈퀸〉은 맛있는 미얀마 정식을 하는 곳이예요. 〈세븐시스터즈〉는 김동민 소장님이 좋아하는 톰양꿍을 잘하는 집이예요.

▲ 퀸 정식: 미얀마 전통음식의 한상 차림과 아이스티

'당신의 방에서
이상한 냄새가 나요'

김동민

바간 유적은 세계 3대 불교유적지 답게 해외 관광객이 많이 방문하는 지역이다. 그렇다보니 여행객들을 위한 저렴하고 좋은 호텔들이 바간 지역에 꽤 많이 존재한다. 우리 출장자들에게 숙소 선택은 매우 신중한 문제이다. 바간 지역 날씨는 습하고 무덥기 때문에 일을 시작한지 30분도 채 되지 않아 온 몸이 땀으로 젖기

⚠ 한국팀 숙소가 있는 바간의 호텔촌.

시작하며, 오전 근무만으로 온 몸의 기력이 다 소진되는 느낌을 준다. 일과를 마치고 숙소로 들어온 뒤에는 잠시 쓰러져 기력을 보충하고, 다시 실내 근무를 이어가야만 한다. 그렇기에 편히 쉴 수 있는 숙소 선택은 결국 장기 출장의 성공을 가늠할 정도로 중요한 문제로 다가온다.

▲ '고급 호텔에 내걸린 박쥐 열 마리'. 한국팀의 김동민 소장이 사진 대신 익살을 더해 그린 그림이다. 당시 함께 목격했던 전범환 연구원이 검수한 그림이라고 한다. 전 연구원의 전언에 의하면 숙소 앞을 지나가던 외국인 일행이 빨랫줄에 걸린 검은 물체를 보고 많이 놀라 하더라고.

2019년 장기출장부터 우리는 호텔 생활을 시작했다. 고급호텔이었음에도 불구하고 여러 명이 장기로 묵었기 때문에 매우 저렴한 금액으로 계약을 할 수 있었다. 당시 출장자 네 명은 서로 마주볼 수 있는 위치에 방을 배정받았는데, 어느 날부터 김용준 연구원 숙소 앞에 빨랫줄이 걸리기 시작했다. 고급 호텔이 자취방으로 변화되고 있었다. 속옷 10여 벌이 문 앞에 걸렸다. 검정색 계열의 속옷이 취향이었던가 보다. 그 모습은 흡사 박쥐 10여 마리가 거꾸로 매달려 있는 형상이었다. 지나가던 외국인이 '오 마이 갓!'을 외쳤다. 같은 한국인으로서 창피했다.

식사 또한 장기 출장자들에게 큰 고민거리 중 하나이다. 아침이야 호텔에서 나오는 조식 서비스를 이용하고, 점심은 현장 근처의 식당을 이용한다. 미얀마 음식은 기본적으로 저렴하면서도 웬만한 한국인이라면 다들 맛있게 즐길 수 있으며 그 종류도 다양하다. 하지만 매번 저녁을 사먹기에는 부담스러우며, 가끔 한국식 식단이 생각나기 때문에 우리는 호텔에서 저녁을 해결하기로 했다. 버너를 사고 냄비를 사고 식그릇도 준비했다. 이제는 완벽한 자취방이 완성된 것이다.

미리 한국에서 각종 양념장을 준비해 갔다. 특히 짬뽕 양념은 신의 한수였다. 미얀마식 꼬치를 사다 짬뽕 양념과 함께 한소끔 끓여내면 바로 이것이 한국의 맛이다. 밥은 룸서비스를 이용했다. 고급 호텔에서 조리를 한다는 점이 미안해져 문앞에서 몰래 밥만 수령하던 우리는 어느 순간부터 당당해져 룸서비스가 오던말던 안중에도 없이 음식을 준비했다. 어느 날 김용준 연구원 방에 쪽지가 붙었다.

'당신 방에서 이상한 냄새가 나요.'

결국 출장팀은 2020년부터는 냥우 NaungU 지역의 건물을 빌려 출장팀 전용 숙소를 만들었다. 이제부터는 마음껏 요리도 하고, 빨래도 내걸 수 있게 되었다. 당연히 2019년보다 더 많은 한국 양념장을 준비해 갔다. 미얀마 소장으로서 팀원들에게 밥 한끼는 잘 먹이고 싶었다.

▲ 한국식 저녁식사.

재단의 또 다른 식구인 라오스팀은 정말 밥을 불쌍하게 먹기로 유명하다. 출근길에 반찬 한두 가지를 사고, 점심 때는 근처 식당에서 밥만 배달시킨 후 꾸역 꾸역 목구멍에 집어넣는다. 라오스 홍낭시다 현장이 워낙에 시골에 위치하고 있기 때문에 식당이 많이 없어서 그런단다. 라오스에서 금동요니가 발견되었을 때 보존처리를 위해 라오스 현장을 방문해 밥을 먹어본 뒤로는 미얀마로 돌아와 밥은 꼭 잘 먹어야겠다는 생각을 했다.

나는 다양한 매뉴를 선보였다. 햄, 3분카레 등 인스턴트 음식이 대부분이었지만, 가끔 더위를 이기기 위해 삼계탕도 만들어 먹었다. 미코팀의 미얀마 친구들이나 독일팀 현장 담당자인 안드레아 토펠 선생, 심지어는 한연주 연구원을 만나기 위해 멀리 영국에서 방문한 남자친구(직업이 요리사이다.)에게도 한국식 저녁을 대접했다. 그 중 미코팀의 미스 메이(Ms. May Myat Noe Ko)의 음식평을 잊을 수 없다.

▲ 독일팀의 안드레아 토펠(맨좌측) 선생과 함께한 저녁.

'맛있어요. 그런데 내 입맛에는 안 맞네요. 못먹겠어요.'(그녀는 한국말을 할 줄 안다.)

도데체 무슨 뜻이었을까?

출동, 코리아 1, 2호기 !

바간을 방문하는 대부분의 관광객들은 이동을 위해 주로 택시, 툭툭, 마차, 바이크 등을 이용한다. 각각의 이동수단들은 저마다의 장단점들을 가지고 있다. 택시는 아늑하면서도 시원하지만 기사를 동행해야 한다는 점에서 조금은 비싼 편이고, 툭툭은 동남아 지역만의 독특한 분위기를 느낄 수 있지만 바간에 도입된지 얼마 되지 않아 그 불편함에 비해 비용이 비싸다. 마차는 속도는 느리지만 고대 도시를 여행하는 분위기를 한껏 느끼게 해주는 반면 말의 엉덩이에서 언제 뿜어져 나올지 모르는 배설물을 정면으로 바라보며 달려야 하는 불편함이 있다.
역시 바간 지역을 여행하는 가장 좋은 수단은 전기바이크다. 미얀마 규정상 외국인은 바간 지역에서 모터바이크를 이용할 수 없어서 전기바이크를 이용해야만 한다. 바간지역 지도와 얼음물만 있다면 전기바이크로 누리는 바간 여행은 여행자들에게 특별한 경험을 만들어 줄 것이다.

▲ 전기 바이크를 빌려 이동는 한국팀 연구원들.

사업 수행을 위해 장기 출장 중인 우리들에게도 이동수단은 큰 고민거리 중 하나였다. 평일에야 사업수행을 위해 차량과 기사를 임차하여 사용하지만, 여러 개의 현장을 동시에 운영하거나, 주말 등 쉬는 날에는 어지간히 불편한 것이 아니다. 이러한 불편을 해소하기 위해 2019년 드디어 전기바이크인 코리아 1호기와 2호기가 출장팀에 보급되었다. 전용차량 못지않게 편안하고, 빠르며, 유용하게 사용되었으며 번호판에는 하얀색 글씨로 'KOREA' 마크가 붙여졌다.

'우리는 한국에서 왔어!', '한국이 너희 나라의 소중한 문화유산을 지키기 위해 이곳에 있어!' 현지인이 보았을 때 당연히 한국인인 우리들이지만 등짝이며 바이크 번호판이며 'KOREA' 마크를 덕지 덕지 붙인 채 바간 유적을 누비고 다녔다. 우리가 지나가는 모든 곳에 그림자처럼 태극기와 KOREA 로고가 휘날렸으며, '우리들 가슴 속에는 알 수 없는 자부심'이 자라났다.

사실 전기바이크는 처음 타봤다. 한국 사람 대부분은 어릴 적부터 자전거로 단련되어 있어서 전기바이크 정도는 그저 조금 빠른 자전거에 지나지 않는다고 생각했다. 그러던 어느 날 비포장도로가 대부분인 바간 지역을 누비기에 결코 뒤처지지 않는 속도로 달리다가 조금이라도 더 빠르게 달리기 위해 몸을 한껏 움추려 바람의 저항마저 이겨내며 힘껏 달렸다. 그리고 잠시 정신을 잃은 듯했다.

정신을 차리고 나니 온몸이 쓰려왔다. 다행히 부러진 곳은 없는 듯했다. 뒷자리에 타고 있던 보조원 선영 씨는 멍하니 도로 위에 앉아 있었다. 나는 평소 미얀마 사람들은 본성이 착하고 너무나도 순진하다고 자랑하며 말해 왔었다. 역시나 우리 주변으로 몰려들어 쓰러진 코리아 1호기를 일으켜 세워주고, 괜찮냐고 물어봤다. 역시 미얀마 사람들은 본성이 착하다. 나는 실례를 무릅쓰고 구경꾼들 중 한 명의 바이크를 이용해 숙소까지 실려 갔다. 구경하던 다른 한 사람은 코리아 1호기를 숙소까지 고이 가져다 주었다.

다음 날은 주말이라 쉬는 날이었지만 전용 기사인 미스터 뚜라에게 도움을 청하여 차를 구했다. 뚜라는 병원비가 아까웠는지 '이 정도 상처는 모래 한줌을 쥐어 상처를 문지르고 나면 다음 날부터 딱지가 가라앉고 걸을 수 있다'고 말했다. 그래도 나는 선영 씨와 응급실로 향했다.

진료시설은 훌륭한 편은 아니었지만 의사는 유사 종류의 환자를 많이 보아왔는지 무심하게 치료를 해줬다. 바간 지역의 주요 교통수단이 모터바이크라는 점을 감안하면 그럴 법도 하다. 온몸 여기저기 붕대를 감고서야 우리는 쓰라린 몸을 이끌고 병원을 나섰다. 우리는 구급차 앞에서 웃으며 기념 촬영을 했다.

▶ 교통사고 후 외상치료 증명을 위해 어설프게 포즈를 취한 두 사람.

김용준 아니고 김장금이예요!

바간 지역에는 한국 이외에도 중국, 일본, 독일, 인도 등 수많은 국가들이 지진피해 복구를 위해 지원활동을 이어가고 있다. 이들 지원 국가들이 바간 지역에서 원활하게 활동할 수 있도록 통제, 지원하는 역할을 담당하는 기관이 있다. 바로 고고학국립박물관국 바간사무소이다. 따라서 바간사무소와의 원만한 관계를 유지하는 것이 원활한 사업 수행을 위해서는 필수적이다. 이를 위해서는 때론 엄중하게, 때론 친밀하게 그들과 대화하는 노하우가 필요하다. 한국팀의 각 국가 현장소장들이 다른 국가에 비해 나이는 젊은 편에 속하지만 그들과 동등한 입장에서 이야기를 나눌 수 있도록 관리자Director 직급을 달아주는 것도 이 때문이다.

미얀마 사업의 경우 장기 출장을 시작한 것은 2019년부터였다. 당시 미얀마팀은 바간 유적의 파야똔주 사원 벽화 조사, 발굴조사, 고고물리탐사 등을 수원기관인 고고학국립박물관국과 공동으로 수행할 예정이었다. 한국과 미얀마 전문가들

⚆ 1기 미코팀 멤버들.

이 공동 조사단을 구성하였고, 이름은 미코 MyKo팀으로 명명되었다. 처음 작업을 시작했을 당시의 어색함은 잠시, 함께 하는 조사가 길어지면서 어느덧 미코팀은 친구가 되었다.
한국팀이 미얀마 친구들을 위해 조촐한 저녁식사를 준비하기로 한 게 그즘이다. 바간에 위치한 작은 식당 하나를 빌려 고

▲ 요리 중인 두 남자.

고학국립박물관국 바간사무소장 등 관리자와 미코팀을 초대하고, 그간 아껴두었던 양념장들을 총 동원해서 김용준 연구원과 내가 한국식으로 음식을 준비했다. 다들 오랜 시간 자취생활을 해와서 간단한 음식 정도는 자신 있어 했다.

'두 장금이'가 요리를 시작했다. 나는 주요리로 각종 양념장을 이용해 불고기, 주물럭, 닭볶음탕을 준비했고, 김용준 장금이는 현지 재료를 이용해 김치를 담갔다. 주요리야 기본 양념장 덕분인지 그럭저럭 맛이 좋았다. 김용준 장금이는 젓갈 대신 생선소스, 고춧가루 대신 고추장으로 맛을 더했다.

그렇게 나온 오이김치는 그런대로 모양은 그럴 듯했다. 김용준 장금이가 만든 오이김치를 임금님이 드셨다면 어떤 반응을 보였을까?

'김용준 사형?!'

사실 바간 지역에서 활동하는 수많은 지원 국가 중 한국처럼 식사자리에 초대하고 게다가 직접 음식까지 만들어 초대한 건 처음이라고 한다. 이들에게도 이런 자리는 생소한 자리였는지 모두들 전통 옷을 정성스레 차려입고 식당을 방문했다. 이웃 국가임에도 불구하고 이들은 라오스나 캄보디아 사람들처럼 시끌벅적 술자리 문화를 즐기는 편도 아닌 듯하다. 아마도 생활 속 깊숙이 자리 잡은 불교 문화의 영향이 아닐까 생각된다.

그래도 성심성의 준비했던 음식들을 즐겁게 먹으며 떠들다보니 준비했던 음식은 점점 바닥을 드러냈고, 맥주병을 비운 만큼 우리들은 더 친해졌다. 저녁 식사 이후 미코팀의 친분은 더욱 돈독해졌고, 2019년 장기 출장은 양국의 협력으로 완성도 있게 마무리 될 수 있었다. 역시 한국 사람만이 가지고 있는 '정情' 문화와 장금이들의 음식 실력이 이곳 미얀마 사람들의 마음을 사로잡은 듯하다.

Love in Elephant

전범환

동남아에서 흔히 접할 수 있는 가네샤에 얽힌 이야기다. 동남아에서 코끼리를 실제로 보는 것이 어렵지 않은 만큼 이와 관련된 이야기는 다양하게 전해져 코끼리는 금새 친숙한 동물이 된다. 어릴 적 듣고 셀 수 없이 많이 불렀던 동화 속 코끼리는 과자를 코로 받는 아저씨로 우리에게 각인되었기 때문일지도 모르겠다.

동남아에서 코끼리는 인간과 친숙한 동물 중 하나이고 동남아의 수많은 사원과 벽화, 그리고 일상적인 현대의 조각이나 그림을 봐도 코끼리가 무섭게 묘사된 것은 찾아 보기 어렵다.

지혜와 행운을 가져다 주는 신이었기 때문에 더욱 친숙하다고 여겼는

> **문화유적상식**
>
> ### 가네샤 이야기
>
> 시바Shiva는 자신과 파르바티Parvati 사이에서 태어난 아들의 존재를 알지 못한 채 오랜 기간 집을 비우고 돌아옵니다. 돌아온 그는 아내에게 가려는 아들의 목을 베죠. 목욕 후 이 광경을 확인한 파르바티는 깜짝 놀라 시바를 원망하고 시바는 뒤늦게 상황을 파악합니다. 이후 집 밖을 나가 만나는 첫 생명체의 머리를 아들에게 주겠다 약속합니다. 첫 번째 생물체가 바로 코끼리였고, 사람의 몸에 코끼리의 얼굴을 한 힌두신 가네샤 Ganesha가 탄생합니다. 가네샤는 지혜와 행운의 신으로 알려져 있습니다.

지도 모르겠다. 동남아에서 진행되고 있는 문화유산 ODA 각 사업들이 성공적으로 진행되기를 바라기 때문에 더욱 코끼리가 친숙하다고 느꼈을지도 모를 일이다.

바간에서 만난 특별한 코끼리

이런 저런 이유로 친숙한 코끼리에 대한 관심은 바간에서도 마찬가지였다. 바간의 사원 벽화에서 보이는 코끼리는 매우 귀여운 것들이었고 미얀마의 공예품인 라끄웨어Lacquware에 그려진 코끼리, 그리고 바간 여기 저기서 구할 수 있는 작은 코끼리 조각상은 항상 나의 발길을 한참 동안 머물게 했다.

바간에 출장가서 지내던 어느 날 바간의 전통공예품을 만들어 파는 곳(바간하우스)을 방문했을 때의 일이다. 한쪽에는 약 20여 명의 사람들이 앉아서 라끄웨어를 만드는 작업을 하고 있었다. 관광객들이 그들 사이를 다니면서 모든 과정을 직접 볼 수 있게 동선이 만들어졌다. 동선의 끝에는 쇼룸이 있고 여기에서는 공방에서 만들어진 상품이 판매되고 있었다.

2017년 바간하우스 공방에 들어섰을때 한 청년이 내 가방을 가리켰다. 스무살 정도의 청년은 라끄웨어에 들어가는 그림을 그리는 사람이었다. 그가 내 크로스백에 그림을 그려주겠다는 의사를 보인 것이다. 순간 당황해서 몇 초 동안 얼음이 되었다. 수많은 생각들이 짧은 시간 머릿속을 스쳐 지나갔다. 사실 그 가방은 거의 일 년 가까이 아내를 설득해서 바간 출장 때 공항 면세점에서 구매한 꽤 고가의 가죽가방이었기 때문이다.

"내 가방에 그림을 그리겠다고?" 내가 묻자 청년은 말없이 씨익 웃어 미소를 보냈다. '그림이 바로 지워

▲ 미얀마 바간 파야똔주 사원 벽화(코끼리).

▲ 가방에 그려진 코끼리(2017).

질까? 저 친구가 갖고 있는 은색의 펜은 뭘까, 가방이 상하진 않을까?' 이런저런 걱정을 하고 있을 때 그 청년이 조심스럽게 가방을 당겼고 같이 갔던 일행은 '어떡해?'라는 표정으로 바라보았다. 티없이 해맑은 미소에 가방을 다시 낚아챌 수도 없고 난감해 하다가 속으로 외쳤다 '에라 모르겠다.' 청년은 가방을 반듯하게 펴서 도화지처럼 면을 평평하게 하더니 가방 하단 오른쪽에 펜을 댔다. 펜은 볼펜인 듯 아닌 듯 처음보는 펜이고, 이내 내 시선은 그 펜과 가방이 만나는 그 점에 고정됐다. '내 가방을 망치면 어쩌지? 금방 지워질까?' 이런 생각이 반복되는 동안에도 눈은 가방에서 뗄 수가 없었다. 이윽고 그의 손놀림이 시작됐다. 그리고 그 손놀림은 빨리감기와 같은 속도로 끝이 나고, 어느새 가방에는 2017이라는 숫자가 쓰여지고 있었다. 정말 눈 깜짝할 사이에 그림이 완성되었다. 화려하고 우아한 코끼리 한 마리가 가방에서 코를 하늘을 향해 들고 있었다. 그 코끼리는 구름 위에 살짝 올라타 있었다. 힘차게 전진하는 듯한 다리와 한껏 고개를 쳐들어 소리치는 듯한 모습은 전쟁에서 이기고 승전보를 울리며 돌아가는 개선장군이었다. '와! 이건….' '어떻게 이렇게 빨리?' 단 한 번도 막힘 없이 1분도 채 안 돼서 그려 내려간 코끼리는 어느 한 곳도 흠잡을 데가 없었다. 귀국 후 가방을 본 지인들로부터 코끼리 디자인이 된 가방은 찾아봐도 없는데 어디서 산 거냐는 질문을 받곤 했다. 어깨가 으쓱했다. 그 코끼리 그림은 바간의 벽화에도 등장하는 코끼리와 매우 닮았다. 내 가방은 전 세계에 단 하나밖에 없는 가방으로 순식간에 변신한 것이었다.

'윽… 내 가방!

2년이 흐른 뒤 2019년, 바간에 다시 갈 일이 생겼다. 시간을 잠깐 내서 바간하우스에 다시 들렀다. 그 청년을 다시 찾아 왼쪽에도 그림을 그려 이쁘게 대칭으로 가방을 완성하고 싶었다. 그 청년이 앉아 있던 자리가 생각이 났고 이번에는 내가 요청을 했다. 잠시 후 그림이 완성되고 지난 번보다 더 밝은 흰색으로 그려진, 새로운 작은 코끼리를 받아 본 순간. 맙소사! 그동안 무슨 일이 있었던 걸까? 2년이란 시간 동안 도대체 이 청

▲ 가방에 그려진 코끼리(2019).

년에게 무슨 일이 있었던 것일까? 새롭게 그려진 코끼리 그림은 이전 그림에 비해 실력이 월등히(?) 떨어진 수준의 것이었다. 팬시리 한쪽에 있던 명작마저 헤치게 되어 버렸다. 안돼, 내 가방!

▲ 현재 가방의 모습.

욕심을 내는 게 아니었다. 가방 한쪽에 이쁘게 모셔진 코끼리에 만족을 했어야 했다. 지나친 욕심이 결국 화를 불렀다. 새로운 코끼리를 그려준 청년은 알고 봤더니 2017년에 그림을 그려줬던 그 청년의 제자라고 했다. 그래서 지금 열심히 연습을 하고 있는 중이라고…. 그렇게 되었다. 그래도 이 가방은 여전히 전 세계에 단 하나밖에 없는 T**I의 크로스백이다. 그리고 나는 아직도 코끼리가 있는 그림과 부조를 보면 팬시리 기분이 좋아진다. 승리를 향해 포효하는 코끼리처럼 우리의 일들이 모두다 승리하기를 바라면서.

≪ 2019년에 코끼리를 그려준 청년.
지금쯤 더욱 훌륭한 화가(?)가 되어 있기를.

3부

문화유산 복원 올림픽, 심판은 유네스코

1장

검은 석재 건축물이 품고있는 비밀들
-천 년 너머의 장인에 묻다

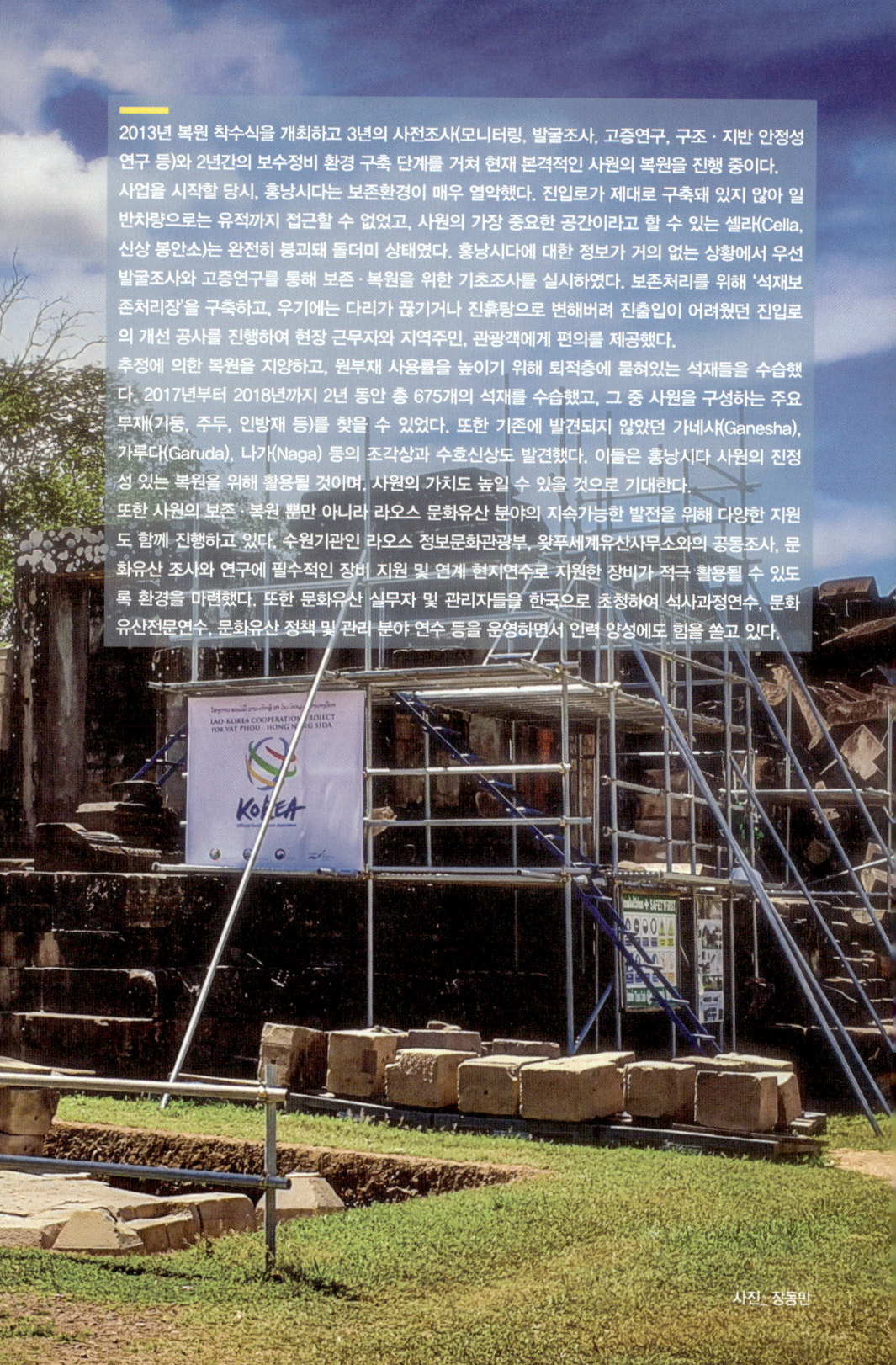

2013년 복원 착수식을 개최하고 3년의 사전조사(모니터링, 발굴조사, 고증연구, 구조·지반 안정성 연구 등)와 2년간의 보수정비 환경 구축 단계를 거쳐 현재 본격적인 사원의 복원을 진행 중이다.

사업을 시작할 당시, 홍낭시다는 보존환경이 매우 열악했다. 진입로가 제대로 구축돼 있지 않아 일반차량으로는 유적까지 접근할 수 없었고, 사원의 가장 중요한 공간이라고 할 수 있는 셀라(Cella, 신상 봉안소)는 완전히 붕괴돼 돌더미 상태였다. 홍낭시다에 대한 정보가 거의 없는 상황에서 우선 발굴조사와 고증연구를 통해 보존·복원을 위한 기초조사를 실시하였다. 보존처리를 위해 '석재보존처리장'을 구축하고, 우기에는 다리가 끊기거나 진흙탕으로 변해버려 진출입이 어려웠던 진입로의 개선 공사를 진행하여 현장 근무자와 지역주민, 관광객에게 편의를 제공했다.

추정에 의한 복원을 지양하고, 원부재 사용률을 높이기 위해 퇴적층에 묻혀있는 석재들을 수습했다. 2017년부터 2018년까지 2년 동안 총 675개의 석재를 수습했고, 그 중 사원을 구성하는 주요 부재(기둥, 주두, 인방재 등)를 찾을 수 있었다. 또한 기존에 발견되지 않았던 가네샤(Ganesha), 가루다(Garuda), 나가(Naga) 등의 조각상과 수호신상도 발견했다. 이들은 홍낭시다 사원의 진정성 있는 복원을 위해 활용될 것이며, 사원의 가치도 높일 수 있을 것으로 기대한다.

또한 사원의 보존·복원 뿐만 아니라 라오스 문화유산 분야의 지속가능한 발전을 위해 다양한 지원도 함께 진행하고 있다. 수원기관인 라오스 정보문화관광부, 왓푸세계유산사무소와의 공동조사, 문화유산 조사와 연구에 필수적인 장비 지원 및 연계 현지연수로 지원한 장비가 적극 활용될 수 있도록 환경을 마련했다. 또한 문화유산 실무자 및 관리자들을 한국으로 초청하여 석사과정연수, 문화유산전문연수, 문화유산 정책 및 관리 분야 연수 등을 운영하면서 인력 양성에도 힘을 쏟고 있다.

사진_장동민

홍낭시다는 2020년 완료를 목표로 복원 작업을 진행 중이다. 지난 2019년 해체조사 중 금동요니 최초 발견, 진단구 유물 발굴 등으로 관련 전문가와 라오스 국민들로부터 뜨거운 관심을 받고 있다. 특히 금동요니가 한국에 널리 보도되면서 크메르 역사와 유적이 알려지는 계기가 되었다. 문화재청과 한국문화재재단은 홍낭시다 사원의 원형복원을 최우선 목표로 삼고 있지만, 그 원형을 확인하기 어려울 경우 확실히 고증되고 증명된 부분까지만 복원할 예정이다. 잘못된 복원은 되돌리기 힘든 파괴와도 같기 때문이다.

시다공주는 천 년 가까운 시간 동안 외면받아 오면서 닫혔던 마음의 문을 조금씩 열고 있는 듯하다. 그동안 무너진 돌무더기에 갇혀 본의 아니게 비밀로 간직할 수밖에 없었던 '시다공주의 사원'의 찬란한 역사를 세상에 선보인 것은 이제 시작에 불과할 것이다.

라오스를 만나는 법

박지민

2012년 8월, 국립문화재연구소에서 한국문화재재단으로 직장을 옮기고 첫 번째 출장은 라오스와 캄보디아를 한바퀴 돌아오는 일이었다. 라오스에 도착하고 1박 후 이동하여 처음 방문한 홍낭시다에서 낯선 유적에 대한 부담감이 강하게 느껴졌다. 바로 직전까지 미륵사지석탑 수리보수공사에 참여했던 터라, 석조 문화유산 자체가 낯설지는 않았지만, 처음 접하는 외국의 석조 사원 형태에서 낯설음을 느낄 수밖에 없었다. 사업을 준비하면서 현장 방문은 처음이었고, 방문 즉시 모든 상황을 다 파악해야만 하는 것은 아니어서 부담감을 가질 필요는 없었다. 그러나 앞으로의 사업계획을 준비해야 하는 입장에서 보면 넘어야 할 산들이 만만치 않음을 짐작할 수 있었다.

라오스로의 두 번째 출장은 2013년 5월에 이루어졌다. 사업을 시작하기 전, 한국과는 다른 낯선 사업현장의 환경 상태를 미리 파악해야 할 필요가 있었다. 최소한 사업현장의 온도, 습도의 변화나 강우량의 변화 정도는 기록해둘 필요가 있었다. 출장 기간은 겨우 2박 4일. 인천에서 출발해서 참파삭에 위치한 홍낭시다에 도착하기 위해서는 그나마 인접한 팍세의 공항을 이용해야 했지만, 인천발 직항편이 있는 것도 아니고, 비엔티안을 거쳐서 이동해야 했다. 그런데 가는 항공편은 당일 이동이 불가하고 비엔티안에서 1박을 하고 다음 날 새벽 비행기를 타고 팍세로 이동해야 하는 코스였다. 반대로 오는 편은 팍세에서 오후에 출발하여 비엔티안으로 이동 후 밤 비행기로 인천에 도착하는 여정이 가능했다. 참파삭 홍낭시다 현장에 온습도 계측용 데이터 로거와 강우량계를 설치하고, 왓푸 사무소 직원에게 정기적으로 데이터를 정리해서 이메일로 보내줄 것을 당부했다. 비엔티안으로 돌아와서 라오스 정보문화관광부 유산국과의 업무협의도 진행하고, 주라오스 한국대사관에 가서도 사업개요를 설명하고 도움을 요청했다. 그리고 밤 비행기를 타고 귀국했다.

서류상으로만 존재하던 사업이 마침내 현실에 뿌리내리기 위한 첫 단추를 끼우려는 절차였지만, 반응들은 뜨뜻미지근했다. 라오스 왓푸 사무소나 정보문화관광부의 입장에서 보면 2011년부터 한국 사람들이 오가기 시작했는데 정부기관의 높은 사람이라고도 하고, 어느 기관의 높은 사람이라고도 하는데, 이후로 어떤 일도 실제로 진행되지 않았었던 상황에서 누군가 또 와서 이것저것 물어보고

▲ 2013년 6월 왓푸 주신전에서 내려다본 현재의 현장사무소 자리.

▲ 2013년 12월 골조공사 중인 라오스 홍낭시다 현장사무소.
2013년 당시 현장사무소 건축 예정지 인근에는 살림집이 없었고 그나마 있는 마을까지도 상당한 거리가 떨어져 있었다. 공사가 끝난 지금은 현장사무소 근처에 사람들이 집을 짓고 살고 있다. 하나의 마을이 형성되었다.

사업 관련 이야기를 하고 가는 모양새로 보였을 것이다. 한국대사관에서는 대한민국 정부의 대외원조사업 중에서 이런 사업도 하냐는 질문이 거꾸로 나왔다. 다른 원조사업들에 비해 초기 사업계획도 명확하지 않았으므로 그저 열심히 잘 해보라는 의례적인 인사만 듣고 나올 수밖에 없었다.

2013년 9월, 네 번째로 라오스를 방문할 당시에는 현장사무소 건축 예정지에 대한 시굴조사를 진행했다. 재단 조사연구단에서 2명의 고고학자를 지원받아 트렌치 조사를 진행했다. 왓푸 사무소에서 처음 제시했던 땅보다 왓푸 사원 쪽에 더 가까운 자리를 선택했다. 우리가 상상하는 도로라고 볼 수는 없지만, T자형으로 길이 나 있는 모서리 자리이다. 현장사무소 겸 사업 홍보를 위한 역할을 해야 했으므로 가급적 여러 방향에서 눈에 띄는 곳이어야 했다. 이곳이 바로 현재의 현장사무소 위치이다.

라오스는 유선 공사가 훨씬 더 비용이 많이 든다. 인력 문제와 재료 조달 등 시설 구축을 위한 기본 역량이 부족한 것은 물론, 같이 활용할 수 있는 기초 인프라도 부족하고 인구가 적어 집적도가 낮다. 도시화의 장점이 지하 공동구 같은 공간을 활용하여 상하수도, 전기, 네트워크, 도시가스 등을 집적시킬 수 있고, 기존의 인프라를 이용하여 가지를 뻗어나가듯 확장이 가능하지만, 땅이 넓고 인구가 적은 농촌 지역에서 도시가스 공급이 어렵다는 것과 같은 현상이다. 그래서 유선보다는 무선을 활용하는 것이 훨씬 경제적이다. 그래서 통신과 TV는 거의 100퍼센트 무선만 공급되어 있다. 국가에서 제공하는 전기가 공급되는 지역까지만 마을

이 존재한다. 왓푸 유적 인근인 우리 현장사무소 건축 예정지 인근에는 살림집이 없었고 그나마 있는 마을까지도 상당한 거리가 떨어져 있었다. 그래서 전기를 끌어오는 것이 꽤 큰 비용이 들어가는 공사였다. 하지만 공사가 끝난 지금은 우리 현장사무소 근처에 사람들이 집을 짓고 살기 시작했고

2013년 9월 라오스 현장사무소 예정부지 시굴조사 당시, 구경하는 동네 아이들.

하나의 마을이 형성되었다. 멀리서부터 끌어온 전기 공사 덕에 각 가정에 전기를 공급할 수 있었기 때문이다.

시굴조사를 진행하는 동안 인근 동네의 모든 동물들이 트렌치 주변에 자리 잡고 누워 잠을 청하는 편안한 분위기였다. 소, 닭, 돼지, 개. 모든 생명들이 자연스러웠다. 2013년 5월 라오스 측에서 제안했던 현장사무소 건축 부지에는 벼가 자라고 있었다. 동남아에서 9월이면 우기에 해당한다. 현지 사람들은 멀리 움직이는

왓푸사무소 옆 물 웅덩이의 물소.

구름을 보고, 스쳐지나가는 바람 냄새를 맡고 스콜이 쏟아지는 시간을 예측했는데, 거의 정확했다. 한 번은 점심 식사 때 식당에 두고 온 물건을 찾으러 작업 종료 후 식당을 방문한 적이 있었다. 이 날도 어김없이 오후 스콜이 내릴 기미가 보였다. 멀리 보이는 비구름을 보고 현장을 정리하고 방수포를 덮었다. 비내음이 물씬 나는 바람이 불어올 무렵, 차를 타고

↟ 2013년 10월 사업 착수식.

숙소로 이동하려고 하는데 점심 먹었던 식당에 물티슈를 두고 온 것이 생각났다. 현장을 출발하여 식당까지는 불과 300여 미터, 비포장길이어서 시간은 약 5분 정도 걸렸을 것이다. 그 와중에 스콜이 시작되었다. 식당 옆 길 가에 차를 세우고 문을 열었다. 건물 안에서 창밖으로 스콜을 본 적은 있었지만, 눈앞에서 스콜을 본 것은 처음이었다. 차에서 식당까지는 불과 세 걸음. 얼른 뛰어서 갔다 오면 저 비를 조금 맞은들 별일 있겠나 싶었다. 그러나 예측은 빗나갔다. 스타렉스 옆문을 열고 차에서 내려 식당으로 뛰어가는 세 걸음, 물티슈를 찾아 들고 다시 나온 세 걸음 사이에 물에 빠진 생쥐가 됐다. 물티슈는 더 이상 필요가 없었다. 동남아 스콜은 직접 맞아보고나서야 위력을 절감하게 되었다.

우기의 끝자락에 진행한 시굴조사여서 아직 지하수위가 낮지지 않은 때였다. 트렌치를 50센티미터쯤 파고 내려갔을 때부터 트렌치 바닥에 물이 고이기 시작했고, 측벽에서는 물줄기가 터져 나와 벽이 일부 무너지려고도 했다. 물을 퍼내면서도 시굴조사를 마쳤고 현장사 무소 건축 위치를 확정했다. 1주일 정도의 짧은 기간이었지만, 왓푸 사무소의 직원들과 협력하여 직접 현장에서 무엇인가를 진행했던 첫 번째 작은 사업이었다. 작지만 현지에서 우리가 실제로 진행한 사업의 과정과 결과가 쌓이기 시작한 순간이었다.

▲ 2014년 1월 홍낭시다 현장사무소 현판식 후.

한국과 라오스는 사업을 진행하는 방법도 다르고, 일에 대한 이해도가 다르다는 것을 실제로 겪어보게 된 계기가 되었다. 발굴조사를 하는 방식도 달랐고, 내용도 달랐다. 현지에서 진행하는 사업이었기 때문에, 우리의 규정과 원칙보다는 라오스의 기준에 따라 조사를 진행했다.

라오스 사업의 본격적 시작 - 라오어는 어렵다

라오스의 다섯 번째 여정은 그 동안 준비해왔던 라오스 홍낭시다 유적 보존·복원사업을 공식화하는 착수식 행사가 포함되어 있었다. 이 행사는 한국에서는 문화재청 차장님을 모시고, 라오스 측에서는 참파삭 주 부지사님을 모시고 진행하려 했기 때문에, 한-라오어 통역을 찾는 일이 급선무였다. 이전 출장 때 현지에서만 사용할 수 있는 로컬 휴대폰(바 타입 2G폰)을 사둔 게 있어서 선발대로 출발한 우리가 1대, 차장님을 모시고 나중에 출발하는 후발대가 1대를 휴대하고 서로 연락하기로 했다. 우리가 비엔티안에 도착해서 대사관에 방문하여 사업 설명과 행사 설명을 했고 통역을 구하기 위해 협조를 구했다. 대사관에서는 코트라KOTRA 비엔티안 사무소에 등록된 통역원들이 실력이 좋다는 조언을 해주었다. 그런데 가는 날이 장날이라, 우리가 착수식을 예정하고 있는 날이 비엔티안에서 코트라 주관으로 경제협력 미팅이 있는 날이었다. 그래서 좀처럼 통역원 섭외가 쉽지 않았다. 코트라에 소속된 통역원 23명 모두에게 통화를 해 보았지만, 대부분 코트라 미팅에 참석 예정이었다. 일부 몇 명은 참석하지 않는다고 했는데, 이분들은 전 주에 발생했던 비행기 추락사고 때문에 팍세로 이동하는 것을 꺼려하여 결국 섭외가 불발되었다. 결국 아무런 소득 없이 팍세로 이동할 수밖에 없었고, 대사관에서 한 차례 연락을 시도했던 교민회를 통하여 어떤 커피농장을 한다는 교민을 소개받게 되었다. 현지 한인회는 때로는 이런 저런 도움을 받을 수 있는 좋은 수단이 되지만, 기본적으로는 친목단체의 성격이 짙은 것 같다. 결과적으로 봤을 때 이 추천은 받지 않는 것이 좋았었다.

이 과정에서 후발대와 연락하여 통역 섭외 과정을 상의하고 대안을 찾으려고 했으나 연락이 두절되었다. 라오스 현지 휴대전화이기 때문에 통화 버튼만 누르면 연락이 되어야 했다. 연결이 되지 않자 다른 출장자들에게 국제로밍전화를 걸기

> **현장세미나**
>
> ### 라오스와 1모작, 그리고 한국의 회계연도
>
> 라오스는 캄보디아와 달리, 유적 복원이 직업인 인부들이 없답니다. 마을 사람들 모두 기본 직업은 농부들인 경우가 많죠. 한국 사람들은 수업시간에 배운 대로 동남아는 일반적으로 2모작, 3모작을 할 것이라고 생각하는데 라오스 홍낭시다 인근 주민들은 1모작만 합니다. 그래서 비가 오는 우기가 되면 씨를 뿌리고, 우기가 끝날 무렵 수확을 하죠. 현장에서 사업을 진행하려고 하면 우기가 아닌 건기를 사업기간으로 설정해야 우기에 농사를 짓고 건기에는 쉬고 있는 마을 주민들을 동원할 수 있어요. 일을 가르쳐가면서 현장 사업을 진행하는 거죠. 동남아의 건기는 한국으로 치면 늦가을에서 봄까지입니다.
>
> 그런데 한국은 회계연도가 매년 1월 1일부터 12월 31일까지여서 한창 현장에서 일을 계속해야 할 시기에 회계연도 변경에 따른 조치를 할 수밖에 없답니다. 그래서 연구원들은 현장 작업을 중단하고 연말에 귀국했다가, 다음 해에 편성된 예산이 지급된 후에야 다시 현장으로 나설 수 있는 환경이 여러 해 지속되었습니다.

시작했다. 지금이야 자동로밍이 보편화되어 있고 관련 요금제도 있지만, 당시에는 요금 문제였는지 해외로 나가면 개인 휴대폰은 전원을 꺼버리는 경우가 있었다. 겨우 통화가 되었지만 긴 이야기를 할 수 없었다. 나중에 확인해보니 현지 휴대전화를 쓸 요량으로 개인 휴대 전화를 한국에 두고 간 사람이 정작 저녁식사를 위해 외출하면서 현지 휴대전화는 숙소에 두고 나가버린 것이었다. 후발대와 연락하여 후발대를 인솔하고 있는 현지 가이드의 라오어 실력을 확인해보고 한인회에서 추천받은 사람과 비교해 보려고 했는데 연결이 되지 않아 선택의 여지가 없었다. 결과적으로 이 임시 통역은 거의 실패였다. 행사 중에 왓푸사무소 직원들에게 들은 바로는 라오어 수준이 매우 낮았고, 초등학생 수준의 라오어였다고 했다. 차라리 현지 가이드의 라오어가 더 훌륭했었다고 했다.

후발대와 전화통화만 됐었더라면 발생하지 않았을 일이었다. 통역사의 이상한 라오어 때문에 삐져나온 현지 사람들의 웃음들 외에는 드러나게 큰 문제없이 양국가 간 사업 착수식이 비교적 무난하게 진행되었다. 공식 행사의 발언만 통역했

> **현장세미나**
>
> ### 라오스 생존 3단어
>
> 사바이디(ສະບາຍດີ 안녕), 컵짜이(ຂອບໃຈ 고마워), 보뺀냥(ບໍ່ເປັນຫຍັງ 괜찮아)
> 라오스행 비행기가 비엔티안에 도착하기 직전, 비행기 안에서 세 단어를 배웠어요. 이 세 단어는 꼭 알아야 한다고 실습생인 우리를 담당하는 선생님이 몇 번을 강조했었죠. 바로 실전에 활용. 그 중 두 단어(사바이디, 컵짜이)를 잘 활용해 입국 심사대를 무사히 통과할 수 있었답니다.
> 인도차이나반도 어디를 가도 비슷하지만 라오스도 길을 걷다 보면 끊임없이 툭툭 기사들의 호객에 노출됩니다. 그럴 때면 가볍게 웃으며 생존 3단어 중 제 3번 "보뺀냥"을 외쳐주면 대부분의 툭툭 기사들은 더 이상 귀찮게 하지 않아요.
> 라오스 생활 3개월쯤이 지나면 이 생존 3단어만으로는 원만한 사회생활이 어려운데요, 그럴 때는 어디서든 통하는 마법의 단어를 추가해야 합니다. 바로 응암(ງາມ 예쁘다), 러(ເລີ, 멋지다). 어느 나라에서든 멋지고 예쁘다는데 싫어할 사람이 있을까요?
> 그리고 덤으로 하나 더! 쌥, 쌥 라이(ແຊບ 맛있어, ແຊບຫຼາຍ 너무 맛있어~).

던 것이 아니라 행사 후에도 통역은 지속되었다. 홍낭시다 사원 옆에 사업개요를 설명해 놓은 현수막을 걸어두었는데 공식 행사 이후에 사업에 대한 질의응답이 있었고, 오찬 자리에서도 통역이 계속되었다. 통역 수준에 대한 귀띔을 들었던지라 모든 일정이 끝날 때까지 조마조마 했다. 그들의 말을 한국어로 잘 전달하는 것도 중요하지만, 우리측 귀빈의 말을 그들에게 잘 전달하는 것이 의전의 가장 큰 목적일 것인데 거의 실패에 가까웠을 것이므로.

라오어와 관련된 작은 일화가 또 하나 있다. 착수식이 끝나고 나서 작은 규모의 현장사무소 건축을 착공했고 약 세 달 후 완공이 되었다. 현장사무소 개소식을 준비하며 현장사무소 현판을 제작하여 설치하기로 했다. 양국의 국기와 관계기관들의 로고를 넣어 디자인을 마치고 프로젝트명을 한국어·영어·라오어로 표기하기로 했다. 우리가 쓰는 컴퓨터에 라오어 글꼴이 설치되어 있지 않아서 디자인 과정에 라오어 반영이 불가능했다. 왓푸사무소 직원인 시빌라이의 도움을 받아 PDF파일로 라오어 표기를 받아 디자인을 마무리하고 금속부식업체에 제작을 맡겼다. 그리고 금속현판을 받아 출장자에게 전달하여 현장사무소 벽에 설치했다. 그런데, 정작 현장사무소 현판 제막식을 마치고 난 후에야 알게 된 것은, 라오어 표기상 문자의 위아래에 표기점이 들어가는데 이 부분에 오류가 있어서, 라오·한국 협력사업 이라는 의미로 표기했던 부분이 성기를 지칭하는 단어로 표기되어 버리고 말았다고 했다. 나중에 이 사실을 알고 나서 임시로 점을 고쳐 찍어 두고 수정된 글자를 다시 받아 현판을 다시 제작하고 현장으로 배송하여 재설치하였다.

메뚜기는 정착지를 찾아 뛴다

착수식이 끝나고 나서 며칠 후에 왓푸 참파삭 유적 보존을 위한 국제조정회의가 열렸다. 당시 약 3주간의 출장기간 동안 꽉세와 참파삭 지역에 있는 호텔을 메뚜기처럼 이동하면서 지냈다. 그 이전까지의 출장은 대부분 일주일 이내의 단기 출장이었기 때문에 처음에 잡은 숙소를 계속 이용하는 편이었다. 앞으로 사업을 진행하면서 장기 출장을 오게 될 경우 생활 여건, 시설 문제, 그리고 무엇보다 중요한 가격 문제를 고려해야 했으므로, 가급적 다양한 여러 숙소를 경험해보려고 했다. 이 때 꽉세 시내의 호텔 3곳, 참파삭 읍(?) 지역의 숙소 1곳, 메콩 가운데 있는 덴섬Don Deng [1] 에 있는 숙소 한 곳을 돌아다녔고, 가장 마지막으로 머물렀던 꽉세 시내의 숙소가 지금까지도 숙소로 이용되고 있다.

8년째 사용 중인 장기 출장팀의 숙소

꽉세가 라오스에서 세 번째로 큰 도시라고는 하지만 면적으로 보면 우리나라 군 단위의 읍 소재지보다 조금 큰 정도이다. 사업현장이 있는 참파삭 쪽으로 이동하면 3층 이상의 건물을 찾아보기도 힘들고, 해가 떨어지면 왕래가 거의 없는 지역이다. 꽉세에는 고층 호텔도 있지만, 최종적으로 고른 호텔은 2층 규모의 아늑한 숙소였다. 참파삭의 숙소는 해가 떨어지고 나면 할 수 있는 게 아무 것도 없었다. 메콩강 가운데 위치한 덴섬에 있는 라 폴리 롯지는 숙소 예약 사이트에 임시 특가가 나온 것을 잽싸게 예약하고 들어가게 되었다. 평소 가격으로 하면 실비로 정산해야 하는 숙박비 한도액을 초과하기 때문에 절대로 갈 수 없는 곳이었다. 차량 이동이 불가하고 참파삭 읍내의 메콩 강변에서 배를 타고 들어가야만 했다. 이때가 1회 국제조정회의 3일 전이었다. 영어로 발표를 준비해야 했기 때문에 자료 준비에 집중해야 했고, 기왕 저렴한 가격에 예약할 수 있었으니, 여기에 들어가서 외부와의 연결을 끊고 발표 준비에 집중할 생각이었다. 방갈로 형태의 객실들이 여기저기 흩어져 있는 모양이었고, 우리 숙소는 그 중에서도 한쪽 귀퉁이에 치우쳐 있었다. 식당이 있는 중심부의 서비스 건물 외에서는 와이파이가 연결되

[1] Don은 라오어로 섬이라는 뜻이다.

지 않았다.

마지막 숙소는 규모가 작았지만 각 객실에 발코니가 있고, 작은 수영장도 딸린 깔끔한 구조였다. 무엇보다 호텔 맞은 편에 델타 식당, 그리고 멀지 않은 곳에 볼라벤 식당과 피자집 등이 있는 팍세 시내 중심부에 위치하고 있었다. 이후로 지금까지 라오스 장기 출장 팀은 이 숙소를 이용하고 있다.

《 라오스 장기 출장 팀이 8년째 사용 중인 숙소.

한국에서는 나름 전문가, 라오스에서는 코리안 영 키드

제1회 국제조정회의는 유네스코 방콕사무소의 문화팀장인 팀 커티스의 사회로 진행되었다. 다른 국가의 복원사업팀들은 현장에서 이미 진행되고 있는 사업에 대해 발표하고 논의를 하는데 비해 우리는 아직 계획 중인 사업에 대해 발표해야 했다. 지금 돌이켜보면 해외사업 경험이 전혀 없었던 상태에서 한국에서의 사업 진행 경험과 스타일을 바탕으로 구성했던 계획이어서 현지 사업에 적용하기에는 부족한 부분이 많았다. 3년이라는 시간에 사업을 끝내겠다고 발표했을 때, 그들의 입가에 스쳐지나간 웃음을 지금도 잊을 수가 없다. 발표 이후에 나왔던 코멘트에서도 액션 플랜을 구체화하기 전에 현지 상황을 많이 반영해야 할 것이라고 했다. 이것은 이후에 내가 다른 사업들을 기획하는데 중요한 기준점이 되었다.

▲ 2013년 11월 제1회 국제조정회의.
유네스코 방콕사무소에 라오스 프랑스 인도 한국이 모였다. 조촐하게, 왓푸사무소 내 회의실에서.

'기메 박물관과 김해 박물관'

결론적으로 이야기하면 2013년 이후 2020년이 되어서야 당시 기획했던 세부사업의 끝자락이 겨우 보이기 시작했다. 물론, 사업 외적으로 여러 가지 지연 요소들이 발생한 때문이기도 하고, 사업이 갈 길을 잃고 헤맨 적도 있기 때문이다. 이 국제조정 회의에 참석했던 유네스코 방콕사무소의 몬티라와 말리를 제외하면 인도팀, 프랑스팀, 라오스팀 모두 40대 후반에서 60대 이상이었는데, 당시 내 나이가 한국 나이로 겨우 40이었고, 동행했던 신입사원은 30대 중반이었다. 그들이 보기에 한국팀은 그저 패기 넘치는 젊은이들로 보였을 것이고, 사업계획 발표에서도 현지 상황을 반영하지 못하는 현실성 떨어지는 일정 계획으로 보였을 것이다. 그 때 만난 전 기메박물관 관장 올리비에 베르농 아저씨는 동남아 유적 발굴과 유적의 특성에 대해 좋은 말씀을 많이 해주셨다. 당시 해외 상황에 대한 정보가 부족했기에 기메 박물관을 김해 박물관으로 잘못 알아듣고 한국의 박물관에 외국인 관장이 있었던 적이 없는데 무슨 말을 하고 있나 싶어 며칠 동안 착각상

《 제1회 국제조정회의 후 회의 참석자들과 왓푸사무소 수장고에서 출토유물을 확인하는 중. 배나온 아저씨가 프랑스 기메 박물관 전 관장인 올리비에 베르농이다.

태를 이어가다가 나중에서야 사실을 깨닫고 스스로의 무지함을 자책했었다. 이후로는 인도차이나반도를 식민 경영했던 적이 있는 프랑스 쪽 자료의 중요성을 인지하게 되었고, 극동학원의 자료를 본격적으로 찾기 시작하는 계기가 되었다. 그리고 일정 부분 20세기 초반 프랑스 자료에서 얻은 소기의 성과도 있었으나 언어의 장벽은 아직까지도 커다란 장애물로 남아있다.

극동학원 極東學院, École française d'Extrême-Orient

– 프랑스가 1898년 식민지였던 베트남 사이공에 설립한 인문과학 연구기관이예요. 약칭은 EFEO로, 인도차이나를 중심으로 아시아 지역 전반에 대한 인문연구를 전개하였죠. 그 연구 성과는 1901년 창간된 기관지 《BEFEO》와 각종 보고서에 발표되었으며, 인문과학계의 높은 평가를 받았답니다.
베트남 독립 후인 1968년 이후 파리에 본부를 두고, 쿠알라룸푸르, 홍콩, 프놈펜, 타이페이, 하노이 등 아시아 10여 국에 연구센터나 출장소를 설치, 운영 중이예요. 이곳에 소속된 인류학, 고고학, 건축학, 역사학, 미술사, 언어학 등 각 분야 동양학 전문가들은 아시아 지역의 유적 조사 및 불교경전 연구 등을 담당, 연구하고 있습니다.

ODA수첩

문화유산의 올림픽,
그들만의 리그

백경환

라오스 홍낭시다 유적 보존·복원 사업은 2013년 대한민국의 제1호 해외문화유산 공적개발원조 ODA로 시작됐다. 중국, 일본과의 학술교류에 국한돼 있던 시야를 동남아시아 지역으로 넓히고, 국내 문화유산의 보존과 복원만 수행하던 한국이 크메르 유적과 힌두교 사원으로 대상을 확장한 것으로 역사적인 첫걸음이 아닐 수 없다.

이웃나라 캄보디아에서는 이미 1990년대 초부터 세계 각국이 앙코르 유적의 보수를 위해 참여하고 있었다. 세계적으로 유명한 유적지를 선점한 각 나라들은 선진기술을 뽐내며 인류 공동의 자산을 보호하고, 관광객들을 대상으로 자국의 이미지를 개선하는 데에도 효과를 거두고 있었다. 혹자들은 이러한 판을 마치 '문화유산의 올림픽 현장' 같다고 표현했다.

한국의 석조문화재를 복원하다가 2013년 처음 라오스 남부 참파삭에 도착했을 때, 왓푸유적군에는 프랑스, 이탈리아, 인도 등 여러 국제협력팀들이 주요영역을 맡아서 문화유산 보존·복원 프로젝트를 진행하고 있었다.

2005년에는 프랑스 FSP팀이 남궁전의 북측 포치 Porch, 2006년부터 이탈리아 팀은 난디홀 Nadin Hall의 복원을 시작했다. 인도팀은 2009년부터 북궁전을 시작으로 2020년 현재 남궁전까지 복원을 하고 있다. 국제협력팀들은 각자 맡은 유적이 다를 뿐만 아니라, 각 나라의 특성에 따라 유적을 복원하는 스타일이나 라오스 현지인들과 협업하는 방식도 사뭇 달랐다.

우선, 동남아시아 지역의 터줏대감, 프랑스. 역사를 거슬러 올라가면, 1866년 메콩강 탐험대 Explorer of the Mekong가 참파삭 지역의 역사 유적을 조사하기 시작한 뒤로, 150년 가까이 라오스에 자리 잡고 있었다. FSP French Solidarity Priority Fund, EFEO École française d'Extrême-Orient, AFD French Development Agency 3개의 기관에서 파견 나와 역사적으로나 참여 인력으로나 타 국가들을 압도하고 있었다.

터줏대감 프랑스의 누워서 침뱉기

2016년 12월 9일, 프랑스팀은 왓푸 유적 조사와 연구 150주년 기념행사를 성대하게 개최했다. 행사 뒤풀이에서 평소 친하게 지내던 한 프랑스인이 내가 있는 자리로 왔다. 그는 150년이라는 시간을 아주 자랑스러워 했다. 그리고 내 앞에서 왓푸 참파삭 지역에서의 프랑스팀 역사를

▲ 2016년 프랑스의 '왓푸 유적 조사와 연구 150주년' 기념행사.

줄줄 읊어댔다. 반면 라오스 사람들이 문화유산 보존에 대한 개념이 없고, 일을 잘 하지 못한다며 투덜댔다. 듣기에 거북한 말이었지만, 남의 집 잔치에 결례를 범할 수 없어 그냥 조용히 넘겼다. 거기까지 했으면 좋았을 걸, 한국팀이 일 잘하는 라오스 스텝을 홍낭시다 현장으로 다 데려가서 일하기 힘들다는 불만을 덧붙였다. 이 말을 듣고 더 이상 참지 못한 내가 결국 속내를 드러내고 말았다.

"우리 한국 속담에 '누워서 침뱉기'라는 말이 있어요. 라오스 스텝의 역량에 대해서 불만을 말하기 전에, 프랑스가 지난 150년 동안 무엇을 했는지 저는 그걸 묻고 싶어요."

그 프랑스인은 테이블에 놓았던 와인 잔을 들고 조용히 자기 자리로 돌아갔다.

각국 대표 복원팀의 신경전에서 치열한 외교전으로

이탈리아는 '난디홀 Nandi Hall'복원을 끝내고, 라오스를 막 떠났을 때의 일이다. 여기서 '복원을 끝냈다'는 것은 이해관계자에 따라 다들 다르게 해석을 하는 부분이다. 라오스 정부와 유네스코, 국제협력팀들은 복원을 완전하게 마무리하지 않고 떠났다고 생각했다. 반면 이탈리아는 라오스와 약속했던 기간(2012년까지) 동안 합의했던 부분까지 복원을 했으니 추가 공정은 필요 없다고 판단한 것이다. 이후 이 문제는 일본까지 참전하는 외교적 마찰을 불러일으켰다.

2017년 일본의 와세다 대학교는 이탈리아팀에 이어 난디홀의 복원을 마무리하겠다는 제안을 유네스코 측에 했다. 유네스코-라오스 정부-일본 와세다팀이 협의를 하고 이탈리아팀에게 관련 자료를 요청했는데, 이탈리아팀이 발끈하면서 사단이 벌어진 것이다. 이탈리아팀 입장에서는 '복원을 완료했는데, 또 무슨 마무리

▲ 2018년 국제조정회의에서 만난 와세다 대학교의 한 교수는 난디홀 앞에서 이탈리아팀을 신랄하게 비판하며, 한국팀의 지원을 요청했다.

▲ 2016년 제 4회 왓푸 참파삭 국제조정회의(International Coordination Meeting for Vat Phou Champasak), 중간 줄 왼쪽 끝이 백경환 소장.

냐며 거세게 항의를 했다. 와세다 대학교는 이에 질세라 '이렇게 대충 해놓고 무슨 완료냐'며 반박했다.

이러한 신경전은 결국 양측 주라오스 대사관까지 나서게 되면서 사태가 일파만파 커지게 됐고, 한동안 치열한 외교전이 벌어졌다. 결국 더 큰 갈등으로 불거지는 것을 우려한 라오스 정부와 유네스코는 없던 일로 하자며 재복원 프로젝트를 덮었다. 이 사건은 지금까지 라오스의 국제협력팀들 사이에서 회자되고 있다.

캄보디아 앙코르 유적에 비해 규모면에서는 소박하지만 한국, 프랑스, 인도, 일본은 왓푸 참파삭에서 서로 경쟁하고, 때로는 협력하면서 문화유산의 '작은' 올림픽을 치르고 있다.

홍낭시다 보존복원사업은 한국에서 처음으로 시도되는 문화유산 분야의 ODA 사업이다. 우리보다 훨씬 앞서 시작한 프랑스, 인도, 일본 등과 국제사회는 한국을 예의 주시중이다. 한국이 진정성을 가지고 문화유산 보존을 하는지, '빨리빨리' 하면서도 문화유산 복원을 '제대로' 하는지를 지켜보고 판단할 것이다. 그만큼 해외 문화유산 보존복원사업은 향후 국제사회에서 한국의 행보를 가늠할 중요한 리트머스 시험지이다.

혹자들은 한국의 문화유산 보존기술이 세계적으로 뛰어나다고 자평한다. 나도 어느 정도 동의하는 바이다. 하지만 우리가 OECD DAC(OECD Development Assistance Committee : OECD의 24개 전문분야별 위원회의 하나로 개발도상국에 대한 원조 확대 및 활동의 효율성을 높이기 위해 설립되었다. 가입하기 위해서는 ODA(공적개발원조) 총액이 1억 달러 이상이거나 국민 순소득대비 0.2퍼센트를 초과해야 한다. 대한민국은 수원국에서 공여국으로 전환한 세계 최초의 사례다.) 회원국이라서 당연하게 그들의 문화유산을 복원할 수 있는 것이 아니다. 동남아시아 문화유산, 다른 문명의 문화유산에서는 냉정하게 말해서 우리나라는 이제 갓 걸음마를 뗀 수준이라고 할 수 있다. 지금은 비록 저개발국(선진국의 기준에서) 이라는 분류 하에 있는 국가들이지만, 한때는 찬란한 문명을 영위한 곳들이며 ODA사업은 기본적으로 그들의 문화를 존중하고 겸허한 마음을 가지는 것에서부터 출발해야 한다.

▽ 서로 경쟁하고, 때로는 협력하면서 문화유산의 '작은' 올림픽을 치르고 있는 왓푸 참파삭. 현재 한국, 프랑스, 인도, 일본이 '참전' 중이다.

왓푸-참파삭 유적: 히말라야와 갠지스를 옮긴 대형 프로젝트

짜장면이 당구장에서, 라면이 만화방에서, 그리고 삶은 달걀이 기차 안에서 맛있다는 것에 공감하는 분들이 많으리라. 삶은 달걀. 유년 시절 부산에서 먼 친척 댁을 방문하는 비 내리는 완행열차도 떠오르고, 인도 발굴현장에서 간식으로 먹다 무심코 버린 껍질을 보고 노발대발하던 엄격한 채식주의 브라민Brahmin 어르신도 생각난다. 발굴터는 조상 대대로 전해진 그 분의 농지였는데, 내가 그만 오염을 시키고

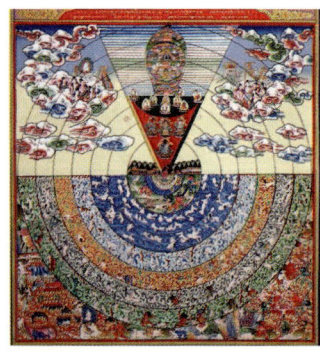

▲ 우주지도 만달라

말았다. 한국에 놀러와 햄버거 세트 2개와 편의점의 삶은 달걀 6알 그리고 1리터 우유를 점심으로 거뜬히 해치우던 30대 중반의 탄자니아 고고학자 친구도 떠오른다. 그리고 부활절을 기념해 나누어주던 2알의 삶은 달걀. 동네 교회와 미션스쿨이었던 고등학교에서 성가대를 할 정도로 학창시절, 교회에 열심이었다. '하늘에 계신 우리 아버지여, 이름이 거룩히 여김을 받으시오며, 나라에 임하옵시며, 뜻이 하늘에서 이룬 것같이 땅에서도 이루어지이다'. 지금도 기억하고 있는 주기도문主祈禱文, Lord's Prayer의 일부이다. 기독교 전래 이후 150년이 채 안 된 현재 이례적일 정도로 많은 교회와 신자를 가지게 된 것은 하나님께서 대한민국에 임하시어 하늘의 뜻을 펼치신 결과라고 믿는 기독교 신자들이 많다.

오래 전에 전래된 불교의 영향으로 서울 불광佛光동, 보광普光동, 미아彌阿동 같은 동네이름부터 금강金剛산, 오대五臺산, 영취靈鷲산, 관음觀音산, 문수文殊산, 보현普賢산 등 수많은 산 이름들에서 불교의 흔적을 쉽게 찾아볼 수 있다. 부처와 보살이 이 땅에 와 계신다는 불국토의 염원이 반영된 결과다.

라오스 왓푸-참파삭 유적, 특히 홍낭시다 사원에서 출토된 힌두교 도상을 조사하는 일로 나는 2020년 상반기 현장에 파견되었다. 우선 유적 내 왓푸 복합 사원을 비롯해 다른 사원에 있는 도상들도 조사하고 현재 왓푸 박물관으로 이전되어 전시 중인 도상들도 조사해야 했다. 기독교 전례의 역사가 깊고 오랫동안 다른 종교와 문화적 교류가 있었던 인도 서남부 지역의 교회에는 힌두교 신들, 특히 크리쉬나Krishna 의 얼굴과 닮은 예수와 힌두여신의 분위기를 풍기는 성모 마리아를 종종 볼 수 있다. 왓푸-참파삭 유적의 힌두교 신들과 성자들은 지역의 얼굴과 육체를 가지고 있었다. 미얀마 바간에

⚠ 우주거인(purusha) 만달라.

서 흔하게 보이던 낙타처럼 혹을 가진 인도혹소Zebu 대신 혹 없는 소들이 유적 여기저기를 배회하고 있었다. 무거운 혹을 짊어지고 오기에는 라오스 남부는 인도로부터 먼 이국임을 실감하게 하였다. 그런데 혹보다 훨씬 무거운 인도 히말라야의 카일라쉬Kailash 성산과 갠지스Ganges 강을 통째로 옮겨놓은 고대의 대형 프로젝트가 나를 깜짝 놀라게 하였다.

만달라Maṇḍala 는 힌두교와 불교의 종교적 수행을 보조하는 용도로 사용하는, 정해진 양식 또는 규범에 따라 그려진 도형을 가리키는데, 우주 전체 혹은 일부를 상징적으로 표현한 상징적 지도가 많다. 인도의 사원들은 만달라에 기초해 설계되었다. 신이 모셔진 사원은 카일라쉬Kailash 혹은 메루Meru 산의 세계, 사원 광장은 오랜 수행과 선행을 쌓은 성자, 리쉬Rishi들의 세계이며 담장 밖은 인간과 축생

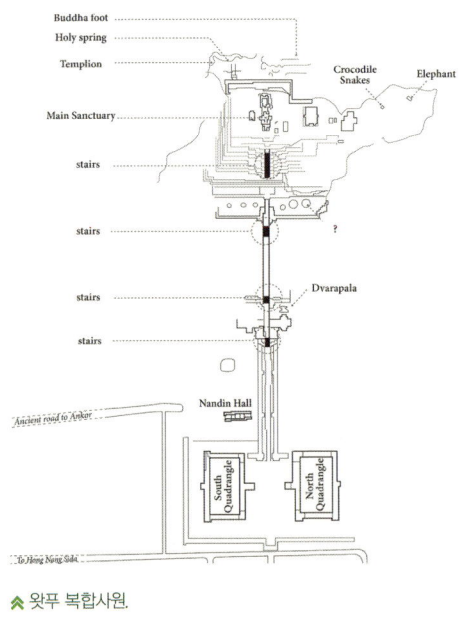

▲ 왓푸 복합사원.

의 세계이다. 왓푸-참파삭 유적 내 왓푸 복합사원 Vat Phou Temple Complex 역시 이러한 만달라에 기초해 우주의 바다(인공저수지), 인간의 세계(평지), 성자들의 세계(숲), 신들의 세계(산) 그리고 무명무실한 공호의 세계(하늘)를 표현한 대작이다. 그런데 고대의 지역민들은 나아가 하늘, 산맥, 산, 숲, 평야와 강, 즉 드넓은 자연경관 위에다 우주의 지도를 그리는 대형 프로젝트를 진행하였다. 지역민들은 푸 카오 Phou Kao 산맥 중 한 산의 정상부에 약 10미터의 높이로 우뚝 솟은 돌기둥을 쉬바신이 링가의 모습으로 현현한 것으로 믿어 그 산을 '링가의 산, 링가파르바타 Linga-parvata'라고 불렀고 이 산은 성스러운 경관의 랜드마크가 되었다. 성스러운 히말라야의 카일라사 산 Kailāśa-parvata 에서 발원하여 쉬바신의 머리카락을 타고 흘러내리는 성스러운 강 갠지스 Ganges 처럼 링가의 산에서 발원한 지류들이 합류하는 메콩 강을 성스러운 강으로 숭상했다. 신의 성산 꼭대기에서 어머니의 강 사이에 펼쳐진 숲, 산 능선과 대지는 힌두교의 이상향의 공간으로 여겨졌다.

성산에서 발원한 신성한 강물을 모아 우주의 바다 내지 히말라야의 신성한 호수 마나사로와르 Manasarovar 호수를 상징하는 듯한 거대한 인공저수지, 바레이 baray를 조성하였다. 한 면이 메콩 Mekong 강과 접한 구역에 삼면이 해자로 둘러싸인 도시를 건설하여, 사방이 신성한 강으로 둘러싸인 성스러운 인간계의 도시, 쿠룩쉐트라 Kurukshetra를 건설하였다.

인도와 인도의 생각이 전해진 아시아 그 어느 곳에서도 볼 수 없는 대형 만달라 프로젝트. 강, 산, 대지를 소재로 하여 인간에 의해 창조된 예술경관인 왓푸-참파삭 유적. 신이 하늘에서 이룬 뜻을 땅에 실현한 대작이다.

신비의 역사도시 그리고 고대 유적

참파삭은 절경을 가진 곳이다. 링가파르바타라고 불러온 성산 푸카오산이 내려다보고, 동남아시아의 젖줄이라 불리는 메콩강이 유유히 흘러가는 비범한 자연 경관을 가진 곳이다. 당장 한국에 가져다줘도 서로 묫자리를 쓰겠다고 줄을 설 배산임수의 명당이다. 누구라도 이 자연경관 속에서는 너그러움을 배워 성인이

▲ 신비의 역사도시 그리고 고대유적, 홍낭시다 사원 복원 중(2019년 2월).

될 것만 같은 곳이다.

참파삭에는 수준 높은 크메르 사원들이 곳곳에 숨겨져 있다. 특별한 장소에 사원을 짓기 좋아하는 고대 크메르인들이 이곳을 그냥 넘어갈 리가 만무했다. 사원들은 관리상태가 좋지 않아 무너진 상태로 방치되어 있는 경우가 허다하다. 하지만 이 사원들의 빼어남은 퇴색되지 않았다. 무너진 폐허라 하더라도 그 돌을 다듬은 장인의 빼어난 솜씨가 생생하게 남겨져 있다. 라오스의 사원들을 하나 둘 살펴보면서 크메르 최고의 건축가 디바카라판디타가 이곳에 왔었던 것은 의심의 여지가 없다고 생각했다.

폐허 속에서 빛난 장인의 솜씨

이 생각에 확신을 심어 준 사원이 홍낭시다 사원이다. 비록 미완성 사원이라 부조 조각이 남아있는 것이 거의 없지만, 돌과 돌을 이어 쌓은 솜씨가 크메르 사원의 절정이라 불리는 앙코르와트의 조적 기술에 견주어도 떨어지지 않았다. 또한 사용된 석재 하나하나가 매우 큼직하고 훌륭하다. 돌산이 가까워 양질의 돌을 쉽게 수급할 수 있었다고 치더라도, 수 없이 돌을 봐온 숙련된 장인이 엄격한 눈으로 선별적으로 돌을 사용했음이 틀림없다고 생각했다. 이런 의미에서 홍낭시다 사원은 미완성일지라도 빼어난 크메르 사원 중 하나로 꼽는다.

현장
오딧세이

디바카라판디타　박동희

지금으로부터 900년 전 수리야바르만 2세는 최고의 사제이자 건축가인 디바카라판디타에게 명하여 슈레스트라푸라(참파삭)에 사원 건립을 명했다. 당시 최고의 건축가였던 디바카라판디타는 슈레스트라푸라에 왕도 앙코르의 건축 기술을 전파했다.

'어쩌다가 당대 최고의 권위자가 이렇게 먼 참파삭까지 파견되어 사원을 건축하게 되었을까? 이 지역이 그만큼 중요한 지역이었을까, 아니면 디바카라판디타가 왕의 눈 밖에 나서 귀양을 온 것일까?'
2019년에 캄보디아 사업 일정에 공백이 생겨, 라오스팀을 협조하는 업무를 받아 홍낭시다 사원 보존·복원사업에 투입되었어요. 그래서 한동안 참파삭에서 살게 되었죠. 참파삭은 왕도 앙코르에서 동북 방향으로 뻗은 크메르 고대길 끝자락에 위치한 시골 마을입니다. 링가파르바타와 왓푸 등 찬란한 역사를 품은 곳이지만 지금은 사람보다 소가 더 많아요. 왕도 앙코르에서 10년을 보낸 저에게 참파삭에서의 삶은 일종의 귀양살이로 볼 수도 있었습니다. 크메르 건축에 발을 담고 있는 입장에서 라오스 파견은 마치 디바카라판디타가 된 듯한 느낌도 들었더랬습니다.

▲ 참파삭의 푸카오 산에 지는 노을.

유적스토리

앙코르로 가는 길

'모든 길은 로마로 통한다.'

로마 제국의 위상을 잘 표현하는 멋진 말이다. 그러나 아마도 동남아시아가 세계의 패권을 장악했더라면 저 말 대신 '모든 길은 앙코르로 통한다.'라는 말이 쓰였을 것이 분명하다. 하지만 안타깝게도 세계 패권은 동남아시아가 장악하지 못했고, 앙코르 제국이 만든 고대길은 그 만큼 알려지지 않았다.

왕도 앙코르를 중심으로 뻗어나간 고대길 지도를 손에 펼쳐 보면, 방대했던 제국의 영토와 강력했던 위상이 엿보인다. 마치 과거의 영광이 되살아나는 듯한 느낌에 소름이 돋는다. 앙코르를 시작으로 여러 가닥의 길들이 인도차이나에서 이름난 고대도시들과 이어져 있다. 북동쪽으로는 역사유적지 코켈을 거쳐 라오스의 역사도시 참파삭까지, 동남쪽으로는 캄보디아의 역사도시 삼보 프레이 쿡을 지나 남쪽의 앙코르 보레이까지, 그리고 서쪽으로는 바탐방과 반띠아이 츠마, 북서쪽으로 태국의 역사도시 피마이에 이른다. 역사도시 하나하나가 수많은 역사적 에피소드들을 담고 있기 때문에 고대길

▲ 하늘에서 본 고대길.

▲ 고대길과 주변의 수풀.

을 생각 할 때에는 감상에 젖을 수밖에 없다.

시간이 나면 종종 위성사진을 통해 고대길의 루트를 찾아보았다. 고대인들이 다져둔 둔덕에 나무가 자라기 좋은지 고대길을 따라 나무들이 자라있는데, 이것을 위성사진을 통해 살펴보면 인위적인 직선모양이 눈에 띈다. 또한 고대길을 따라 크고 작은 사원과 저수지들이 있어서 위성지도를 통해 고대길 찾기는 생각보다 할 만 했다.

ODA사랑방

고대길

고대길에 대해 각별하게 생각하기 시작한 것은 오히려 라오스에 체재하고 나서부터였어요. 라오스에서 바라본 고대길의 이미지는 기존에 생각했던 이미지와 사뭇 다르게 다가왔어요. 앙코르에서 본 고대길은 여러 가닥의 다발과 같은 느낌. 그리고 마치 피라미드 꼭대기에서 아래를 바라보는 듯한 느낌이었어요. 반면 라오스에서 본 고대길은 하나의 굵은 선과 같은 이미지로 길 자체에 대한 무게감이 확연하게 다르게 다가왔어요. 그래서인지 라오스에 온 뒤로 고대길에 대해서 많은 생각을 하게 되었답니다.

시간을 내어 고대길을 따라 걸어보기도 했다. 위성사진에서는 명확하게 보였어도 지상에서는 그냥 황무지에 듬성듬성 자란 나무들이 이어져 있는 상황이었다. 이미 수백 년간 사람이 다니지 않은 길이라, 그저 길을 따라 걷는 것도 어려웠다. 종종 깊은 도랑이나 울창한 가시덤불이 길을 가로막기도 했는데, 이를 둘러서 가다보면 방향을 잃기 십상이었다. 본격적인 조사는 아니었지만 고대길 조사는 쉬운 조사가 아니었다.

▲ 고대길을 따라 가끔 보이는 마일스톤.

▲ 지금도 사용되는 마일스톤.

'모든 길은 앙코르로 통한다'

그래도 길을 따라가다 보면 이것저것이 발견되어 재미가 있었다. 고대인들의 손을 탄 사암 블록들이 종종 확인된다. 그 중에서도 인상적인 것은 마일스톤으로 추정되는 것이었다. 마일스톤이란 마치 고속도로의 이정표와 같은 것이다. 이는

▲ 홍따오타오, 고대길에 있는 무너진 사원.

지금의 도로에도 똑같이 사용되고 있기에 역사의 연속성을 생각하게 해주는 재미난 요소이다. 그리고 길을 따라 거의 폐허가 다 되어 버린 버려진 사원, 고대 저수지로 추정되는 웅덩이 등등이 띄엄띄엄 나타났다. 지도나 기록에 있어 이미 나타날 것을 예상하고 있는 것도 있지만 의외로 나타나는 것들도 많았다.

분명 앙코르의 고대길은 상당한 매력이 있다. 아직 본격적인 조사에 이르지는 못했지만 문화적 가치가 매우 높은 유산이라 생각된다. 잘만 조사하고 정비한다면 산티아고의 순례길에 못지않은 문화 자산으로 거듭날 수도 있을 것이다. 그 때에는 '모든 길은 앙코르로 통한다.' 라는 말을 들을 수 있을 것이다.

▲ 고대길과 인공저수지 바라이.

아름다운 폐허, 홍낭시다

2013년 10월 24일, 비엔티안발 팍세행 항공기의 메콩강 추락으로 라오스 전역이 들썩이고 있는 가운데 차창 밖으로는 평온한 일상이 끝없이 펼쳐졌다. 잘 포장된 유네스코 도로❚를 따라 팍세에서 차로 한 시간을 달려 드디어 고대 도시 참파삭 Champasak에 도착했다.

울퉁불퉁 시골길을 또 한참 달려 '시다공주의 사원', 홍낭시다에 이르렀다. 홍낭시다는 그 형체를 알아볼 수 없을 정도로 완벽하게 붕괴된 상태였다. 붕괴되고

 ▲ 홍낭시다 전경.

조용한 밀림 속에 자리잡은 홍낭시다 유적은 찬란했던 크메르 제국의 한때를 조용히 반추하기에 더할 나위 없이 좋은 공간이었다. 문명화된 세상으로부터 차단된 듯한 폐허의 유적과 켜켜이 쌓인 시간의 흔적이 느껴졌다.

❚ 정식 명칭은 A14번 도로이다. 라오스의 한 회사가 도로를 건설하다가 인근에 위치한 세계유산 '왓 푸 참파삭 유적군'에 끼칠 영향이 우려돼 유네스코가 공사를 중단시켰다. 엄밀히 표현하자면, '유네스코가 중단시킨 A14번 도로'라고 해야 마땅하나, 흔히 '유네스코 도로'라고 불린다.

오랜 기간 방치된 상태로 열대우림 속에 우아하게 자리 잡고 있었다. 한눈에 보기에도 복원을 하기에는 너무나 많은 것들이 사라지고 부서진 모습이었다. 사라진 것들에 대한 허무와 함께 이 아름다운 폐허도 이대로 방치하면 머지않아 소멸될 것이라는 생각이 들었다. 반면 조용한 밀림 속에 자리 잡은 홍낭시다 유적은 찬란했던 크메르 제국의 한때를 조용히 반추하기에 더할 나위 없이 좋은 공간이었다.

문명화된 세상으로부터 차단된 듯한 폐허의 유적과 켜켜이 쌓인 시간의 흐름 앞에서 내가 앞으로 이곳에서 해야 할 일들을 하나씩 떠올렸다. 새로운 것에 대한 설렘보다 알 수 없는 미래에 대한 두려움이 먼저 와 닿았다. 이제 막 걸음마를 뗀 어린아이처럼 넘어지고, 무르팍이 까질 것이며, 때론 누군가의 도움이 필요할 것이었지만 작은 다짐을 했었다. 난 그 과정을 통해 세월 앞에 겸허해질 것이며, 내가 이곳에서 할 일은 시간을 거스르는 것이 아니라, 현재와 찬란했던 흔적을 이어주는 것이라고.

> **현장 오딧세이**
>
> ### 메콩(강)과 푸카오(산)가 보이는 풍경
>
> 중국과 미얀마, 라오스, 태국, 캄보디아, 베트남 6개국을 지나는 동남아시아 최대의 강인 메콩. '메'는 어머니, '콩'은 강이라는 뜻으로 라오스 사람들은 '남콩'이라고도 부릅니다. 라오스 남부의 대표적인 도시 '팍세'는 메콩의 지류인 콩세돈(세돈강)의 입구(라오스어로 '빡')에 자리 잡고 있는데요, 팍세에서 메콩을 따라 남쪽으로 내려가면, 고대 크메르 제국과 참파삭 왕국 등 과거 왕조들의 흔적들이 남아있는 고대도시 '참파삭'에 이릅니다. 참파삭에는 대표적으로 '미니 앙코르와트'로 불리우는 '왓푸' 사원이 있고, 메콩의 신비를 간직한 4,000개의 섬 '시판돈'이 있어요. '푸'는 '산'이라는 뜻으로, 푸카오는 엄밀히 말해서 '카오산'이라고 불러야 합니다. 산 정상의 모양이 꼭 '링가'처럼 생겨서 고대인들은 '링가파르바타' 즉, '링가의 산'으로 부르며 신성시했답니다.
>
>

유적스토리

라마야나의 변주, 시다공주와 카타남

▲ 참파삭 문화경관 내 왓푸사원과 고대주거지. 왓푸 사원 주신전에서 내려다 볼 수 있는 전경. (사진_장동민)

홍낭시다 Hong Nang Sida ▍의 기원은 아직 명확히 밝혀지지 않았다. 하지만 인도의 힌두교 대서사시 '라마야나 Ramayana'에서 그 연관성을 추측해 볼 수 있다. 인도 문화가 외국으로 확산됨에 따라 '라마야나' 이야기도 세계 곳곳에 널리 전파되어, 각 지역의 문화에 맞게 번안 및 각색되었다. 인도에서 태어난 원숭이 장군 하누만의 이야기는 중국으로 건너가 경전을 찾는 삼장을 돕는 손오공이야기 서유기로 각색되었고, 이후 바다를 건너 일본으로 가서는 섬에 사는 악당을 물리치는 모모타로 이야기로 새롭게 태어났다. 최근에는 '드래곤볼'이라는 사상 최고의 히트를 친 만화의 주인공이 되기도 했다.

라오스 참파삭 지역에서는 '시다공주와 카타남' 이야기로 널리 알려져 있다. 시다

▍ 라오스어로 직역하면 '시다 아가씨의 큰 건물' 정도로 표현할 수 있다. 역사와 건축물의 형태를 종합해서 해석할 경우 '시다 공주의 사원'이라고 부르는 것이 타당하다.

공주는 '라마야나'에 등장하는 주인공의 이름에서 딴 것으로 추정된다.

그 내용을 간략하게 요약하자면, 어느 날 라오스의 캄만타 Khammanta 왕이 식인괴물에게 잡혀먹힐 위기에 처하게 됐을 때 그의 딸인 시다공주는 아버지를 지켜내기 위해 필사적으로 노력했으며, 본인이 대신 제물로 바쳐지는 것 또한 감내했다. 이렇게 아버지를 지키기 위한 시다공주의 숭고한 희생을 기리기 위해 홍낭시다 사원이 건립됐다. 또한 외지에서 온 시골마을 청년 '카타남'은 제단(훗날 홍낭시다로 명명)에 제물로 바쳐질 위기에 처한 시다공주를 구하기 위해 식인괴물과 7일 밤낮으로 치열한 전투를 벌인 끝에 괴물의 목을 쳐서 죽였다고 한다. 이후 카타남은 시다공주와 결혼을 하고 왕이 되어 행복하게 살았다고 전해진다.

왕족 여인과 시골 청년의 러브스토리

'라마야나'에서는 악귀의 제왕 라바나와의 싸움에서 승리하고 왕이 되기까지 라마의 여정이 개인의지에 따른 것이 아니라, 우주의 질서와 법칙을 의미하는 '다르마 Dharma'에 따라 이미 정해진 길을 걸어 온 결과라고 말한다. 이 '다르마'는 인도의 카스트제도를 더욱 공고하게 유지하는 원동력이기도 하다.

▼ 시다공주와 카타남(재현).

'시다공주와 카타남'은 라오스의 문화에 맞게 변주되었는데, '라마야나'와 달리 시다공주는 왕족이며, 카타남은 변두리 시골마을에서 홀어머니를 모시고 사는 청년이다. 심지어 카타남은 라오스 출신이 아니라 외지에서 온 이방인이다.

신분의 차이를 극복하는 러브스토리는 동서고금을 막론하고 많은 사람들이 좋아한다. 하지만 정체를 알 수 없는 이방인에게 왕국을 물려주고, 백성들은 이방인 왕에게 절대적인 지지를 보냈다는 이야기를 라오스 사람들이 좋아하는 것을 보면 그들의 성향을 미루어 짐작할 수 있다. 모든 인간을 평등하게 바라보고, 외국인에게 배타적이지 않으며, 낯선 문화일지라도 함께 즐기기를 좋아하는 것이 내가 생각하는 라오스 사람의 특징이다.

▲ 참제단(홍낭시다)에서 식인괴물에 제물로 바쳐진 시다공주(그림_손호용).

ODA사랑방
한국에서 온 카타남

홍낭시다에는 카타남이라고 불리는 한국인이 있다. 바로 백경환 현장소장이다. 그는 2013년부터 홍낭시다 사원 복원을 담당해 온 한국인 중에서 몇 안 되는 크메르 건축 복원가 중 한 명이다. 재단 내에서 서로 비슷한 일을 하고 있었지만 각각 캄보디아와 라오스에서 일한 관계로 마주칠 기회가 없어서 평소 많이 궁금했었다.

함께 일해보니 백경환 소장은 생각을 묵히고 묵혀 충분히 숙성시킨 다음에 입으로 꺼내는 타입의 신중한 사람이다. 과묵하지만 항상 은은한 미소를 띠고 있는데 그의 미소는 신라의 수막새를 닮아있다. 아마 천년 된 신라 수막새보다 말수가 더 적을지도 모른다. 한편 그의 과묵함은 참파삭과도 닮아있다. 그래서 홍낭시다에서 일하는 그의 모습은 위화감 하나 없이, 마치 사원과 하나로 느껴지기도 했다.

그런데 참파삭에서 카타남이라고 불리는 것은 외국인 남자에게 있어 최고의 수식어와도 같다. 이 지역에서 내려오는 전설에 따르면, 옛날 이 마을에 사람들을 잡아먹는 괴물이 살았는데, 카타남이라는 영웅이 나타나 사람들을 구하고 시다공주와 결혼했다는 내용이다. 외국인으로서 홍낭시다 사원을 복원하는 일을 하는 백경환 소장의 상황과 딱 맞는 이야기였기에, 마을 사람들은 너나없이 백경환 소장을 카타남이라고 부르며 따르는 듯했다.

백경환 소장이 홍낭시다를 생각하는 모습은 무겁고 진지했다. 말을 하지 않아도 현장소장으로서의 묵은 고뇌와 유적에 대한 깊은 애정은 충분히 전달되어 왔다. 비록 많은 대화를 나누지는 못했지만 문화유산 복원가로서 가져야 할 이상이나 무거운 책임감을 공유할 수도 있었다. 덕분에 오랫동안 막연하고 복잡하게 흩어져있던 생각들이 조금씩 정리되어 갔다. 시간이 지날수록 사람들이 왜 백경환 소장을 카타남이라 부르며 따르는지 이유를 알 수 있는 듯했다.

백경환 소장의 카타남 이야기는 이제 시다공주와 결혼하는 부분만 남은 듯하다. 그런데 요즘 과묵한 남자는 세계적으로 인기가 없는 추세라 향후 카타남 이야기가 어떻게 새로 쓰일지 궁금하다.

▲ 왓푸축제 기간 동안 유적에서 재현되는 '시다공주와 카타남' 이야기.

홍낭시다 건축장인의
변태적인 설계

홍낭시다 사원은 붕괴된 이후 오랜 기간 방치돼 사람들의 관심 속에서 점점 사라졌던 것으로 생각된다. 앞서 소개한 '시다공주와 카타남' 설화에는 시다공주의 숭고한 희생을 기리기 위해 만든 사원이라고 나오지만, 실제로는 정확한 건립 목적이나 원형을 파악하기 어렵다.

하지만 적용된 기술이나 시공의 정밀도 등은 당시 수도 앙코르에서 건립된 사원과 비교해도 손색이 없을 정도이다. 실제 여러 비문에 수리야바르만 2세가 참파삭 일대의 사원 건축을 위해 당시 왕실의 건축을 담당하던 디바카라판디타 Divakarapandita를 이 지역에 파견했다는 기록이 확인되는데, 홍낭시다 사원 또한 그 과업의 일환으로 건립됐을 가능성이 농후하다.

발굴조사를 담당했던 박순영, 정홍선, 김익현 연구원, 가람배치를 조사했던 복덩이 박동희 박사, 돌병원장 전유근 박사 등의 연구를 통해 홍낭시다의 역사적·건

⌃ 홍낭시다 사원 복원 현장.

축적 가치를 재발견하고 있다. 최근에는 동쪽으로 500미터 떨어진 곳이 바라이¹였음을 밝혀냄으로써 홍낭시다의 사역은 우리가 알고 있던 것보다 훨씬 넓었으며, 설화에 나오는 식인괴물의 목이 날아가서 큰 연못에 빠졌다는 내용도 최소한 역사적 사실을 근거로 만들어진 것임을 알게 됐다.

▲ 시다공주와 카타남 설화에 등장하는 전투신.
그림_손호용

하나도 같은 모양이 없는 돌

나는 한동안 홍낭시다의 비밀을 하나씩 풀어가는 재미로 시간이 멈춘 나라, 라오스에서 시간 가는 줄 모르고 지냈다. 하지만 본격적인 해체조사를 시작하면서 크메르 제국 최고의 건축장인 디바카라판디타 때문에 엄청난 스트레스에 시달렸다.

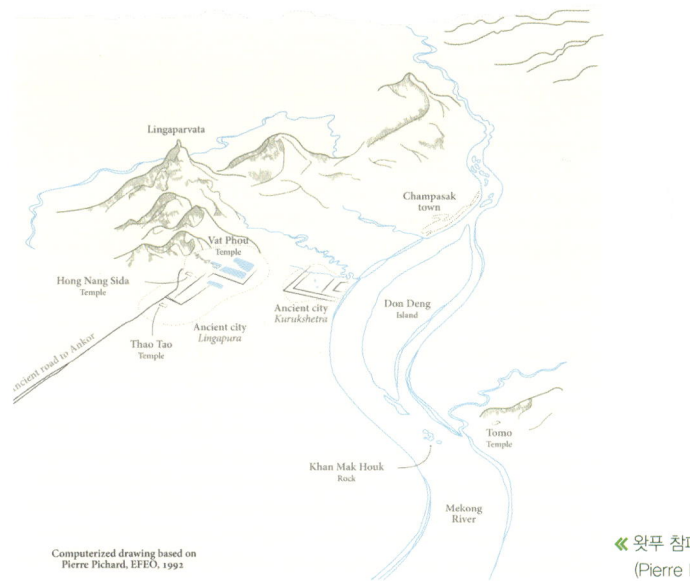

≪ 왓푸 참파삭 지역의 사원 재구성
(Pierre Pichard, EFEO, 1992).

| 바라이(Baray) : 크메르어로 '저수지'라는 뜻. 중요한 건축물을 조성할 때, 지반의 구조 안정성과 농업용수 확보를 위한 일종의 인공호수이다.

한동안 잊고 지냈던 문경 진성이낭 미라도 꿈에 다시 나타날 정도였다.
일반적(효율성을 중시하는 현대 건축가의 시점)으로 건축물을 지을 때에는 부재를 정해진 규격에 맞춰 일괄적으로 가공하거나 반듯한 직육면체로 설계하는 것이 시공하기 편하고, 시간도 줄일 수 있다.
해체하기 전 외부로 드러난 돌들이 하나도 같은 모양이 없다는 것을 이미 알고 있었지만, 해체를 해보니 속살은 더욱 가관이었다. 돌을 쌓을 때 기준선이 사선인 것도 있고, 돌의 모서리 부분이나 밑단을 깎아 내서 그 돌과 맞물리는 다른 돌도 역시 깎아 내야 접합이 가능한 형태였다.

'나처럼 따라 해봐'

해체한 돌들을 다시 복원할 때는 단순한 이치인 '해체의 역순으로 조립'만 생각했다가는 공든 탑을 다시 무너뜨려야 하는 경우도 생겼다. 모든 돌이 반듯한 모양이라면 크게 상관이 없지만, 기괴하게 깎아낸 돌일 경우 하나라도 순서를 어긋나게 조립하면 퍼즐을 맞

▲ 만다파 남측 해체 중.
(외피를 벗겨내고 속살을 보면, 돌의 모양은 정말 제각각이다).

출 수 없었다. 천재 변태 싸이코가 '나처럼 똑같이 따라 해봐'라며 풀기 힘든 퀴즈를 내면, '낑낑' 거리면서 겨우겨우 따라가는 모양새였다. 마치 천재 작곡가 모차르트가 장난치듯 연주한 곡의 악보를 부여잡고 몇날 며칠을 낑낑대도 연주하지 못해 자괴감에 빠진 살리에르의 모습이 이런 것이었을까. 하물며 나는 살리에르 급도 아니기에 더 낙심할 수밖에 없었다.

'도대체 왜 이렇게 설계를 했을까?'
'석공들에겐 돌 하나하나마다 규격과 모양을 알려줬을까?'

'동원된 인부들은 불만이 없었을까?'

생각하면 할수록 디바카라판디타에게 농락당하는 것 같았다. 박동희 박사의 말에 따르면, '고대 크메르 건축가들의 독특한 설계에는 거듭된 시행착오에서 깨우친 그들만의 지혜가 담겨 있다.'고 한다. 일견 맞는 말이다. 비록 현대 건축가의 눈에 비효율적으로 보일지라도 그 설계는 왕으로부터 신뢰를 받는 당대 최고 건축 장인의 작품이며, 나름의 이유가 있었을 것이다. 영화〈The Man From Earth〉(2007)에서 14,000년 전부터 살아왔다고 주장하는 고고학 교수 '존 올드맨'이 실존한다면 찾아가서 '그 이유'를 물어보고 싶다.

▲ 복원할 때 새로운 돌을 쓰는 예(만다파 남측 벽면).

"사랑하면 알게 되고, 알면 보이나니, 그때에 보이는 것은 전과 같지 않으리라."

조선 정조 시대의 문장가 유한준이 남긴 명언이자, 유홍준 교수의 『나의 문화유산 답사기』에서 문화유산을 대하는 자세로 소개된 유명한 구절이다.
홍낭시다 사원을 사랑하지만, 아직 알지 못하는 나는 언제쯤 눈을 뜰 수 있을까. 캄보디아에서 10년 넘게 살며, 앙코르 유적을 연구하고 있는 박동희 박사가 한 말이 있다. '앙코르 유적은 평생 봐도 모를 것 같습니다.' 그 말에 조금의 위안을 삼으며, 다시 한 번 내가 '시간이 멈춘 나라' 라오스에 있음을 떠올려 본다. 조금 느리게 갈지라도 조급해 하거나 스트레스 받지 말자. 괜찮아, 버뺀양. 그리고 주문을 외워 본다. '아브라카다브라' 싸이코지만 괜찮아….

드잡이 공(工)과 사암의 공(孔)

드잡이라는 말은 생소한 편이다. 보통의 경우 '서로 머리나 멱살을 움켜잡고 싸우는 짓'으로 쓰인다. '드잡이'라는 말을 검색하면, 국회나 사건사고 관련 기사를 많이 볼 수 있다. 문화재에서는 '기울거나 내려앉은 구조물을 해체하지 않고 도구를 이용해 바로잡는 일' 이라는 뜻이다. '들어올리다' 라는 말과 '바로잡다' 가 합성된 말로 사용한 듯하다.

지반에 문제가 있어 건축물의 구조에 문제가 생기는 경우, 통째로 건축물을 들어서 옮기는 것도 드잡이다. 1960년 서울시청 앞 길을 넓히게 되면서 덕수궁 대한문이 14미터 뒤로 '걸어 갈' 때 구경꾼이 고종임금 국상 다음으로 많았다고 한다. 건축물이 '걸어 갔다'는 말은 해체하지 않고 통째로 옮겼다는 말이다. 장정들이 서로 멱살을 잡고 싸우는 것이 일반적인 드잡이의 뜻이라면, 문화재 업계에서는 건축물 전체와의 한판 승부다.

드잡이는 이처럼 건축 운반기술에서 발전돼 구조적으로 문제가 있는 건축물을 해체하지 않고 수리하는 일까지 적용됐다. 수리기술뿐만 아니라, 무거운 부재를 이동하거나, 조립할 경우의 모든 작업 행위를 뜻하기도 한다.

이와 같이 문화유산 해체 복원 현장 작업의 대부분이 드잡이에 해당하지만, 드잡이만이 거론되는 경우

▲ 드잡이.

▲ 홍낭시다 현장에서도 돌을 들어올리거나 이동하는 작업은 대부분 기계가 대신하고 있다.

▲ 해체한 돌 이동.

는 없다. 현대에 이르러 중량물을 이동하거나 들어올리는 작업의 상당부분은 드잡이공 대신 기계가 대신하고 있기 때문일 것이다.

사암 구멍의 비밀

나는 운 좋게도 미륵사지석탑 현장에 있을 때, 드잡이 장인 故 홍정수 선생님으로부터 드잡이 기술을 전수 받을 수 있었다. 홍 선생님은 '젊은 놈이 뭐 이런 걸 배우려고 해'라고 하셨고, 나 또한 평생 써먹을 일이 있을까 싶었지만, 나무 막대와 줄 한 가닥만으로 큰 돌을 옮기는 것이 무척이나 매력적이었다.

초창기 라오스 홍낭시다 현장은 전기가 들어오지 않고, 차량이 진입하기 어려웠다. 따라서 큰 돌을 옮기거나 들어올릴 때 드잡이 기술은 필수적이었다. 본격적으로 해체와 복원 공정을 진행하기 위해 진입로를 개선하고, 크레인과 지게차와 같은 중장비도 준비했다. 하지만 여전히 드잡이 기술은 공정 전반에 걸쳐 활용되고 있는데 크레인이 작업하기 힘든 곳이나 지게차 진입이 어려운 곳에서 쓰이고 있다.

크메르 유적에 가면 사암의 표면마다 있는 구멍을 볼 수 있다. 홍낭시다를 찾아오는 사람들 중 대부분이 물어보는 것이 그 구멍의 용도였다. 영화 <화양연화>에서는 양조위가 '인생에서 가장 아름답고 행복했던 순간(비록 세상의 기준에

▲ 현장에서 활용되는 다양한 드잡이 기술.

서는 '불륜'이겠지만)'을 남몰래 그 구멍에 속삭이면서 비밀을 묻는 용도로 쓰였다. 초창기에는 사람들에게 돌을 옮길 때 쓰였던 용도로 구멍을 뚫었을 것이라고 간략하게 말해주곤 했다. 나 또한 아는 것이 그게 전부였으니까.

그러나 실제 해체와 복원 작업을 시작하면서 '사암의 공孔'의 놀라운 기능을 알게 됐다.

우리의 전통 민속놀이 중에 '들독놀이'가 있다. '들'은 동사 '들다'의 어간이고, '독'은 명사 '돌'의 전라도 방언이다. 한국식 역도로서 맨 손으로 무거운 돌을 들어 올려 힘을 겨루는 놀이다. 들독을 잘하기 위해서는 돌과 겨눌 자리를 확보하는 것이 제

▲ 현장에서 활용되는 다양한 드잡이 기술.

일 중요하다. 즉, 지면(또는 아랫돌)으로부터 손을 집어 넣어 적은 힘으로 최대한 돌을 잘 들 수 있는 공간을 확보하는 것이다.

홍낭시다의 부재는 타 유적에 비해 그 크기가 큰 편이다. 하지만 한국에서 공수한 크레인까지 준비됐으니 어떤 돌이든 슬링벨트로 묶을 수 있는 공간만 확보하면, 들어 올리거나 이동하는 것은 너무나 쉬운 작업이다.

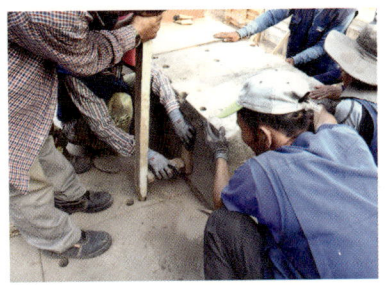

▲ 현장에서 활용되는 다양한 드잡이 기술.

드잡이 기술과 낭시다의 사암이 만날 때

그래서 관건은 돌과 겨눌 자리를 확보(돌을 살짝 들어 올려 슬링벨트를 집어넣을 공간을 마련)하는 것이다. 현장에서는 해체조사나 조립 후 미세조정을 할 경우 (드잡이) 돌과 겨눌 자리를 확보하기 위해 사암 표면의 구멍을 활용했다. 돌을 수평이동할 때는 이동시키고자 하는 돌 주변에 있는 돌의 구멍에 막대기를 꽂고 받침목을 막대기와 돌 사이에 넣은 후 지렛대의 원리를 이용했다. 수직이동의 경우에도 똑같은 원리로 아랫돌에 있는 구멍에 막대기를 꽂고 윗돌을 살짝 들어올릴 수 있었다.

앞서 말한 바와 같이 사암의 표면에 있는 구멍은 고대 돌을 옮길 때 주로 쓰였던 것임이 분명하다. 하지만 우리는 현장에서 이 구멍을 돌을 수평 수직 이동할 때, 정말 유용하게 활용했다. 고대부터 쓰

▲ 고대 석재 표면 연마기술 재현.

인 용도인지는 단정할 수 없지만, 이 사암의 공孔은 현대의 한국에서 온 드잡이 공工에게 선물과도 같았다.

또한 사암의 구멍은 돌의 표면을 연마하기 위한 용도로도 쓰였을 것으로 추정한다. 구멍이 있는 측면에 나무 막대기를 꽂고, 나무 막대기와 이막대를 줄로 연결해서 적은 힘으로 돌을 들어올리고, 양옆으로 이동하면서 돌의 표면을 연마했을 것이다. 이러한 고대의 기술은 간단한 도구로 재현해서 홍낭시다 현장에서 전시 중이다.

≪ 사암 표면에 있는 수많은 구멍(2020년 3월 플랫폼 조사 중).

시다공주가 꺼내놓은 비밀
금동요니

까올리ㅣ이방인은 '코리안 키드', '미스터 마피아', '농사마을의 약사' 등 여러 별명으로 불리며 라오스의 오지마을에 정착했다. 이제는 '버뺀양'이라는 그들의 말에 '뺀

ㅣ 라오스어로 '한국'이라는 뜻.

양 버빼양'이라는 말로 응수를 할 정도로 격의 없는 사이가 됐다.

라오스 홍낭시다 복원 프로젝트가 자리를 잡아가는 것과 동시에 내외부의 압박도 상당했다. 사업을 시작한지 많은 시간이 흘렀지만, 가시적인 성과가 드러나지 않아서 관계자들이 걱정을 하고 있었다. 현장에 있는 연구원들은 세간의 평가가 내심 서운했지만, 그렇다고 조바심 내지는 않았다.

그런 분위기가 팽배한 가운데 2019년 캄보디아로부터 복덩이가 굴러 들어왔다. 바로 크메르 박사 박동희 연구원이었다. 그와 함께 본격적으로 홍낭시다 해체와 복원작업을 하던 중, 또 다른 복덩이가 나타났다. 해체 과정에서 금동요니와 진단구를 발견한 것이다. 2019년 2월 13일, 플랫폼에서 퇴적된 흙을 걷어내는 작업을 하던 라오스 현지스텝들이 환호성을 질렀다. 흙으로 뒤덮여 있었지만 요니**❙❙**는 금빛을 살짝 내비치며 다소곳이 누워 있었다. 지금까지 라오스에서 청동요니가 발견된 적은 있었지만, 금동요니가 발견된 것은 처음 있는 일이라, 라오스 현지에서의 반응은 뜨거웠다.

이번 발굴 이후로 '금동요니'라는 표현도 한국에 처음 소개됐다. 심지어 '요니가 뭐예요?'라는 기사 제목도 봤다. 보도자료를 최대한 이해하기 쉽게 작성했지만,

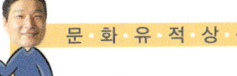

문·화·유·적·상·식

금동요니

한국팀이 발견한 금동요니는 높이 63mm, 너비 110mm의 대좌(臺座, 불상을 올려놓는 대좌(臺座, 불상을 올려놓는 대)형태로, 재질은 청동. 표면은 금으로 도금된 상태였습니다. 위에는 다섯 개의 작은 구멍(3.5mm)이 있고, 옆에는 성수구(聖水口: 요니에 담긴 성수가 흘러 나가는 구멍) 하나가 부착된 형태였어요. 요니는 보통 1m가 넘는 큰 돌(사암)로 만들어서 사원의 핵심 공간(성소)에 안치하는 것이 일반적인 형태예요. 하지만 금동요니는 크기가 작고 귀한 재료인 금으로 도금한 것으로 볼 때, 중요한 의식이나 행사가 있을 때마다 사용했던 휴대용 제구(祭具)로 추정됩니다.

❙❙ 요니(Yoni)는 힌두교에서 여신을 상징하는 것으로, 남신을 상징하는 링가(Linga, 남근상)와 결합된 상태로 봉안된다.

▲ 캄보디아에서 온 복덩이.
박동희 박사는 약 1년 간 홍낭시다 보존·복원 프로젝트에 참여했다. 그는 '그저 생존을 위해 먹던' 현장사무소의 점심식사 시스템을 획기적으로 개선하는 업적도 남겼다. 홍낭시다를 떠나기 전 마지막 날, 그는 유적 내에 보리수나무 한그루를 심었다.(2019년 12월 1일).

생소한 표현들이 많기에 당연한 반응이라고 생각했다. 몇몇 커뮤니티와 SNS 상에서는 이번 보도와 관련해서 다양한 의견을 주고받고 토론도 활발하게 이루어지는 것을 목격했다. 사실관계가 조금 어긋나거나 이번 발굴과 거리가 먼 주제(일부 언론에서 '요니'를 '여근상'으로 표현을 해서 젠더이슈로 변질되기도 했다)로 갑론을박 하는 내용도 있었다. 하지만 그동안 우리나라에서 상대적으로 덜 알려졌던 크메르 역사와 유적이 알려지는 계기가 된 것 같아 한 연구자의 입장에서 무척 반가웠다.

겹경사

조용하던 홍낭시다 현장과 마을이 금동요니의 발견으로 들썩이는 가운데, 시다 공주가 풀어놓는 또 하나의 비밀은 다음 날에도 출토됐다. 만다파[I] 내부 기둥석을 해체하고 바닥면을 정리하다가 진단구[II] 공 孔의 흔적을 발견한 것이

▲ 만다파 기둥석 해체 후 바닥면을 정리하다가 진단구공의 흔적을 발견했다.

[I] 만다파(Mandapa) : 열주(列柱)가 있는 필로티로 되어 있거나 벽으로 둘러싸인 홀을 말한다. 본전(또는 성소)의 전실(前室) 역할을 한다.

[II] 진단구(鎭壇具) : 고대 건물의 기단 등에 나쁜 기운이 근접하지 못하도록 기단 하부를 축조할 때 매장하는 물건.

다. 2009년 국립문화재연구소에 근무할 당시 미륵사지석탑 해체조사 과정에서 사리장엄을 발견했을 때가 떠올랐다. 미륵사지석탑의 사리공(불탑에 사리를 봉안하기 위해 만들어 놓은 구멍)처럼 홍낭시다

▲ 2019년 2월 14일 진단구 발굴 당시 영상 캡쳐.
(360도 영상이라 일부분은 과도하게 왜곡되었음).

사원을 떠받친 기둥 하부에 구멍을 만들어서 진단구를 묻어둔 것이었다. 구멍을 막은 돌(진단구공 덮개석)은 언뜻 보기에도 쉽게 빼내기 힘들어 보였고, 실제로 견고하게 박혀 있었다. 바닥에 쪼그려 앉아서 덮개석을 빼기 위한 작업에 돌입했다. 한 시간 가량 쯤 지났을까? 겨우 손가락 끝으로 잡을 수 있을 만큼 덮개석 가장자리에 공간을 만들었다. 그리고 드디어 조심스럽게 덮개석을 들어올리니 진단구의 금박이 또렷하게 드러났다. 순간 그 작업을 지켜보던 모든 사람들이 박수를 치며 환호성을 지르고 기뻐했다. 기쁨도 잠시, 오랜 기간 진공상태에서 잠들어 있던 유물이 공기 중에 노출되었으니, 가능한 빨리 수습과 긴급보존처리를 해야 했다. 유물수습 담당인 전유근 박사를 모시고 와서 안

▲ 봉안식 후 기념사진.
뒷줄 우측 두 번째가 진옥섭 한국문화재재단 이사장. 세 번째가 분통 디비싸이(Bounthong DIVIXAY) 참파삭 주지사.

▲ 2019년 3월 29일 진단구 유물은 박물관에 보관하고, 진단구 복제품을 다시 봉안하는 의식을 치렀다.

전하게 수습을 했다. 진단구공에서는 금박과 크리스탈 등이 출토됐다. 이전에 몇 차례 진단구공을 확인한 바가 있었으나, 실제로 진단구 유물이 나온 것은 처음이었다. 육안으로 확인되는 진단구공은 노출되었더라면 이미 도굴 당했을 가능성이 높았다.

아이러니하게도 무너진 돌들이 진단구공을 가리고 있어서 도굴의 손길로부터 벗어날 수 있었을 것이다. 또한 복원을 위해서는 무너진 돌들을 해체해야 했었기에 진단구 유물이 세상에 알려질 수 있었다.

유물 발굴은 목적이 아니다

시다공주는 천 년에 가까운 시간 동안 외면 받아 오면서 닫혔던 마음의 문을 조금씩 열고 있는 듯했다. 그동안 무너진 돌무더기에 갇혀 비밀로 간직할 수밖에 없었던 시다공주의 역사가 세상에 선보이면서 나는 현지에서 새로운 별명을 얻게 됐다. 앞서 참파삭 마을에서 전해져 내려오는 설화의 주인공이자 시다공주를 식인괴물로부터 구해 낸 '카타남'이다. 아직까지 현지에서 '카타남'이라고 부르는 사람은 한정적이긴 하지만, 미스터 마피아보다는 영광스러운 이름임에는 분명하다.

우리는 유물을 발굴하려고 고대유적을 복원하지 않는다. 또한 복원 과정에서 유물이 발견되면 복원을 잠시 중단해야 할 수도 있다. 하지만, 기대하지 않았던 유물의 발굴은 유적이 가지고 있는 역사성을 더욱 풍성하게 만들어 준다. 또한 그 작업에 참여하고 있던 사람들은 새삼스레 다시 느끼게 된다. 우리가 하는 일은 단순한 유적의 복원이 아니라, 과거와 현재를 이어주고, 문화유산을 온전히 미래로 전달하는 것이라는 것을…

▲ 2019년 금동요니와 진단구 발굴 후 기념 사진 촬영.

평창올림픽과 돌병원

홍낭시다 사원은 유네스코 세계유산으로 지정된 '참파삭 문화경관 내 왓푸사원과 고대주거지'의 영역에 있다. 따라서 유적 내에서는 현상변경이나 신축 등이 엄격하게 제한된다.

홍낭시다 보존·복원 사업을 진행하면서 오랜 고민은 석재를 가공하거나 보존처리를 할 수 있는 시설물이 없다는 것이었다. 시설물(석재보존처리장)은 우기에도 작업할 수 있도록 사방이 막혀 있어야 하며, 내부에서 지게차 등의 중장비를 활용할 수 있을 정도로 바닥도 견고해야 한다. 현대 재료나 공법을 사용하면 금방 해결될 조건이지만, 세계유산 지역이어서 콘크리트를 사용할 수 없고 가설시설물로 만들어져야 한다.

올림픽 텐트가 준 힌트

가설시설물로 만들자니 동남아지역 우기의 매서운 비바람을 버텨낼 수 없고, 튼튼하게 만들자니 재료와 공법이 제한적이었다. 2018년 라오스의 우기(5~8월), 한국에 있는 동안 석재보존처리장을 계획하면서 고민이 깊어질 수밖에 없었다. 그러던 중 평창동계올림픽에서 예산절감과 유지관리 부담이 없도록 경기장을 제외한 대부분을 가설시설물로 활용했다는 뉴스를 보게 됐다. 가설시설물로 TFS Tension Fabric Structure 텐트를 사용했다는 것을 알게 됐고 나는 홍낭시다 현장에 적용하기로 했다. 간단하게 설치와 해체를 할 수 있고, 일정기간 설치했다가 다른 곳으로 옮길 수도 있으

▲ 단출했던 초창기 돌병원.

▲ 컨테이너를 옮기기 위해 총동원되었던 각종 중장비들.

며, 평창의 혹한과 강풍에도 견디낸 바 있는 구조물이어서 최적의 선택이었다.

기한 내에 현장에 구축하고 정산과 결과보고까지 해야 하는 상황이라서 일정이 빠듯했다. 더군다나 라오스는 내륙국가라서 한국으로부터 공수받는 데에 상당한 시간이 소요됐다. 한국에서 태국까지 해상으로 운송하고, 태국에서 다시 라오스로 육로로 이동해야 했다. 우여곡절 끝에 추진은 되었는데 태국에서 출발한 대형 트레일러가 라오스측 국경관리소에 억류되어 버리는 일이 생겼다. 사전에 통관서류를 충실히 작성해서 보냈음에도 불구하고 라오스측 국경에서 의도적으로 통관을 지연시킨 것이었다. 국경에서 더 이상 지체할 수 없었던 태국 업체는 결국 TFS 텐트를 실은 컨테이너를 국경에 놓고 다시 돌아가 버리는 상황이 발생했다.

1석2조, 돌치료와 현지인 연수

라오스측 국경관리사무소를 설득해야 했고, 동시에 국경에서 홍낭시다 현장까지 옮길 수 있는 트레일러와 컨테이너를 들 수 있는 대형크레인을 섭외해야 했다. 라오스 팍세에서 중장비를 구하는 일은 하늘의 별따기

▲ 한국에서 공수한 연약지반 개량용 자재 Geo-Cell.

와도 같다. 여기저기 수소문 끝에 가까스로 업체를 수배하고, 라오스 정부의 적극적인 도움으로 어렵게 현장으로 들여올 수 있었으나, 일은 여기서도 순탄치 않았다. 이 업체는 컨테이너를 싣고 홍낭시다 입구까지 왔지만 바닥이 약해서(우기 동안 물이 많이 고여 있던 관계로) 목적지까지 진입이 어렵다고 판단해서 입구에 컨테이너를 내리고 다시 돌아가 버린 것이다. 건기가 되고 바닥이 견고해질 때까지 기다릴 여유가 없었다. 컨테이너에서 석재보존처리장 구축용 막구조물과 장비들을 꺼냈고, 대상지까지 직접 끌고 가야 했다. 운송이 늦어져 마음을 졸이고 맨손으로 무거운 짐을 옮긴 끝에 드디어 설치를 완료했다.

연약지반 개량용 지오셀Geo-Cell과 흙시멘트Soil Cement를 사용해서 친환경공법으로 바닥 조성도 완료했다. 여러 우여곡절 끝에 결국 석재보존처리장은 라오스에서 남부럽지 않은 시설로 탄생했다. 지금은 악천후에 영향을 받지 않고 석재보존처리장에서 보존처리 업무를 효율적으로 진행할 수 있게 됐다.

석재보존처리장이 공식적인 이름이었지만, 영어와 라오스어로 번역해서 쓰기엔 직관적이지 않고 쉬운 이름도 아니었다. 가급적 라오스 현지인이 부르기 쉬운 이름을 고민하다가 '돌병원'이라고 명명했다. 그리고 전유근 돌박사가 이 돌병원을 운영하게 됐다.

전유근 박사가 운영하면서 돌병원은 단순하게 돌을 치료하는 곳뿐만 아니라, 라오스 현지인들을 위한 연수 공간의 기능을 하게 되었다.

이 돌병원은 왓푸 유적을 방문하는 사람이라면 누구나 꼭 들리는 필수 코스가 됐다. 태국과 라오스의 여러 기관과 국제협력팀에서도 단체견학을 올 정도로 중요

⬆ 돌병원 짓기(TFS 특수천막).

한 곳이 되었다.

홍낭시다 사원을 복원할 때 제1원칙은 원래 돌을 최대한 재사용하고, 빈 곳이 있고 그 위에 기존 돌이 올라가는 경우처럼 빈 곳을 채워주지 못하면 기존 돌을 못 쓰게 되는 경우에 한해서만 새 돌을 쓴다. 깨지거나 절단된 돌을 보존처리(치료)하거나, 새로운 돌(인공관절)을 가공하기 위해, 궁극적으로 한국팀의 제1원칙을 지켜나가기 위해서 돌병원은 핵심적인 장소이다.

▲ 홍낭시다 석재보존처리장(일명 돌병원).

블랙스톤의 비밀

전유근

병원을 별로 좋아하지 않았던 시골 촌놈은 어지간하면 아파도 진통제를 먹고 버텼다. 그러나 어느 날 아침, 갑자기 가슴을 칼로 찌르는 듯한 고통과 고열이 나를 자동적으로 병원으로 이끌었다. 병원에 도착한 나는 의사에게 아픈 증상을 말했고, 의사는 나에게 몇 개의 질문을 한 후 목과 귀 안을 살펴봤다. 그리고 나는 자리를 옮겨 X-선 촬영과 심전도 검사를 한 후 의사와 다시 마주 앉았다. 의사는 별다른 이상은 없으니 술·담배를 줄이라는 말과 함께 진통제를 처방해줬다. 이것이 2016년 연말정산에서 14,400원으로 기록된 나의 의료비 내용이다.

사람들은 몸이 아프면 병원에 가서 다양한 진료를 받고 병명에 따라 적합한 치료를 받는다. 사람이 아닌 홍낭시다 사원은 어떻게 진료를 해야 할까? 방식은 사람이 병원에서 진료 받는 과정과 거의 흡사하다. 우선 눈으로 살펴보고 문제가 있는 부분은 비파괴 장비를 활용하여 정밀진단을 실시했다. 각 결과들을 종합하여 석재의 훼손상태에 따라 어떻게 보존하는 것이 좋을지 계획을 세우고 치료했다.

유적 진단 1순위, 돌의 색상

홍낭시다 사원의 돌에 어떤 문제가 있는지 확인하기 위해 여기저기 살펴봤다. 내가 유적을 진단할 때 제일 처음 하는 일은 돌의 색상이다. 돌의 색이 다른 부분과 차이가 난다면 그곳은 어딘가 문제가 있는 것으로 더 유심히 관찰했다. 오랜 시간 밀림에서 홀로 지내온 홍낭시다 사원 석재의 표면은 미생물들이 서식하면서 검게 보였다. 검은색 중간 중간에 틈새로 보이는 황색은 스콜의 모진 비를 맞으며 풍화된 것이고, 밝게 보이는 회색은 양파 껍질처럼 표면이 떨어진 곳이며, 더 어두운 검은색은 균열이 발생한 곳이다. 이렇게 돌 하나하나 확인을 해 나갔다. 대략적인 훼손상태를 파악했으니, 이제는 정밀진단을 할 차례였다. 그런데 일할 사람이 백경환 소장과 나 둘뿐이었다. 첫 출장에 어리버리 했던 나에게 백경환 소장은 왓푸사무소 직원들과 함께 할 테니 걱정하지 말라고 했다. 얼마 후 왓푸사무소의 에이스인 시빌라이, 노팔락, 시분흐앙, 시사마이 네 명이 석재 진단장비[1]들을 가지고 왔다. 그들이 들고 온 장비는 초음파탐상기, 적외선열화

▲ 황색으로 변한 돌 표면.
유적에서 색상이 다른 곳을 찾아.
그 부분을 해결하면 유적을 오랫동안
보존할 수 있다.

▲ 박락된 돌의 회색 표면.

[1] 문화유산 ODA사업에서는 유적 복원 이외에도 문화유산 보존에 필요한 장비들을 지원해주는 프로그램이 있다. 라오스 왓푸사무소에는 2016년에 지원되었다.

상카메라, 전암대자율 측정기이다.

홍낭시다 돌과 라오스 친구들

나는 막막해졌다. 이유는 앞서 돌을 설명할 때와 같은 이유였다. 과거에 학교에서 '석조문화재 안전진단'이라는 과목을 가르치던 기억이 떠올랐다. 나름 열심히 준비해서 '초음파는 가청진동수(20~20,000㎐)보다 높은 음파로…', '적외선은 파장 범위가 700㎚ ~ 1㎜인 빛으로서', '대자율의 경우, 자화 M과 자기장 H와의 관계' 기타 등등, 이런 식으로 전공자들에게 설명하였다. 당연히 학생들은 지루한 나의 설명에 하나둘씩 쓰러졌

▲ 유적지의 돌들은, 돌이 보유하고 있는 색상들에 많은 비밀이 숨어 있다.

다. 과거의 기억에서 현실로 돌아온 난 다시 막막해졌다. 한국말로도 설명을 잘 못하던 걸 영어로 해야 한다니, 주섬주섬 장비 세팅을 하고 있는 중간중간 라오스 친구들은 나에게 자신들이 왓푸에서 하고 있는 일에 관하여 이야기해줬다. 그 이야기 속에는 이따금씩 내가 모르는 전공영어가 뒤섞여 있어 이해하기 쉬웠다. 그리

▲ 비파괴 진단 현장조사 모습.

▲ 데이터 처리 모습.

고 재미있었다. 항상 원론적인 생각만 하고 나만 옳다고 자만하던 나에게는 큰 충격이자 흥미였다. 그럼 나도 해볼까?

"이 카메라랑 비슷한 걸 공항에서 본 기억 있어요? 네, 맞아요. 공항에서 사람들 온도 체크를 하는데 사용하는 카메라입니다. 원리는 공기가 돌보다 빨리 온도가 올라가는 점을 응용한 건데 이걸로 찍어보면 짜잔! 여기 빨간 부분이 눈에는 보이지 않지만 돌 표면이 떨어지려고 하는 부분입니다."

생각처럼 재미있게 설명하지는 못했지만 라오스 친구들은 다행히 흥미로워 하는 눈치였다. 이런 방식으로 다른 장비들도 설명을 마치고 함께 조사를 시작했다. 이후 한 달 동안 석재 하나하나를 꼼꼼하게 조사하며 홍낭시다 돌과 라오스 친구들과 또 다른 나를 함께 알아갔다.

돌 찾으러 가자

홍낭시다 사원은 무너지고 또 완전히 부서져 다시 활용하기 어려운 돌들도 보였다. 홍낭시다를 온전히 복원하기 위해서 무너져 땅속에 묻힌 돌들은 모두 찾으면 좋겠지만 일부분은 없는 것 같았다. 많은 돌이 필요할 상황이었다. 백경환 소장에게 잠깐 주변을 둘러보고 온다고 말한 다음 망치를 들고 복원용 돌을 찾아 홍낭시다 뒷산(푸카오 산)으로 향했다. 그러나 만만해 보이던 산은 나를 반겨주지 않았다. 허리까지 자란 독초와 가시나무들 때문에 돌은 제대로 확인하지 못하고 다시 사무소로 돌아왔다.

"여기 산 장난 아니네요! 잠깐 돌 보러 갔는데 가시나무가 막!"

여기저기 상처가 난 팔과 다리를 백경환 소장에게 보여주며 엄살을 부리던 차, 백경환 소장은 얼굴이 굳어졌다. 그리고는 무섭게 화를 냈다.

"그곳이 얼마나 위험한 곳인데, 거기가 어디라고 제대로 보고도 없이 혼자서 다녀와요! 사람들이 다니지 않는 산속에는 미폭발물도 있을 수 있어요. 긴장 좀 해요!"

순간 서운했다. '전쟁이 끝난 지가 한참이나 지났는데 폭발물이라고? 여기는 사람들이 농사도 짓고 사는데 폭발물이라고? 그리고 내가 놀러갔다 온 것도 아니고 복원용 돌 찾으러 다녀온 건데….' 그렇게 어색한 분위기도 잠시 백경환 소장은 조만간에 라오스 친구들과 안전한 길로 돌을 찾으러 가자고 나를 다독여줬다.

'캄' 3인방이 가르쳐준 교훈

얼마 후, 세 명의 라오스 친구들이 돌 찾는 일을 도와주기 위해 벌목도를 들고 현장사무소로 찾아왔다. 이들은 특공부대 출신이자 현장사무소 관리인 '캄시', 홍낭시다 뒷산에서 사냥을 자주 다니는 '캄레', 만능재주꾼 '캄라'이다. 이 3명의 안내를 받으며 복원용 돌을 찾아 다시 홍낭시다 뒷산으로 향했다. 그런데 이번 산행은 지난 번 혼자 왔을 때와는 달리 길이 너무나도 편했다. 이 동네 토박이인 그들은 산속의 길을 아주 잘 알고 있었고, 행여나 가시덤블로 막힌 곳은 두세 번의 벌목도질로 길을 만들어 헤쳐 나갔다.

한참 산속을 돌아다니다 잠시 휴식

▲ 홍낭시다 뒷산 조사 모습.

을 취했다. 항상 책상에 앉아있어 퇴화한 나의 다리는 부들부들 떨렸고, 갈증과 함께 피곤이 몰려왔다. 그런 와중에 나는 마실 물을 준비하지 않았다. 아니 조사용 물품들만 배낭에 챙겼을 뿐, 비상식량이나 물을 준비해야 된다는 생각조차 하지 못했다. 그때 수다쟁이 캄라가 라오스말로 장황한 설명을 하며 물과 간식거리를 전해줬다. 라오스 말을 하나도 모르던 내가 그저 웃으며 머리만 긁적거리고 있을 때 옆에 있던 백경환 소장이 통역을 해줬다.

"유근 샘 많이 피곤해 보인데요. 그리고 산이 위험하니 나중에라도 혼자서 산행은 하지 말라고 하네요. 해충들도 많고, 또 폭발물도 있을 수 있다고. 그래서 본인들도 다니는 길로만 이동한다고 합니다."

> **현장 오딧세이**
>
> ### 채석의 흔적
>
> 한국의 돌은 약 70퍼센트가 화강암으로 구성되어 있고 국보 및 보물급 석조문화재 역시 대부분 화강암으로 제작되었어요. 화강암의 채석은 돌의 상부에 일자로 구멍을 파고 그곳에 쐐기를 넣어 돌을 쪼개는 방식으로 합니다. 우리의 선조들은 단단한 화강암을 채석하기 위해 최적화된 방법을 선택했으며, 반으로 절단된 돌을 정성스레 다듬고 또 다듬어 석조유물을 제작했어요. 반면 라오스의 고대인들은 홍낭시다 사원을 축조하기 위해 화강암과는 다른 방식으로 돌을 채석했어요. 커다란 사암 암체 상부에는 필요한 돌의 크기만큼 홈을 파고, 암체의 옆에 쐐기를 넣어 돌을 빼내는 방식이죠. 이 방식은 사원을 축조하기 위해 원하는 크기 만큼만 채석할 수 있어 매우 효율적이에요. 이러한 내용들을 라오스 친구들에게 말해주니 신기해했어요. 그리고 다른 곳에도 많이 있다며 길을 안내합니다. 이후 수많은 라오스의 고대 채석 흔적들을 찾고 기록해나갔어요. 이러한 고대 채석 흔적은 한국의 경우 서울 남산에 돈가스를 먹으러 가며 볼 수도 있고, 라오스는 사냥을 다니던 뒷산에서도 볼 수 있을 정도로 흔한(?) 일상 풍경이에요.
>
>
>
> ▲ 서울 남산 화강암의 채석 흔적. 야외 탐방시 부자연스러운 부분에는 유적이 있을 가능성이 매우 높다.　▲ 홍낭시다 사원 사암의 채석 흔적.

이 말을 전해들은 나는 혼자서 산행을 다녀와서 백경환 소장이 왜 나에게 그렇게 엄하게 말했는지 이해를 했다. 고마웠다. 그리고 라오스 친구들이 전해준 마실 물과 길안내는 또 다른 생각을 하게 만들었다. '해외사업은 혼자서 의욕만 있다고 되는 일이 아니구나. 또 경제적으로 못사는 나라를 도와주는 일이라고 생각했는데 내가 더 도움을 받는구나.' 그리고 'ODA라는 명목 하에는 한국이 라오스를 지원해 준다는 커다란 이미지 속에 라오스가 한국에 지원해주는 보이지 않는 것들이 숨어 있구나.' 이런 저런 생각에 정신이 번쩍 들었다.

휴식을 마치고 다시 돌을 찾아 길을 나섰다. 여기저기 둘러보다가 주변의 돌들과 다르게 깨져있는 돌이 보였다. '이상하다. 자연적으로 돌이 저렇게 깨질 일은 없을 텐데….'라는 생각이 나를 그곳으로 이끌었다. 점점 가까이 다가갈수록 이상함은 흥미로움으로 바뀌었다. 자세히 확인해보니 고대에 돌을 채석했던 흔적인데, 그것도 한국의 채석 흔적과는 매우 다른 형태였다.

복원용 돌 구합니다

홍낭시다 뒷산에 있는 돌은 사원의 돌과 성분이 같다. 그리고 수많은 고대의 채석 흔적도 확인했다. 당연히 홍낭시다 복원용 돌은 뒷산의 돌을 사용하는 것이 좋을 듯했다. 원형을 복원하기 위해 그 당시에 사용되었던 재료도 함께 복원한다는 개념이다. 그러나 홍낭시다 뒷산인 푸카오산은 세계문화유산으로 지정되어 있어, 채석 허가를 받기 위해선 많은 절차가 필요했다. 설령 허가를 받는다 하더라도 고대 채석장 그대로의 모습을 지켜주고 싶은 마음에 복원용 돌은 다른 곳에서 구하기로 했다.

당시 라오스 지리에 밝지 못했던 나는 왓푸사무소 관계자와 지역 주민에게 어느 지역의 돌이 좋은지 물었다. 라오스 친구들은 조금 떨어진 지역에 돌을 채석하는 곳이 있다고 알려줬다. 그곳은 왓푸에서 북쪽으로 약 20킬로미터 지점으로 두앙디 회사가 운영하는 채석장과 왓푸에서 북쪽으로 약 40킬로미터 지점인 밧촘펫 마을이다. 나는 조사용 장비와 망치를 들고 그곳으로 향했다.

채석장 담판

두앙디 채석장에 도착했다. 차에서 내려 넓은 평지를 잠시 걸으니 광범위하게 움푹 파인 지형이 눈에 들어왔다. 그리고 그곳에서 드릴로 구멍을 뚫고 있는 작업자들이 보였다. 작업반장을 만나 돌에 대해 이런저런 질문을 했다. 이곳의 채석 방법은 드릴로 구멍을 뚫은 다음 그 안에 다이너마이트를 넣고 폭파시켜 돌을 깨는 발파방식이다. 이 방식은 돌을 채석하기 쉽지만 돌에 잔균열들이 발생할 가능성이 있어 복원용 석재로 선택함에 있어 망설여졌다. 우리는 1미터 이상의 큰돌이 필요하다는 설명과 함께 다이너마이트를 쓰지 않고 채석이 가능한지를 물어보니 가능하다고 했다. 대략적인 이야기를 마치고 이제는 가격협상의 시간.

"1톤 당 500,000Kip(약 70,000원)" 가격을 부르고 나를 바라봤다. 가격 자체는 나쁘지 않았다. 다만 이곳의 돌이 발파방식으로 채석하기 때문에 복원용 돌로는 적합하지 않다고 이미 생각하고 있었다. 그래서인지 내 표정은 무심한 듯 보였고, 내 눈치를 살피던 작업반장은 대량으로 구매할 경우, 400,000Kip까지 가격을 낮춰 공급할 수 있다고 말했다. 그렇게 가격협상을 마치고 미안한 마음에 한국산 담배를 1갑 선물로 주고 다

▲ 다이너마이트 발파준비(두앙디).

른 장소로 이동했다.

두 번째 후보지인 밧촘펫 마을은 돌로 부처상, 동물상 등을 조각하는 사람들이 모여 사는 석조각들의 마을이다. 이곳에 도착한 나는 집의 모양과 기후만 다를 뿐 어렸을 적 고향의 풍경과 유사한 느낌을 받았다. 그리고 발걸음을 옮길 때마다 과거에 흔히 들어왔던 소리들이 점점 크게 들려왔다.

▲ 밧촘펫 마을 석공과 협상.

'깽깽깽, 툭, 툭, 툭, 두두두두, 틱틱틱', '깽깽, 툭, 툭, 두두두두, 샤아악'

돌을 다듬는 소리이다. 그리고 리듬감이 좋다. 돌을 오랫동안 다루어온 사람이 만들어낸 소리이다. 기분 좋은 기대감에 소리가 들리는 곳으로 갔다. 그곳엔 주먹이 내 얼굴만한 사람이 정과 망치를 들고 부처님을 조각하고 있었다. 그 사람은 내 인기척에 고개를 들어 우리쪽을 잠깐 보고 다시 정질에 몰두했다. 석공의 솜씨 좋은 조각을 넋놓고 바라보며 작업이 끝나기를 기다렸다. 잠시 후 석공은 무슨 일로 왔는지를 물었다. 홍낭시다 복원용 돌을 찾고 있다는 설명과 함께 석공의 성장배경, 돌을 조각하는데 사용하는 도구, 돌을 채석하는 방식 등에 대한 이야기를 나누었다. 그리고 다시 찾아온 가격협상의 시간.

"1톤 당 1,000,000Kip(약 140,000원)" 이렇게 말하고는 자리에 앉아 물을 마신다.
"그럼 지금 조각하고 있는 사람만한 부처님은 완성되면 얼마에 판매하십니까?"
내가 석공에게 물었다.
그는 "4,000,000Kip"이라고 자랑스럽게 말했다.
한국과 비교했을 때 돌의 가격은 매우 저렴했다. 그리고 돌의 상태도 좋아 복원용 돌로 적합하다고 생각했다. 그러나 나는 돌의 성분, 강도 등 여러 측면을 고려해서 구매 결정을 해야하는 상황으로 확답하지 못했다. 석공에게서 돌을 사지도 않을 거면서 왜 그렇게 귀찮게 했냐는 듯한 느낌을 받고 미안한 마음에 발걸음을 돌렸다.

극단적 평화로움 속 전쟁의 상흔

1년 6개월 후, 밧촘펫 돌의 성분이 홍낭시다 사원의 돌과 유사하다는 분석결과를 가지고 다시 밧촘펫으로 향했다. 다시 만난 석공은 나를 기억하고 반갑게 맞아줬다. 그것도 잠시, 채석하는 돌에 대한 까다로운 나의 요구 조건에 고민에 빠졌다. 사실 나의 요구조건은 간단했다. '발파로 채석하지 않는다. 그리고 돌의 크기는 1미터 이상으로 채석한다.' 그러나 이 요건을 충족하기 위해서 석공은 엄청난 고생을 해야만 하는 것이다. 석공은 2주 후에 돌을 찾으러 오라고 말을 했다.

2주 후 홍낭시다 현장의 크레인을 끌고 돌을 찾으러 갔다. 다시 본 석공의 몸에서 파스의 냄새가 풍겼다. 내 장단지 만한 팔뚝과 얼굴만한 손을 가지고 있던 석공은 돌을 깨는데 엄청 힘들었다며 어깨를 돌렸다. 그리고 채석된 돌을 본 나는 석공에게 진심으로 존경의 마음을 표했다. 단지 망치와 정으로 대형의 돌을 절단한 것이다. 그것도 딱 홍낭시다에 필요한 사이즈로. 크레인으로 돌을 나르는 과정에서 갑자기 '왕아앙!!!' 폭음소리와 함께 주변의 나무들이 흔들리고 공기의 파동이 내 가슴을 떨리게 했다. 발파방식으로 돌을 채석하던 어렸을 적 기억의 그 소리였다. 그리고 잠시 후 들리는 또 한 번의 폭발음과 공

ODA사랑방

1960~70년대 베트남 전쟁 당시, 베트남은 '호치민루트'로 불리는 라오스 접경지역을 따라 게릴라 전술을 펼쳤어요. 이 루트를 막기 위해 미군은 200만 여 톤에 달하는 폭발물을 라오스 영역에 수십만 번에 걸쳐 투하했죠. 그중에 폭발하지 않은 수많은 폭탄이 라오스 전역에 분포하고 있다 합니다. 글로만 알고 있던 사실이 현실로 다가왔을 때의 긴장감과 떨림에 바닥에 철푸덕 앉았죠. 그 더운 라오스의 날씨가 갑자기 서늘하게 느껴졌어요. 그리고 돌을 찾기 위해 돌아다녔던 그간의 조사에서 별 탈 없었던 점과 예전에 백경환 소장의 따끔하고 서운했던 충고가 고맙게 느껴졌답니다.

기의 파동. 나는 조심스레 동네의 다른 채석장에서는 발파로 돌을 캐는지 석공에게 물었다. 그러나 석공에게서 생각지 못했던 답이 돌아왔다. 우리가 그곳에 도착하기 1시간 전 UXO 미폭발물 해체 전담팀이 폭발물을 제거하기 위해 마을에 왔었다고 했다. 그렇다. 그 소리는 미폭발물을 제거하면서 발생한 소리였다.

라오스는 〈꽃보다 청춘 라오스 편〉에 방영된 모습처럼 매우 여유롭고 때로는 매우 활동적인 곳이다. 그러나 평화롭게 보이는 외면 안에는 여전히 과거 전쟁 및 내전의 상처들이 생활 속 곳곳에서 보인다. 그렇게 또 다른 라오스의 이면의 모습을 가지고 돌과 함께 홍낭시다로 돌아왔다.

돌병원 개원

2018년 하반기 캄보디아의 외유를 마치고 라오스로 복귀하였다. 그동안 백경환 소장이 '돌병원'을 지어놨다. 널찍하니 마음에 들었다. 무엇보다 그늘이 있었다. 라오스 한낮의 햇빛을 차단할 수 있는 곳은 현장 작업하기에 최적의 장소였다. 그렇게 좋은 마음도 잠시, 돌병원 내부 인테리어를 어떻게 할 것인지 고민하기 시작했다. 우선 돌병원에서 치료해야 할 석재들을 살펴봤다. 길이 3.4미터, 무게 약 1.5톤의 2개로 절단된 돌이 눈에 들어왔다.

'크다. 엄청 무거워 보인다. 어떻게 들지? 지게차로 들어서 접합할 수 있을까? 지게차로는 정교한 작업을 하기 어려울 거 같은데?' 이런 저런 생각이 들었다. 사실 돌병원이 지어지기 이전에 홍낭시다 석재를 치료하기 위한 수술대를 한국에서 알아봤었다. 가장 이상적이었던 수술대는 미륵사지 석탑에 사용되었던 것이다. 수십 톤의 돌을 자동으로 위, 아래, 좌우로 이동시킬 수 있는 장비였다. 홍낭시다 석재 보존처리를 위해 미륵사지에 적용된 수술대를 제작하는 투자는 아깝지 않았다. 또 국립문화재연구소에서도 제작에 도움을 주기로 약속까지 받았다.

⬆ 이걸 깨달라고?(밧촘펫). ⬆ 복원용 돌 운반.

그러나 한국에서 제작을 하더라도 라오스로 가지고 오는 문제점이 있었다. 라오스는 내륙국가로 바다가 없다. 라오스까지 화물을 운반하기 위해서는 태국항을 거쳐 내륙으로 이동하여 라오스로 들여와야 한다. 그렇게 들어가는 배송비용이 약 1,200만원. 돈만 지불한다고 해서 배송이 되는 것이 아니라 라오스 세관을 통과하기 위한 많은 절차를 거쳐야 한다. 그리고 결정적인 문제는 많은 비용을 들여 대형석재 수술대를 들여온다 하더라도 홍낭시다 현장에는 그 장비를 작동시킬 수 있는 전기가 없었다.

라오스에서 병원 인테리어 하기

그래서 라오스에서 구할 수 있는 재료들로 직접 제작하기로 했다. 수술대 제작에서 고려해야 될 핵심적인 사항은 2톤 이상의 돌을 들을 수 있어야 하며, 좌우로 똑바르게 움직일 수 있어야 한다는 것이다. 이 요건이 충족되어야만 정밀한 보존처리를 수행할 수 있다.

재료를 구하기 위해 팍세의 전통시장으로 향했다. 한참을 돌아다니다 눈에 띄는 빨간색 물건. 자동차 타이어가 펑크났을 때를 대비해 스페어 타이어와 함께 트렁크에 있던 핸드리프트다. 이거면 홍낭시다 돌을 충분히, 그리고 원하는 만큼만 천천히 들어올릴 수 있을 것 같았다. 우연히 눈에 들어온 이 빨간색 핸드리프트는 홍낭시다 석재를 보존처리하는데 결정적인 역할을 한다.

▲ 상하이동 재료(자동차 핸드리프트). ▲ 좌우이동(건축용 강관비계).

시장을 나와 다른 곳을 향하던 중 2층의 집을 짓고 있는 현장이 보였다. 2층에서 벽돌을 쌓고 있는 라오스 건축가는 대나무로 만든 발판 위에서 작업을 했다. 그 모습을 보고 있자니 우리나라의 건축현장이 떠올랐다. 한국은 고층의 건물을 건축할 때 강관파이프로 안전비계를 설치하고 그 위에서 작업을 한다. 순간 '두께 5센티미터, 길이 6미터의 강관파이프, 그리고 강도가 높으며 길고 곧은 재료'라는 생각이 머릿속을 스쳤다. 계속 되뇌어왔던 홍낭시다 수술대의 충족요건을 만족했다.

'자동차 정비용 핸드리프트와 건축용 강관파이프' 이 두 개의 재료에 몇 가지를 추가하여 레일을 제작하기로 생각했다. 우선 석재를 올릴 선반이 필요했다. 선반은 철물점에서 철 프레임을 구입한 후 이것을 들고 철공소에 직접 찾아가 용접을 하는 방식으로 제작했다. 한국 같았으면 전화 통화나 이메일로 의뢰를 하면 배송까지 한번에 해결되지만 라오스에서는 일일이 직접 해야만 했다. 그러나 하나하나의 일들은 불편하기 보다는 라오스의 내부를 들여다 볼 수 있는 좋은 경험이기도 했다.

라오스의 한국인 맥가이버 탄생

홍낭시다 석재 수술대를 제작하기 위한 준비가 거의 끝나갔다. 그러나 수술대의 골격을 만들 강관파이프가 없었다. 여기저기 수소문 해봤지만 라오스 제3의 도시인 팍세에는 없다고 했다. 강관파이프는 옆나라 태국에서 수입을 해야 한다는 소식을 듣고 당황했지만 라오스 사람들은 항상 있는 일이니 걱정하지 말라고 나를 위안했다.

많은 사람들이 동남아시아는 '못사는 나라', '물가가 낮은 나라'로 생각한다. 그러나 이상하게 들릴지도 모르겠지만 태국과 베트남은 초강대국이며 부국이다. 적어도 인도차이나반도에서는 말이다. 두 나라 중간에 껴있는 라오스는 많은 사람들이 생각하는 그 인식의 나라이다. 이 국가들의 차이점은 지리적으로 바다가 있는가에 대한 여부이다. 태국과 베트남은 바다가 있고 저렴한 인건비 때문에 소위 강대국들로부터 많은 투자가 있었고 생산설비들이 구축되었다. 공장에서 만들어진 상품들은 바다를 통해 수출된다.

반면 라오스는 바다가 없다. 라오스에서 제작된 상품들은 결국 태국 또는 베트남을 통해 수출 되어야하기 때문에 가성비가 떨어진다. 그래서 라오스에는 투자가 적었고 공산품을 생산할 수 있는 설비도 없었다. 따라서 라오스의 공산품은 물품에 따라 한국보다 높은 가격을 주고 구매를 해야 하는 경우도 발생한다. 결국 라오스는 관광할 경우 물가가 낮지만, 현지에서 생활할 때는 물가가 높은 나라로 변한다.

태국에서 어렵사리 수입한 강관파이프를 가지고 시다공주의 사원 석재를 치료하기 위한 수술대를 제작하기 시작했다. 제작에 함께 참여한 라오스 사람들은 처음엔 어리둥절해 하다가, 파이프 하나하나 연결되면서 형태가 잡히니 내가 무엇을 제작하려고 하는지 금세 감을 잡았다. 제작

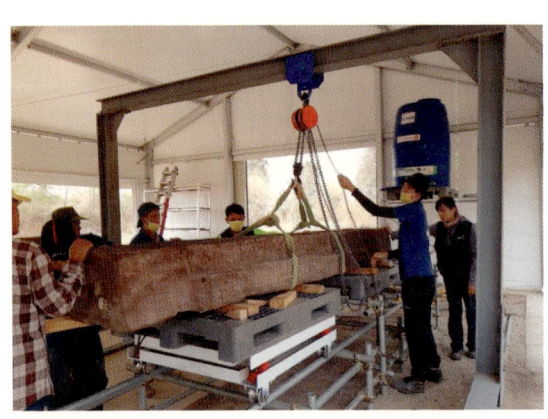

▲ 시다레일 테스트

속도도 가속이 붙었다. 그렇게 완성된 수술대 테스트를 할 시간이다. 약 1.5톤의 돌을 조심스레 수술대에 올려놓았다. 상하, 좌우 매끄럽게 움직였다. 그리고 두 조각난 돌들이 정밀하게 맞붙었다. 성공적이었다.

아주 단순한 형태이지만 라오스 사람들은 처음보는 장치였다. 물론 나 역시도 처음 보는 장치였다. 그리고 세계의 돌 일을 하는 모든 전문가들도 처음보는 장치였을 것이다. 라오스의 부족함이 홍낭시다 공주를 치료하기 위한 최고의 선물을 준 것이다. 우리는 이를 시다공주의 이름을 따와 '시다레일'로 부르기로 했다. 그렇게 홍낭시다 돌병원 내부 인테리어를 마치고 개원을 했다.

돌병원 인턴 급구!

돌병원도 튼튼하게 짓고 내부 인테리어도 끝냈다. 그런데 정작 돌을 치료할 의료진이 없었다. 고개를 돌려 땡볕에서 진행되고 있는 발굴조사와 해체공사 현장을 바라봤다. 시원한 그늘에서 한 시간 가량 30여 명의 라오스 사람들이 일하는 모습을 하나하나 지켜봤다. 모든 사람들이 묵묵히 열심히 일을 하고 있지만 그중에서도 자기 일처럼 열심히 하는 몇 명이 눈에 들어왔다.

휴식 시간. 나는 홍낭시다 사업에 지원 나온 왓푸사무소 직원인 시빌라이, 찬티

▲ 석재 보존처리 이론교육.

▲ 사전연습.

▲ 티타늄 삽입 위치 석재천공.

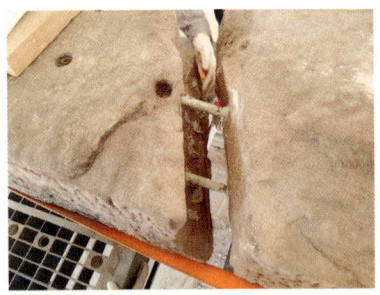

▲ 티타늄 보강접합.

바, 참팽과 이야기를 했다. 시빌라이는 사업 초기부터 한국팀과 같이 일해온 친구로 라오스 현장책임자와 같은 역할을 한다. 찬티바는 한국에서 학위를 받은 친구라 한국말을 제법 할 줄 알고 있고, 참팽은 과거 프랑스팀과 일을 해본 경험이 있어서 프랑스어를 할 수 있는 친구이다. 왓푸 현장에서 잔뼈가 굵은 이 친구들에게 눈여겨본 라오스 사람들에 대해 물어보기로 했다.

최적의 의료진 멤버 구성

수반은 정말 열심히 하는 사람이다. 그리고 모든 일을 잘하는 만능스타일이다. 사이사나, 애땜, 케오낭은 인도팀에서 일을 했었다. 3명 모두 석조각을 할 수 있는 사람들이었다. 키얏은 이번에 처음 일을 시작한 사람이었다.

돌병원 의료진으로는 내가 생각한 최적의 맴버 구성이다. 처음 계획은 찬티바와 참팽 2명이 나와 같이 일을 하는 것으로 협의가 되어 있었지만 사람이 더 필요했다. 이번에는 백경환 현장 소장님에게 인력지원을 요청했다. 말이 요청이지 발굴조사와 해체공사 사람들을 돌병원으로 스카웃한다는 것이다.

"백경환 소장, 아니 소장님! 수반, 사이사나, 애땜, 케오낭, 키얏 이렇게 5명 돌병원으로 스카웃할게요. 쫌 도와주세요. 네?" 이렇게 몸에 맞지 않는 넉살스런 애교를 떨어봤다.

"하, 어쩜 에이스들만 쏙 빼가요? 허허허허허. 그런데 케오낭은 지금 해체작업에서 꼭 필요한 사람이라 케오낭만 계속 저희팀이랑 일하는 걸로 할게요."
"넵!!!!"

사실 그 이후 케오낭에게 돌병원은 그늘에서 일할 수 있다는 말도 안 되는 조건의 달콤한 속삭임으로 몇 번 같이 일을 했지만 백경환 소장은 "또, 또!!! 데꼬갔다. 방심할 수가 없어!!"라고 했다. 결국 케오낭은 해체공사 현장으로 갔다. 그렇게 돌병원 6명의 의료진들이 구성됐다.

홍낭시다 돌병원은 가끔씩 돌의 표면을 세척해주는 피부과와 같은 역할을 하지만 부러진 뼈를 잘 붙도록 치료하는 전형적인 외과이다. 이제 새로 들어온 6명의 인턴에 대한 교육시간. 나의 첫 질문은 "사람의 뼈가 부러졌을 때 어떻게 대처해요?"였다. 답은 "병원에 가서 깁스를 한다.", "나무 부목으로 고정한다" 등 다양하다. 그중에 가장 가슴을 치는 답은 "진통제를 먹고 집에서 쉰다. 몸은 아프겠지만 와이프가 나를 잘 보살피니 편할 것 같다."였다. 이 단순한 질문과 대답 속에 라오스의 상대적 빈부격차, 의료적 개념, 가정환경들이 느껴졌다.

홍낭시다의 석재 첫 수술을 성공적으로 마치다

나는 한국의 경우를 소개했다.

"한국에서는 뼈가 부러지면 병원에 가서 우선 진단을 하고 치료를 받는다. 팔, 손가락 등 몸의 하중을 받지 않는 부분은 깁스를 하는게 보통이다. 그러나 몸을 지탱하는 다리에는 경우에 따라 핀을 삽입한다. 물론 진통제도 먹고, 와이프가 병원으로 찾아와 사과를 깎아주기도 한다."

▲ 홍낭시다 돌병원 구성원 (왼쪽부터 전유근 연구원, 키앗, 참팽, 수반, 사이사나, 애땜, 찬티바)

그렇다면 돌이 부러진 경우에는 어떻게 치료할까? 사람의 경우와 유사하다. 석재의 외부에 발생하여 큰 하중을 받지 않는 부분은 에폭시라는 접착제를 이용하여 접합한다. 그러나 기둥, 보, 벽면 등과 같이 큰 하중을 받는 부분에는 보강재를 삽입하여 접합을 한다. 보강재는 각각의 국제팀마다 유리섬유, 와이어, 스테인레스 등 서로 다른 재료들을 사용하지만 한국에서는 티타늄을 삽입한다.

그렇게 석재 보존처리에 필요한 배경지식, 재료와 장비의 사용법, 작업시의 주의사항 등에 대한 기초교육을 마치고 유물이 아닌 일반 돌을 가지고 여러 번의 사전연습도 마쳤다. 실전 대상을 두 조각난 1.5톤의 홍낭시다 석재로 정하고 준비를 했다. 현장에서 사용하는 접착제가 완전히 굳는 시간은 24시간이지만, 약 10분 이후에는 접착형태의 변경이 어려워 이 시간 내에 모든 작업을 마쳐야 했다. 즉 석재 보존처리의 성공 유무는 골든타임 10분에 달려있다.

모든 일들이 뒤틀림 없이 순차적으로 진행되어야 성공적으로 접합할 수 있다. 그래서 업무를 분담했다. 찬티바와 참팽은 티타늄의 두께 및 길이, 삽입위치 등의 수학적인 계산과 함께 기록을 했다. 사이사나와 애땜은 티타늄을 삽입할 곳에 구멍을 뚫었다. 그리고 수반과 키얏은 접착제와 티타늄 봉을 사전에 준비하고 시다레일의 상태를 점검했다. 이렇게 보존처리를 위한 모든 준비를 마치고 석재접합을 시작했다. 약간의 긴장감이 흘렀지만 진행과정은 매끄러웠다. 그렇게 홍낭시다 석재의 첫 수술은 성공적으로 마무리 되었다.

ODA수첩

그 이후 돌병원 의료진은 약 100여 번의 크고 작은 돌의 치료를 하였고 점점 능숙해졌어요. 그렇게 돌병원 의료진은 라오스 최고의 석재 보존처리 전문팀이 되었습니다. '라오스 최고의 돌병원 의료진.' 사실 라오스에는 돌을 치료하기 위한 전문팀이 다른 곳에는 없기 때문에 최고가 된 것이기는 하지만 이들의 실력은 유네스코에서 돌일을 하는 전문가 자문단이 극찬할 정도로 진짜로 출중하답니다.

손흥민과 왓푸-참파삭 유적: 저평가underrated된 세계 문화경관유산

월드클라스 유적의 겸손

오랜 영국의 식민지 시절을 겪었던 인도. 크리켓Cricket이 종교인 나라. 그런데 왜 영국의 축구는 인도에서 인기가 없는지 의아해하는 분들이 많다. 사실 거대한 인도 내 영국 제국주의 정부의 핵심도시(캘커타, 첸나이 등)가 있었던 지역이나 기독교가 뿌리를 내린 지역(인도 동북부)에는 식민지 시절에 설립되어 현재까지 명맥을 유지하고 있는 축구클럽들이 적지 않고 대중적인 인기 또한 높다. 물론 인도 전체로 치면 축구는 분명 비인기 종목이다. 일단 기후가 축구를 즐기기에 적절하지 않고 무엇보다 카스트 간의 접촉을 꺼려하는 관습 때문에 소위 비대면 스포츠인 크리켓과 달리 축구는 인도인들을 사로잡지 못했다. 인류 문명의 발상지 중 한 곳이자, 세계종교인 힌두교와 불교가 탄생한 인도의 과거를 연구하는 고고학을 전공하는 학생들은 전 세계적으로 많지만, 인도로 유학 오는 학생들은 거의 없다. 저명한 학자들이 포진한 유럽과 미국 대학의 고고학과를 선택하는 것이 일반적이다. 2008년부터 2017년까지 9년간의 인도유학 기간 동안 개인적으로 좋아하는 축구를 안주 삼아 맥주 한 잔 할 수 있는 친구는 드물었다. 2010년 남아프리카공화국 월드컵과 2014년 브라질 월드컵. 대학 내 학생휴게실에 있었던 티브이에서 대한민국의 경기를 생중계로 볼 수 있었던 경기는 2010년 월드컵 아르헨티나와의 예선전이 유일했다. 슈퍼스타 메시의 아르헨티나 덕이었다. 2005년 세계 최고의 프로축구 구단인 맨체스터 유나이티드Manchester United에 입단하여 7년 동안 활약한 박지성 선수와 2015년 토트넘 핫스퍼Tottenham Hotspur에 입단하여 현재까지 좋은 활약을 이어가고 있는 손흥민 선수. 먼 이국에서 최고의 전문가들과 어깨를 나란히 하고 있는 두 청년의 활약이 돋보이는 경기 하이라이트는 탄두리 치킨만큼이나 맥주 맛을 돋우는 안주가 되어 주었다. 두 선수와 관련된 해외언론 기사들도 자주 찾아봤었다. 두 선수가 속한 구단의 팬들과 아시아 팬들 사이에서는 꽤나 유명하지만 축구 전문가들과 전 세계 일반 팬들 사이에서는 저평가되고 있다는 기사도 종종 있었다.

동남아시아에서 보기드문 고대도시의 흔적

왓푸-참파삭 유적은 두 선수처럼 일부에게는 높이 평가받는 아시아문명사의 주요 유적이지만 대다수에게는 저평가 되거나 거의 알려져 있지 않은 유적이다. 미얀마의 바간, 인도네시아의 보로부두루 사원, 캄보디아의 앙코르 유적은 분명 리오넬 메시와 크리스티아누 호날두 같은 최정상급 유적임에 틀림없다.

크메르 제국은 그간의 오랜 연구에도 불구하고, 수도 앙코르를 넘어선 큰 그림을 입체적으로 그려내는데 아직 많은 노력들이 필요한 실정이다. 왓푸-참파삭 유적은 크메르 사회의 종합적인 상을 복원하는 데 있어 매우 의미심장한 가능성을 가지고 있다. 크메르 제국 이전부터 이후에 이르는 전 시기의 고고학 유적이 라오스 남부 지역민들의 전통적인 농업, 가옥, 자연존중의 종교문화 덕에 여전히 잘 보존되어 있기 때문이다. 동남아시아에는 흔치않은 고대도시 유적과 넓은 자연경관을 대상으로 오랜 기간 조성된 문화경관은 종교와 왕실문화를 넘어 고대 지역민들의 삶과 환경과의 관계를 조명하는데 중요한 가능성을 간직하고 있다. 도시와 농촌의 관계를 잘 보여주는 고고학 경관, 은밀한 수행자들의 흔적이 남아있는 숲, 평야의 수자원관리 시설, 외부세계와의 교역로와 석조사원들이 자연경관과 조화롭게 어우러져 보존되어 있는 덕에, 고대 크메르인들의 다양한 삶의 측면들을 간접 체험할 수 있는 매우 희귀한 유적이다. 지형 그 자체의 특징 덕에 여행자는 어느 곳에 서 있더라도 고대 크메르인들의 삶과 영적 공간을 전체적으로 조망하는 데 큰 어려움이 없는 매우 예외적인 유적이기도 하다.

인간의 문화 활동과 자연이 협연한 교향곡

1992년 이래 유네스코는 유무형의 문화유산이 주변 자연환경과 깊은 관련을 맺고 있는 유적을 '문화경관 Cultural Landscape' 유산의 범주로 분류하여 등재신청을 받고 있다. 현재까지 전 세계적으로 백여 개 조금 넘는 유적이 이 범주로 등재되었으며, '참파삭 문화경관 내 왓푸 사원과 고대 주거지 Vat Phou and Associated Ancient Settlements within the Champasak Cultural Landscape'라는 세계유산 등재 명에서 잘 드러나듯이 왓푸-참파삭 유적은 문화경관 범주로 2001년에 등재되었다. 문화경관은 '자연과 인간의 합작품'으로 간략하게 표현될 수 있다. 문화경관 유적은 오랜 기간 동안 유지되어 온 인간과 주변 환경과의 밀접한 상호관계가 잘 남아있고, 생명다양성 bio-diversity을 보장하는 지역공동체의 환경활용기술 및 자연을 존중하는 전통신앙이 잘 남아있는 유적들이 많다. 왓푸-참파삭 유적은 하늘, 강, 산, 대지를 소재로 하여 인간에 의해 창조된 예술경관이다. 유적 전체는 역사보다 오래된 지역 성지 위에 힌두교의 이상향을 실제 재현한 종교적, 예술적, 기술적 작품이다.

인간의 유·무형 문화 활동과 자연이 협연한 교향곡은 세계 어느 유적에서도 보기 힘든 위대한 합작품이다.

인류의 문화사는 타문화의 수용과 재해석을 통해 발전해왔다. 인류의 가장 오래된 신앙체계이자 세계종교 중 하나인 힌두교는 고대 동남아시아 지역사회의 문화와 융화되었고 지역민들에 의해 재해석되었다. 선사의 시대로 거슬러 올라가는 지역의 성산 聖山신앙과 성수 聖水신앙의 언어로 힌두교의 이상향을 의역하고 기존의 성지를 재해석한 탁월한 감성이 유적 곳곳에서 느껴진다. 예술, 건축 및 경관조성에 있어 타문화의 탁월한 재해석이 왓푸-참파삭 유적 곳곳에 가득하다. 아울러 민간신앙, 힌두교 그리고 후에 정착된 불교의 전통이 평화적으로 누적되어 다채로운 아시아 신앙의 전통을 곳곳에서 느낄 수 있는 살아 숨 쉬고 있는 유적이다. 지역민들에게 특별한 영적 가치를 가진 세계의 많은 성지들은 생명다양성을 보호하는 전통을 가진 곳이 많다. 왓푸-참파삭 유적 지역민들의 불교신앙,

▲ 왓푸 주신전 올라가는 길.

전통적 방식의 토지사용, 성지신앙 등은 이처럼 자연과 인간의 지속가능한 공존을 보장하는 측면에서도 매우 중요한 의미를 가지고 있다.

90분 내내 경기장 전체를 누비며 상대팀 선수를 탈압박하는 현대축구 미드필더의 정석을 보여준 박지성 선수와 빠른 스피드와 양발을 활용해 좌·우·중앙 어느 지역에서도 위협적인 공격력을 보여주는 현대축구 포워드의 정석인 손흥민 선수처럼, 왓푸-참파삭 유적은 월드클라스 World Class 이다.

캄보디아의 사람들과
그들의 기억
― 우리가 문화유산 ODA를 하는 이유

전성민[I]

포스터 차일드 Poster Child [II]에 대해 들어본 적이 있는가? 포스터 차일드란, 포스터에 나오는 어린이를 의미하는 단어로 주로 유니세프 UNICEF 등과 같은 국제기구의 공익광고에서 많이 보았을 것이다. 한국전쟁 이후 우리도 포스터 차일드를 위한 나라로 꽤나 유명했었다. 맥아더 장군이 "이 나라에 기적이 있지 않는 한, 재건에 100년은 족히 걸릴 것이다."라고 예언했지만 우리는 그 기적을 이루어냈다. 전 세계 최초로 원조를 받던 나라에서 원조를 하는 나라로!

먹고 사는 문제가 해결된 지금, 우리는 그 어느 때 보다도 문화의 힘을 절감하고 있다. 전 세계 팝시장의 기록을 갈아치우는 BTS를 보며 요즘 젊은 친구들 표현 말마따나 국뽕에 취하기도 하고, 세계의 저명한 국제 영화제를 석권하는 영화 "기생충"으로 모두가 함께 기뻐하기도 했다. 반대로, 2008년 대한민국 국보 1호인 숭례문이 방화에 의해 전소되어버린 사건으로 온 국민이 깊은 슬픔에 빠져들었던 경우도 있었다. 비단 우리나라 뿐 일까. 2019년 프랑스 노트르담 대성당의 실화에 따른 소실 시에는 프랑스인들은 물론 전 세계인이 애도를 보냈다.

[I] 대2009년 한국문화재재단에 입사하여 현재의 문화유산활용실에 해당하는 부서에 처음 배치되었고, 이듬해 말 인사팀(현재 인재경영팀)으로 자리를 옮겼다. 2016년부터는 한국무형문화재진흥센터로 전보발령을 받아 2년 간 근무하였고, 2018년 다시 인재경영팀으로 복귀하여 근무했다. 2020년부터는 국제교류팀장으로 발령받아 초임팀장으로 재직 중이다.

[II] poster child : (특정한 질병, 문제 등을 가진 아동들에 대한 도움을 구하는) 포스터에 나오는 아동 – Oxford Advanced Learner's Dictionary.

문화유산에 대한 애착과 중요성은 누가 가르쳐 주지 않아도 인류의 유전자에 내재되어 있는 본질로서 남녀노소는 물론 국적을 초월해도 공감을 형성하는 힘을 가지는 것이다.

아직까지 먹고 사는 문제에 직면하고 있는 우리의 사업 대상 국가들은 문화유산의 중요성을 몰라서가 아니고 못하는 상황일 것이다. 우

▲ 문화유산 복원사업은 물론 현지인들과의 교감을 위해 노력하는 국가대표들. 2016년부터 홍낭시다 현장에서 일한 미스터 로(Mr. Lo)는 2019년에 현장사무소 앞에 집을 짓고 이사를 오면서 한국팀과 이웃사촌이 되었다. 아들만 셋이었던 그는 항상 딸을 원했는데, 올해 드디어 딸을 낳았다. 로 부부는, 막내딸 출산을 기념하기 위해 동네잔치를 열었다. 이날 잔치에 초대된 한국팀 연구원들이 점심을 함께 먹고 축하해줬다.

리는 지금 그들이 하지 못하고 있지만, 그들이 필요로 하는 일을 하고 있다. 우리가 그들보다 풍요롭고, 더 뛰어나다는 의미가 아니다. 먹고 사는 문제를 해결하기 까지 수많은 문화유산의 훼손을 목격해온 대한민국이, 그 쓰린 경험을 토대로 그들에게 가지 않아야 할 길을 안내하는 것뿐이다. 이를 위해 우리는 단순히 그들의 유적을 복원하는 것에만 치중하지 않는다. 우리의 기술과 장비를 지원하며, 그들 스스로가 문화유산을 보존하고 복원하며, 보호할 수 있는 교육을 현지인부들에게 전수하고 있다. 아직 현지 인부들은 이를 경제적 영위행위라 생각할지도 모르겠다. 하지만 시간이 흘러 언젠가 그들이 먹고 사는 문제를 해결했을 때 우리와 함께 했던 현지인부들은 그 현장에 내가 있었고 내 손으로 복원에 참여했노라 자랑스럽게 후손들에게 전달할 것이라 믿어 의심치 않는다. 더불어 대한민국이라는 나라가 자신들의 찬란했던 문화유산을 복원하는데 도움을 주었다는 것도.

수많은 분야의 ODA가 있다. 누군가는 도로를 내고, 학교와 병원을 지으며, 의료지원도 하고 정말 다양한 ODA가 진행되고 있다. 어떠한 분야가 더 고귀하고 귀

> **Vat Phou WH EAG Recommendations**
> **17 December 2019**
>
> **Hong Nang Sida**
>
> Commend the team for substantial progress since February 2019, notably for the (i) level of precision in the consolidation of walls and pillars in the mandapa and (ii) careful and sympathetic stone repairs on individual pieces.
>
> Also commend the training conducted on various aspects of stone treatment and conservation.
>
> Finally extend congratulations to the team for the exemplary management of its worksite, which is well-organized and extremely tidy.
>
> **Recommendations**
>
> 1. For the front platform, recommend to disassemble, correct the sub-grade and then construct the southern steps due to substantial differential settlement.
> 2. For the other sections of the front platform (including front four pillars before the mandapa), recommend to make level correction at the most appropriate levels (interfaces between stone blocks) as needed to ensure stability. These level corrections are preferably to be carried out with lime mortar with stone dust.

> 홍낭시다
>
> 2019년 2월 이후 상당한 진전을 이루어낸 한국팀에게 경의를 표함. 특히,
> (i) 만다파 벽과 기둥의 정밀한 복원작업
> (ii) 각각의 조각편들까지도 세심하고 진정성 있는 석재보존처리 또한 다양한 종류의 석재 보존처리 교육을 실시한 것에 감사하다. 마지막으로 극도로 잘 조직되고 정돈된 현장의 모범적인 관리에 대해 한국팀에게 축하의 뜻을 전한다.

 라오스 유네스코 전문가자문단(EAG) 평가결과 요약.

중하다 할 것 없이 모두가 나름의 명분과 의미를 가지고 있다. 다만, 타 분야에 비해 아직 인지도가 낮은 "문화유산을 활용한 ODA가 있다"라는 것을 널리 알리는 것이 결국 이 책의 목적이 아닐까 싶다. 대단히 의미 있는 일을 하고 있는 중 나는 국제교류팀장으로 재직하며, 재미있는 관전 포인트를 찾았다. 각 국가에서 진행 중인 문화유산 ODA 사업이 사업소장에 따라 서로 다른 모습으로 진행되고 있다는 점이다. 라오스의 현장소장을 맡고 있는 백경환 부팀장은 특유의 섬세함과 꼼꼼함으로 라오스 현지인은 물론, 유네스코 전문가자문단(EAG)으로부터 이례적

인 평가를 받고 있다. 모두가 알다시피 통상 전문가자문단은 주로 보완, 개선 권고 등을 하지 칭찬은 하지 않는다. 그런 그들이 아래와 같이 평가했다는 점은 라오스 현장소장의 성향을 아주 잘 보여주는 좋은 사례라 할 수 있다. 한편으로 미얀마의 현장소장을 맡고 있는 김동민 부팀장은 넘치는 재치와 빠른 순발력으로 복원사업은 물론 현지인들과의 교감을 위해 노력 중이다. 그는 다양한 문화행사와 재능기부 행사를 통해 현지의 긍정적인 반응을 끌어냈다는 평가를 받았다.

정책기관과 실행기관의 상관관계 _페이스메이커와 러닝메이트

나는 2009년 재단에 입사했다. 지금의 문화유산활용실에 첫 배치를 받았을 때 우리의 캐치 프레이즈는 "고궁의 관광자원화"였다. 보존 중심의 궁궐 정책에서 활용으로 전환을 시도하던 시기였다. 우리는 궁궐을 찾아오게 할 만한 수많은 콘텐츠를 기획하였고, 지금에는 반드시 찾아야 할 명소이자 친근히 찾아갈 수 있는 장소가 되었다. 돌이켜보니 문화재청과 우리 재단의 관계는 함께 뛰는 러닝메이트였다. 청에서는 고궁을 관광자원화 하기 위한 정책을 수립했고, 재단은 이를 실현시키기 위한 실행을 담당했다.

문화유산 ODA라는 개념을 청은 정책으로 구현하였고, 우리는 그 개념을 가시화 할 수 있도록 뛰고 있다. 함께 뛰는 중에 분명 페이스가 서로 엉킨 시기도 있었다. 한 번도 가보지 않은 길이라 모두가 서툴렀고, 정책이 가시화되기까지는 생각보다 많은 시일이 소요되었다.
국내에서도 정책을 가시화하는 데에는 많은 시간과 우여곡절이 있었다. 하물며, 타국에서 펼치는 정책엔 얼마나 더 많은 난관이 있겠는가. 더군다나 대상국가의 성향은 우리의 정서와는 많은 차이가 있었다. 왜 도와준다고 하는데도 저렇게 열의가 없는 거지? 도대체 행정은 왜 이렇게 지지부진한 건가. 처음 국제교류팀장으로 왔을 때는 도무지 이해하기 힘든 점들이 많았다.
우리 소장들은 길게는 7, 8년을 이러한 대상국가들의 모습을 지켜보며 그들의 발걸음에 맞춰 왔다. 우리가 하고 있는 사업의 호흡이 그렇다. 우리네 마음만으로 할 수 없고 더군다나 그 효과성을 측정하기도 여간 힘든 일이 아니다.
하지만 분명히 우리는 그네들 마음에 뭉클한 무언가가 싹틀 수 있는 씨앗을 뿌리고 있음을 느낀다. 이러한 역할을 할 수 있도록 정책적 기반을 만들어 준 문화재청은 우리의 러닝메이트로서 역할을 하고 있다. 다만 그 중 바라는 점은 러닝메이트이자 페이스메이커로서 청이 그 호흡을 좀 더 천천히 가져가 주었으면 한다.

문화유산 ODA사업의
행정업무를 위한 필요 역량

이지수

문화유산 ODA 행정업무는 보이지 않는 곳에서도 내가 해야 할 역할을 잘 파악하고, 혹여 문제가 생길 수 있는 영역을 미리 준비해놓는 일이다. 직접적인 현장업무도 아니고 사업이 문제없이 돌아간다면 일에 대한 성과가 곧바로 눈에 띄지는 않는 업무이지만, 만일 차질이 생긴다면 공백이 바로 눈에 보인다는 점에서 굉장히 중요한 업무라고 볼 수 있다.

이 분야에 진출하기 희망하는 사람들을 위해 이 분야에서 일하기 위해서는 어떤 역량이 필요한지에 초점을 맞춰 서술해보고자 한다. 내가 생각하는 구체적인 필요역량은 크게 3가지다. 먼저 의사소통능력이다. 문화유산 ODA사업의 행정업무는 현장과 사무실을 연결하는 업무다. 사무실 내 다른 부서들과의 협업뿐 아니라 예산교부처와의 협업도 원활하게 될 수 있도록 지원해야 한다. 이러한 소통 업무는 결국 내가 속한 조직에게 필요한 방향으로 상대방을 잘 설득하고 이끌어올 수 있도록 하는 일이며 모든 행정업무의 전제가 되는 가장 중요한 일이다.

두 번째 역량은 문서작성 능력이다. 어떤 의미로 현장업무를 하는 연구원들은 현장업무의 중심에 있는 것이기 때문에 외부에서 우리가 하는 일의 의미를 어떻게 받아들일지 고민할 여력이 충분치 않다. 따라서 우리의 일이 가지는 의미를 문서에 잘 담아내어 외부 사람들을 설득하고 신규 사업을 위한 초석을 다지는 것이 또한 행정업무를 전담하는 직원들이 해야 하는 일이다. 또한 이를 위해서는 문화유산 보존·복원이라는 전문분야가 개발협력이라는 다른 전문분야와 만난 것이기 때문에 양쪽에 대한 일정 수준의 배경지식 또한 필요하다. 그래야 한쪽에 치우치지 않고 양쪽의 무게를 잘 조율하여 일에 대한 성과를 문서에 드러낼 수 있다.

세 번째 역량은 꼼꼼함이다. 당연한 이야기지만, 행정업무는 매일 혹은 주기적으로 해야 하는 일이 정해져 있다. 이를 구멍 없이 잘 해내야 한다. 이를테면 사업 예산 집

대학교에서 언론정보학과 스페인어를 전공하고 새로운 세상에 대한 호기심으로 코이카 페루사무소에서 인턴을 경험했다. ODA 사업에 대한 실무 경험을 바탕으로 재단에 입사하여 문화재 분야까지 지식을 넓혀가고 있다. 현재는 라오스와 미얀마 사업의 행정관리와 협력국 무형유산 보호지원 사업을 담당하고 있다.

행 관리, 회계정산, 중간 및 결과보고서 작성 같은 것들이다. 문제는 이렇게 주기적인 업무만 주어지는 것이 아니라, 상황에 따라 신규 사업 기획 등 일시적인 업무에 투입되는 상황이 생길 수도 있다는 데 있다. 갑자기 다른 업무가 주어지면 반복적인 업무에 대한 감을 잃기 쉬운데, 바로 차질이 드러날 수 있으므로 주의해야 한다. 따라서 그 무엇보다 꼼꼼하게 자신이 맡은 업무의 흐름에 대해 잘 파악하여 반복적인 업무에 대한 차질이 생기지 않도록 노력하는 것이 중요하다.

나의 일은, 주목받기 쉽지 않지만 부재하게 될 때 그 빈자리가 크게 느껴질 수밖에 없는 업무다. 큰 그림을 볼 수 있고 성취도 있는 분야라 행정업무를 하는 모두가 나름의 자부심을 가지고 업무에 임하고 있다. 현장업무 외에도 문화유산 ODA사업이 잘 돌아갈 수 있게끔 역할을 하는 사람들이 있는 만큼, 어려운 취업 시장에서 나름대로 새로운 분야로 진출할 수 있는 기회로 인식되기를 기대한다.

▲ 라오스 홍낭시다 출장 당시 방문했던 왓푸세계유산사무소에서 직원들과.

2장

지진 속 세워 올린 3,822개의 불심, 세계유산이 되다

바간 전체 지역에는 발굴·복원을 기다리고 있는 유산과 바간 시대 이전 및 이후의 유산까지 합하면 대략 4,446기의 문화유산이 분포되어 있다. 구 바간(Old Bagan)을 중심으로 바간시대 문화유산이 집중적으로 분포하고 있는 구역을 1996년 이후 바간 고고학 구역 및 기념물들(Bagan Archaeological Area and Monuments, 13×8킬로미터)로 지정하였고 미얀마 정부기관 및 유네스코에 의해 관리되고 있는 이 구역 내에는 3,822개의 문화유산이 분포하고 있다. 이들 중에는 바간의 역사와 불교문화를 복원하는 데 큰 도움이 되는 비문과 벽화가 많은 사원에 남아있다. 문화유산 대부분은 현재에도 불교 신앙 활동의 대상이다. 세계유산 등재를 위한 열 가지 기준 중, 세 가지 기준(iii, iv, vi)을 충족하여 아제르바이잔(Azerbaijan) 바쿠(Baku)에서 개최된 43회 세계유산위원회에서 2019년 7월 6일자로 세계문화유산으로 등재되었는데, vi) 살아있는 전통, 사상이나 신앙과 직접 또는 유형적으로 연관된 현재진행형의 무형 문화재, 불교 신앙 역시 소중한 바간의 문화유산으로 함께 등재된 셈이다.

바간 왕조의 몰락은 몽고 침략(1277-1301)과 연결해 설명되어 왔지만, 중부 저평원 지역에 위치한 바간에 미친 영향은 미미했었다고 보는 의견이 지배적이다. 명확한 역사적 배경은 논의 중에 있지만 한 때 5만에서 2십만 정도의 인구로 번성했던 구 바간(Old Bagan)이 13세기 말에서 14세기 초반 쇠락의 길을 걸었던 것은 분명하다. 이 시기 상(上)버마(Upper Burma)에 새롭게 등장한 민샤잉(Myinsaing) 왕조에게 주도권을 물려준 이후 바간은 수도의 지위를 공식적으로 잃게 되었다.

마음의 고향, 바간

박지민

미얀마 바간에 가면 흔히 사원 위에 올라가서 바간의 전경을 내려다보는 광경을 상상하게 된다. 구글링을 해도 그 결과로 촬영된 사진들과, 그렇게 하고 있는 사람들의 사진이 많이 보인다. 그러나 현재는 불가능하다. 2017년 11월 8일 오후 4시 30분 경, 미국 국적의 대학생 카산드라 브라운이 일몰 사진을 촬영하기 위해 약 6미터 높이의 우타나토 Wuttanathaw 사원의 외벽을 타고 올라가다가 떨어져서 머리를 크게 다쳤다. 이후 만달레이 병원으로 이송하는 구급차 안에서 사망하는 사고가 발생했다.

이보다 전인 2016년 2월 미얀마 종교문화부는 바간에 위치한 모든 사원 위로 올라가는 행위를 금지하였다. 이것은 어떤 지역회사가 오래된 사원 위에서 댄스파티를 벌였기 때문이었다. 파티 사진이 공개되자 수많은 대중들 역시 이 행사를 비난하였다. 금지령이 본격적으로 발효된 것은 2016년 3월이지만, 사고가 발생할 때까지는 단속이 느슨한 편이었다.

달라진 관람 포인트

그러나 이런 금지령이 발표된 이후에도 종교문화부는 5개의 주요 사원(쉐산도, 빠

⬆ **진풍경.**
빠땃지 꼭대기에서 일몰을 보는 사람들. 사고 이후 지금은 올라갈 수조차 없다.

땃지 등)에 올라가는 것은 허용하였다. 그런데 사망사고가 발생했던 우타나토 사원은 올라가는 것이 허가된 5개 사원에 포함되지 않았다는 것이 문제였다. 하지만, 관광객들은 여전히 사원 위로 올라가고 있었다. 이런 낙상 사고가 몇 차례 더 발생하자 급기야 미얀마 정부에서는 모든 사원 지붕 또는 옥상으로 올라가는 행위를 금지했다. 그리고 지진이 발생한 이후에 이 정책은 돌이킬 수 없는 사실로 확정되었다. 그래서 유적 사이사이의 빈자리 몇 곳에 높은 인공 언덕을 만들었다. 그리고 바간이 자랑하는 일출과 일몰을 여기서 바라볼 수 있도록 했다. 그러나 예전을 생각하면 일출과 일몰의 맛은 조금 떨어지는 편이다. 이전에 바간을 방문했던 사람의 입장에서는 익숙하지 않은 풍경이기 때문이기도 하지만, 높이의 차이에서 발생하는 이질감일 수도 있다. 물론 일출이나 일몰을 보는 것의 핵심은 날씨이다. 위치를 떠나 구름의 존재 유무와 날씨에 따라 보이는 광경이 다르다.

보통 일출은 바간의 서쪽에서 동쪽을 바라보는 것이 좋고, 일몰은 바간의 동쪽에서 서쪽을 바라보는 것이 좋다. 예외적인 상황으로는 이라와디 강변의 식당에서 바라본 일몰이 있다. 날씨가 좋고 운이 좋으면 상당히 예쁜 색으로 물들어가는 노을을 볼 수 있다. 옥상 등반이 금지되기 전 바간의 일출 맛집은 쉐산도 사원, 일몰 맛집은 빠땃지 사원이었다. 특히 일출의 경우 열기구를 타고 볼 수도 있지만, 지상에서 일출과 열기구를 동시에 사진에 담을 수도 있다. 당시와 지금은 열기구 출발 위치가 달라졌고, 관람 포인트가 달라져서 예전과 같은 광경을 볼 수는 없다. 열기구 하면 터키의 카파도키아가 유명하지만, 바간의 하늘 위에서 떠오르는 태양과 수천 개의 바간 유적들을 내려다보는 것은 또 다른 즐거움이 될 수도 있다. 새벽 4시에 숙소를 나서야 하고, 약 400불에 달하는 가격이 문제일 수는 있다.

❥ **쉐산도 파야에서 본 일출.**
보통 일출은 바간의 서쪽에서 동쪽을 바라보는 것이 좋고, 일몰은 바간의 동쪽에서 서쪽을 바라보는 것이 좋다.

▲ 인공언덕에서 본 열기구. 열기구 하면 터키의 카파도키아가 유명하지만, 바간의 하늘 위에서 떠오르는 태양과 수천 개의 바간 유적들을 내려다보는 것은 또 다른 즐거움이 될 수도 있다.

열 번의 방문이 남긴 것

2014년 첫 방문부터 2018년까지 바간을 열 번 방문했다. 아홉 번은 출장으로, 한 번은 휴가를 내고 방문했다. 지진피해조사 같은 출장도 있었지만, 고위공무원의 현장 안내를 했던 단기 출장도 있었다. 문화재청 차장님을 안내했을 때는 우연한 기회에 현재 일하고 있는 동료직원들의 처우에 대해 가감 없이 말씀드릴 수 있었던 기회가 있었다. 출장에서 복귀하고 얼마 지나지 않아, 차장님과 재단 이사장님을 동시에 모시고 식사하는 자리가 만들어졌는데 차장님께서 첫 화두로 ODA 사업으로 고생하고 있는 직원들을 잘 배려해주셨으면 좋겠다는 말씀을 꺼내주셨다. 그 자리에 있던 다른 누구도 그 말의 의도를 알아채지 못했다. 그리고는 그저 다들 하고 싶은 이야기를 하는 자리로 끝나버렸다. 그 이후 여러 단계를 거쳐 우여곡절 끝에 국제교류팀은 2개의 팀을 가진 국제협력단으로 확대 개편되었다. 그런데 이렇게 변하게 된 중요한 방향 설정이 바로 그 식사자리에 이은 업무보고에서 가닥이 잡혔다고 들었다. 그 이유로 지금까지도 당시 차장님의 용단에 감사드린다.

음식 가리는 고위직 관료도 관대한 음식맛

지금까지도 바간은 마음의 고향으로 남아있다. 바간에 갈 때는 거의 대부분 맨발로 흙을 밟고 돌아다닌다. 굳이 어릴 적 기억을 떠올리지 않더라도 고운 흙을 밟고 다니는 것은 마음에 편안한 느낌을 준다. 한국은 사회가 발전할수록 폐기물과 쓰레기가 많아지고 맨발로 땅을 밟는 것은 상당히 위험한 일이 되었다. 그런데 미얀마의 경우에는 대부분의 사원들과 주변 환경들이 매우 잘 관리되고 청소되어 있기 때문에 맨발로 다녀도 발에 상처가 날 우려도 없다. 흙의 질감도 한국에 비해 매우 보드랍다. 거친 모래 같은 느낌이 아니라 매우 고운 바닷가 백사장을 걷는 느낌이다. 각각의 사원들은 관리자들이 있고, 매일 수시로 바닥을 쓸어낸다. 어느 순간 어떤 순례자가 방문하더라도 편하게 들어갈 수 있도록 준비하고 있다.

게다가 한국 사람들에게 이질감이 없는 미얀마 현지 음식은 더욱 좋다. 동남아 음식들이 대체로 고수라는 향신료 때문에 거부감을 일으키는 경우가 있다. 고수를 좋아하는 사람에게는 문제가 되지 않겠지만, 그렇지 않은 사람들에게는 먹는 일이 고역이 된다. 그런데 미얀마 음식은 약간 기름진 편이기는 하나 고수의 향이 매우 약하기 때문에 한국 사람들의 입맛에 매우 잘 맞는다. 음식을 매우 가리는 고위직들이 출장을 준비하며 부식거리들을 바리바리 싸들고 가서 결국 거의 먹지 않고 출장이 무사히 끝난 적도 있다. 그만큼 미얀마 출장만 다녀오면 살이 찌는 경향이 있다. 정서적으로도 한국 사람과 잘 통한다. 굳이 한류를 언급할 필요도 없이 역사적인 공통점도 있다. 식민시대를 경험했고, 군부 독재를 벗어나 국가발전에 매진하고 있기도 하다. 종교에 대한 깊은 믿음이 있는 것도 유사하다.

언젠가 다시 마음의 고향 바간에 가서 의미 있는 사업에 참여할 수 있는 날이 오기를 바란다.

미얀마 피사의 사탑

한아선

미얀마 바간에 가면 미얀마식 피사의 사탑이 있다. 바간 지역은 지진 발생이 빈번한 곳이다. 2016년에도 바간 지역에 강진이 발생하여 많은 불탑들이 무너졌고 한국에서도 이 소식을 알리는 뉴스들이 보도되었다. 이를 계기로 지진피해를 입은 문화유산을 복구하려는 국제적 지원이 시작되었다. 현재까지도 바간 지역 곳곳에는 수백 여 개의 불탑을 보수하는 작업이 진행 중에 있다.

2020년 3월 현장조사 기간 지진 피해를 입은 불탑의 피해 양상을 조사하면서 의도하지 않게 미얀마의 피사의 사탑을 발견할 수 있었다. 쓰러질 듯 기울어진 건물들이 버티고 있는 모습은 인간이 만든 건축물에 자연의 손길로 다듬어진 조형물과 같았다.

오랜 경험에서 터득한 선조들의 지혜 덕분에 가능했을 거라 생각된다. 바간 불탑의 벽두께는 약 1미터 정도가 된다. 두꺼운 벽체를 벽돌로 층층이 쌓아 올리는 방식으로 건물 전체를 구성하는 것이 특징이다. 이런 구조적 특징은 강한 파도를 타듯, 건물이 진동에 따라 함께 움직이는 것이 가능하게 하였다.

건물 벽면 전체가 한쪽으로 기울은 쿠따나유 사원을 조사했을 때다. 조사를 마치고 잠시 나무 그늘 아래서 더위를 식히고 있었

▲ 지진으로 인해 한쪽으로 기울어진 사원.

다. 한쪽으로 기울어진 기둥들을 보면서 사회 초년생이었을 때 선배가 해준 말이 기억났다. 너무 곧으면 부러진다. 순리에 따라 사는 삶도 인생에서는 필요한 지혜가 아닐까. 잠시 생각이 머물렀다.

▲ 지진의 흔적.

미얀마 바간에 있는 수천 개의 탑 중에 장대하고 화려한 불탑과 사원을 보는 재미도 있지만 쿠따나유 사원과 같이 고통의 흔적이 만든 소소한 미학을 즐기는 재미도 바간에서만 볼 수 있는 매력일 것이다.

공덕으로 만든 도시 바간

바간의 수많은 불탑은 그 시대 누군가가 공덕을 쌓겠다는 의지의 결과물입니다. 자식을 위해 또는 부모를 위한 마음 하나 두 개가 모여져 만들어진 수천 개의 탑들이 만든 경관이라는 것을 알면 경이롭다는 생각이 듭니다.

파야뚠주 사원은 벽화가 아름다워 관광객이 찾는 주요 사원 중 하나예요. 많은 사람들이 찾는 곳이다 보니 사원 앞에는 물건을 파는 작은 상점도 있어요. 아침 일찍 파야뚠주 사원으로 출근할 때면 상점의 아줌마가 물과 소량의 음식을 불상 앞에 놓고 기도를 드리는 모습을 마주하곤 합니다. 두 손을 모아서 작은 소리로 기도하는 모습은 그녀에게는 오랜 습관이 만든 일상이 된 거 같아요.

좋은 일을 많이 행해서 좋은 결과를 얻는다는 얘기. 동화책에 나올 거 같은 이 진부한 말을 믿고 실천하며 살고 있는 모습이 순수해 보입니다. 모르긴 몰라도 오랜 시간 쌓아올린 불탑으로 오늘날 미얀마 바간에 살고 있는 사람들이 그 덕을 보고 있는 게 맞는 거 같아요.

ODA사랑방

휴가인데 왜 미얀마를 가?

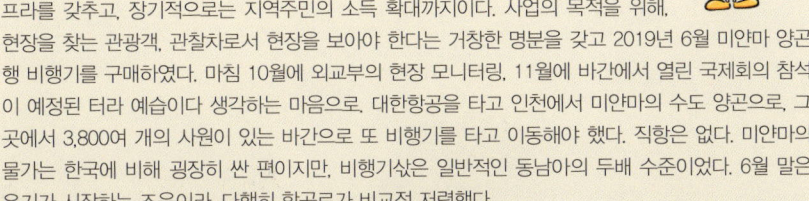

미얀마는 늘 궁금했던, 미지의 현장이었다. 단기출장이나 다른 기회로 미얀마를 방문했던 연구원들은 라오스, 미얀마, 캄보디아 세 국가 중 어디가 제일 좋냐는 물음에 미얀마를 꼽는다.

흔히들 여행이나 관광을 위해 문화유산을 찾는다. 해외에서 ODA사업을 수행하는 목표는 수원국이 문화유산을 자체적 유지 관리할 수 있는 기술과 그에 수반되는 인프라를 갖추고, 장기적으로는 지역주민의 소득 확대까지이다. 사업의 목적을 위해, 현장을 찾는 관광객, 관찰차로서 현장을 보아야 한다는 거창한 명분을 갖고 2019년 6월 미얀마 양곤행 비행기를 구매하였다. 마침 10월에 외교부의 현장 모니터링, 11월에 바간에서 열린 국제회의 참석이 예정된 터라 예습이다 생각하는 마음으로, 대한항공을 타고 인천에서 미얀마의 수도 양곤으로, 그곳에서 3,800여 개의 사원이 있는 바간으로 또 비행기를 타고 이동해야 했다. 직항은 없다. 미얀마의 물가는 한국에 비해 굉장히 싼 편이지만, 비행기삯은 일반적인 동남아의 두배 수준이었다. 6월 말은 우기가 시작하는 즈음이라, 다행히 항공료가 비교적 저렴했다.

양곤 공항에서 환승할 때부터 재미있어졌다. 양곤에서 바간으로 넘어가는 비행기는 하루에 꽤 많이 있었는데, 출발시간 때문에 '완행' 비행기를 탔다. 목적지까지 바로 가지 않고 중간에 경유하는, 버스같은 비행기다. 경유하는 공항에서 사람들이 타고 내리기 때문에, 공항 카운

▲ 목적지 스티커.

▲ 보딩패스.

터에서 보딩패스를 받으면 목적지가 표시된 스티커를 옷에 붙여줬다. 작은 프로펠러 비행기를 타고, 천천히 3시간을 가니 드디어 바간이었다.

▲ 프로펠러 비행기.

나름 출장과 휴가의 중간으로 떠난 여행을 위해, EBS에서 방영한 미얀마 다큐멘터리도 미리 보고 재단에서 2017년에 만들었던 〈미얀마 지진피해 복구 사업의 기초조사 보고서〉를 한 부 챙겨 떠났다. 가장 좋은 가이드북이었다. 미얀마 바간은 2019년, 유네스코 세계문화유산으로 등재 되었으며 관광객들은 주로 전기바이크를 타고 이동한다. 전기바이크 대여소도 흔히 찾아볼 수 있고, 주요 호텔에서도 전기바이크를 구비하고 있다.

바간에서 한 시간쯤 차로 가다보면, 산 중턱 즈음 우뚝 솟은 사원이 하나 보인다. 포파산으로 불리는 이곳은 미얀마 토착신앙인 '낫' 신앙의 중심지라 한다. 미얀마의 모든 사원은 신발을 벗고 맨발로 들어가야 한다. 잠깐 들어갔다 나오는 단일사원은 햇빛 때문에 바닥이 뜨거워도 조금 참을 만했는데, 포파산은 차원이 달랐다. 봉우리 꼭대기로 향하는 끝

≪ 우뚝솟은 포파산.
≼ 포파산 정상에서.

임없는 계단을 맨발로 올라가야 했는데, 그곳은 원숭이들 놀이터였다. 자꾸 발에 뭐가 밟혔고, 이상한 액체를 밟으면 이것이 뭔가 싶다가도, 점점 무신경해지고 자신을 놓게 되었다. 이래서 맨발로 들어오게 했을까 싶었다.

일주일 동안 바간을 돌아다니며 두 개의 숙소에 묵었다. 하나는 미얀마 현장팀이 머물렀던 숙소였다. 미얀마팀 출장 기간과 내 휴가 기간이 주말을 사이에 두고 겹치지 않았었다. 여행에 통달한 동료 한 분이 미얀마에 있는 숙소를 샅샅이 뒤져 찾아낸 곳으로, 묻지도 따지지도 않고 갔다.

다른 숙소는 그 동네에서 제일 비싼 호텔이었다. 바간의 아우레움 팰리스 Aureum Palace 호텔은 사원을 바로 볼 수 있는 인피티티 풀로 유명하다. 아침에 눈을 뜨며 보이는 벽돌 사원과 수영장의 야경이 환상적이다. 호텔이 마음에 들어온 뒤, 마음이 불편해지기 시작했다. 유네스코 세계유산으로 등재되었다면, 주변 지역을 3~4단계로 나누어 구획하고, 구역별 관리 원칙을 수립한다. 유적이 바로 보이는 이 호텔지역은 아마 핵심관리 지역으로 분류되었을 것이고, 이 큰 호텔을 신축하려면 (원칙적으로는) 문화유산 영향평가를 시작으로 부지 시·발굴조사를 거쳐 수습된 유물에는 적절한 조치를 취했어야 함을 너무 잘 아는 입장에서. 과연 이 호텔은 어떻게 만들어졌을까가 마음에 걸렸다.

문화유산의 보존관리, 지역주민의 삶은 밀접하게 관련있기에 개발과 보존 사이의 균형은 아직도 어려운 주제 중 하나다. 일반적인 미얀마 중산층의 소득수준으로 숙박이 어려운 이 호텔에는 주로 서양 관광객들이 많이 눈에 띄었다. 동시에 방에서, 수영장에서 보는 유적은 웅장했고, 미얀마의 옛날을 상상하게 했다. 반면, 근처 전망대에서 본 호텔 부지는 나름 유적과 조화로운 경관을 자랑하고 있었다. 이 호텔이 장사가 잘 되면, 다른 거대자본이 문화유산지역 내 개발을 위해 투입될 것 같았고, 또 한편으로는, 호텔로 인해 지역주민의 일자리가 늘어났을 것 같기도 했다.

바간의 지진,
위기는 기회로

박지민

2014년 바간의 유적들을 대상으로 모니터링을 시작했으나, 고고학국립박물관 국 직원들로부터 모니터링 과정 결과물들이 송부되지 않았다. 라오스나 캄보디아에서는 정기적으로 데이터들이 송부되고 있던 것에 비하면 실망스러운 결과였다. 코이카에 제안했던 정부부처 제안사업도 2015년 초 최종적으로 무산되었음이 확인되었다.

미얀마와 함께하는 협력 사업은 갈 곳을 잃은 상태였으나, 희망의 끈을 놓지 않기 위해 2015년 가을, 바간 고고학국립박물관을 다시 한 번 문화재 보존처리장비 지원사업 대상으로 선정했다. 그리고 당시 재단에 와서 연수를 진행하고 있던 미얀마 동반자를 통해 박물관에서 필요로 하는 장비와 물품 목록을 전달받았다. 유물의 보관과 관리를 위해 유물보관 상자들과 선반들이 필요하다고 했다. 유물보관 상자는 한국에서 구매해서 보내고, 유물보관 선반은 양곤에서 제작하여 바간으로 보내기로 했다. 물품들이 바간에 도착할 무렵 사업 담당자가 바간으로 향했다. 문화재 보존과학을 전공했던 담당자는 출장 후 복귀한 후에 이름은 박물관인데 뭔가 많이 부족하여 박물관이라고 부를 수 있을지 모르겠다는 이야기를 했다. 당시에는 그 말이 무엇을 의미하는지 직접적으로 느끼기 어려웠다. 사진을 봐도 공간 이해가 쉽지 않은 구조였다. 그렇

▲ 2016년 8월 미얀마 바간 고고학국립박물관 지하1층.

게 2015년이 지나고 2016년이 되었다. 문화재청에서는 더 이상 코이카를 통한 사업형성이 어렵다는 사실을 인식한 것 같았다. 문화재청 국제협력과는 정기적인 담당자 교체가 있었고, 당시 국제협력과장은 미얀마를 대상으로 하는 사업을 더 이상 임시방편인 연결 사업 정도로 진행하지 말고, 정확하게 주제와 목적을 정하고 방향성을 확정하는 것이 좋겠다는 의견을 내었다. 그래서 전년도에 확인되었던 박물관의 낙후된 시설 개선을 건의했고, 국립고궁박물관의 전문가와 함께 현장조사를 하고 본격적으로 사업을 검토할 것을 지시받았다.

실패한 지진 발생 초기 지원

8월 1일, 2박 4일의 짧은 일정으로 바간으로 날아갔다. 박물관장과 만나서 시설들을 확인했다. 박물관이 위치한 지형의 영향으로 정면 출입구로 진입했을 때의 지하 1층은 후면에서 보기에는 마치 지상인 것처럼 보이는 반지하의 구조였다. 그래서 지하 1층의 가장 안쪽 벽은 땅을 막아서는 一자형 벽으로 단단하게 구축되어 있고 반대쪽은 톱니바퀴 모양의 평면으로 바깥쪽에 회랑 형태의 공간으로 둘러싸인 불규칙한 형태였다. 그나마 이 공간을 수장고라고 부를 수 있는데, 말이 수장고지 그냥 개방공간이었다. 한쪽 구석에 유리벽과 문을 설치하여 금속류 유물들만 따로 유물상자에 넣어 보관하고 있었다. 그 외에 석조 불상, 목조 입불, 목재 가구, 야자수 잎을 이용한 기록물 등은 지하 1층 공간에 그냥 보관하고 있었다. 온습도 관리는 전혀 되지 않았다. 환기를 위해서 창문을 열어둔 것 때문에 건기에는 그나마 온도만 높고 말겠지만, 우기가 되면 실내 환경이 어떻게 변하게 될지는 말하지 않아도 알 수 있었다. 출장길에 동행했던

▲ 2017년 8월 포파산에서 통역을 도와준 메이찐(중앙)과. 지금까지 메이찐은 미얀마 사업의 한 축을 담당하고 있다. 16년 가을 영어인터뷰로 한국어 표현을 잘해서 선발된 수재다.

국내 최고의 유물관리 전문가이신 고궁박물관의 서준 선생님은 이래서는 유물 관리를 할 수 없다며 수장고를 설치할 것을 강력하게 권고하셨다. 박물관장도 필요성은 느끼고 있었으나, 미얀마 정부 사정상 예산 문제를 감당하기 어렵다고 했다. 우리는 사업을 본격적으로 진행할 수 있는 대상과 매개를 찾고 있었고, 미얀마 측의 필요를 확인했다. 양 국가의 정부부처로 각각 이 상황이 보고되었고, 양측이 흔쾌하게 수장고 구축에 동의할 수 있었다. 8월이 지나기 전에 수장고 구축을 위한 세부계획 수립까지 빠르게 진행되었다.

8월 24일 문화동반자들과 함께 국립고궁박물관을 견학하고 있던 중, 미얀마에서 통역을 담당해주었던 메이쩐으로부터 울먹이는 목소리로 전화가 왔다. 바간 인근 지역에서 지진이 발생했고, 바간에도 상당한 피해가 발생했다는 전화였다. 미얀마 사람 중에서도 유독 바간을 아끼고 사랑하는 메이쩐이었기에 안타까운 마음에, 혹시나 한국이 도움을 줄 수 있을까 하는 기대감으로 전화를 했던 것이다. 개인이 전화를 했다고 정부가 움직일 수는 없겠지만, 서준 선생님께도 알리고 즉시 회사에 보고하고 대책을 궁리하기 시작했다. 어쩌면 미얀마와의 개발협력사업이 본격적으로 시작될 수 있는 주요한 계기가 될 수 있는 상황이었기 때문이다. 그러나 이 과정에서 사업 주무기관 담당자와 이견이 발생했다. 자연재해로 인해 발생한 긴급한 재난 상황이었기 때문에 피해복구 지원을 위한 긴급 채널을 만들기 위해 유네스코 방콕사무소와 연계하여 유효한 수단을 검토하고 있었다. 그런데 문화재청 피해복구 지원액에 대한 모든 지출내역 세부 영수증이 필요했다. 결국 지진 발생 무렵 초기

⬆ 빠땃지에서 본 일몰.

지원은 실패했다. 전 세계 각지에서 유수의 기관들과 개인들이 성금을 기탁했고, 유네스코는 네팔에서 활동하던 피해 분석 전문가를 지진 발생 다음 날 미얀마로 파견했다. 미얀마 국민들은 너나 할 것 없이 바간에 가서 피해복구 자원봉사를 했다.

▲ 2016년 8월 미얀마 바간 고고학국립박물관국 관장실. 수장고 시설 구축을 위한 회의

맨발 출입도 포기한 피해의 현장

결국 지진이 발생하고 5개월이 지난 12월이 되어서야 우리는 바간으로 지진피해조사를 갈 수 있었다. 지진으로 인해 피해가 발생한 사원은 전체 사원 중에서 398개에 이르렀다. 지진 발생 이전까지는 바간의 유적 수가 3,122개인 것으로 알고 있었으나, 지진 피해조사를 위해 미얀마 전국에서 자원봉사자들이 모여들고 드론 등의 장비를 활용하게 되면서 전면 재조사를 진행한 결과 전체 유적의 수는 3,822개인 것으로 확인되었다.

▲ 2017년 7월 지진피해복구사업 타당성 조사. 1588 따빗짜 사원 수리 현장.

2016년 12월, 출장을 통해 국립문화재연구소의 전문가들과 함께 지진피해조사를 진행하면서 지진으로 인한 피해의 현장을 생생하게 확인할 수 있었다. 지진이 발생한지 5개월이 지났지만, 대표적인 사원들과 주요 사원들을 제외하면 여전히 파

▲ 2017년 8월 바간 지진피해 복구 국제조정회의.

편 청소가 되지 않는 곳이 많았다. 미얀마는 모든 사원을 맨발로 출입해야만 했기 때문에 피해 사원을 들어가는 것은 고역이었다. 정말 상태가 심한 곳은 고고학국립박물관국 직원조차 여기는 어쩔 수 없으니 신을 신고 들어오라고 할 정도였다. 조사팀은 주로 구조적인 손상을 파악했고, 벽화 전문가도 한 명이 포함되어 있었다.

2016년과 2017년 두 차례의 현지조사를 진행하면서 이전의 출장들을 통해서 알게 된 바간의 사원들이 더 새롭게 느껴졌고 몇 배는 깊이 알 수 있게 되었다. 한국의 건축문화재 구조, 벽화 전문가들이 함께 조사에 참여했고 미얀마 현지의 전문가들과 기술자들이 함께 하면서 다양한 의견들을 공유했다. 각 개별 사원들에 대한 세세한 내용들을 듣고 또는 전공 분야별로 디테일한 지식까지 배울 수 있었다. 책이나 인터넷에서 찾을 수 없는 생생한 지식을 배울 수 있어서 향후에 사업을 진행할 때 어떤 부분에 중점을 두어야 하는지 방향을 설정할 수 있었다. 2017년 조사 때는 참여했던 전문가 중 한 분이 벽돌공장을 조사하다가 낙상하여 종아리 근육이 파열되는 부상을 당하셨으나, 끝까지 조사를 진행하는 투혼을 불태우시기도 했다. 그래서 귀국편에 조사팀 중 한 명이 오버부킹으로 인해 좌석 업그레이드를 받자 부상자에게 좌석을 양보하는 나름 훈훈한 모습을 보이기도 했다. 그러나 애초에 부상자가 없었어야 했다. 두 번째 현장조사 이후로 미얀마 사업의 방향성은 지진피해 조사 전과는 다른 방향으로 흘러가게 되었다. 결국 2018년이 되자 미얀마 사업은 벽화 보존처리 사업으로 방향을 전환했다.

▲ 2017년 7월 지진피해복구사업 타당성 조사팀.

⚠ 2016년 12월. 바간 지진피해 조사 때 파야똔주.

뜻밖의 희소식, 파야똔주

바간 지진이 발생한 다음 해인 2017년 8월. 지진 발생 1년을 맞이하여 바간 지진 피해복구를 위한 여러 나라와 기관 관계자들이 모인 가운데 국제조정회의가 개최되었다. 바로 전 달인 7월에 사업타당성 조사를 진행하며 사업대상을 #1536번 인 응아 폰틴 야웅 Nga Phon Tin Yaung 사원을 1순위로 결정한 바 있었다. 2순위인 파야똔주 사원은 벽화의 가치는 매우 높고 사업성도 있으나, 조사 당시 매우 강한 화학용제 냄새 때문에 어떤 처리작업이 진행 중인 것으로 판단했다. 이미 누군가 작업을 시작했다면 굳이 우리가 또 무언가를 진행할 필요는 없을 것이라는 판단 때문이었다. 국제조정회의에서 각 국가별로 지진피해 복구방안들을 논의하고, 미얀마 측에서도 건축사협회, 기술자협회 등 각 분야의 전문가들과 정부 관계자들이 나와 지난 1년간의 복구 노력과 성과를 공유하고 앞으로 어떤 방식으로 서로 협력할 것인지를 논의했다.

이틀간의 회의를 마치고 최종적으로 우리가 앞으로 추진할 사업에 관한 이야기를 하기 위해 유네스코 전문가로 바간에 파견되어 있는 로돌포 Rodolfo Lujan Lunsford 선생님을 찾아갔다. 마침 종교문화부의 벽화 담당자와 함께 신축 호텔 예정지 구역에 위치한 사원 벽화를 점검하기 위해 현장을 조사 중이었다. 잠시 짬을 내어 이야기를 진행하다가 뜻밖의 이야기를 들었다. 지난 달 파야똔주에서 맡 았던 화학 용제 냄새의 정체는 방수작업을 위한 것이었고, 벽화 자체는 현재 누구도 개입하지 않고 있다는 이야기였다. 그리고 만약 한국팀이 원한다면 사업대상을 파 아똔주로 바꿀 수도 있을 것이라고 했다. 뜻밖의 희소식이었고, 귀국 즉시 조사팀과 협의하여 사업추진 대상을 변경하기로 했다. 미얀마 종교문화부도 기꺼이 승인했다. 이 날을 계기로 우리 사업은 다양한 훼손양상을 보여 사업의 가치는 높았으나 인지도가 바닥이었던 #1536번 사원에서 규모는 크지 않지만 바간을 대표하는 사원 중 하나인 파야똔주로 변경하게 되었다.

▲ 2016년 12월 바간 지진피해 조사 파야똔주 피해조사 태그.

현장 오딧세이

바간에서 트럼프를 만나다

바간에서 희소식을 안은 날, 바간에서 약 두 시간 떨어진 곳에 위치한 또 하나의 미얀마 대표 성지인 포파산(Mt.Popa)에 방문하기로 했어요. 스리랑카의 시기리아에 비할 바는 아니지만 특이한 지형의 언덕 꼭대기에 위치한 사원이죠. 언덕 아래에서부터 신발을 벗고 계단을 한참 올라가다보면, 이런 게 정성이구나 싶은 생각이 절로 들었습니다. 꼭대기까지 올라 사원에 예를 갖추고 여기저기 둘러보는데 사원에 시주한 사람들의 이름을 적어놓은 패널들이 곳곳에 위치하고 있었어요. 미얀마의 화폐단위인 짯은 한국돈과 비슷합니다. 당시 1달러 기준 1,300짯이었고 약 1,150원 정도였어요. 그러니까, 대략 단위만 바꿔도 크게 차이가 나지 않죠. 시주자 명단과 시주액은 대체로 소소합니다. 몇십 달러거나 몇만 짯 정도. 그런데 낯익은 이름이 하나 보였어요. Donald Trump. 그리고 그 옆에 적힌 25,000짯. 실소가 터져나왔어요. 혹시 본인일까? 정말 본인이라면 여기까지 올라오기는 했을까? 누가 대신 와서 이름만 적어두고 간 것을 아닐까 하고요.

▲ 2017년 8월 포파산 꼭대기 사원에 있는 기부자 명단. 낯익은 이름이 보이나요?

현장 오딧세이

미얀마의 탕예와 탕 어엣

미얀마 대표 성지인 포파산 Mt.Popa에 오른 날, 다시 산 아래로 내려와 바간으로 돌아오는 도중에 작은 양조장을 들렸었는데요, 유적을 복원하는 데 쓰이는 접착제를 만드는데 짜끄리라고 부르는 공작 야자수 열매 수액이 사용된다고 들었던 것이 기억나서였죠. 그런데 고고학국립박물관국 국장이 짜크리 수액을 끓여서 술을 만들 수도 있다고 했던 것이 떠올랐어요. 양조장에 가서 보니, 수액을 끓여서 무언가를 만들고 있는 것이 보였습니다. 미얀마 식당에 가면 식탁 위에 아무렇게나 놓여있던 새까만 디저트가 여기서 만들어지고 있었어요. 나중에 확인한 바에 의하면 이것이 짜크리 수액을 끓이고 졸여서 만든 탕예Htan Yae라는 사탕이더군요. 탕예는 그 단 맛이 상상을 초월합니다. 아무 생각 없이 손가락 한 마디만한 탕예를 통째로 입에 집어놓고 깨물었다가는 끝 간 데 모를 지독한 단맛에 몸서리를 치게 될 거예요.

양조장 다른 한 편에서는 탕예와 찹쌀을 물에 담아 이틀 정도 발효시켜 만든 전통주인 탕 어엣Htan Ayet이 만들어지고 있었어요. 그 지독한 단맛이 발효가 되면서 약 50도에 가까운 독주가 된다고 합니다. 그런데 이 술은 서양의 위스키류와는 다르고 중국의 백주와 비슷한 성향이예요. 다만, 자끄리 원액이 워낙 달기 때문에 벌이나 개미들이 원액에 빠져 죽는 경우가 많은데, 이것을 그대로 발효시키기 때문에 나중에 술에서 이것들이 나올 수도 있다고 하네요. 실제로 거기서 한 병 사들고 와서 한국에서 먹었던 탕 어엣의 마지막 잔에 벌 한 마리가 떨어져 있었어요.

▲ 찹쌀을 물에 담아 이틀 정도 두면 발효가 되고 이것을 끓여 증류하면 50도 쯤 되는 탕어옛(Htan Ayet)이 된다. 시음자는 전범환 연구원.

바간과 워싱턴 : 제국의 작아진 수도

일반적으로 도시는 인구 밀도가 높은 지역으로 2, 3차 산업에 종사하는 인구가 많은 곳으로 정의된다. 100만 이상의 인구가 집중된 거대 도시가 전 세계적으로 수백 개 이상이고 주요 도시들을 중심으로 4차 산업이 발전하고 있는 오늘날 모든 사람들은 직감적으로 도시가 무엇인지 알고 있다. 도시는 서울, 뉴욕, 런던 같은 것이라고.

도시란 무엇인가

'고고학적 관점에서 도시, 문명, 국가의 정의를 구체적 사례와 더불어 설명하시오.' 2002년 서울대학교 고고미술사학과 대학원 고고학전공 석사과정 입시문제였다. 고고학에서의 도시는 위 문제에서도 드러나듯이 인류 최초의, 혹은 특정 지역 최초의 문명 및 국가와 깊은 연관이 있기 때문에 고고학에 있어 매우 중요한 주제 중 하나이다. 그런데 고고학자들에게 이 도시는 여간 까다로운 문제가 아니다.

많은 인기를 끌었던 〈응답하라 1994〉 드라마에는 서울 학생들이 지방도시 출신 학생들을 '시골' 출신이라고 놀리고, 이에 항변하는 장면이 나온다. 공항, 백화점 등의 유무를 둘러싸고 어떤 도시가 지역의 중심도시인가를 두고 설전을 벌이는 장면도 등장한다. 나는 부산 출신의 서울에 소재한 대학에 다닌 1994학번이다. 대학 시절, 실제 드라마와 같은 설전이 술자리에서 자주 있었는데 그래도 부산은 시골이 아닌 지방 도시로 인정하던 분위기가 기억이 난다. 도시에 대한 기준이 서로 다르고, 도시라도 같은 도시는 아니었던 것이다.

서울과 같은 메트로폴리탄 시민의 감성에는 고대의 도시는 모두 시골일지 모르겠다. 고대 인더스 문명 시대의 최고 도시, 모헨조다로 Mohenjodaro는 서울 내 여의 도만한 면적을 가진 도시였다. 도성과 해자로 둘러싸인 고대 동남아시아의 도시는 대체로 그 규모가 대학캠퍼스만하고, 그보다 작은 것도 흔하다. 인구 100만 명 정도의 장안이나 바그다드 정도는 되어야 한다는 엄격한 잣대를 들이대면 전근대 시대에 도시가 존재했던 지역은 매우 한정적이다. 인구밀도가 낮은 아이슬란드 Iceland의 수도 레이캬비크 Reykjavík는 현재 인구 약 13만 정도이고, 제2의 도시라고 하는 아쿠레이리 Akureyri는 2만 명이 채 되지 않는 도시이다. 충청북도 제천시의 인구 규모가 레이캬비크와 비슷하고, 보은군의 인구 규모는 아쿠레이리의 2배 가량 된다. 이처럼 도시의 규모나 인구수 및 기능은 시대별, 지역별로 상대적이다. 보은군의 많은 인구가 1차 산업에 종사하지만 2, 3차 산업에 종사하는 인구수도 적지 않다. 당시의 인구나 사회·경제상을 전하는 문헌자료가 없는 고대 생활터가 도시인가 아닌가를 판단하는 것이 고고학자에게 까다로운 또 다른 이유는 생활터 전체 규모를 파악할 수 있고, 주민들의 사회·경제적 삶을 파악할 수 있는 발굴이 진행된 유적 역시 한정적이기 때문이다.

바간은 미얀마의 워싱턴이었나

국가의 출현 이후 종종 수도를 이전한 국가가 적지 않았던 것을 감안하면 인류 역사에 출현한 국가 수보다 더 많은 수도가 존재해왔다. 수도는 어떤 지역에서는 해안, 하안, 기후 등의 자연 조건이 입지에 큰 영향을 주었는가 하면, 다른 지역에서는 국가 영역 간의 전략적 요충지, 중계무역의 요충지와 같은 인문 조건이 크게 영향을 미쳐왔다. 한반도 역사에 등장했던 국가들도 각기 수도를 가지고 있었다. 백제의 경우 여러 번 수도를 이전하기도 하였다. 고려, 조선의 경우처럼, 새로운 국가가 건국되고 새로운 수도가 생기기도 하였다.

인류의 역사에 등장한 국가의 수도는 대체로 최대 규모의 크기와 인구를 가진 경우가 많았다. 그런데 현대 미국의 워싱턴과 뉴욕처럼, 국가의 수도가 항상 규모와 인구수에서 최대는 아니었다. 최근 16년 만에 행정수도 이전 문제가 대한민국

사회의 이슈로 떠올랐다. 작은 수도가 탄생할지도 모를 일이다. 기원전 약 200년부터 기원후 900년까지 미얀마의 이라와디Irrawaddy 강 유역을 중심으로 번성했던 고대 쀼Pyu 도시국가 시대의 도시유적 세 곳 할린 Halin, 베익타노 Beikthano, 스리 크세트라 Sri Ksetra이 2014년 유네스코 세계유산에 등재되었다. 해자를 가진 도성都城으로 둘러싸인 구역 내 왕성王城, 수공업 단지, 수로 시설 및 불교·힌두교 사원 등이 발견된 고고학 유적이다. 이 중 가장 규모가 큰 스리 크세트라의 도시 규모는 약 420만평으로서 130만평 서울대학교 캠퍼스 크기의 3배보다 약간 크다 (베익타노 약 91만평, 할린 약 200만평).

이라와디Irrawaddy 강변에 위치하여 왕궁과 관료들의 건물 및 주요 사원 구역을 나머지 3면의 도성과 해자로 둘러싼 바간 건국 당시의 도시 크기는 베익타노의 약 1/3 크기로 그 이전 도시국가 시대보다 크게 줄어든 규모라 흥미롭다. 빨리Pali어로 아리마다나-뿌라 Arimaddana-pura, '적들을 제압하는 도시'로 불렸던 점을 미루어 집약적인 군사적 방어를 위해 적은 규모의 도성을 선택했던 것으로 추정된다. 13세기 말까지 바간 제국의 수도로 기능하면서 도성은 확장되지 않았다. 백악관과 근처에 펜타곤을 둔 미국의 수도 워싱턴처럼 규모는 줄어들었지만 집약된 파워를 가진 제국의 수도, 바간은 고고학자들에게 또 다른 골칫거리를 던진다. 인더스 문명 최대의 도시, 모헨조다로가 수도였다고 확신할 수 있는가?

바간; 새의 시선으로 바라보다 3

9. 바간에서 가장 오래된 건축물, 부파야(Bu Phaya)

바간은 미얀마 사람들이 평생 한 번이라도 순례를 하고 싶어 하는 지역이다. 부파야는 바간에서 가장 오래된 탑으로 종모양을 하고 있다. 종모양의 탑은 일반적으로 동남아에서 확인되는 초기 탑의 특징이다. 3,822개의 건축물 중 바간의 순례길에 꼭 들러야 하는 사원이 있는데, 관광객들에게 안내하는 Big 5와는 또 다른 사원이다. 전설에 따르면 바간왕조를 일으켜 세운 어노라타 왕은 부처님의 치아사리를 신성한 흰색 코끼리 등에 놓고 풀어줬는데 이 코끼리가 멈춘 네 곳에 사원을 세웠다고 한다. 이후 미얀마인들은 이 네 곳의 사원을 오전 중에 참배하고 한 가지 소원을 빌면 이루어진다고 믿고 있다. 네 곳의 사원은 쉐지곤(Shwezigon)과 투인타웅(Tuyin Taung), 로카난다(Lawka Nanda), 탄찌타웅(Tant Kyi Taung)이다. 미얀마인들은 명절 때 또는 휴가를 내서 작은 1톤 트럭에 십 수명이 성지순례를 하러 바간에 온다. 사원 앞에서 차박을 하고 이른 새벽부터 네 곳의 사원을 돌며 각자가 원하는 소원이 이루어지기를 기도한다.

▲ 부파야(에야와디 강변에 위치한 바간 이전 건축물).

▲ 살레이 파야똔주 사원.

10. 쌍둥이가 있는 동네 살레이(Salay)

바간에서 에야와디 강을 따라 남쪽으로 1시간 20분 가량 이동하면 살레이(Salay)라는 지역이 나온다. 이 지역은 구석기시대 유물이 발견되기도 한 곳으로 선사시대부터 역사시대의 유적이 확인되는 곳이다. 이 곳에는 바간 파야똔주와 쌍둥이 사원이 있다. 파야똔주(Phaya Thone Zu)라는 단어를 해석해 보면 '파야'는 불상 또는 불탑이란 뜻이고 '똔'은 3 또는 셋을 의미하는 단어이다 '주(Zu)'는 있다, 자리하다 라는 뜻이다. 결국 "세 개의 불상(불탑)이 있다"는 의미로 이해하면 된다. 살레이에도 파야똔주 사원이 있어서 주말에 시간을 내서 찾아가 보았다. 에야와디 강이 뒤로 보이는 낮은 언덕위에 위치한 사원은 사실 세 개의 사원이 붙어 있는 바간의 파야똔주와는 다르다. 단지 같은 언덕 위에 자리한 세 개의 사원 정도였다.

13세기에 조성된 사원으로 추정되는 세 개의 사원 중 사원 No.18의 시카라에는 석회반죽을 섞어 만든 스투코가 남아 있는데, 가부좌를 틀고 앉아서 아래를 내려다 보는 모습은 평안한 느낌을 준다.

대통령의 양말까지 벗긴
미얀마의 사찰문화

김동민

누구나 해외에 나가면 한 번쯤 생각해 보는 것이 '이 나라에서 잘살기 위해서는 어떤 사업을 해야 할까?'가 아닐까 싶다. 미얀마를 드나들면서 오랜 이동시간에 지쳐 잡생각이 스쳐 지나갈 즈음 마찬가지로 이런 질문을 던져 봤었다.

무더운 날씨를 이기기 위한 휴대용 선풍기를 수입해다 팔까도 했으나, 이미 중국제 저렴한 휴대용 선풍기들의 유행이 있었고, 잦은 고장 탓에 지금은 유행이 한풀 꺾였다고 한다. 한국식 식당? 이곳이 미얀마가 맞나 싶을 정도로 시내 여러 곳에 한국식당이 즐비하다. 이미 한국인들은 이곳 미얀마에 정착하면서 다양한 사업들을 꾸려나가고 있다. 특히 봉제공장이 여러 곳 운영 중인 것으로 알려져 있으며 미얀마산 의류들이 꽤나 인정을 받고 있는 듯하다. 그렇다면 양말 공장은?

신발 탈피, 세속과의 단절

이곳 미얀마 사람들은 양말을 신지 않는다. 기본적으로 슬리퍼(쪼리)를 신고 생활하는데 익숙하며, 공식적인 자리라 해도 슬리퍼가 실례에 어긋나지 않는 차림이다. 2019년 대통령 미얀마 순방에서 문재인 대통령은 쉐다곤 파고다를 방문하면서 양말을 신지 않았다. 국빈 방문한 타국의 대통령조차 사찰 내에서 양말을 신지 못한다고 하니 양말 공장을 했다가는 망할 게 뻔하다.

그렇다면 미얀마 사람들은 언제부터 양말을 신지 않았을까? 공식적으로는 아무리 찾아보아도 그 기록을 찾을 수 없다. 문화라는 것이 생활 속에 깊이 자리 잡고 기록되지 않고 전래된다는 특성상 당연한 결과일 것이다. 그래도 유추를 해보자면 역시 종교적인 이유이지 않을까 싶다.

석가모니도 평생 맨발로 다녔다고 한다. 물론 당시에 양말은 없었다. 신발이야 당연히 착용했겠으나 석가모니는 신발조차 신고 다니지 못하는 가난한 서민들의 고통을 함께 나누고자 했다. 추후에는 신발을 신자는 쪽과 석가모니의 가르침을 따라 신발을 신지 말아야 한다는 쪽으로 분파가 갈렸다는 이야기도 있을 만큼 신발이 가지는 상징성은 불교에서 매우 큰 의미로 다가온다.

고대 인도의 힌두교나 불교 모두 사원으로 들어갈 때는 신발을 벗고 발을 깨끗이 해야 한다. 신발을 벗는 것은 세속과의 단절을 의미한다. 신의 공간 혹은 수행자의 공간에 들어갈 때 마음가짐을 정중히 하라는 의미라고 한다.

찜질바닥을 맨발로

그러한 의미였을까 미얀마 사람들은 사찰에 들어가면서 맨발로 들어가는 것이 문화이며 예의라 여긴다. 1916년 당시 영국의 식민지였던 시절에 영국인들이 사찰에 들어가면서 신발을 신고 들어가면서 미얀마 국민들이 크게 반발하게 된 사건이 발생했다. 당시 청년불교도 연맹에서는 성명서를 발표하면서 사찰에 신발을 신고 들어가지 못하도록 법적으로 규정해 달라고 요청했다. 이후 유사한 사건이 연이어 발생하면서 스님과 미얀마 국민들이 집회를 시작하자 이에 공포를 느낀 영국 식민지 정부는 1919년 공식적인 사과와 함께 사찰에 입장할 때 신발을 벗도록 규정하기에 이른다.

덕분에 지금의 출장자들 또한 미얀마의

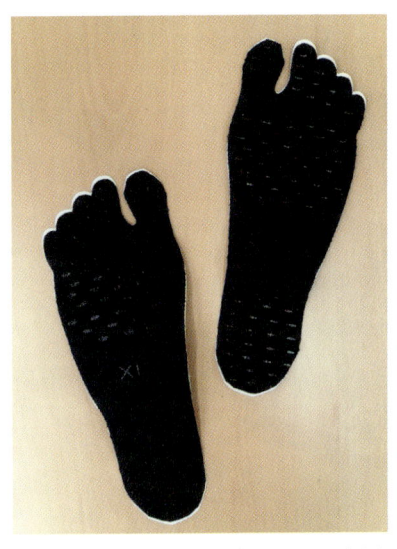

▲ **발바닥패치.**
섭씨 47℃ 이상으로 올라가는 무더운 날씨에 태양으로부터 뜨겁게 달구어진 사찰 바닥을 맨발로 다녀야 하는 것은 보통 고통스러운 일이 아니다. 이런 환경을 버티기 위해 구입한 발바닥 모양의 스티커는 이럴 때 매우 유용하다.

▲ 사원 밖에 벗어둔 신발들.

문화를 따라야 함은 당연하다. 섭씨 47℃ 까지 올라가는 무더운 여름 날씨에 태양으로부터 뜨겁게 달구어진 사찰 바닥을 맨발로 다녀야 하는 것은 어지간히 고통스러운 일이 아니다. 사원 주변을 돌보다가 뜨거워진 발바닥을 식히기 위해 그늘로 숨기 바쁘다. 발바닥의 무좀균도 그 강력한 전염성마저 잃고 쓰러질 것이다. 이런 환경을 버티기 위해 발바닥패치를 구입했다. 발바닥 모양으로 생긴 스티커를 발바닥에 붙이는 장치이다. 역시 사람은 적응의 동물이며, 세상에는 없는 물건이 없다.

미얀마를 방문할 예정인 분들께 강추한다. '당신의 무좀균을 보호합시다. 발바닥패치!'

비틀즈의 Yesterday와
바간의 문화유산

문화유산에도 인생사가 있다

어느덧 40대 중반이다. 해외출장 기간을 제외하면 한국문화재재단이 서울에 위치해 있기에 1년 중 대부분을 서울에서 지내고 있다. 직장 동료와의 만남에서는 당연히 현재 진행 중인 문화유산 ODA사업이 화제의 중심이다. 연중 연휴나 연말, 혹 상갓집에서 간혹 만나 회포를 푸는 지인들은 대학 동기 및 선후배들이고, 화제는 20년도 더 지난 대학 시절이다.

어제까지 누적된 인간사, 문화유산

전 세계 문화유산들도 사람처럼 인생사가 있다. 처음에 적은 규모로 만들어졌다가 증축 혹은 재건축되기도 하고, 시간의 흐름 속에 서서히 붕괴하거나 자연재해나 전쟁 등의 고난을 겪으면서 파괴되기도 하였다. 현재까지 계속 신자들이 활용하는 사원도 있고 폐사지도 있다. 그리고 근현대의 발굴 및 복원 과정도 문화유산의 인생사에 있어 중요한 시절이다. 비단 전문가뿐만 아니라 여행객이 방문했을 때 마주하게 되는 문화유산은 어제까지의 인생사가 누적되어 있다. 그런데 마치 현재의 동료들과 대학 동창들이 각각 인생사의 특별한 때를 주로 이야기하는 것처럼, 각 문화유산의 특별한 시절이 부각된다. 경주의 선사시대부터 어제까지의 인생사 중 특별히 부각되는 시절은 (통일)신라 시대이다. 메소포타미아는 고대 청동기 시대의 문명 시절이 각별하다. 그래서 중동전쟁이 진행되는 동안 전 세계 언론은 고대 문명 유적의 파괴를 염려하는 기사를 쏟아냈지만 오래된 이슬람 유적의 파괴에는 무관심했다. 인더스 문명 발굴 때, 후대 인간 삶의 흔적들을 꼼꼼히 기록하긴 하였지만 각별한 관심을 가지고 부각시키고자했던 시절은 5천 년 전 벽돌로 만들어진 도시의 집과 배수로 시설 등이었다. 인도의 고대 불교 석굴들은 불교 쇠퇴 이후 후대에 힌두교 신앙 공간으로 재활용되거나 아잔타 Ajanta 불교석굴처럼 지역 전통부족민들이 조상신앙의 공간으로 활용하고 있는 곳이 많았다. 근대의 고고학 및 고미술 전문가들은 부족민 신앙을 철거하고 유적을 재정비했다.

관여하는 사람들, 영향받는 인생사

미얀마 바간의 불교 문화유산들은 고대에 세워진 이후 현재까지도 불교신앙의 활동이 계속되고 있는 사원과 탑이 많다. 최근 미얀마 정부 및 유력자들의 노력으로 재정비되어 새로운 모습을 갖춘 것도 많고, 1975년, 2016년 두 차례의 큰 지진 피해를 입은 이후 대한민국을 포함, 여러 해외 전문기관들이 지금도 곳곳에서 발굴, 복구, 보존 등 문화유산의 인생사에 중요한 영향을 끼치고 있다. 미얀마의 개혁·개방 이후 최근 폭발적으로 증가한 관광객들도 문화유산의 인생사에 적잖은 영향을 주고 있다.

1972년 제정된〈세계유산협약〉에 의거하여, 자연재해나 전쟁 등으로 파괴의 위험에 처한 유산의 복구 및 보호 활동 등을 통하여 보편적 인류 유산의 파괴를 근본적으로 방지하고, 문화유산 및 자연유산의 보호를 위한 국제적 협력 및 나라별 유산 보호 활동을 고무하기 위해 유네스코 세계유산위원회는 매년 인류 전체를 위해 보호되어야 할 뛰어난 보편적 가치 Outstanding Universal Value가 있다고 인정되는 유산들을 크게 문화유산, 자연유산, 복합유산(문화+자연)으로 분류하여 세계유산 목록에 등재하고 있다.

과거의 문화유산에 대한 공공의 관심은 근대 민족국가의 성립과 함께 각국이 민족의식을 고취하기 위해 문화유산에 대해 전근대시대와는 비교할 수 없는 정도의 폭발적인 관심을 보이기 시작한 것과 깊은 관련이 있다. 최근 문화유산의 범위는 민족문화의 유산에서 인류의 유산으로 인식하는 공감대가 확산되고 있으며, 문화유산과 주변 자연환경의 연관성을 강조하는 것이 추세이다. 인류의 오래된 문화유산은 대체로 연약하고 한번 훼손되면 재생이 불가능한 경우가 많아 보존이 가장 중요한 과제이지만 활용을 통해서 현재의 사람들이 이를 누리고 활용하는 것도 중요하다. 건축문화재의 경우 활용은 보존을 위해서도 중요한 경우가 많다. 건축문화재는 사용하지 않고 방치하는 경우에 오히려 급격히 손상되는 경우가 많다.

개입의 역설

문화유산과 주변 자연환경은 '최소한의 개입Minimum Intervention'이라는 전략을 바탕으로 정기적이고 지속적이며 예방적인 관리 프로그램에 의하여 보존·관리되어야 한다는 것이 글로벌 스탠다드이다. 그런데 바간에서 최근 수십 년 동안 미얀마 정부에 의해 행해진 '개입'들은 어떻게 할 것인가? 그 개입을 조심스레 제거하여 고대 문화유산에 대한 최소한의 개입 상태로 돌려놓아야 할 것인가? 향후 발생할 수 있는 자연재해 등의 위험으로부터 문화유산을 보호하기 위해 현대보존과학 기술이 도달한 최소·최고 수준의 개입을 시도하더라도 미래의 보존과학자들에게는 제거해야할 불필요한 '개입'이 될 가능성은 없는가? 인류 공동의 관심과 노력을 고무하기 위한 유네스코 UNESCO 세계유산 등재로 인해 관광산업이 발전하여 문화유산과 자연환경에 오히려 해를 끼치지는 않는가? 즉 최소한의 개입을 원칙으로 하는 세계유산 정책이 역설적으로 문화유산에 대한 심대한 개입이 아닐까?

타나카
화장품으로 진화된 천연 자외선 차단제

김동민

티브이 등을 통해 미얀마 사람들이 얼굴에 베이지색 분을 칠한 모습을 많이들 보았을 것이다. 바로 타나카Thanakha라고 하는 천연 자외선 차단제이다. 차욱핀 Kyukpyin이라는 연마석에 물을 뿌리고 타나카 나무의 껍질을 갈아내고 나면 베이지색의 걸쭉한 액체가 만들어지는데 이를 손가락으로 움푹 퍼내어 얼굴에 바르면 된다.

양쪽 볼에 바르는 게 일반적이지만 어떤 경우에는 얼굴이며 목이며 노출된 신체 모두에 과하다 싶을 정도로 바르는 경우도 있다. 거의 대부분의 미얀마 여성들은 타나카를 사용하는데, 사실 남자들 중에서도 양 볼에 타나카를 바른 모습이 종종 확인되기도 한다. 특히 어린 아이들이 양 볼에 베이지색 분을 칠한 모습을 보면 귀여움이 증가한다.

▲ 타나카 만들기.

타나카는 미얀마에서 2천 년 전부터 사용되었다고 알려져 있다. 고대국가인 베익타노Beikthano의 여왕이 타나카를 즐겨 사용했으며, 그 덕에 매끄러운 피부를 가지게 되었고, 여러 사람의 부러움을 샀다고 한다. 이외에도 여러 문헌 기록에서도 타나카에 대한 기록들이 확인되며, 특히 1930년대에 발생한 지진으로 바고에 위치한 쉐모도 Shwemawdaw 사원이 무너졌을 당시 잔해 속에서 15세기 바이나웅 왕의 딸이 사용한 것으로 알려진 차욱핀이 발견되기도 했다.

타나카 나무는 바고 Bago 주나 마궤 Magway 주에서 자라는 나무가 품질이 좋은 것으로 알려져 있는데, 타나카 나무는 매우 천천히 자라기 때문에 양질의 타나카 나무는 35년이나 자라야 한단다. 미얀마 내에서는 길거리든 시장이든 타나카 나무를 판매하는 것을 쉽게 볼 수 있는데, 그만큼 타나카 문화는 미얀마 사람들의 생활 속에 깊이 자리잡고 있다는 뜻이다. 외국인 관광객에게도 인기 있는 기념품 중 하나이다.

미얀마 여성들은 강한 자외선에도 불구하고 대부분 피부가 좋은 편이다. 아마도 타나카의 숨겨진 효능이 더 있을지도 모르겠다. 이를 부러워한 한국팀의 한 여성 연구원은 미얀마 여성들의 피부처럼 될 수 있다는 믿음에 타나카를 사용하기 시작했다. 그 연구원에 따르면 타나카는 일반적인 자외선 차단제처럼 미끈하고 꿉꿉한 느낌도 들지 않으면서 물에 쉽게 닦이기 때문에 세안도 쉽다고 한다. 요즘에는 화장품 형태로 쉽게 찍어 바를 수 있는 타나카가 출시되었다고 한다.

▲ 타나카를 바른 현지인.

▲ 타나카를 바르고 해맑게 웃고 있는 어린이.

고고학체험교실

바간 지역에는 3,822개의 사원과 400여 기의 벽화가 남아있다. 한국의 미얀마 사업은 바간 민난투 Minnanthu 지역에 위치한 파야똔주 사원을 대상으로 한국의 기술력을 이용해 2020년까지 파야똔주 사원 벽화 보존처리 매뉴얼을 개발하고, 지진으로부터 사원의 안정성을 확보하기 위한 보수보강을 완료하는 것을 목표로 하고 있다. 여기에 발굴조사, 기자재 지원, 현지연수 등의 프로그램까지 더해지다 보니 한국팀의 구성원들은 각각 고고학, 보존과학, 건축학 등 꽤나 다양한 전공자들로 구성될 수밖에 없었다. 문화유산이라는 공통된 주제를 서로 다른 전공자의 시각으로 연구를 진행하는 방식이다. 우리는 이러한 각자의 경험을 살려 바간 지역 청소년을 대상으로 '고고학 체험교실'을 개최했었다.

한국에서는 '대중고고학'이라는 장르로 일반 대중을 대상으로 고고학(역사, 보존과학 등을 통틀어 표현하는 단어)에 대한 소개와 함께 박물관에서나 보아오던 조금은

⌃ 고고학체험교실 학생들의 파야똔주 사원 방문.

단아한 학문으로 인식되고 있는 고고학을 보다 친밀감 있게 접근하기 위한 노력을 지속하고 있다. 또한 일반 학생들에게는 고고학 관련 진로체험 기회 제공을 위해 '고고학 체험교실'도 운영 중이다. 이러한 한국의 경험을 바탕으로 바간 주민들과의 친밀감 향상, 한국의 공적개발원조 소개, 진로체험 기회 제공을 위해 '고고학 체험교실'을 운영하기로 뜻을 모은 것이다.

바간 고고학국립박물관국 바간사무소를 통해 뉴바간 New Bagan에 위치한 'Basic Education High School'을 접촉했다. 교장선생님은 흔쾌히 한국팀의 제안을 받아들였고, 5~6학년생 57명을 대상으로 매주 1회, 총 6주간의 프로그램을 운영하기로 한다. △ 고고학이란 무엇인가?, △ 유물 실측 실습, △ 보존과학이란 무엇인가? △ 토기 접합 실습, △ 구석기란 무엇인가?, △ 석기 만들기 실습 등 이론교육과 실습교육을 병행하여 학생들의 관심을 유발하고, 매주 기초 한국어 교실도 운영했다. 이미 학교에는 음악, 체육 등 다양한 외부 강사의 방과 후 학습 프로그램이 운영 중이었으나, 이들에게 우리는 외국인이라는 특수성이 더해져 매우 좋은 반응을 나

ODA수첩

오른손이 한 일을 모두가 알게 하자

미얀마 파야뜬주 사원 앞에는 커다란 태극기가 걸려있다. 사업을 안내하는 안내판도 설치되었다. 미얀마를 찾는 관광객에게 한국의 사업을 홍보하는 나름의 방법이다. 미얀마, 캄보디아, 라오스 등 재단이 지원하는 해외 문화유산 복원 현장에서는 한국의 작업을 모범 사례로 선정하며, 칭찬이 자자하다. 그에 반해 한국의 사업을 알리고 홍보하는 방식은 아직까지 초보적인 단계에 머물러 있다.

반면, 해외에서 활동하는 모 국가는 정말 자신들의 일을 부풀려 알리기에는 일가견이 있다. 자신들이 지원하여 설치한 안내판마다 그 나라 국기를 어찌나 많은 곳에 박아 넣었는지, 보는 사람이 민망할 정도이다. 그렇지만 어찌하랴. 일반인들이 기억하는 건 우수한 복원기술이 있는 한국이 아닌 안내판을 만들어준 국가인데….
'오른손이 하는 일을 왼손이 모르게 하라'
'아버지를 아버지라 부르지 못하고, 형을 형이라 부르지 못하고.'
한국인 특유의 겸손함은 이제 그만. 세계가 인정해주는 한국의 우수한 복원 기술처럼 한국이 진행하는 해외유산 복원 작업이 그만큼 널리 알려질 수 있기를 바래본다.

▲ 고고학 체험교실, 석기 만들기 체험.

타냈다. 이미 한국의 드라마나 K-팝이 미얀마 지역에서 유행이었기 때문에 한국인에 대한 인상 또한 좋은 편에 속하고 있었다. 학생들은 드라마를 통해 배운 한두 마디의 한국어로 우리들에게 화답했다. '오빠! 가지마!', '널 부셔버릴 꺼야!' 등 도대체 무슨 드라마를 본 건지 알 수 없는 한국어들을 쏟아내기 시작했다.

파야똔주 사원 그리기 미술대회

3주차 강의에는 한국팀의 사업대상지인 파야똔주 사원에 학생들을 초청하여 '파야똔주 사원 그리기 미술대회'를 개최했다. 미리 한국에서 공수해온 크레용과 스케치북을 선물로 증정하고 파야똔주 사원을 그리도록 했다. 안타까운 사실은 학생들은 이런 그림 그리기에 대한 경험이 없었던 듯 그 흔한 크레용의 사용법조차 제대로 알지 못해 색깔 칠하기를 두려워했다. 그래도 저마다 자로 벽돌 하나하나를 그려넣기도 하고, 조심스럽게 색상을 입혀 나가기 시작했다. 모두들 너무나 진지하게 그림을 그려준 덕분에 그림대회는 성공적으로 마무리 될 수 있었다.

심사를 위해 학생들의 그림을 사진으로 찍어 한국으로 발송했다. '한국문화재재단 이사장상'을 비롯하여 '부산박물관장상', '바간사무소장상' 등 특별상까지 준비하고 총 13편의 수상작을 선정했다. 또 선정된 그림들을 2020년 달력으로 만들

▲ '파야똔주 사원 그리기 미술대회' 출전작품.

어 배포하기도 했다.

마지막 6주차에는 미코팀과 학생들이 함께하는 체육대회도 개최하였다. 모두 다 함께 땀을 흘리며 축구, 전통술래잡기 등을 하며 시간을 보내고 그간의 수업을 마무리 했다. 그간 정이 들었는지 몇 주간 함께했던 아이들과 헤어져야 한다는 사실에 그동안 해맑았던 아이들의 웃음이 스쳐지나가며 가슴이 아파왔다. 건강히 다시 만날 다음을 기약하기로 했다.

'오빠! 가지마!'

학생들은 그제서야 제대로 된 한국어를 구사하기 시작했다.

인정받은 고고물리탐사법

바간 유적의 너비는 약 104제곱킬로미터에 달한다. 하늘에서 바라보았을 때 현재까지 확인된 사원(정확히 말하면 기념물. 수도원, 사원 등을 모두 합친 숫자이다)의 수만 3,822개이며, 조사를 통해 그 수가 지금도 증가하고 있는 중이다. 바간 지역에서 평생을 무너진 건축물의 복구 작업에 힘쓰다가 얼마 전 돌아가신 할아버지는 한국팀의 파야똔주 사원 현장을 찾았을 당시 바간 지역 대부분의 사원은 축조당시 흙을 판축하여 기단부를 쌓은 후 그 위에 지어졌다고 했다. 구바간Old bagan 지역에 위치한 왕궁터나 일부 토굴 또는 지하식으로 건설된 사원, 그리

▲ 유물 실측 및 수습 체험

고 또 지하식으로 만들어진 수도원도 일부 확인되기는 하지만 바간의 사원은 어느 원로가 설명한대로 대부분은 흙을 쌓아올려 판축된 기반 위에 지어졌다. 그렇다면 건축물이 아닌 생활의 흔적들은 지하에 남아있지 않을까? 상

△ 파야똔주 사원 기단부 발굴조사 –발굴조사 중인 전범환 팀장.

식적으로 바간유적은 바간왕조의 수도로 사용된 만큼 많은 사람들이 이곳에 거주했을 것이며, 그에 따라 생활에 필요한 도로, 담장, 주거지, 배수로, 또 필요에 따라 화장실 등 생활의 흔적들이 남아있기 마련일 테지만 그 어디에도 이에 대한 자료가 남아있지 않다. 이러한 생활 흔적을 찾기 위해 2019년 한국과 미얀마 공동 조사단인 미코팀이 파야똔주 사원의 주변에 대한 고고물리탐사 조사를 실시하였다. 고고물리탐사 조사는 지표투과레이더GPR / Ground Penetrating Radar를 이용해 지하에 매장되어 있는 고고학적 흔적을 찾아내는 기법이다. 애초에는 지하의 철근 또는 상수도, 도로의 씽크홀 등을 탐사하기 위한 목적으로 만들어진 분석기기를 고고학적인 조사에 적용한 사례이다. 고고물리탐사법은 발굴조사에 비해 보다 빠르고 저렴하게 매장문화재 현황을 분석할 수 있는 장점이 있다. 조사 결과 단독 사원인줄로만 알려졌던 파야똔주 사원은 뜻밖에도 잘 구획된 정사각형의 담장을 가지고 있고 북쪽으로는 출입구로 추정되는 기둥 자리도 확인되었다. 미코팀은 물론 고고학국립박물관국 관계자 역시 조사 결과에 대해 놀라워하는 순간이었다. 고고물리탐사법은 유럽 등지에서는 아주 보편화된 고고학적 조사방법이지만, 아시아 지역에서는 우리나라와 일본 정도에서만이 적용하고 있는 특별한 조사 방법이다. 당연히 미얀마에서는 이 조사 방법을 처음 접하게 되었고, 고고물리탐사법에 매료되어, 파야똔주 사원 이외의 다른 지역에도 고고물리탐사

조사를 한국팀에 의뢰하기에 이른다. '그럼 한국측에서 장비와 기술을 이전해줄 테니 너희 조직에 전문 고고물리탐사팀을 신설해줘!'

이렇게 미얀마 고고학국립박물관국 바간사무소에 한국의 도움으로 고고물리탐사팀이 신설되게 되었다. 외교부나 외부평가위원으로부터 미얀마 사업이 높게 평가받고 있는 부분도 수원기관의 조직체계 확대에 영향을 끼쳤다는 점이 높게 평가되었기 때문이다. 사실 파야똔주 사원 고고물리탐사를 준비하면서 전문 업체에 용역을 의뢰할 예정이었으나, 조사 단가가 너무 높아 차라리 장비를 구입하고 파야똔주 사원 조사 후 장비를 미얀마에 기증할 계획을 이미 가지고 있었다. 때마침 수원기관에서 고고물리탐사법에 매료되어 추가지원을 요청한 덕에 한국팀은 생색을 내며 이를 지원해 줄 수 있었고, 덕분에 미얀마팀의 좋은 사업성과를 가져올 수 있게 되었다. 미얀마팀의 순간적인 기지가 좋은 결과물을 가져온 사례 중 하나이다.

▲ 파야똔주 사업 현장 시찰을 마치고. 맨 좌측이 김동민 소장, 중앙이 진옥섭 한국문화재재단 이사장.

3장
문화재 도굴꾼들의 천국, 모든 길은 앙코르로 통했다

캄보디아의 보물이자 자랑인 앙코르 유적은 오랜 세월 동안 방치되어 손상되었다. 밀림의 침식과 퇴적으로 점차 폐허가 되어갔다. 외세의 침략과 국내의 혼란으로 어쩔 수 없었던 것도 사실이지만, 피폐해진 앙코르 유적의 모습은 바라보는 크메르인들에게 제국의 몰락과 캄보디아의 현 처지를 연상시켜 씁쓸한 마음을 주었을 것이다. 앙코르 유적이 버려진 것은 15세기 태국의 아유타야가 강성해지면서부터이다. 9세기부터 14세기까지 크메르 제국은 경쟁자들이 쟁쟁한 동남아시아 대륙에서 패권을 장악하고 강력한 영향력을 미쳐왔지만, 힘을 잃고 무너지는 것은 순식간의 일이었다. 크메르 왕족은 북쪽에서 급격히 성장하는 신흥강국 아유타야의 공격을 피해 앙코르를 버리고 남쪽으로 피난하였다. 그 후로 마치 앙코르의 저주라도 받은 것과 같이 옛 영광을 되찾지 못하고 있다.

캄보디아는 갖은 수모를 겪으면서도 겨우 명맥을 이어나갔지만, 결국 1863년에 프랑스의 식민 지배를 받게 되었다. 아무리 서방의 문화대국을 자처하는 프랑스라 하더라도 베트남, 라오스, 캄보디아가 인도와 중국의 사이에 있다고 하여 '프랑스령 인도차이나'라는 명칭으로 부르며 묶어서 통치하는 그들로부터 많은 기대는 할 수 없었다. 프랑스의 식민지배는 20세기 중반까지 계속되었다.

물론 우리나라에 있어서도 의의가 크다. 캄보디아는 6.25 전쟁 이후 기아로 허덕이던 우리나라에 쌀을 보내준 나라이다. 은혜를 갚는다는 의미가 될 수도 있지만 이와는 별개로 국제적으로 문화강국의 면모를 갖출 수 있는 계기가 될 수 있다. 이제 막 세계적으로 한국의 문화가 알려지는 분위기이다. 문화유산이나 역사의 분야에서도 세계와 교류해야 하는 시대가 도래한 것이다. 한국의 앙코르 유적 복원 참여는 김구 선생님의 문화강국에 대한 꿈에 한 발자국 나아갈 수 있는 장이 될 것이다

프레아피투 각 사원

T 사원 (Kor Sak)

사원 T는 프레아피투의 진입로에 있다. 또한 프레아피투 1차 사업의 보수정비대상인 사원 T 테라스가 있다. 5개의 사원 중 시간을 가장 오랫동안 할애한 애증깊은 사원이다. 보수정비사업을 성공적으로 수행하여 한국의 기술력을 테라스 보수하는데 적용할 수 있었고 대한민국의 기술력을 험난한 문화유산 올림픽의 장에서 눈부신 성과를 이룩하는데 가장 큰 요인으로 작용한 사원이다. 또한 식당과 주차장에서 가장 가까운 사원으로 가장 많은 관광객의 발길이 닿은 사원이

❖ 사원 T 테라스 보수정비 후의 모습.

▲ 사원 T 주신전 남측.

▲ 사원 T 주신전 드론 촬영.

고, 짧은 투어를 원하는 사람에게 안내해주는 사원이다.

U 사원 (Chorm)

사원 U. 앙코르유적을 잘 아는 사람들은 이렇게 말한다. '작은 사원이지만 앙코르와트의 조각보다 더 정교하고 아름답다. 맞다. 사원U의 조각은 동남아 미술사에 조금의 지식이 있다면 사원U의 조각 디테일에 경이로움을 표현할 것이다. 또한 캄보디아 사업의 2차 사업을 성사시킨 고마운 사원이기도 하다. 그만큼

▲ 사원 U 전경(드론촬영).

≫ 사원 U 내부 린텔의 형상. 조각술이 매우 정교하고 아름답다.

▲ 사원 U 전경. 구조적으로 불안정한 요소들이 보이며 조금이라도 건드리면 와르르 무너질 것 같은 느낌을 받는다. 구조 보강이 매우 시급한 사원이다.

3부 | 문화유산의 복원 올림픽, 심판은 유네스코

사원의 보수가 시급한 사원이기도 하다. 2차 사업 역시 대한민국의 기술력을 더 접목시킬 예정이고 보수에 대해서 난제가 있어 그 결과가 더더욱 기대가 되는 사원이다.

X 사원 (Ta Tuot)

5개 사원 중 유일한 불교사원. 캄보디아에서 유일하게 남아있는 불교식 린텔[1]이 있고 이를 도굴하기 위하여 시도했던 흔적이 적나라하게 남아있다. 또한 다른 사원에서 볼 수 없는 불상의 얼굴 37구가 온전하게 남아있는 유일한 사원이기도 하다. 5개 사원 중에서 가장 높은 곳에 위치하고 있으며 지금은 통신 안테나가 설치가 되어 전파가 사원 어느 곳에서나 잘 터지지만 2017년까지 전화 및 인터넷 사용을 위한 장소이기

▲ 사원 X 주신전 내부 불상. 불상의 얼굴이 온전하게 남아있는 유일한 신전 중 하나이며 조각술 또한 매우 훌륭하다. 총 37구가 모셔져 있으며 이 불상들에 대한 의미와 해석이 각기 다르다.

[1] Lintel, 크메르 건축의 개구부 상부에 있는 보부재.

도 하다. 동쪽으로 불교식 테라스를 따라 조금 더 걸어가면 프레아피투 사원의 마스코트인 코끼리 석상도 찾아볼 수 있다. 코끼리까지 찾아본 사람은 프레아피투를 유심히 본 사람으로 인정한다.

V 사원 (Daun Mea)

가장 불가사의한 사원 V. 도대체 저 큰 기둥석(추정)은 어디에 쓰였을지 아직까지도 풀어내지 못한 미스테리의 석재가 있다. 기둥석재는 앙코르유적에서 단일부재로 가장 큰 기둥 석재이다. 거대한 앙코르와트나 바이욘의 사원의 기둥의 크기와 비교 불가이다. 또 다른 신비한 석재가 있다. 그것은 거대한 링가 석재. 링가는 힌두교 3신의 상징이며 남근석이다. 이 석재는 나의 개인적인 경험담이 있다. 캄보디아에서

▲ 사원 V 후면에 있는 거대 기둥(추정).
현재까지 실존하는 단일 부재로 가장 큰 규모를 가지고 있어 학계의 연구가 필요하다.
▲ 사원 V의 거대 링가.
힌두교의 삼대신 시바(Shiva), 비슈누(Vishnu) 그리고 브라마(Brahma)를 상징하는 것으로 원형, 팔각, 사각 평면의 형태를 가지고 있다.

첫아이와 즐거운 나날을 보내면서 둘째를 생각한 시기에 이르러 오랜만에 사원 V 링가에게 가서 석재 위를 쓰다듬으며 '링가신 님 저희 둘째도 낳아야할 시기가 온 듯 합니다. 이번에는 아들이었으면 좋겠습니다.' 나름 간절하게 빌었다. 우리 부부는 아들을 낳았다. 나중에 이 사연이 입소문이 나면 추후에 부석사 조사당 앞의 나무처럼 철장을 채워야 할지도 모른다.

Y 사원 (Kandork Yeak)

건축평면이 앙코르유적에서 볼 수 없는 평면을 가지고 있다. 기본적으로 앙코르유적의 건축은 평면이 좌우 대칭형이지만 사원 Y는 장방형 평면을 가지고 있다. 지붕은 목재로 지어졌을 것으로 추정이 된다. 인위적으로 작은 언덕을 형성해서 건물이 다른 구

조물보다 높게 지어졌다. 일본 무사시노 미술대학교 박형국 교수는 미술사 연구를 통하여 불상을 닦던 유일하게 남아있는 실물 건축물이라고 가설을 세우고 있다. 문헌에만 나오던 건물이 실제로 유일하게 남아있는 사원 Y라면 이는 대단한 발견이 아닐 수 없다.

☊ 사원 Y 배면.

☊ 사원 Y 정면.
벽체와 벽체 사이가 멀어 석재로 지붕을 만들 수 없는 구조로 되어 있으며 지붕부는 목재였을 것으로 추정된다.

앙코르보존소, 문화유산의 보물 수장고

김지서

시엠립 시내에서 강을 따라 올라가면 왼편에 빨간색으로 높게 담장이 쳐져 있고 안에는 프랑스식 건축물들 몇동 보이는 곳이 있다. 늘상 보던 군인이 정문을 굳게 닫아 놓고 외부를 감시하고 있고 곳곳에는 CCTV가 설치되어 외부를 감시하고 있는 이곳은 앙코르보존소이다. 프랑스 식민지 시절에 시엠립 총독부의 역할을 수행하며 앙코르유적에서 나오는 유물들을 한 곳으로 모으는 수장고의 역할을 수행했다. 앙코르 유적의 국보와 보물들을 한 곳에 집중하여 모아놓은 국가지정 보호구역이다.

이곳을 처음 방문한 것은 2015년 12월이었는데, 과거 2010년 문화재 보존처리

▲ 앙코르보존소 내 건물.
목재로 된 삼각형 박공은 프랑스식민지 시절에 앙코르와트 사원에서 가져온 것이다. 보존처리가 시급한데 현재는 건물의 일부로 쓰이고 있다.

▲ 앙코르보존소 내 보존처리실 리모델링 사업.
상부의 목재 박공은 앙코르와트에서 가져온 것이다.

기자재 지원을 수행했던 장소로서 출입이 가능했다. 또한 캄보디아 문화예술부 소속이기도 하여 캄보디아 동료들이 많이 근무를 하는 곳이었다. 방문했을 때 2번을 놀랐던 것 같다. 첫 번째는 캄보디아의 유물을 봐서 놀

▲ 앙코르보존소 내부 불상.
중앙 불상을 제외하고 전부 원형을 유지하고 있으며 중앙 좌측의 청동 불상은 현존하는 유일한 불상 중 하나이다.

랐고 두 번째는 이 유물들의 관리 상태를 보고 놀랐다. 분명히 국보급 유물인데 외부에 훤히 노출이 되어 있고 마땅히 박물관에서 보존처리를 하여 보호를 해야 할 유물인데 오히려 건물의 한 장식요소로 쓰이고 있었다.

킴소틴 소장이 수장고를 안내해 주면서 캄보디아의 문화유산을 코앞에서 보게 되는 행운을 동시에 얻었다. 캄보디아에 유일하게 남아있는 거대 불상 3구, 목재 박공판, 목재 불상 등. 유적지에서 절대로 볼 수 없는 유물의 컬렉션이었다. 너무도 아름다운 유물들이 여기저기 보호를 받지 못하는 것을 보고는 마치 롤렉스 고가시계가 길바닥에 떨어져 있는 듯 한 느낌을 받았다. 인디아나 존스의 발견 같았다.

캄보디아의 높으신 분들은 시엠립에 와서 유적지를 가기 전에 이곳에 먼저 온다고 한다. 유적지의 좋은 유물들, 특히 불상들이 다 이곳에 있어서 기도를 하러 온다는 것이다. 따로 불상들을 모아 놓고 기도를 할 수 있도록 돗자리도 깔아 놓았다.

일본인들만 들어온다?

문화재 보존처리실 구축으로 사업을 수행하던 중 간간히 앙코르보존소에 들어오는 관광객들이 있었다. 내가 알기로는 관광객 출입금지 구역인데 누구일까? 캄보디아 스님 뒤로 몇 명의 동양인들이 들어오고 있었다. 앙코르보존소장에게 물

▲ 앙코르보존소 캄보디아 신년 행사(2018.04.).
앙코르보존소는 1년에 2번 공식적으로 보존소의 문을 개방하여 기념행사를 실시한다. 4월에 있는 캄보디아 신년식(Khmer New Year), 그리고 9월의 조상의 날(Pchum Ben)이다.

어보니 그들은 일본인들이었다. 킴소틴 소장이 재미있는 이야기를 들려줬다.

옛날 불자인 일본인이 불치의 병에 걸려서 인생을 포기하고 불교의 성지인 앙코르 유적을 마지막으로 보고 싶다고 하여 이곳을 찾아왔다고 한다. 그 일본인은 앙코르보존소 중앙에 모셔진 불상을 보고 며칠을 그 불상 앞에서 기도를 했다고 한다. 그러던 어느 날 죽을 병에 걸렸던 일본인이 병이 낫게 되었다. 이 소식이 일본에 퍼지게 되었고, 지금은 유일하게 일본인들의 관광코스가 되어 있었다. 옵션 관광. 스님에게 시주를 하고 같은 장소에서 캄보디아 스님이 작은 법회를 열어준다. 그래서 한 번씩 일본인 관광객들이 합장을 하고 이곳에 들어와서 불상 앞에서 기도를 하는 모습을 볼 수 있다.

"지서, 그래도 너는 건물 안 유물도 볼 수 있는 특혜가 있잖아"

킴소틴이 이야기 해준다. 그래서 나도 더.특.별.한. 관광을 만들었다. 우리 사업과 관련하여 출장을 오시는 분들에게 앙코르보존소를 보여주기 시작했다. '여러분, 일본인들은 바깥 구경만 할 수 있는데 저는 수장고 안에서 더.특.별.한. 유물들을 볼 수 있는 특전을 드립니다.'

꼭 봐야할 유물

첫 번째 수장고는 비석과 불상의 방이다. 좌측에는 선신의 얼굴, 우측에는 악신의 얼굴, 그리고 중앙에는 고대의 비석이 놓여져 있다. 대부분 앙코르톰의 5개 문을 지키는 선신과 악신의 얼굴들이 이곳에 보관되어 있다. 유적지에 있는 반반한 얼굴들은 다 레플리카. 이곳의 얼굴들은 진품이다. 유물 전체를 다 들고 오고 싶

▲ **앙코르보존소 외부에 나와 있는 난간석재.**
건물의 지붕이 유일하게 국보급 미술품을 직접적인 비로부터 지켜주고 있지만 항상 외부의 환경에 노출되어 있다.
석재 중 온전하게 남은 석재는 단 한 개도 없다. 모든 석재들에 잘려진 흔적들이 남아있다.

지만 너무 크기가 커서 주로 유물의 약탈은 얼굴부분만 잘라서 가지고 오는 경우가 많다. 약탈의 애환이 담겨있는 유물들이다.

외부에는 커다란 가루다▮난간석상이 자태를 뽐고 있는데 뭔가 조금 이상하다. 가루다상이 3등분이 된 흔적을 볼 수 있다. 이 석상을 약탈하는 과정에서 너무 커서 우선 3등분으로 자르고 나서 이동을 했다는 것이었다. 공포를 느꼈다. 약탈을 위한 파괴란 이런 것인가. 가루다상 뒤에는 아직 자신의 몸의 일부를 찾지 못한 석상들이 즐비했다.

지금도 죽음을 맞이하고 있는 목재 불상들

캄보디아의 유일한 거대 입상도 보인다. 프랑스 시절에 시멘트로 바닥을 만들어서 이제는 이 석상을 옮길 수 없는 상태이다. 양면성이 보인다. 만약에 시멘트로 석상을 고정하지 않았다면 불상이 파괴되었을 수 있다는 주장도 있고 반면에 시

▮ Garuda, 가루다 또는 가루라, 인도 신화에 나오는 3대신 중 하나인 비슈누가 타고 다니는 신조이다. 인간의 몸에 독수리의 머리를 하고 있다.

멘트를 이용하여 가역성을 불가능하게 만든 일종의 문화유산 파괴에 대한 의견도 있다.

제2수장고에는 캄보디아에 유일하게 남은 목재 불상들이 전시되어있으나 누가 불상이라고 해줘야 불상이라는 것을 인지할 수 있다. 그만큼 충해에 의한 파괴가 심하다. 지금도 많은 파괴가 일어나고 있는 목자 불상들은 천천히 죽음을 맞이하고 있다. 고문에 가까운 잔인함이나 이 또한 역사이고 어쩔 수 없는 슬픈 현실이다.

▲ 앙코르보존소에 있는 거대 시바신 석상.
아직 미완성의 석상이라서 정으로 깬 흔적들을 찾아볼 수 있다. 이 모양, 크기를 통하여 당시에 사용했던 조각 도구를 유추해 볼 수 있으며 조각의 순서 또한 중요한 부위인 얼굴부터 했던 것을 알 수 있다.

▲ 앙코르보존소에 있는 거대 시바신 석상.
앙코르 국립박물관에서 전시에 이용을 하려고 했으나 이동에 대해서 거액의 보험에 가입해야 했고 이전을 하는 과정에 문제 발생의 소지가 있을 수 있어서 현재의 위치에 두기로 하였다.

▲ 앙코르보존소 밖에 나열된 국보급 사자석상.
시대별로 나열되어 있어서 건축사, 미술사적인 연구에 도움이 된다.

▲ **캄보디아 목재 불상 입상.**
온전한 불상이 단 한 개도 없다. 충해에 의해서 속이 파이고, 건조함과 습함이
교차가 되면서 지속적인 환경의 변화요인으로 점점부식해가는 모습이
하루하루가 지나갈수록 심해지는 것을 알 수 있다.

앙코르보존소를 잘 정돈만 하면 박물관으로서 크게 성공을 할 수 있는데, 아쉽게도 앙코르보존소 옆에 새로 지어진 국립앙코르박물관이 설립되었을 때 앙코르보존소와 계약을 한 것이 있다. '국립박물관 설립 이후 30년 간 상업적으로 앙코르보존소를 이용할 수 없다.' 그만큼 앙코르보존소에는 아직 알려지지 않은 수많은 보물들이 먼지를 뒤집어쓰고 우리의 손길을 기다리고 있다.

앙코르보존소에는 유물을 통하여 앙코르시기의 찬란함, 식민지 시절의 애환, 그리고 현재의 약탈까지 모두 볼 수 있는 매우 특별한 곳이다. 더 많은 것을 설명하고 싶지만, 백문이 불여일견이라고 하지 않았던가. 이제 앙코르보존소가 공식적으로 박물관으로 열릴 수 있는 기한이 20년 조금 더 남은 것 같다. 기다렸다가 들어가시겠습니까? 아니면 우리재단의 아주 더.특.별.한. 답사에 초대되시겠습니까!

문재인 대통령
현장 시찰

김지서

VIP 아세안 3개국 순방

2018년에 1차 사업을 끝내고 2차 사업 준비를 하던 2019년 3월, 갑자기 코이카로부터 연락이 왔다. VIP의 아세안3개국 순방 일정에 캄보디아가 포함되어 있으며 일정에 앙코르유적지가 있는 시엠립 방문 확률이 높다는 내용이었다. 대통령의 해외순방에 대한 사항은 극비사항이기 때문에 자세한 일정에 대한 언급이나 계획은 없었다. 다만, 코이카에서 이사장을 대신하여 캄보디아 사무소장을 지낸 백숙희 이사가 동행을 한다고 했다.

이후 긴급하게 관련 요청이 들어왔다. 유적지에 대하여 같이 회의를 하자는 요청이었다. 나는 유적지에 대한 설명 등 1차 사업을 수행하면서 유적지에 찾아온 수많은 손님들께 했던 시나리오를 들고 성남으로 향했다.

한국문화재재단은 프레아피투 1차 사업(2015.9~2018.11)이 끝나고 2차 사업이 시작되지 않은 상황이었기 때문에 섣불리 사업지로 출장을 가는 것도 다소 이상한 상황이었다. 최대한 모든 정보를 코이카에 알려주는 것이 급선무였고, 가능하면 우리 재단을 살짝 언급만 해주어도 영광일 것이라고 생각했다.

주어진 임무

재단 내에서는 비상임원회의가 열렸다. 코이카에서 현장으로 가는데 우리가 가야 하는지, 간다면 어느 선까지 가야하는지, 갔다가 오히려 아무런 임무도 없으면 어쩔지. 외교부에서나 캄보디아 대사관에서나 캄보디아 일정은 잡혀있지만 시엠립으로 간다는 확실한 일정은 아직 잡히지 않았다는 입장을 받았다. 코이카에서는 우리에게 부담을 주지 않으려는 의도로 재단에는 딱히 주어진 임무는 없다는 의견을 전달한 상태였다. 임원 간 심도 있는 회의를 거쳐서 내린 결론은 1차 사업을 담당했던 현장 소장 한 명쯤이 가서 대기를 해야 한다는 의견이었다.

나의 임무는 딱 하나였다. 어렵게 간 출장이니 만약에 VIP께서 프레아피투로 간다면 우선 전날에 현장에 가서 홍보관과 사원을 말끔하게 정리를 하고, VIP가 재단의 마크가 있는 곳을 지나칠 때 사진을 찍어오라는 특명이었다. '사진사라도 고용해서 망원렌즈로 찍어오라.' 앞으로 길이길이 사용될 수 있는 사진을 찍어와야 한다. 이 임무를 받고 나는 비장한 마음으로 시엠립을 향해 출발하였다. '이 사진은 앞으로 우리 재단의 큰 홍보물로 남을 것'이라는 기대를 안고.

캄보디아 도착, 뜻하지 않은 임무

캄보디아에 도착하여 나를 처음 반긴 것은 엄청나게 큰 VIP 내외의 사진이었다. 대형사진은 총 3군데에 설치가 되었는데 가장 놀라웠던 것은 시내 교차로의 사

진이었다. 샤를드골 거리와 6번 국도의 교차로는 왕의 정원과 왕의 별장이 위치한 곳인데 통상 왕가의 사람들 초상화가 걸려있는 곳이다. 하지만 대한민국 VIP 방문 기간 동안에는 자랑스러운 우리나라의 대통령 내외의 사진이 있었다. 사업을 진행하면서 처음 본 광경이었다. 그만큼 우리나라에 대한 인식이 얼마나 높은지, 그리고 캄보디아의 한국에 대한 존중이 얼마나 큰지 알 수 있었다.

시엠립 분관(총영사관)에서 호출하여 오전에 찾아갔다. 영사실장이 나를 맞아주었고 갑자기 회의를 진행하기 시작했다. 회의 장소에는 처음 본 분들이 몇 있었는데, 한 분은 청와대 국장이었고 다른 한분은 태국 대사관에서 일하는 참사관이었다. 마주한 상황에 나는 당황했다. 사진 촬영을 하러 왔고 분관에 이야기를 해서 어떻게 하면 촬영을 할 수 있을지에 대해서 협의를 하러 왔는데 갑자기 오후에 현장으로 한번 가보자고 하는 것이 아닌가. 어리둥절함 속에 총영사관 차를 얻어 타고 현장으로 출발했다.
청와대 국장님이 '정해진 것은 없는데, 기왕에 왔으니까 자신이 대통령이라고 생각을 하고 현장안내를 해보라'고 했다. 주어진 시간은 총 12분. 12분 동안 유적지를 어디까지 안내할 수 있는지 워게임을 해보자는 것이었다. 손님들이 오시면 늘상 하던 대로 머릿속에 있는 대사를 쭉쭉 읊어가면서 국장에게 브리핑을 했다. 홍보관에서 간단한 사업소개 3분. 이동과 함께 사원T 4분, 사원U 3분 그리고 돌아오는 동선 2분. 딱 12분에 설명을 마쳤다.

"잘하네요. 좋습니다."
어차피 내가 설명을 할 것도 아니었지만 왠지 뿌듯했다.

"VIP 현장시찰은 이것으로 정하고, VIP께서 오시면 이대로 잘하십시오."

갑자기 뒷통수를 퍽 하고 맞은 듯했다.

'어! 이게 아니었는데, 어쩌지… 큰일났다!'

난감한 상황

재단이 발칵 뒤집혔다. 이 상황을 좋다고 해야 할지 좋지 않다고 해야 할지, 내일 모래가 행사인데, 예상 못한 일이 전개되고 있었다. 코이카에서는 이번 브리핑을 다 준비해 놓고 한국에서 이 일을 위하여 이사가 오고 있는데 어쩌지…. 재단의 입장이 난처해지기 시작한 것이다. 아직 2차 사업이 정해지지 않은 상황이었고 코이카는 사업을 입찰로 진행을 하기 때문에 이번 브리핑으로 인하여 행여나 매우 난감한 상황이 올 수 있는 의견이 있었다. 차라리 브리핑을 못한다고 하라는 의견도 있었고 그냥 시키는 대로 하라는 의견도 있었다. 인생에 있어서 가장 많은 고민을 했던 밤이었다. 밤을 하얗게 샌 것 같다. 다음날 재단 이사장님으로부터의 카톡.

'김지서 부팀장, 브리핑을 하게 된 것 당연하지만 축하하고 재단으로서 자랑으로 생각합니다. 잘 감당해 주세요.'

D-Day (준비)

드디어 결전의 날이 밝았다. 모든 준비는 다 끝났다. 현장 안내 멘트를 달달 외웠고 멘탈도 잡았다. 그리고 아침 일찍 현장에 갔다. 관광객들로 북적이던 유적지는 보안상의 이유로 오전 간 통제를 하고 있었다. 텅 빈 유적지에서 군견들이 폭발물 등을 점검하고 있었고 곳곳에 경호원들이 배치되어 사주경계를 실시하고 있었다. 캄보디아 군, 경찰 그리고 청와대 경호실 인

▲ 문재인 대통령의 프레아피투 시찰.

원들이 주변에서 사람들을 통제하고 있었고 모든 준비는 다 갖춰진 상태였다. 관광객들과 상인들의 북적이는 모습 대신 고요한 사원을 바라보니 기분이 참 묘했다. 오전에 몇 번이고 워게임을 실시하며 이 상황에서는 이런 멘트를 써야 한다는 다짐을 했다. 모든 준비는 완벽했다. 12분의 시간을 위하여 이렇게까지 준비를 하는데 다른 일정들을 수행하는 사람들에게 존경을 표하고 싶었다.

D-Day (하차영접과 현장홍보관)

경찰의 에스코트를 받고 드디어 검은색 리무진이 현장 안으로 들어오고 있었다. 차문이 열리고 드디어 대통령의 실물을 영접했다. 늘상 각종 매체를 통하여 뵌 분을 이렇게 코앞에서 맞이하다니, 더할 나위 없는 영광이었다. 2호 차에는 강경화 외교부장관과 각종 매체를 통해 보아온 분들이 줄줄이 나오기 시작했다. 살면서 이런 경험을 다시 또 할 수 있을까.

코이카 이사님과 함께 하차영접을 하여 바로 현장 홍보관으로 들어섰다. 현장안내판으로 열심히 수백 번도 더 외운 멘트를 쏟아내고 있는데 바로 첫 질문이 들어왔다.

"본 사업은 한국이 독자적으로 하고 있나요, 아니면 협업을 합니까?"

플래쉬가 여기저기서 빵빵 터지며 대통령을 비추고 있는 카메라들이 일제히 나를 주목하고 있었다. 만들어진 질문이 아니라서 가슴속에 있던 답을 한 것 같다.

▲ 프레아피투 현장시찰 중 문재인 대통령.

"본 사업은 대한민국의 기술력과 캄보디아의 인력을 융합하여 협업을 통해 사업 수행을 하고 있습니다. 대한민국에서 지속적으로 지원을 해줄 수 있으면 좋겠지만, 언젠가 캄보디아도 스스로 문화유산을 복원해야 하기 때문에 협업을 하면서 수행을 하고 있습니다."

대통령의 끄덕임을 보고 속으로 '아, 다행이다'고 생각했다.

D-Day (현장안내 사원T 테라스, 사원T)

홍보관에서의 브리핑 후 곧바로 1차 사업의 결과물인 사원T 테라스에 올라섰다. 보수 이전의 사진들을 보여 드리며 대한민국의 기술력과 캄보디아인들의 장인정신을 설명하고, 특히 다른 나라와의 차별화된 방법론으로 보수를 한 것에 대한 설명을 덧붙였다.

대통령님은 정말로 질문이 많으셨다. 한 가지 설명에 2~3가지 질문을 던지시며 유적에 대한 관심과 흥미로움을 표현하셨다. 직접 유적지 안에 들어가서 구조적인 문제점에 대한 지적도 직접 하시고 궁금한 사항은 바로바로 질의를 통해 해소를 하셨다. 1차 사업을 수행하면서 참 많은 사람들이 현장에 찾아왔고 안내를 했지만, 가장 질문이 많았다. 오히려 질문 덕분에 현장시찰의 분위기 또한 좋았고 사람을 편하게 해주는 묘한 매력을 지니신 분이었다. 대통령이 강조한 소프트 경호를 통해 바로 옆에서 많은 스킨십이 오갔고 현장시찰의 분위기는 내내 화기애애한 상황들이 연출되었다.

항뻐으 압사라청장에게 참 고마운 일이지만 같이 수행을 하면서 한국팀에 대한 칭찬을 아낌없이 해주어 VIP가 더욱 큰 미소를 지을 수 있게 해주었다. 내가 나 자신이 잘한다고 말을 해봤자 무슨 소용인가, 남이 인정을 해줘야 비로소 그 말에 대한 믿음이 생기는 것이다.

D-Day (안내 종료)

현장은 정말 더웠다. 정장을 입은 대통령의 얼굴에서 땀방울이 송글송글 맺히고 있었고 너무 더워서 그런지 자켓을 벗으시고 현장안내를 받았다. 아직도 캄보디아인 경호원의 눈치를 잊을 수 없다. 자켓을 대신 들려고 했지만 끝까지 자신의 자켓을 내어주시지 않았다.

현장시찰은 짜여진 각본 속에서의 즉흥연주를 하는 것 같았다. 정해진 틀 안에서 최대한 연주자들끼리 서로 음을 주고받으면서 그 주변의 카메라와 기자들이 이 연주를 캐치하고 듣기 위하여 이리저리 주변을 맴돌고 있었다. 2차 사업 대상지인 사원 U 앞.

"앞으로 2차 사업 대상지입니다. 1차 사업은 인간과 신의 연결로인 테라스의 보수를 진행하였지만, 2차 사업 때에는 신의 영역인 사원의 보수를 진행하고자 계획하고 있습니다."

"대통령으로서 자랑스럽고 앞으로도 계속 잘해주길 바랍니다. 이왕 도와주는 거 최선을 다해서 도와주세요."

추가 제안, 2호차 탑승

현장시찰을 마치고 기념촬영 후 대통령께서 수고가 많았다면서 남은 앙코르유적

▲ 프레아피투 현장시찰 중 문재인 대통령.
대통령은 권위를 벗어던지고 친근함을 표현하며 현장시찰 동안 많은 격려와 사업에 대한 관심을 보였다. 앞으로의 사업수행에 있어 만전을 기하기를 당부했다.

지 일정을 같이 하자고 제안을 하셨다. 갑자기 들어온 제안이라 머뭇거리고 있는데, 캄보디아 대사님이 2호차에 탑승하라고 했다. 얼떨결에 타게 된 2호차. 현장에 가방도 두고 왔지만 이런 기회는 또 없을 것 같아서 냉큼 탔다.

모터케이드에 난생 처음으로 탑승을 하게 되었다. 2호차에는 강경화 외교부장관, 성윤모 산자부장관, 김수현 정책실장 등 유명 인사들이 탑승해 있었다. 앙코르와트로 가는 길에 캄보디아와 앙코르유적에 대한 간단한 정보를 전달했고 화기애애한 분위기는 유지되었다.

문재인 대통령님의 사진을 찍으러 온 임무 대신 어쩌다보니 현장시찰을 하게 되는 행운을 얻게 되어 영광으로 생각한다. 행사 후 문워크에 내용이 전달되었다. 아이러니하게도 인디아나 존스의 테마송이 나왔다. 어린 시절 앙코르와트를 보고 인디아나 존스의 꿈을 꼭 실현시켜주는 필연이지 않을까 싶다. 꿈을 꾸는 여러 사람들도 분명히 살다보면 필연처럼 다가오는 우연이 있는데 그것이 어쩌면 자신의 운명이라는 해답을 찾을 수 있지 않을까 싶은 생각이 든다.

문화유산 복원 올림픽

박동희

앙코르유적 복원에 참여한다는 것은 올림픽에 참가하는 것과 비슷한 상징성을 가진다. 1990년 시하누크 국왕이 세계에 앙코르를 복원해 달라고 읍소한 이후, 문화 선진국이라 불리는 나라들이 앞다퉈 참여해왔다. 한 사이트에서 이렇게 많은 나라들이 동참하여 문화유산을 복원하는 사례는 세계에서 앙코르가 유일할 것이다. 나라마다 문화유산 복원에 대한 개념이나 기술이 다르다. 뿐만 아니라 행정시스템이나 예산지출 방식도 서로 다르다. 같은 것은 앙코르 유적을 잘 복원해야 한다는 목표 하나 뿐이다. 그래서 서로 선의의 경쟁을 하게 된다. 이런 모습이 일견 문화유산 복원 올림픽과 같아 보인다.

또 하나 올림픽과 유사한 점은 전 세계의 관객들이 주시하고 있다는 점이다. 보통 문화유산 복원공사는 일반인들을 통제하고 현장을 가리는 비밀스러운 경향이 있다. 하지만 앙코르에서는 그런 것을 기대하기 어렵다. 관광객들의 카메라에 노출되는 것은 매일 같은 일이며, SNS에 올라가는 것은 덤이다. 수시로 관광객들의 질문에 답을 해야 한다. 관광객도 정말 다양하여 출입금지를 붙여둬도 상관없이 현장을 휘집고 다

ODA 사랑방

노로돔 시하누크 Norodom Sihanouk

현 국왕 노로돔 시하모니의 부왕. 식민지 시대, 킬링필드로 알려진 내전 시기 등 캄보디아의 혼란과 격변의 시대를 겪어온 비운의 아이콘이예요. 캄보디아 사람들 중에는 그를 좋아하는 사람도 많고, 싫어하는 사람도 많답니다. 1941년에 20살의 나이로 재위에 올랐으나, 1955년 폐위되었어요. 이후 크메르루즈를 지지하기도 했고, 베트남에 대해 반대하기도 하는 등 정치적 활동을 했지만 중심에 서지는 못했죠. 1991년 추방생활을 끝내고 복귀했고 1993년 왕위에 복권되었어요. 복권된 뒤로도 그는 상징적인 인물로서 활동했을 뿐이예요. 2012년 91세의 나이로 사망했습니다.

니는 부류도 있고, 높은 교양을 바탕으로 날카로운 질문을 하는 관광객들도 많다. 현장은 시작부터 끝까지 모든 과정이 노출되어 있기에 신경 쓸 일들이 많다.

심판들도 있다. 유네스코에서는 국제조정회의ICC-Angkor를 만들어서 복원에 참여한 국가들이 반칙을 하지 않도록 지켜보고 있다. 사실 앙코르를 복원하기 위해 모인 전문가들의 다양성은 앙코르 유적에 독이 될 수 있다. 다른 기술과 다른 방법으로 복원하면 결과적으로 누더기가 될 우려가 있기 때문에, 이를 방지하기 위해서 만든 것이 국제조정회의이다. 이 기구는 현장에서 어떤 공사가 이루어지고 어떤 기술이 적용되는지 상시 감독하고 조언하는 역할을 한다.

2015년부터 우리나라도 이 문화유산 복원 올림픽에 참여하였다. 다소 늦게 참여한 감이 없지 않지만, 조급하지 않고 천천히 성적을 내어 나가야 할 것이다. 정정당당하게!

주말 근무 협상하기

2018년 1월, 프레아피투 까오썩 사원의 테라스 복원공사가 생각보다 진척되지 않고 있었다. 해체 범위를 넓혀가다 보니 일이 점점 커져갔다. 해체 전에는 보이지 않았던 구조적 문제가 드러났다. 계획상 2018년 9월에는 공사를 마쳐야 하는 상황이었기에 특단의 조치를 내려야 할 필요가 있었다. 인력 충원, 공기 연장, 주말 근무 등 여러 방향으로 방법을 검토했다. 현장인력 증원 요청은 생각보다

▲ 고된 해체 과정.
◀ 해체 후 확인된 내부구조.

쉽게 받아들여졌다. 2018년 4월부터는 현지인 전문가가 한 명 추가되어 4명, 인부는 10명 추가하여 총 30명으로 현장을 돌릴 수 있었다. 덕분에 해체작업팀을 하나 더 만들 수 있었다. 공기 연장은 2개월 정도 가능했다. 올해 안에 꼭 마쳐야 할 행정처리가 있어 공사는 늦어도 11월에 마쳐야 한다고 했다. 그래도 2개월 연장되어 다행이었다. 마지막으로 주말근무였다. 회사에서는 주 56시간만 넘기지 않으면 괜찮다는 상황이었다.

순식간에 결성한 시골 아저씨들의 노조

문제는 생각지도 못한 부분에서 나왔다. 인부 아저씨들의 의사였다. 내가 알기로 이 분들은 주말에 근무해서 부가수익이 생기는 편이 좋다. 그래서 당연히 다들 쉽게 응할 줄 알았다. 그러나 이야기를 꺼내니 반응이 다소 애매했다. 서로 눈치를 보는 느낌이었다. 아저씨 중에 한 명이 손을 들더니 자기들끼리 의논을 좀 해 봐야겠다고 했다. 의논 끝에 정리된 의견은 주말에는 1.5배 인상된 일당을 지급해 줄 것, 그렇지 않으면 하지 않겠다는 것이었다. 단호했다. 기한 안에 마쳐야 한다는 나의 불안함을 잘 캐치한 날카로운 제안이었다. 사실 놀랬다. 순진하고 착하기만 할 것이라 생각했던 캄보디아의 시골 아저씨들이 순식간에 노조를 결성하고 사용자에게 협상을 제시한 것이니 말이다.

자초지종을 회사에 보고했다. 며칠이 지난 후 답변이 왔다. 주말근무에 대한 인상된 급여 지출은 안되겠다는 것이었다. 사실 주말 급여 1.5배는 받아들일 수 있

▲ 차라리 새로 만드는게 쉬운 복원과정.

▲ 유적복원 완료 후 감사 기원.

는 요구라고 생각했다. 또한 평소에 받고 있는 아저씨들의 급여가 고생에 비해 절대 많지 않다는 것을 알고 있었기에 마음이 아팠다. 그래도 나의 역할은 정해진 방향으로 교섭을 해야 하는 것이었다. 결국 인부 아저씨들을 모아 두고 애걸했다. 정말 죄송하지만 월급을 더 많이 주는 것은 어렵다고, 그렇지만 주말에 꼭 일을 해줬으면 한다고 부탁을 드렸다.

인부 아저씨들은 동요하는 눈치였다. 매정하게 다 같이 안 한다고 해야 한다는 의견을 가진 사람, 주말에 하루치 부수익이 생기는 것이 날아가면 어떻게 하지 걱정하는 사람 등. 최종적으로 아저씨들이 양보를 해주셔서 6월부터는 주말에도 현장이 돌아갈 수 있었다.

매우 강렬했던 해외사업에서의 '인맥'

캄보디아 돌 이야기

전유근

라오스 첫 출장을 마치고 돌아온 나는 캄보디아 앙코르보존소 장비지원사업을 진행했다. '장비지원사업'의 개념은 이렇다. 국립문화재연구소는 아시아 국가의 문화재 관계자들을 초청해 문화재 보존에 대한 연수 프로그램을 운영하고 있다. 이 연수에서는 수개월 동안 각 분야 전문가들이 초청자들에게 멘토링을 해 준다. 그런데 연수자들이 본국에 돌아갔을 때 한국에서 교육받은 장비가 없으면 어떨까? 그저 연수를 진행했다는 행정적인 성과만이 남는다. 이러한 문제점들을 해결하기 위해 ODA 국가를 대상으로 문화재 보존을 위해 필요한 최소한의 장비를 지원해주는 사업을 진행하는 것이다.

사전협의를 위해 앙코르보존소 담당자 인적사항을 확인했다. 많이 본 얼굴이었다. 캄보디아 담당자는 전 직장에서 내가 멘토링하였던 '소반'이었다. 비록 메신저를 통해 몇 년만에 다시 연락이 된 이 친구는 나를 반갑게 맞아줬다. '반가움' 이것이 캄보디아에 대한 한국에서의 첫 느낌이다. 과거 같이 공유했던 추억과 현재의 안부 이야기들. 첫 시작이 좋았다.

캄보디아라는 국가를 아는 사람은 앙코르 유적을 모두 알고 있다. 당연히 앙코르 유적은 돌로 되어 있다. 그래서 지원 장비는 돌을 보존하기 위한 장비들로 구성하여 리스트를 작성했다. 제한된 예산 내에서 앙코르보존소에 필요한 장비들을 최대한 반영했다. 그리고 장비들을 하나하나 구매했다. 행정이 서툴러 구매 금액별로 필요한 서류가 다른지 몰랐던 나는 회계팀을 계속 오가며 남들과 같이 바빠 보이는 일을 했다.

007작전에 버금가는 세관 통과하기

장비지원사업의 핵심 포인트는 해당국가의 세관을 통과하는 일이다. 아무리 좋은 장비를 준비하더라도 무관세로 세관을 통과하기 위한 서류들을 준비하지 못하면 장비를 보내지 못한다. 만약 통관서류가 미비한 상태로 보내면 물건은 세관에 억류되고, 서류가 갖추어질 때까지 보관비가 발생한다. 그리고 한번 억류된 물건들은 서류를 제출하더라도 무사히 빠져나오기 쉽지 않다.

반면 캄보디아로 장비를 쉽게 반입하는 방법이 있다. 관세를 지불하는 것이다.

이 방법은 생각보다 돈이 많이 든다. 이유는 캄보디아에 보낼 물건들이 일반적이지 않은 특수한 제품이기 때문이다. 예를 들자면 한국에서 독자적으로 개발한 석재 접착제인 에폭시가 해당된다. 물건 분류상 접착제로 구분되지만 화학약품이기 때문에 항공배송도 까다롭고 관세도 높게 나온다. 일을 진행하기는 쉽겠지만 제한된 예산에서 관세까지 지불하며 지원품목을 줄이는 것이 속상하다.

▲ 장비 사용법 이론 교육.

관세를 지불하지 않기 위한 서류준비는 상당한 시일이 걸린다. 한국의 전자결재 시스템은 타당성만 확실히 검토되면 빠른 시간 내에 공문서를 받을 수 있지만 캄보디아는 원본을 들고 직접 찾아가야만 공문을 받을 수 있는 시스템이기 때문이다. 세관 통관을 위한 공문을 받을 때까지의 소요되는 시간은 보통 1달, 많게는 2~3달이 걸리기도 한다. 3달 뒤 라오스로 다시 출장 가야하는 나는 마음이 급했다.

그러나 이 문제는 의외로 간단히 해결됐다. 앙코르보존소 킴소틴 소장은 과거 한국에서 연수를 받은 적이 있다. 그래서 한국의 문화를 잘 이해하고 있으며 이번에 지원될 장비가 본인들에게 직접적인 도움이 된다는 사실도 명확하게 알고 있었다. 킴소틴 소장은 프놈펜 세관에 잘 아는 사람이 있다며 걱정하지 말라고 했다. 그리고 1주일 후 비관세를 위한 서류가 메일로 날라 왔다. '잘 아는 사람'이 쉽게 해결한 것이다.

문제는 캐리어 속 짐이 아니라 등에 메고 온 드론

안심하고 보낸 장비의 도착일에 맞춰 출장일정을 잡았다. 그동안 회계팀과 바빠 보이는 일을 한 결과로 일부 예산이 절약됐다. 출장 전에 소반에게 더 필요한 장비가 있는지 물어봤다. 들려오는 답은 드론이었다. 다행히 절약된 예산과 드론 가격이 딱 맞아 떨어졌다. 추가로 구매한 드론은 직접들고 캄보디아로 향했다.

캄보디아 시각 밤 12시. 공항에 도착했다. 짐을 챙겨 나오는데 세관에서 내게 오라고 손짓했다. 그냥 밖으로 나가는 사람들 중 나를 랜덤으로 지목한 듯 생각했다. 나는 불법적인 물품을 소지하지 않은 선량한 사람이기 때문에 당당히 캐리어에 있는 짐을 보여줬다. 그런데 문제는 캐리어 속의 짐이 아니라 등에 메고 온 드론이었다.

캄보디아 법에는 외국인이 캄보디아로 드론을 반입하는 것이 금지되어 있다. 몰랐던 사실이다. 그러나 나는 당황하지 않았다. 앙코르보존소로부터 받은 세관 통관을 위한 공문서 때문이다. 출력한 공문서를 보여주며 내가 캄보디아에 온 이유와 드론은 캄보디아에 기증될 것이라는 설명을 했다. 그러나 세관에서는 출력물이 아닌 원본을 요구했다. 나는 다시 출력물을 보여주며 개인물품이 아니라 기증물품이라고 설명했다. 그렇게 서로를 설득할려고 하는 사이 시간은 새벽 2시가 됐다. 그리고 직원들과 함께 나도 공항 밖으로 나왔다.

몇 시간 후 아침. 앙코르보존소를 찾아가 공항에 서 있었던 일을 설명했다. 킴소틴 소장은 걱정하지 말라며 함께 공항에

▲ 장비 사용법 현장 교육.

가자고 했다. 세관을 찾아간 킴소틴 소장은 세관 간부와 반갑게 인사했다. 서로 '잘 아는 사이'였다. 잠시 후 우리는 작별인사를 나눈 후 드론을 가지고 나왔다. 그리고 나는 세관 간부에게 캄보디아에 자주 올 것 같으니 우리도 '잘 아는 사이'하자고 농담을 건넸다. 이후 10일간 지원된 장비의 사용법을 교육하고 무사히 한국으로 귀국했다.

'인맥', 과거에 비해 반감되었지만 어떤 일을 하더라도 한국사회에서 여전히 혈연, 지연, 학연 등과 같은 단어로 통용된다. 이 단어는 해외사업에서 '국제 네트워크 강화'라는 용어로 변환되어 문서상에 사용된다. 이 일이 있기까지 나는 국제 네트워크 강화라는 단어를 체감하지 못했고 단지 성과를 위한 보여주기식 단어로 취급했다. 그러나 해외사업에서의 '인맥'은 매우 강렬했다.

100년 전과 100년 후의 프레아피투 사원

해외 문화유적 복원사업은 아무리 계획을 완벽하게 수립하더라도 이를 이행하는 단계에서는 항상 변수가 발생하여 일들이 지연되는 경우가 많다. 프레아피투 사업 역시 마찬가지였다. 2018년 1월 라오스 출장준비를 하고 있는 나에게 팀장님은 라오스가 아닌 캄보디아로 출장준비를 하라고 말했다. 완공시기가 3년 남은 라오스 홍낭시다보다는 올해 복원공사를 마쳐야 하는 캄보디아 '프레아피투 사업'이 급했기 때문이다.

출장 전에 캄보디아 현지에서 고군분투 하는 김지서 소장과 박동희 박사에게 사전에 정보를 요청했다. 받아본 많은 보고서와 분석자료 중에 하나의 사진이 눈에 들어온다. 그것은 다 무너진 유적 현장에 우뚝 솟아있는 뱀의 조각상 나가이었다. '완전히 무너진 다른 곳과 달리 저 조각상은 왜 멀쩡히 서 있을까?' 라는 궁금증을 자아냈다. 이 궁금증은 캄보디아 현장에 도착해 자세히 살펴보면서 2가지의 놀

⌃ 프레아피투 T사원 테라스 복원 전 모습.

라움과 1가지의 안타까움으로 풀렸다.

100년 사이 바뀐 복원 철학 기술

첫 번째 놀라움. 프레아피투 T사원의 테라스는 1910대에 프랑스 학자들에 의해 보수공사가 한 차례 이루어졌다. 약 100년 전 보수되었던 테라스 유적은 대부분 다시 붕괴되었지만 당시 노력했던 흔적은 고스란히 남아있다. 프랑스학자들은 프레아피투를 복원하기 위해 철근과 콘크리트를 사용하였다. 특히 테라스의 마스코트였던 무너진 나가상을 바로 세우는 데에 집중적으로 사용되었다. 부러진 나가상을 접합하기 위해 구멍을 뚫고, 그 안에 약 13밀리미터 두께의 철근를 넣은 다음 콘크리트로 고정시켰다. 현재 적용되는 석재보존처리 방법과 크게 차이가 없었다. 다만 철근 대신 스테인레스나 티타늄으로, 콘크리트 대신 에폭시 수지로 충전하는 재료가 바뀌었을 뿐이다. 그리고 일부 나가상들은 당시의 보존처리로 형태를 유지하고 있다.

현재의 시점에서 철근과 콘크리트는 한국의 문화유적을 보존하는데 금기시 되는 재료이다. 문화재 원형을 보존하기 위한 많은 철학적인 문제도 있지만 이유는 생각보다 단순했다. 철근은 쉽게 녹이 슬고 콘크리트는 시간이 지나면 부서지기 때문이다. 즉 석재를 보존하기 위해 사용한 재료들이 석재보다 빨리 약화되면서 문제가 발생하는 것이다.

당시 프랑스 학자들은 어떤 마음으로 유적을 복원했는지 지금 남아있는 증거들을 토대로 감정이입해 본다. 1910년대에 사용된 철근을 실험실로 가져와 잘라 보았다. 그라인더로 잘린 철근의 단면은 매끈한 은백색을 띠고 있었다. 그 모습은 누가 보더라도 100년 동안 비바람을 맞으며 버틴 철근이라고 생각하기 힘들었다. 아마도 나가상들을 보존하기 위해 당시 학자들은 여기저기 수소문해 최상품의 철근을 구해 사용한 듯하다. 나중에 콘크리트가 약화되어 철근이 빠질 것을 고려해 철근 끝쪽에는 낚시 바늘처럼 만들어 고정시킨 곳도 보였다. 나가상을 복원하기 위해 많이 고민한 흔적들이다. 그리고 쉽지 않은 일이다.

20세기 초 유럽의 나라들은 서로 더 많은 식민지를 차지하기 위해 다툼을 벌였다. 그리고 당시 프랑스의 학자들은 군인들과 캄보디아에 들어와 있었다. 내가 놀라움을 느끼는 점은 또 있다. 1910년대 제1차 세계대전 때문에 본국은 전쟁을 하고 있는 상황에서도 프랑스 학자들은 캄보디아에서 유적을 복원하고 있었다는 것이다. 그들은 캄보디아를 문화적으로 통치하기 위한 식민사관으로 똘똘 뭉친 사람이었을지도 모른다. 그러나 현재 프레아피투 테라스 복원에 남겨진 당시의 흔적을 볼 때, 적어도 그들의 문화유적을 보존하기 위한 마음은 진심이었고 고민하였고 노력하였던 것 같다.

뛰어난 노하우, 아쉬운 기록물

두 번째 놀라움. 약 100년 전부터 캄보디아 유적이 복원 되어왔다는 말은 캄보디아인들의 문화유적 복원의 역사가 100여 년이라는 말이다. 물론 경제적 여건 때문에 독자적으로 수행하지 못하고 다른 나라에 지원을 받고 있지만 복원기술은 그대로 전수되고 있다. 석재를 가공하는 망치질, 돌을 드는 드잡이, 땅을 다루는 방법 등 모든 것들이 장인급이다. 크메르 유적 복원의 신참내기인 나는 그들의 몸짓 하나하나에서 많은 것을 배우고 내 것으로 만드는데 급급했다. 한국으로 모

서가 그들의 노하우를 한국의 문화유산 전
문가들에게 꼭 소개시켜주고 싶을 정도였
다. 하지만 캄보디아 사람들은 그 사실을 잘
모르는 듯했다. 그래서 내가 프레아피투에
서 일을 하고 있는 캄보디아 사람들에게 해
줄 수 있는 건 일본, 프랑스 등 다른 국제팀
에서 적용하지 않은 한국만의 독자적인 기
술에 대한 설명이었다. 그리고 그들 스스로
판단하게 할 수 있도록 나의 얄팍한 지식의
전달과 자신감을 넣어주는 일 뿐이었다.

▲ 약 100년 전 석재 접합을 위해 사용된 철근.

한 가지 안타까움. 기록이 없다. 1970년대
캄보디아 내전 당시 '크메르루즈'로 인해 약
150만 명에 달하는 캄보디아인들이 사망하
였고, 전문지식과 기술자들이 거의 근절되
었다. 이때 많은 기록들도 함께 소실되었다

▲ 약 100년 전 보존처리에 사용된 철근의 단면.

고 한다. 그래서 프레아피투에 관한 자료는
1910년대 프랑스인들에 의해 작성된 일부
기록만 남아 있는 상황이다. 만약 과거 유적
이 복원되었을 당시의 상세기록이 남아 있

▲ 낚시바늘 형태의 철근.

었다면 돌 하나하나를 새롭게 알아가야만 하는 막막한 프레아프투 테라스는 여
유로운 복원현장이 되었을 것이다.

100년 후의 프레아피투는 어떤 모습일까? 개인적인 바람은 복원을 마친 현재의
모습을 그대로 유지했으면 좋겠다. 이 바람을 위해 정말 많은 노력을 했다. 그리
고 과거 100년 동안 간직한 프레아피투의 흔적에서 내가 놀라움을 느낀 것처럼
100년 후의 누군가가 놀라움을 느끼기를 바란다.

돌은 어디에서 왔을까?

내가 돌 일을 시작하면서 주로 한 일은 돌을 부수는 것이었다. 큰 압력을 주어서 깨거나, 또 황산이나 소금물에 돌을 담그거나 때로는 얼리거나 불로 가열하는 일들이다. 돌을 보존하기 위해서는 돌이 얼마나 견디는지를 알아야 한다는 논리 때문이었다. 돌을 부수는 일은 실험실에서 밤낮을 고민해야 하는 힘겨운 일이다. 그리고 중점적으로 했던 또 다른 일은 돌을 찾는 일이었다. 돌을 찾는 것은 내겐 즐거운 일이다.

돌의 원산지를 찾아

'돌은 어디에서 왔을까?'는 개인적으로 제일 흥미로운 주제이다. 문화재를 업으로 돌 일을 하는 한국과 다른 나라의 과학자들 중 가장 큰 차이점이 이 주제에 대한 관심도이다. 다른 국가에서도 유적을 축조하기 위해 사용한 돌의 원산지를 찾는 연구들이 일부 수행되고 있지만 한국은 유독 병적이다. 문화재 원형을 복원하기 위해서는 최소한 당시에 사용하였던 돌이 어디에서 왔는지를 알고 최대한 그 돌들을 사용하자는 의도에서다. 그래서 우리가 알고 있는 유명한 석조문화재들은 그 돌들이 어디에서 왔는지 많은 연구자들에 의해 밝혀졌다.

경주에 있는 다보탑은 불국사가 위치해 있는 돌이 아닌 남쪽으로 멀리 떨어진 경주 남산의 돌을 가져와 만들었다. 부여에 있는 정림사지 5층석탑은 강경의 돌을 사용하였고, 익산의 미륵사지는 뒤편에 위치한 미륵산의 돌을 가져와 축조하였다. 그리고 여주 고달사지 원종대사탑비(보물 제6호)의 비신은 지금은 북한 땅이지만 그 당시의 수도였던 개경(현재의 개성) 근처 해주지역의 돌을 사용하였다는 연구결과가 있다.

이러한 과학적 분석자료를 근거로 원산지가 밝혀진 것 이외에도 문헌으로 기록된 사례를 통해 확인된 사례도 있다. 고려시대에 만들어진 문경 봉암사에 위치한 정진대사 원오탑비는, 남해에 있는 돌이 좋다는 이야기를 듣고 그 돌을 문경까지 가지고 와 비석을 세웠다. 그러나 남해에서 문경까지의 그 먼 거리를 돌을 이동시키는 것은 돈도 많이 들고 매우 어려운 일이었다. 그래서 당시의 실무자들은 그것을 지시한 왕에게 문경에도 좋은 돌이 있다는 점을 고하여 재가를 받아 근처의 돌로 비석을 세웠다고 한다.

웅장함과 화려함 뒤에 감춰진 노동자들의 고단함

우리에게 잘 알려진 앙코르와트, 바이욘과 같은 사원은 평지에 위치하고 있다. 그리고 주변에는 대형규모의 사원을 건축할 만한 양의 석재를 채석할 곳도 없다. 그렇다면 이 돌들은 어디에서 왔을까? 많은 학자들에 의해 앙코르와트를 건축하기 위한 돌은 북쪽으로 약 40킬로미터 떨어진 프놈쿨렌 산에서 가져온 것으로 알

▲ 프놈복 사원 기반암(역암).

려져 있다. 그 먼 거리에서 돌을 가져오는 일은 쉽지 않았을 것이다. 수 많은 앙코르 유적 중에서 개인적으로 가장 어렵게 돌을 가져온 것으로 생각하는 유적은 프놈복 Phnom Bok 사원이다.

프놈복 사원은 광활한 평지에 홀로 우뚝 솟아있는 산의 정상에 위치하고 있다. 이 유적을 보기 위해 하나하나의 계단을 오르면 그 마지막에는 후들거리는 다리의 통증을 느낄 무렵, 사암으로 축조되었다가 무너진 3개의 탑, 그리고 캄보디아 최대 크기의 링가 유물이 눈에 들어온다. 링가는 도굴에 의해 일부 파괴되어 있지만 여전히 엄청난 크기를 자랑한다. 대략적인 무게는 약 2톤이다. 그런데 프놈복이 위치하고 있는 산은 주먹만한 자갈이 박혀있는 역암이라는 돌로 구성되어 있다. 이 산 어디에도 사암은 찾아 볼 수 없다. 이 말은 프놈복 사원을 건축하기 위해 대량의 돌을 멀리서 끌고 올라왔다는 것을 의미한다. 약 2톤의 엄청난 크기의 돌까지도 말이다.

돌일을 하는 전공자 입장에서 문화유적이 대단하다고 느끼는 점은 웅장함, 화려함보다 그 당시 돌을 가져오기 위해 쉼 없이 고통 받았을 노동자들의 고단함이다. 한국이든 캄보디아든 당시의 왕들은 본인들이 하고 싶어 하는 일, 그리고 업적을 위해 대규모 공사를 원했을 것이다. 그리고 그것들을 완성하는 것은 노동자의 몫이었을 것이다. 우리가 현재 보고 있는 웅대하고 화려한 유적에는 그 당시 사람들의 삶이 스며들어 있는 것이다.

▲ 캄보디아 최대 크기의 링가.

4부

문화유산 ODA가 가야할 길

1장
누구를 위한,
무엇을 위한
일인가

문화유산은 그 나라의 정체성의 원류에 있다. 전통적으로 내려오는 유산이며 앞으로도 계속 지켜 나아가야 할 유산이다. 우리나라는 빛의 속도로 발전을 거듭하면서 산업의 발전에만 집중하여 많은 문화유산을 잃어버린 나라이기도 하다. 이를 막기 위하여 문화유산 ODA사업을 수행하고 있으며 이를 설득하는 것 또한 문화유산 ODA의 지향점이라고 볼 수 있다.

수원국에서 공여국으로 전환된 최초의 나라,
개발도상국 시기에 많은 문화유산을 잃은 경험이 있는 나라,
바로 대한민국이다.

문화유산 ODA의 시작

우리가 하고 싶은 것을 하는 것이 아니라
그들이 필요한 부분을 지원하고
함께해야 하는 사업

박지민

지금이야 문화유산 ODA라는 이름을 자연스럽게 사용하는 편이지만, 사업 초기에는 이런 용어조차 존재하지 않았다. 국제개발협력이라는 개념보다는 ODA를 직역한 공적개발원조라는 단어조차 생소했던 시절이 있었다.

2010년 말, 정부 관계자들의 국제행사 참석과 국가 방문을 계기로 국가간 협력의 단초가 마련되기 시작했다. 라오스에서의 사업 제안은 문화유산 보존·복원뿐만 아니라 박물관, 수중 문화재, 대학 교육에 이르는 전반적인 분야에 걸쳐 문화유산 교류협력을 하자는 것이었다. 캄보디아의 경우 이제 한국의 경제력이나 기술력 정도라면 앙코르 유적 복원에 참여할 정도가 되지 않았느냐는 캄보디아 부총리의 직접적인 요청이 있었다. 라오스와 캄보디아 모두 정치권에서 받은 제안을 실행하기 위해 문화재청에서 타당성조사를 실시하고 양국간 MOU를 체결하는 단계까지 이르게 되었다.

문화재청은 문화재보호법에 의해 우리나라의 문화유산들을 보존·복원·활용하는 것을 책임지는 정부기관이기 때문에, 오히려 세계유산을 직접 관리해본 경험은 전무했다. 그리고 문화재청의 소속기관인 국립문화재연구소는 당시 진행하고 있는 여러 가지 사업들로 인해 해외의 문화유산을 대상으로 하는 사업을 추진하기에는 여력도 없었고 한계가 있었다. 그래서 문화재청이 선택한 것이 산하기관이었던 한국문화재재단이었다. 문제는 재단이 해외는 고사하고 국내에서조차 문화유산 보존·복원을 해본 경험이 전혀 없었다는 것이다. 문화재조사연구단에서는 발굴조사만 진행했었고, 일부 출토유물에 대한 보존처리를 했었을 뿐이다. 해외 문화유산에 대한 보존관리사업을 추진하기 위한 타당성조사를 할 수 있는 전공 직원도 없었다.

이럴 때 일반적으로 선택할 수 있는 방법은 외부 용역을 발주하는 것밖에 없다. 발주처에서 프로젝트의 처음과 끝을 다 알고 있으면서도 어쩔 수 없는 사정으로 용역을 발주하는 것과, 아무것도 모르기 때문에 용역을 발주하는 것에는 어마어마한 차이가 있다. 용역을 진행하는 과정과 결과물을 확인하고 컨트롤하거나 잘못된 것을 바로잡을 수 있어서 효과적이고 내실 있는 용역 결과물을 만들어낼 수 있는지, 아니면 그저 정부기관에서 내려 받은 프로젝트에 대한 결과물로 보고서 하나만 만들어낸 것으로 끝나는 것인지에 대한 차이가 그것이다. 안타깝게도 당시 재단의 경우에는 후자였던 것으로 보인다. 7개월 정도의 시간이 투자된 용역

⌃ 2013년 11월, 왓푸 국제조정회의 후 현장 방문.
중앙 청색옷이 박지민 연구원이다.

결과물을 해석할 수 있는 사람이 아무도 없었다. 그나마 다행이었던 것은 그 다음 단계를 진행하기 위해서 이쪽저쪽으로 자문을 받으러 다녔고, 그 중에 전공자를 뽑아서 해야 한다는 의견을 받아들인 점이다. 당시 자문위원을 선정한 면면을 보면 절반 이상이 해외는 고사하고 국내에서조차 문화유산 보존·복원을 해본 적이 없는 사람이었다. 얼마나 이 사업에 대해 무지했었는지를 알 수 있는 대목이다. 하지만 다행스럽게도 그 와중에 해결의 실마리를 찾게 되었고 방향을 전환하고 사업을 시작할 수 있었다.

2012년 처음으로 외부에서 전문가들이 재단에 들어왔을 당시에는 2011년부터 시작한 기초조사 연구용역 보고서 한 권이 전부인 상태였다. 그것도 특정 분야에 쏠려 있어서 중장기 사업계획을 수립해야 하는 필요성에 비해서는 부족하기 그

▲ 문화유산 ODA사업 동반자들.

지없었다. 그래서 2012년 8월부터 12월까지 5개월 동안 현지 조사 1회를 포함하여 거의 매일 야근을 하며 처음부터 끝까지 보고서를 다시 써야만 했다. 특히, 코이카에 정부부처 제안사업의 사업제안서를 작성해서 제출하는 작업은 불과 2개월 밖에 주어지지 않았다. 그러나 돌이켜보면 이 때 작성했던 보고서들은 매우 중요한 첫 걸음이면서도 부족한 부분이 정말 많았다. 현장에 대한 정확한 정보가 없이 작성한 일정계획과 예산계획이 수정되어야 한다는 것을 깨닫기까지 그리 오랜 시간이 필요하지 않았다. 전년도의 보고서가 너무나도 부족했었다는 것을 아무도 인지하지 못했기 때문에, 처음부터 다시 시작해야 한다는 것을 이해시키는 것도 어려웠지만, 한편으로는 어려움을 극복하기 위해 노력했던 것들이 커다란 자양분이 된 것도 사실이다. 어렴풋하게 알고 있던 ODA Official Development

Assistance, 공적개발원조 라는 개념은 자료를 찾아볼수록 새로웠다. ODA라는 단어의 정의부터 시작해서 모든 자료를 찾기 시작하고, MDGs가 무엇이고 몇 년 후 바뀌게 될 SDGs는 무엇인지? ODA사업을 하기 위해 우선 고려해야 할 것은 무엇이고, 어떤 것은 지양해야 하는지. 자료를 찾을 때마다 새로운 것 투성이었다. 공부를 하는 것인지 일을 하는 것인지 경계가 애매한 상황이었지만, 여기저기 자문과 조언을 얻으며 하나의 시작점을 만들기 시작했다.

정부가 추진하는 ODA사업을 형성하기 위한 사업제안서를 작성할 때에는 사업의 성격을 가진 지정된 코드를 입력하여 이 사업의 목표를 명확히 밝혀야 한다. 한국의 무상원조를 담당하고 있는 코이카에 정부부처 제안사업을 신청할 때에도 마찬가지이다. 그런

▲ 2015년 캄보디아 국립박물관 문화재 보존처리장비 지원사업 당시 관계자들과.

데 2012년 당시에는 문화유산 ODA사업에 해당하는 코드가 없었다. 그래서 수원국 역량강화사업, 교육사업 등의 코드를 입력하고, 문화유산을 보존·복원하는 역량을 강화하는 것을 목표로 하고, 소수에 불과하겠지만 관련된 일자리를 창출하여 지역경제 발전에 이바지할 수 있다고 에둘러 과장할 수밖에 없었다. 문화유산은 물론 '문화'라는 키워드조차 ODA와는 어울리지 않는다고 생각하던 시절이었다. 지금으로부터 불과 10년도 지나지 않은 때이다. ODA사업과 비ODA사업을 구분하면서, 공여국의 문화를 수원국에 전파하는 사업(예를 들면 한국어 강사를 파견하거나, 태권도 사범을 파견하는 등)이나, 단순한 국제교류, 학술연구 사업은 ODA사업이 아닌 것으로 규정하고 있었다. 지금도 크게 달라지지 않았다. 지금 이 순간에도 우리의 문화를, 한류를, K-팝과 드라마 등 한국 땅에서 성공한 모델을 가지고 해외 사업으로 확장하면 ODA가 되는 것으로 착각하는 사람들이 많

다. 절대 아니다. 한때 대한민국 ODA사업의 주류가 새마을 운동일 때가 있었다. 당시 정부의 주요 추진과제였기 때문에 어쩔 수 없었다고 한다. 지금은 농촌 개발사업이라는 형태로 개선되어 추진되고 있다. 이름만 바뀐 것이 아니라 내용도 상당부분 개선된 것으로 안다. 한국의 새마을 운동은 한국에서 부지런한 한국 사람들에 의해 성공한 모델이지만, 똑같은 방식으로 해외 저개발국에 적용하려고 하면 실패하는 경우가 훨씬 많다. 여기에서 실패라 함은 한국만큼의 성과가 나타나지 않는 것까지를 포함한다.

이러한 분위기에서 문화의 한 세부 분류라고 할 수 있는 문화유산 보존과 복원을 키워드로 하는 사업을 제안하는 것은 모험에 가까웠다. 지금은 사업제안서를 작성할 때나, 외부강의나 학술발표를 진행하면서 문화유산 ODA라는 표현을 직접 표현할 수 있다. 2015년 이후 국제사회의 패러다임이 바뀌면서 새천년개발계획 MDGs이 지속가능발전목표 SDGs로 변경되었기 때문이다. 하지만, 2010년대 초반까지 ODA라는 영역에서의 문화란, 수원국의 전통과 관습을 고려하고 문화적 주체성을 손상시키지 않는 정도에서 사업을 추진한다는 ODA의 일반론적 원칙에서의 배경 정도로만 이해되어져 왔다. 그러나 당시 사업제안서를 작성하면서 그저 원조사업의 배경이나 고려할 점 정도로만 생각되던 '문화'에서 한 발 더 나아가 '문화유산' 자체가 기회가 될 수 있고, 일이 진행되는 과정과 절차가 ODA사업의 새로운 방향을 찾을 수 있고 목적이 틀리지 않았음을 다양한 근거로 제시하면서 '문화유산 ODA'라는 화두를 처음으로 던졌다. 사업의 선정 가능성은 낮았지만 우리와 수원국 수원기관의 진심이 통하기를 바랐고, 결과는 성공이었다. 한국의 ODA 규모가 매년 커지면서 ▮ 사업의 양적 증가가 필수적이었고, 늘 해왔던 유형의 사업에 대한 적용 국가 확장만으로는 양적 증가를 채울 수 없었다. 결국 새로운 유형의 원조 사업 모델이 필요하게 되었고 때마침 문화유산 ODA의 필요성이 받아들여졌다.

▮ 한국은 아직도 OECD의 회원국 ODA/GNI 권고 비율에 훨씬 못 미친다.

2012년 코이카 정부부처 제안 사업에 처음 도전하여 한 번의 실패한 후 이를 통해 얻은 경험을 바탕으로 2013년 다행스럽게도 캄보디아 앙코르유적 프레아피투 사원 복원정비사업의 재도전이 성공했다. 그리고 방글라데시 문화재 보존 및 관리역량 강화사업, 콩고민주공

▲ 2013년 11월 제1회 왓푸 국제조정회의 때 한국팀 사업계획 발표.

화국 국립박물관 운영 역량강화사업, 캄보디아 앙코르유적 프레아피투 사원과 코끼리테라스 보존 및 복원 2차 사업에 이르기까지 4차례에 걸쳐 코이카 무상원조 사업을 추진할 수 있었다.

한편, 문화재청은 라오스 홍낭시다 유적 보존·복원사업, 미얀마 바간 지진피해 복구사업 등을 추진했으며, 아시아권 국가들을 대상으로 국립문화재연구소가 주관하는 ACPCS 아시아권 문화재 보존과학 국제연수와 연계하여 문화재 보존처리장비 지원사업도 추진해오고 있고, 무형유산의 보전과 기록을 위한 무형유산 ODA사업도 계속하고 있다. 문화체육관광부의 초청연수사업의 일종인 문화동반자사업은 2008년부터 2019년까지 수행했다.

앞으로 우리에게 남은 과제는 일반 ODA사업과는 약간 결이 다른 문화유산 ODA 사업의 효과성을 입증하는 것이다. 동기와 방법이 아무리 좋은 것이라고 할지라도 사업의 성과가 명확하지 않고, 효과성이 나타나지 않는 경우에는 사업을 지속할 수 없다. 원조효과성은 국제원조사회에서 가장 중요한 평가 기준이 되기 때문이다.

ODA사업을 기획하면서 가장 중요한 원칙은 수원국과 수원기관의 발전에 긍정적으로 기여할 수 있는 효과적인 원조사업이 되어야 한다는 것이다. 방법, 의제, 주체 선정은 다양하게 고려될 수 있지만, ODA사업은 우리가 하고 싶은 것을 하

는 것이 아니라 그들이 필요한 부분을 채워주고 지원해야 하는 사업이기 때문이다. 중요한 원칙은 변하지 않더라도 세부지침을 미리 결정해놓는 것은 피하는 것이 좋다. 각각의 사업에 따라 환경이 바뀌고, 구성요소가 달라지고, 방법론이 달라져야 하기 때문이다. 한국의 경우 5년 단위로 국제개발협력 기본계획을 세우고 매년 국제개발협력 종합시행계획을 수립하고 실천하고 있는데, 단계별로 매년 업그레이드 되고 있다. 여기에는 중점협력국 별로 작성되고 업데이트 되고 있는 국가협력전략 Country Partnership Strategy, CPS을 중요하게 참고해야 하는 것은 물론이다. 원칙은 지키되 상황에 따라 유연하게 적응하는 탄력성이 필요하다. 과거에 비해서는 사업을 심사·선정하고 예산을 배정하는 정부부처들의 태도도 많이 바뀌었다. 처음에는 신규 사업을 제안하면 해당 사업을 통하여 한국이 직접적으로 회수할 수 있는 반대급부가 무엇인가라는 질문을 참 많이 받았지만, 적어도 지금은 그렇지는 않다. 무상원조에 대한 결벽증이 있던 시절에는 원조의 대가로 수원국으로부터 무언가를 받는다는 것에 대한 거부감이 컸다. 그러나 지금에 와서는 일방적인 원조보다는 국제개발협력이라는 차원에서 지원의 대가로 반드시 특정한 반대급부를 추구하는 것은 아니지만, ODA사업의 효과로 우리에게 돌아올 이로움이 있다면 굳이 거부할 필요는 없다는 논리가 보편화되고 있다. 따라서 특정한 기준에 얽매이는 것이 아니라, 끊임없이 배우고 변화하는 상황에 적응하며 새로운 대안과 방법을 찾는 자세와 태도가 중요하다.

일반적으로 먹고사는 것이 시급한 개발도상국 사람들에게 문화유산이나 유적의 보존과

▲ 2019년 12월 앙코르 유적을 방문한 국회 입법조사관들에게 문화유산ODA의 필요성을 설명했다.

복원 필요성은 상대적으로 낮거나 우선순위와 해당하지 않는 문제이다. 문화유산 ODA사업을 추진하기 위해서는 상호 필요한 교차점을 찾을 수 있는 대상과 나라를 찾는 것이 중요하다. 캄보디아의 앙코르와트를 예로 들자면, 캄보디아 사람들에게 앙코르와트의 가치는 매우 크다. 캄보디아 국기의 한 가운데에는 앙코르와트 도상이 있다. 어떤 캄보디아 사람들에게는 앙코르와트를 가는 것이 평생의 소원이기도 하다. 한국 사람들은 국내여행 정도는 상대적으로 손쉽게 할 수 있기 때문에 실감하지 못하는 부분인데, 캄보디아처럼 경제 여건이 좋지 않고, 땅이 넓고 교통편이 좋지 않은 나라에서는 고향집을 떠나 앙코르와트에 가는 일 자체가 쉽지 않다. 그럼에도 불구하고 평생에 한 번 앙코르와트 방문하기를 원하는 사람들이 존재한다. 그것도 적지 않은 수가 그렇다. 그만큼 그들에게 앙코르와트는 하나의 중요한 표상이라고 할 수 있다. 아주 유사한 상황을 미얀마에서도 확인할 수 있는데 그들 중에도 바간 유적에 평생 한 번이라도 가서 성지 순례하는 것이 소원인 사람들이 꽤 있다. 실제로 2016년 미얀마 차욱 지진으로 바간 유적들이 피해를 입자, 전 세계적으로 성금과 도움의 손길들이 답지했지만, 제일 큰 도움은 미얀마인들의 자원봉사였다. 그리고 지진피해조사와 사업타당성조사를 현지에서 진행하면서 수많은 미얀마인들이 바간으로 성지순례를 오는 것을 목격했다. 한국의 승합차 크기의 미니밴에 2~30명씩 타고 여러 사원을 순례했고, 태국의 썽태우같은 작은 트럭버스의 짐칸과 지붕에 4~50명이 옹기종기 타고 사원들을 순례하는 것을 보기도 했다.

이처럼 수원국 국민들의 문화적, 종교적, 사상적 측면에서 중요한 위치를 차지하고 있는 문화유산들이 한국의 도움으로 정비된다면 한국에 대한 그 나라 국민들과 정부의 인식은 몰라보게 달라질 수 있고 한국을 대하는 태도가 달라질 수 있다. 이러한 부분이 곧 민간외교의 영역이다. 정부 대 정부가 아니라 민간 대 민간, 사람 대 사람으로 네트워크를 구현하고 협력 체제를 만들어낼 수 있는 것이 바로 문화유산 ODA의 영역이고, 이를 통해 결국 어떤 형태로던지 양국 모두에게 이로운 결과를 가져올 수 있기를 기대한다.

다른 ODA사업들에 비해 문화유산 ODA사업은 정성적인 평가는 가능하지만 정량적으로 가시적인 지표와 성취도를 제시하는 것이 어렵다. 이러한 부분에 대해서는 이렇게 질문을 할 수밖에 없다. 한국기업들이 해외에 진출하여 시장을 개척하고 판로를 뚫기 위해 많은 노력을 한다. 요즘이야 한류의 등에 올라타서 예전에 비해 손쉽게 현지에 진출한다고 하지만, 그렇지 않은 경우에는 문제가 다르다. 동남아시아의 경우, 지난 반세기 가까이 일본이 뿌려놓은 다양한 원조사업의 씨앗들과 최근들어 급증하고 있는 중국의 공격적인 원조사업 등으로 인해 한국이 새롭게 진출할 수 있는 여지는 생각보다 좁다. 국내에서만 보면 한류의 물결을 타고 어디든 갈 수 있을 것이라고 생각하지만, 정작 나가보면 충분하지 않은 경우가 많다. 브랜드 자체를 알리고, 한국제품에 대한 인식을 개선하고 그들에게 인지시키는 단계부터 어마어마한 노력과 자금이 들어가야 한다. 위에 말한 것과 같이 자국의 주요한 문화유산을 보존하고 복원하는 데 도움을 주면서, 일본이나 중국처럼 사심을 드러내지 않고 서로 협력하며 상생의 길을 찾는 것은 매우 긍정적인 역할을 한다. 한국에 대한 인식 개선뿐만 아니라, 실제로 생활에 있어서 장점들이 나타난다. 주 시엠립 영사관에 따르면, 앙코르유적 복원사업 추진 전과 후에 시엠립 주 정부와 경찰서 등의 민원 업무를 진행할 때 꽤나 큰 태도 변화가 있었다는 것을 알 수 있었다. 그렇기에 문화유산 ODA가 지금 당장의 가시적인 성과보다 지속가능한 우호관계를 구축하고 상호 발전할 수 있는 기반을 마련하는 데 더욱 유용하다. 특히 한국이 문화유산 ODA사업을 추진하면서 다른 나라에 비해 갖는 장점이 있다. ODA는 과거의 관점에서 보면 하나의 시혜사업이다. 제국주의를 해봤던 국가들은 문화유산 복원 현장에서 과거 식민지 다루는 경험을 토대로 교수가 학생을 가르치는 방식으로 유적 복원 등을 진행하는 경향이 있다. 실제로 캄보디아의 경우 현재 수원기관의 상당수 전문가들이 일본 유학을 통해 학위를 받고 자리를 잡는 경우가 많다. 그에 비해, 한국 전문가들은 현지인들을 존중하며 같이 협력하는 방식으로 일한다는 평가를 받는다. 앙코르 유적 복원의 후발주자로서 어쩔 수 없는 면도 있다. 그러나 경제발전 이후 IMF를 극복한 신흥 선진국이면서 과거의 제국주의와 달리 동반자적인 입장에서 함께 나아간다는 점이 한국에 대한 긍정적 인식에 도움이 되고 있다.

'가시성' 보다 '효과성'이다

백경환

동남아시아 개발도상국에 가면 처음엔 잘 포장된 도로를 통해 이동을 한다. 하지만 주도로를 벗어나면 금방 비포장 도로를 만나게 된다. 현지인들이 사는 지역 주변은 대부분 흙길이다. 이 흙길은 우기에 진흙탕으로 변하기 일쑤인데, 자동차 바퀴는 푹푹 빠지고, 그곳은 계속 침수돼 더욱 파이게 돼 악순환이 되풀이된다. 오토바이를 타는 주민들은 미끄러지는 일도 다반사여서 우기의 흙길은 위험천만하다. 우기가 지나고 건기가 오면 어떻게 될까? 우기 동안 파인 땅이 그대로 말라서 작은 협곡과 같은 형태로 남게 된다. 경제적 여유가 있거나 부지런한 마을사람들은 삼삼오오 모여서 집 앞 구덩이를 흙으로 메우는 작업을 한다. 이처럼 흙길은 우기와 건기에 매번 유지하고 보수해야만 한다. 이 길에서 삶을 영위하고 있는 사람들에게 흙길 보수는 매년 찾아오는 너무나 골치 아픈 문제이다.

그러나 이것을 바라보는 관점은 사람에 따라 다르다. 이 흙길이야말로 어릴 적 추억을 되살려주는 매개체이자, 주변 자연과 조화를 이룬 아름다운 풍경이니 계속 유지했으면 좋겠다고 생각하는 사람이 있다. 반면 그 흙길을 이용하는 사람들이 너무 불편하니 잘 포장해줘야 한다고 생각하는 사람도 있을 것이다.

'흙길'과 '아스팔트' 사이에서의 욕망을 조정하는 일

국제개발협력, ODA(공적개발원조)의 관점에서 '개발'은 핵심 가치이며, 공여국의 목적보다 수원국의 수요가 더 중요하다. 그렇다면 흙길에 아스팔트를 깔아서 지역주민들의 삶을 개선해주는 것은 타당하다. 흙길을 정비한다면 효과성과 가시성Visibility을 동시에 확보할 수 있기 때문이다. 하지만 ODA에서 '이것 아니면 저것'과 같은 이분법적 사고로 접근하는 것은 옳지 않다. '보존하는 것이 타당하나, 개발도 필요할 것 같다.' 정도의 미지근한 절충안으로도 부족하며, '보존'과 '개발' 사이에서 선택할 수 있는 방안을 끊임없이 고민하고, 수원국의 욕구를 충족시키고 공여국의 목적을 달성하는 사안마다의 합리적 전략이 필요하다. 이처럼 ODA사업은 일방적인 원조를 지양하고, 상충되는 이해관계의 욕망을 조정하는 것에서부터 출발해야 한다.

'흙길'이 아니라 '문화유산'을 대상으로 하는 ODA의 관점에서 생각해 보면 정도의 차이는 있겠지만, 개발도상국의 세계문화유산 지역에서는 '개발'이 어렵다. 유네스코UNESCO)의 지침과 세계유산위원회WHC의 정기적인 모니터링에 의해 세계유산 지역 내 신축, 현상변경 등이 엄격히 제한받기 때문이다. 또한 문화유산의 잘못된 보존과 복원은 아니 한 만 못하다. 심지어 문화유산의 또 다른 파괴가 될 수 있기 때문에 추정에 의한 복원은 지양하며, 진정성의 보존을 최우선 가치로 둬야 한다. 문화유산 ODA사업에서는 '가시성' 보다 '효과성'에 방점을 찍을 수밖에 없는 이유다.

후순위로 밀리는 문화유산 보존

문화유산 ODA는 문화유산을 보존하는 것뿐만 아니라, 그 과정에서 얻을 수 있는 유·무형의 가치를 측정하고, 전문인력을 양성하고, 부족한 인프라를 개선하는 방향으로 진행해야 한다. 식상한 표현이지만 '고기를 주는 것이 아니라, 잡는 법을 가르쳐 주는 것'과 같이 그들 스스로 문화유산을 보존할 수 있는 문화유산 생태계의 선순환을 구축하는 것이 바람직한 방향이다.
문화유산은 국가의 역사와 문화를 대표하는 상징으로서 국민적 자부심의 원천이

▲ 라오스는 일반적으로 차가 다니는 길 외에는 비포장 흙길이다.
우기에 흙길은 침수되거나 유실되고, 우기가 끝날 즈음엔 진흙탕처럼 되어 버린다.
4륜구동임에도 불구하고 길이 물에 잠기는 바람에 차가 도저히 갈 수가 없어서 한참을
길가에 앉아 있다가 마침 지나가는 경운기가 있어 사정을 설명하고,
경운기를 얻어 타기 위한 협상을 하는 중인 백경환 소장(2015년 8월).

다. 그러나 급속한 경제성장과 도시화로 인해 많은 개발도상국에서는 문화유산이 어떠한 보호조치도 받지 못하고 훼손되고 소멸되고 있다. 그럼에도 불구하고 정부의 재정적 한계, 부족한 인프라, 전문인력의 부재 등으로 인해 체계적인 보존은 엄두도 못 내고 있는 실정이다. 이런 연유로 문화유산의 보존은 가장 후순위가 되고, 그렇게 뒤로 밀리고, 미루다 보면 소중한 문화유산은 소실되어 되돌릴 수 없는 상황이 도래할 것이다.

우리나라도 이미 겪었던 일이다. 급속한 경제성장 시기에 '먹고사니즘'이 무엇보다 중요했기에 소중한 문화유산들이 훼손되고 방치되면서 지금은 되돌릴 수 없는 문화적 자산들이 많다. 문화유산은 '침묵의 장기'라고 하는 간과 같다. 아파도 잘 티가 나지 않으며, 문제가 생겼다는 것을 인지하는 순간에는 이미 너무 악화돼 되돌릴 수 없다.

수원국에서 공여국으로 전환된 최초의 나라, 개발도상국 시기에 많은 문화유산을 잃은 경험이 있는 나라, 바로 대한민국이다. 이미 이러한 경험을 했고, 뒤늦게라도 문화유산 보존의 중요성을 깨닫고 국가 차원에서 관련 시스템을 정비하고 전문인

력을 양성하고 기술을 발전시킨 나라이다. 그래서 누구보다 개발도상국의 문화유산 ODA를 진정성 있게 할 수 있는 나라이다.

문화유산 ODA는 고차원의 기술과 전략, 그리고 경험이 필요하다. 기존 ODA의 문법을 거스르지 않으면서, 문화유산 ODA만의 독창성과 효과성을 어필할 수 있는 노력을 경주하는 것만이 ODA Universe에서 살아남는 길이다.

▲ **수원국에서 공여국으로 전환된 최초의 나라, 대한민국.**
사진은 대한민국 제1호 문화유산 ODA사업 현장인 홍낭시다 사원이다.

문화는 국가 재건의
원동력이자 경제개발의 희망

김동민

찬란했던 고대도시가 그랬던 것처럼

공적개발원조 ODA/Official Development Assistance란 정부를 비롯한 공공기관이 개발도상국의 경제발전과 사회복지 증진을 돕기 위해 개발도상국 정부 및 지역 또는 국제기구에 제공하는 원조를 의미한다. 한국은 한국전쟁 이후 국제사회로부터 공적개발원조를 받기 시작했으나, 이후 이를 극복하고 수원국에서 공여국으로 전환된 최초의 국가이다. 이제는 선진 공여국 포럼인 OECD DAC의 24번째 회원국으로 가입하며 지원예산을 대폭 늘려가고 있는 추세이다.

예산확대와 함께 사업 분야에서도 그 양을 늘려가려는 노력이 이어지고 있지만 아직까지 우리나라의 공적개발원조는 보건, 의료, 기초 기반(인프라) 마련 등의 사업이 치중되어 있는 것이 현실이다. 그렇다 보니 문화재청과 한국문화재재단 등에서 수행 중인 문화유산 분야는 그들보다는 긴급하지 않은 분야로 치부되어 버리기 쉽고, 문화유산 분야가 어떻게 수원국에 도움을 줄 수 있는지 의아해 하는 시선들도 많다.

문화는 처음 창조된 이후 시대와 지역을 넘나들며 응용되고, 복제되고, 재창조되고, 또 어떤 경우 사장되어 버리면서 오늘날까지 발전해 왔다. 문화는 한 나라의 자부심이자 정체성이이며, 문화 활동의 산출물인 문화유산은 지금껏 삶을 이어온 인간 존재의 가치이며 온 인류의 귀중한 자산인 것이다. 그렇기 때문에 문화유산을 보존하기 위한 활동은 단순히 문화유산의 보존과 문화다양성의 존중 측면에서만이 아닌 현실세계를 살아가는 세계 시민으로서의 의무인 것이다.

특히 동남아 지역은 찬란했던 고대의 문화유산을 바탕으로 한 관광산업을 국가를 운영하는 가장 큰 기틀 중 하나로 삼아왔던 국가들이다. 문화유산 공적개발원조가 단순히 문화유산을 보존하는 행위에 그치지 않고 문화유산을 활용한 관광자원화를 최종적인 사업의 목표로 삼고 있는 만큼 본 사업은 결국 수원국민의 경제개발 및 삶의 질 향상이라는 공석개발원조의 쥐지에도 어긋나지 않는다고 할 수 있다.

문화는 한 국가의 자부심이며 정체성이다. 문화는 국가가 추구하는 공동의 목적을 향해 나아갈 수 있도록 온 국민을 하나로 뭉칠 수 있는 무한한 힘을 가지고 있다. 문화는 국가 재건의 원동력이자 경제개발의 희망이다. 그렇기에 문화는 현재 자체로 보존되어야만 하며 지속적으로 활용되어야 한다. 우리가 지원하는 모든 수원국가들이 지금의 경제적 위기를 극복하고 찬란했던 고대도시가 그랬던 것처럼 풍요롭고 행복한 나라로 다시 일어설 수 있기를 희망한다.

문화유산의 보존, 문화유산의 활용, 그리고 문화유산을 활용한 경제개발, 나아가 수원국민의 풍요로운 삶을 위해 대한민국의 문화유산 공적개발원조가 함께하고 있다.

바간에서의 대한민국 국제협력사업

바간 Bagan의 고대 불교사원 및 불탑들은 천 년이 넘는 시간이 흘렀음에도 지역 불교신자들의 신앙의 공간이다. 이들 고대 불교건축물들에 얽힌 역사, 건축기술, 문화교류 등에 대한 근대적 연구는 영국령 버마(1824~1948년) 시절 시작되었다. 1902년 설립된 버마 금석학 연구소 Burma Epigraphy Office를 기반으로 독립 이후

인 1957년 문화부 The Ministry of Culture 산하에 고고학국 Department of Archaeology이 설립되어 정부 차원의 문화유산 관리의 기틀이 마련되었다. 이는 2009년 이후 국립 박물관 업무까지를 포괄하는 고고학국립박물관국 Department of Archaeology and National Museum으로 발전하였으며, 2012년 이후 바간 지역 문화유산과 관련된 업무는 모두 이 기관의 관리 하에 진행되고 있다. 유적이 가진 규모와 중요성을 감안하여 바간 내에는 고고학국립박물관국 바간사무소 Bagan Branch가 설치되어 운영 중이다. 이 기관을 중심으로 하는 미얀마 국내 기관들과 해외 기관들(2020년 현재 대한민국, 중국, 인도, 일본, 독일, 이탈리아, 미국)의 협력에 의해 진행 중인 바간 지역의 문화유산 보존 프로젝트는 1975년과 최근 2016년에 있었던 심각한 지진 피해, 미얀마 현대사의 굴곡, 현재진행형인 불교신앙 활동 및 지역주민들의 민생 문제 등 복잡한 사정과 상황으로 인해 가장 도전적인 고대 문화유산 관리 사례 중 하나라고 할 수 있다. 민주화·개방화 이후 꾸준히 증가해온 관광객은 2019년 세계문화유산 등재 이후 더욱 증가할 것으로 예상된다. 이러한 상황에서 바간 문화유산 관리는 더욱 큰 도전에 직면할 것이므로 이에 대한 체계적인 대비가 필요한 실정이다.

미얀마와 대한민국은 1961년 7월 10일 수교를 맺었으며, 2012년 8월 유네스코 사무총장은 대한민국 문화재청장과의 만남에서 바간 유적을 세계유산에 등재하기 위한 지원과 문화재 보존관리 역량강화의 지원을 요청하였다. 대한민국 문화재청과 미얀마 문화부는 2012년 문화유산 분야 MOU를 체결하였고, 문화재청의 지원 하에 한국문화재재단 소속의 국제협력단 미얀마팀을 중심으로 현장 사업이 진행되어왔다. 2013년부터 보존처리 장비 지원과 구조안전 모니터링 등을 실시하였고, 2015년부터 바간 고고학국립박물관국 유물보존 환경개선과 학예사들의 역량강화를 위한 사업을 진행하였고 바간 박물관의 수장고를 정비하고 항온·항습기를 설치하여 유물보관 역량을 강화할 수 있게 하였다.

그러던 중 2016년 8월 바간에서 발생한 대규모의 지진으로 많은 사원들이 피해를 입은 안타까운 사건이 발생했다. 이에 미얀마 정부는 유네스코 및 세계 각국에 도움을 청했는데 대한민국 문화재청도 이에 대응하여 2016년과 2017년 지진피해 현황조사를 진행하였다. 이때의 조사를 바탕으로 파야똔주 사원을 선정하여 건물과 귀중한 벽화를 과학적으로 보존할 수 있는 사업을 미얀마 현지 전문가들과 함께 진행하기로 결정하였다.

파야똔주 사원은 바간 왕조의 왕궁과 주요 사원들이 위치한 구 바간 Old Bagan으로부터 동쪽으로 약 5킬로미터 떨어진 민난투 Minnanthu 마을 북측에 위치하는 고대 사원이다. 13세기에 지어진 것으로 추정되는 파야똔주 사원은 참으로 특이한 모습이다. 높은 수준의 예술성과 잘 보존된 벽화와 더불어 3기의 탑형 건물이 나란히 연결된 독특하고 희귀한 건축형태 때문에 많은 주목을 받고 있다. 고

고학국립박물관국은 바간 지역 내 문화유산을 5등급으로 분류하여 관리하고 있는데, 파야똔주 사원은 이웃한 탐불라 Tambula 사원 및 난다만야 Nandamanya 사원과 함께 5등급 중 최상급인 1등급에 속하는 핵심 기념물로 분류

▲ 2019년 현장작업 완료 후 현지연수 수료식이 있던 날,
파야똔주를 찾은 한국문화재재단 진옥섭 이사장(중앙 청색 양복).
이날 재단은 수원국인 미얀마에 파야똔주사원 모형과 함께 파야똔주 사원 3D VR을 기증했다.
오른쪽 맨끝 흰색 옷이 김동민 소장. 시연할 3D VR을 점검 중인 모습.

되어 관리 중이다.

2020년 현재 건축구조안정성, 지질안정성, 고고학적 조사 및 벽화연구 등 사원과 그 주변 구역에 대한 종합적이고 융복합적 연구가 완료되었으며, 이를 바탕으로 최적의 보존방안이 조만간 완료될 예정이다.

파야똔주 사원이 속한 민난투 마을 구역에는 바간의 역사와 불교문화를 복원하는 데 큰 도움이 되는 비문과 벽화가 집중적으로 분포하고 있다. 아울러 바간 왕조 시대부터 존재해왔던 불교건축물, 전통마을, 농경지 등의 경관이 바간 내에서 가장 잘 보존된 구역이기도 하다. 이에 2021년부터는 미얀마·대한민국 바간 국제협력 사업을 파야똔주 사원에서 민난투 마을 구역으로 확대하여 전통적 역사 경관 보존·활용 사업을 진행할 예정이다.

수원국과 공여국의 Win-Win 지대를 찾아

김지서

우리나라의 ODA사업은 총 17개의 지속가능한 개발목표 SDGs를 지향하며 그것을 목표로 수행되고 있다. 우리나라 역시 1953년 한국전쟁 이후로 나라가 위태로워져 다른 나라들로부터 공적원조를 받았으며 드디어 1991년 코이카KOICA, 한국국제협력단이 설립되면서 수원국에서 공여국으로서 본격적으로 해외 ODA사업에 들어서게 되었다. 2010년에는 OECD 국가 DAC에 가입하면서 대대적인 공여국으로서 세계 각지에 원조 및 지원을 하게 되었다. 어찌 보면 어려운 1950년대에 받았던 세계 여러나라들의 지원을 이제는 갚아나가고 있는 것으로 볼 수 있다. 이런 나라는 아직까지 없었으며 그만큼 도움을 많이 받은 축복 받은 나라라고 생각된다.

관광자원이자 정체성의 원류

문화유산 ODA는 2010년대에 들어서면서 본격적으로 시작이 되었으며, 문화재청 산하기관인 한국문화재재단에서 사업을 최초로 시행하고 있다. 문화유산은 SDGs 11번 항목인 '지속가능한 도시와 공동체'를 기본 목표로 사업이 추진되고 있으며 그 외 4번 '양질의 교육', 8번 '양질의 일자리와 경제성장' 등 주로 수원국에 물고기를 잡아주는 직접적인 지원보다는 물고기를 잡는 방법을 가르쳐주는 간접적인 지원

을 수행하고 있다.

문화유산의 보존은 지역의 개발과는 다소 상반되는 개념을 가지고 있다. 오히려 문화유산에 대한 보존을 위하여 지역의 개발을 저해하는 요소라는 의견들도 나오고 있으며 이러한 견해 또한 다소 타당할 수 있다고 판단된다.  하지만, 문화유산 ODA의 목표는 산업의 발전보다는 관광자원의 활용을 극대화하여 이를 또 다른 자원화를 구축하고자하는데 있다고 볼 수 있다. 어찌보면 친환경적이며 무한한 자원이 되는 것이 관광자원이다. 또한 문화유산은 그 나라의 정체성의 원류에 있다. 전통적으로 내려오는 유산이며 앞으로도 계속 지켜 나아가야 할 유산이다. 우리나라는 빛의 속도로 발전을 거듭하면서 산업의 발전에만 집중하여 많은 문화유산을 잃어버린 나라이기도 하다. 이를 막기 위하여 문화유산 ODA사업을 수행하고 있으며 이를 설득하는 것 또한 문화유산 ODA의 지향점이라고 볼 수 있다.

 문화유산 ODA의 시행에 앞서 가장 우선적으로 고려를 해야 하는 사항은 상대방의 필요를 파악하는 것이다. 다른 ODA사업들도 마찬가지로 수원국의 수요 파악이 가장 중요하다고 여겨진다. 화성에서 온 남자, 금성에서 온 여자의

책의 내용처럼 지원을 받는 사람의 입장이 다르고 지원을 하는 사람의 입장이 다르다. 수원국의 입장에서는 잘살기 위하여 ODA를 지원 받고자하는데 결국은 문화유산과 관광은 함께 할 수밖에 없는 운명의 짝꿍이다. 세계인들에게 수원국의 문화유산을 알리어 홍보를 하며 많은 사람들이 해당 유산(유적)을 찾아와 관광산업을 부흥시키고 부가가치를 창출하는 것이 수원국이 가장 원하는 것으로 볼 수 있다.

캄보디아는 모두가 잘 알고 있듯이 앙코르유적이 있는 곳이다. 해마다 수백만 명의 관광객이 찾아오고 있으며 2017년 세계은행의 기록을 보면 캄보디아 관광산업은 국가 총생산 GDP의 28.3퍼센트 그리고 노동력의 25.9퍼센트를 차지하고 있다. 이중 앙코르유적이 상당한 비율을 가지고 있으며 관광산업의 효과를 가장 잘 알고 있는 국가이다. 이러한 효과를 잘 알고 있듯이 캄보디아에서 문화유산 ODA사업은 활발하게 이루어지고 있으며 국가에서 장려를 하고 있어 사업 수행이 원활한 양상을 보이고 있다. 또한 캄보디아인들의 자국의 문화유산에 대한 사랑 또한 매우 크다. 국기가 앙코르와트의 탑을 세겨 넣을만큼 자국민의 문화유산에 대한 사랑과 그것을 보존하기 위한 노력을 볼 수 있다.

하지만 우즈베키스탄의 경우는 다소 다른 체감을 느낀다. 첫 만남 때 우즈베키스탄 문화유산 관련자들은 다소 무관심한 태도를 보이는 경향을 보였다. 왜 문화유산 분야에 대한 지원을 하는 것인지에 대한 의문과 나라의 이익에 대한 토론을 한다. 그렇다고 우즈베키스탄의 문화유산이 없는 것은 아니다. 실크로드의 교차로인 사마르칸트의 문화유산은 전 세계인이 알고 있을 정도로 찬란한 유산이다. 아직 문화유산의 가치에 대하여 인식이 낮을 수 있다. 하지만 국가개발정책으로 인하여 우즈베키스탄 또한 우리나라의 전처를 밟아 개발을 택하고 문화유산을 후순위로 두고 있는 것이 아닌가 싶은 생각이 들게 되었다.

공여국의 국민들로부터 징수한 세금으로 출발, 국가적 자부심으로 돌려받는 일

문화유산 ODA사업은 이러한 국가들이 문화유산에 대한 가치를 제고하고 문화유산의 보존을 통하여 얻을 수 있는 부가가치 요소들을 알리는데 한 목표를 세워야 한다고 생각된다. 유네스코 문화유산을 활용, 각종 문화유산 관련 축제개최, 문화외교 등 다양한 방법을 동원하여 가치를 알리고 지속적으로 후세에 남길 수 있는 자랑스러운 문화유산을 전달하고자하는 마음가짐이 중요하다고 생각된다. 국민의 혈세가 아깝지 않도록 최대한 효율적이고 효과적인 방법으로 접근하여 전 지구촌이 다양하고 풍부한 문화유산을 간직할 수 있도록 서로가 노력을 해야 한다고 생각된다.

ODA사업은 적절한 시기에 적절하게 도움을 줘야 모두가 성공적인 시작을 할 수 있을 것이다. ODA는 수혜자와 지원자와의 끊임없는 대화를 통하여 서로에 대해 먼저 알고 원하는 것, 해줄 수 있는 것의 합의점을 찾아 함께 같이 살아가는 목표를 위하여 나아가는 과정이라고 생각한다. 그리고 후에 이들의 입에서 '당신 덕분에 우리의 정체성을 지킬 수 있어서 감사합니다.' 라는 이야기를 듣게 되기를 작게 소망해본다.

문화유산 ODA사업을 수행하는 일꾼으로서 본 사업은 국민의 피같은 세금으로 수행을 한다는 것을 가슴과 머릿속에 세기며 임무를 수행해야 할 것이다. 가치있는 사업을 가치있게 해야한다고 생각한다. 서로 행복한 동행이 되길 기원한다.

에필로그 _____

연구원들은 9월 25일 캄보디아 선발팀을 시작으로
9월 29일 라오스팀, 10월 13일 미얀마팀이 전원 출국,
각 나라 상황에 맞게 자가격리를 거친 후 현장에 복귀했다.

난생 처음 떠나는 문화유산 ODA 여행

이들이 현재 인도차이나반도에서 보존·복원하고 있는 문화유산은 라오스의 홍낭시다 사원(참파삭), 미얀마의 파야똔주 사원(바간), 캄보디아의 프레아피투 쫌사원과 코끼리테라스(시엠립)이며, 2023에서 2025년 사이에 마무리될 예정이다.

후기 모음

코로나 사태로 급하게 귀국한지 약 7개월 만에 또 다시 미얀마로의 시간 여행이 시작되었다. 그 7개월이라는 시간 동안 이번 책자를 준비하면서 그간의 일들을 하나하나 정리해 보니 오히려 이런 잠시 쉬어가는 시간의 소중함을 깨닫게 되는 순간인 듯하다. 우리는 이제 다시 힘차게 뛰어오를 준비를 하고 있다. 이번 책자를 정리하면서 느꼈던 오만가지 이야기와 기억들이 결국은 다시 출발점에 선 우리들이 한 걸음 더 발전할 수 있는 계기가 되리라.
이런 기회를 강압적으로 준비해 주신 진옥섭 이사장님 및 박해수 단장님, 그리고 한국문화재재단 국제협력단 동료들에게 지면을 빌어 감사의 인사를 전한다. 시즌 2에 또 만나요!

중 2학년 시절, 하필 국어담당이셨던 담임선생님께서 매일 일기를 쓰게 하는 바람에 일 년간 일상에 대해 적었던 일과 무슨 내용을 썼는지도 잘 기억나지 않는 몇 편의 연애편지 이후. 10년 이상 보고서나 논문 같은 드라이한 글만 써 온 터라 이번 원고는 한 줄 한 줄이 산 하나씩 넘는 기분이었다. '성악가가 부르는 어색한 힙합'처럼 쓴 글은 건조하고 딱딱하여 다른 저자들에게 미안한 마음이 앞선다. 인류의 극소수만이 읽는 각주와 인용논문이 즐비한 글 말고도 많은 이들에게 감동을 주는 문학서나 여행기행문 등을 시간 내어 읽을까 한다. 해외현장에 가게 되면 훗날 다시 추억을 떠올리게 할 매일의 사진들도 더 열심히 찍을까 한다.

처음 원고 청탁서를 손에 들고 엄청난 부담감이 느껴졌다. 내가 글을 쓸 수 있을까. 어쨌든 사진을 찾는 일부터 시작을 해 마음을 다잡았다. 대단한 내용을 적은 것도 아니고 해외 출장 중에 경험한 일들을 글로 적는 것이었지만 새로운 경험이었다. 와중에 마감을 지키지 못해 가슴 졸인 날도 많았지만 해내고 나니 뿌듯하다. 이번 경험을 통해 해외에서 일어나는 사소한 일들이라도 누군가에게는 신기하고 새로운 경험이라는 것을 알았다. 현장에서 겪는 사소한 일들, 그냥 재미로 찍고 지나가는 사진들이 이야기가 되고 이렇게 책으로 엮어지는 과정을 통해 새삼 나의 일과 현장을 새롭게 보는 계기가 되었다. 책이 출간될 즘 나는 캄보디아에 있을 것이다. 현장 기록에 더 애정을 갖고 다음 기회에는 더 노련한 '작가'로 참여하고 싶다.

김지서

늘상 보고서 글을 작성하던 중 인문 에세이를 쓰라는 지시가 내려졌다. 마지막으로 마음에 대한 글을 작성했던 것이 6년 전 아내에게 연애편지를 쓸 때였는데…. 처음에는 막막한 기분이 들었다. 사업을 수행하면서 간간히 기록을 싸이XX에 남겼지만 XX월드도 폐지가 되어 이전의 기록을 찾아보기란 불가능했다. 지난 날 무심코 카메라 셔터를 누르고 뒤돌아보지 않았던 사진들을 보면서 잊고 있던 추억을 회상하는 좋은 계기가 되었다. 편집된 추억을 다시 보니. 이것이 편집의 힘인가 보다. 회사생활에 낭만을 느껴보는 또 다른 좋은 추억거리가 생기게 되었다. 감사하다. 글을 더 써야 겠다.

박동희

밀림 속 앙코르 유적지를 거닐다보면 마치 꿈속에서 걷는 양 비현실적으로 느껴질 때가 있다. 천 년이라는 세월의 풍파를 오롯이 맞은 인공 구조물과 그 위를 덮은 열대 식물들이, 깔끔하게 정비된 여느 한국의 유적지와 달리 신비감을 자아낸다. 이렇게 앙코르에 처음 매료된 이후, 12년이란 세월을 보낸 지금, 앙코르는 여전히 내 열정을 깨우는 마법과 같은 장소이다. 그리고 그 안에서 앙코르 유적 복원가로서 살아가며, 참 많은 일들을 경험할 수 있었고, 그 경험 속에서 울고 웃으며 느꼈던 감정들이 모여, 나의 역사도 쓰였다. 이 책에 실린 내 글은 크메르의 역사 속 수도로서의 앙코르와 더불어 이제는 내 역사의 일부가 된 앙코르에게 바치는 헌정사이다. 쉽지만은 않았지만 결코 후회는 없었고, 쓰는 내내 슬며시 내 입꼬리를 올라가게 만들었던 소중한 추억들을 함께 즐겨주시기를 부탁드린다.

박민선

책을 만든다고 했다. 그냥 남의 이야기라고 흘려들었다. 그런데, 모두 써야 한단다. 쓸 이야기도 없는데 뭘 쓰지? 일기처럼 쓰면 되나? 공기도 잘 흐르지 않는 반지하의 국제협력단 사무실 여기저기에 바쁘게 키보드를 두드리는 소리가 들려오기 시작했다. 때로는 한숨소리가, 때로는 웃음소리가 들리기도 했다. 예전에 드라마나 소설 같은데서 보면 글 쓰는 사람들이 방에 틀어박혀 수염도 안 깎고 머리는 부스스 한 채 줄담배를 피워대던데…. 윤동주 시인은 시가 쉽게 쓰이는 것은 부끄러운 일이라 했는데….
한 단어, 한 문장 어설프게 적어 내려간 글들이 비록 쉽게 읽힐지라도 쉽게 쓴 글은 아니다. 라오스 팀은 책이 나오는 것을 보지 못하고 다시 현장으로 떠나왔다. 한국으로 돌아갔을 때, 최소한 스무 명 이상의 독자는 확보하고 있을 그 책이 날 기다리고 있겠지.

캄보디아 입성의 부푼 꿈도 잠시 입사 동기(!?)로 COVID-19와 함께한 이유로 출장이 잠정 중단되었다. 사무실 적응 기간 현장 업무도 중요하지만, 앞만 보고 달려왔던 길을 다시 뒤돌아 볼 수 있는 계기가 된 시간 속에서 국제협력단에서 ODA사업의 진행 의미를 되새길 수 있는 좋은 기회가 되었다. 비록 국내 경험 비중이 높아 몇 번의 해외 출장 경험밖에 없었지만 앞으로 가고 싶고 가야될 방향을 고민할 수 있는 좋은 날들이었다. 글을 쓰는 동안 지금까지 경험을 딱딱한 형식의 틀에서 벗어나 온전히 나를 중심으로 하는 글로 녹여 낼 수 있게 되어 그야말로 영광스러운 작가 데뷔라 생각한다. 좋은 경험을 할 수 있는 날을 만들어 주셔서 감사하다.

도전을 마주할 때, 마음 한 켠에서 꿈틀거리는 설렘과 두려움, 기대와 함께 내가 작아지는 기분을 느꼈다. 더 큰 이상을 위해 스쳐갔던 생각들을 글로 남겨놓았으면 좋았겠다는 아쉬움도 남았다.

코로나로 인해 현장을 갈 수 없는 상황에서 우리가 지나온 그곳의 시간을 돌아보니, 언제쯤 그 때처럼 일을 할 수 있을지 그립기도 하였다. 감사하게도, 원고작업이 마무리될 즈음 각 국 현장에 직원들이 파견되게 되었다.

우리와 함께하는 라오스, 미얀마, 캄보디아 분들의 목소리를 책에 담아내지 못한 것이 끝내 마음에 남는다. 현실적으로는 우리 모두 열정페이를 받는 것 같다는 생각을 하기도 한다. 더 상식적인 환경에서, 애정하는 업무를 지속할 수 있도록 조직에서 힘써주길 바란다. 현장의 이상을 현실로 가져오기 위해 힘쓰는 지하1층 동료님들 화이팅!

책을 준비하게 된 것은 2020년을 휩쓴 코로나바이러스 때문이다. 이 책이 세상에 나왔을 때 만들어낼 수 있는 어느 정도의 기회비용에 대한 효용성을 무시할 수는 없다. 글을 쓴다는 것은 쉬운 일이 아니다. 대학원 세미나 준비를 할 때나, 조사연구보고서를 쓸 때나, 논문을 쓸 때나, 신문에 기고를 할 때나, 책을 쓸 때나, 강의 자료를 만들 때나, 사업계획서를 작성할 때나 늘 어렵다. 늘 마지막 순간이 다가와야 뭔가 끝이 보이곤 했다. 그런데, 매번 그렇게 무언가를 쓴다는 것이 주 업무일 때와 달리 이번에는 주 업무가 아닌 글쓰기를 해야만 했다. 조금 더 충분히 생각하고 정리해서 같이 나누고 함께 생각할 만한 내용들을 모았으면 좋았겠지만 이번엔 그렇지 못했다. 이 글쓰기로 책이 만들어지면 누군가는 신나겠지만, 나에겐 그저 어쩔 수 없이 처리해야만 했던 씁쓸한 글쓰기의 기억으로만 남을 것 같다.

7년이라는 세월 동안 라오스의 농사마을과 서울의 콘크리트 정글을 정신없이 오가며 맨땅에 헤딩을 해왔다. 여전히 시행착오를 겪고 있으며, 알 것만 같던 라오스도 알수록 모르는 것 같다. 라오스의 머나먼 정글에서 일만 하다 보니 어쩌면 라오스에서 한 달 살고 간 사람보다 더 모르는 것이 많을 수도 있다.

하지만 이 글을 쓰며, 잊을 뻔 했던 소중한 추억들을 다시 떠올려보고 컴퓨터 하드 드라이브 깊숙한 곳에 잠들어 있던 사진들도 다시 찾아볼 수 있었다. 보고서나 논문에서는 쓸 수 없고, 인터넷과 여행책자에서 찾을 수 없는 이야기들을 세상과 공유하게 돼서 행복한 시간이었다. 열정만 가지고 뛰어들었던 문화유산 ODA, 뜻하지 않게 발견한 고대유적의 비밀, 라오스 사람들과 동고동락하며 느낀 감정 등을 건조하지만 촉촉하게 담아내리고 노력했다. 작은 소망이 있다면, 이 책을 읽는 분들이 책을 덮을 때쯤 새로운 창을 통해 동남아시아를 바라볼 수 있었으면 좋겠다. 단순히 못사는 나라, 값싼 패키지여행 코스가 아니라, 고대인들의 찬란한 유산이 여전히 생활 속에 살아 숨쉬는 곳으로 기억되기를 바란다.

입사하고 2달이 채 지나지 않아 이번 책자에 원고를 집필해야 다는 이야기를 들었다. 아직 현장을 경험하지 못한 1인으로, 오롯이 내가 이곳까지 흘러들어온 이야기로만 책을 써야한다는 것이 조금은 부담이 되었다. 하지만 두 번의 캄보디아 여행기를 통해 문화유산, ODA분야에서 관심과 꿈을 갖고 있는 독자분들께 조금의 도움이라도 되고 싶어 한자 두자 적게 되었다. 책이 마무리 되고 있는 2020년 10월 말 캄보디아에 온지 1달이 되었다. 나도 이제 첫발을 내딛는 새내기이지만, 나의 짤막한 글과 함께 일하는 동료 선생님들의 글이 내가 가졌던 꿈을 품고 있는 분들게 작은 희망이 되었으면 좋겠다.
코로나 때문이었지만, 모든 팀이 다 모인 서울에서 6개월이 너무 즐거웠다. 앞으로 언제 다시 다함께 만날 수 있을지 모르지만, '모두 각자 현장에서 최선을 다하고 다음에 만나요!' :-)

이 책이 완성되는데 내가 기여한 파이는 매우매우 작은 것이지만, 아마 그 작은 부분이 일종의 약방의 감초와 같은 역할을 했으리라 본다. 어쩌면 내가 이 조직에서 담당하고 있는 역할 또한 그러하고, 그것은 비록 작은 것일지라도 없어서는 안 되는 것으로써 존재하는 것이 아닐까 하는 생각이 든다. 이러한 오만한(?) 생각을 가질 수 있는 기회를 열어주신 동료분들과 이사장님께 감사의 말씀을 전한다.

예상치도 못한 코로나19로 슬기로운 사무실 동거생활을 해야 했던 우리들, 이왕 한 자리에 모인 김에 우리들의 그간의 이야기를 책으로 엮어 보자는 제안을 누구는 신

나게, 누구는 답답하게, 누구는 힘들게 받아들였다. 하지만, 이 책이 출판된 이후 가지게 될 의미에 대해서 어느 누구도 부정적으로 생각하지는 않을 것이다. 쉽지 않은 글쓰기로 시간을 쪼개고 휴가까지 내면서 과거의 추억들을 끄집어내려고 애썼던 선생님들께 존경의 마음을 보낸다. 또한 우여곡절을 겪으면서 자신들의 이야기 보따리를 가감 없이 풀어준 국제협력단 모든 동료들에게 감사드린다.

이 책이 반드시 필요한 책이란 것을 너무나 잘 아셨기에 바쁜 중에도 이 책의 집필을 제안하신 진옥섭 이사장님께 감사를 드린다. 이사장님의 제안이 없었다면 우리들의 이야기는 단지 술자리의 안주로 사라졌을지 모른다. 그리고 안 보는 척 하시면서 모든 필자들의 글들을 꼼꼼하게 살펴주신 박해수 단장님께도 감사함을 전한다.

어느 누구든 꿈을 가지고 살아간다. 그리고 이 꿈을 이루기 위해 열정을 가지고 많은 노력을 한다. 그러다 어느 순간 막막한 현실에 순응하며 꿈을 향한 열정이 사그라진다. 나 역시 그 누군가 중의 한 명이다. 꿈을 이루기 위한 끈을 놓치지 않기 위해 시작한 해외 문화유산 복원사업. 그러나 많은 시간의 흐름 속에 처음의 열정이 점점 줄어드는 시점이다. 그런데 지금 작성한 글들이 처음에 가지고 있었던 꿈을 위한 마음을 다시 뒤돌아보게 한다. 다시 시작할 수 있을 것 같다. 그리고 이 둔탁한 글을 보고 어느 누군가도 꿈을 위한 마음을 이어갈 수 있었으면 좋겠다.

부족한 글쓰기였으나 이번 책을 만드는 작업에 참여하면서 재단에서 하고 있는 일을 돌아보고 정리할 수 있었던 소중한 시간이었다. 우리 팀 모두가 열정을 갖고 사업에 참여하고 있었으며 나에게 이들과 함께 할 수 있는 기회가 주어졌다는 것에 감사했다. 앞으로도 재단 국제협력단의 흥미로운 에피소드가 담길 2편을 기대하며 이런 좋은 기회를 만들어 주신 진옥섭 이사장님과, 글쓰기 참여를 먼저 제안해주신 박해수 단장님께 감사함을 전한다.

인류의 역사에 오랫동안 기억될 2020년 한 해의 기록을 대한민국 한국문화재재단에서 문화유산 ODA라는 길을 함께 개척하고 걸어가고 있는 모든 분과 함께 책으로 남길 수 있어 영광이었다.

지금까지 경험했던 현장의 기록은 일기장에 남겨져 개인의 일상으로만 남았다. 그래서 ODA 홍보책자 원고 작업을 통해 사원, 교회, 석굴에서 100년, 200년, 300년 또는 그것보다 오랫동안 인간의 소망, 희망 그리고 믿음을 표현한 벽화를 보존하는 작업을 조금 더 알리고, 되새기는 시간이 되어서 감사했다.

세계 최빈국으로 UN의 원조를 받던 대한민국이 이제는 세계 많은 나라를 지원하는 경제 대국의 반열에 들어섰다.

정부의 신남방정책의 주요 대상지인 동남아시아는 이제 대한민국의 주요 협력 파트너로 대두되고 있으며, 우리의 훌륭한 이웃이 되어가고 있다.

우리에게 관광지로 잘 알려진 캄보디아의 앙코르 유적, 라오스의 왓푸-참파삭 유적, 미얀마의 바간 유적은 유네스코 세계유산으로 지정되어 인류 공동의 자산으로 관리되고 있다. 오랫동안 정글속에 묻혀진 채 무너지고 방치된 이 신비한 문화재들은 수십 년째 이어지는 세계 각국의 공적개발원조(ODA)를 통해 복원되는 중으로, 본래의 찬란했던 모습을 조금씩 되찾아 가고 있다.

2013년 대한민국 최초로 해외에서의 문화재 보존·복원이 시작되었다. 한국문화재재단에서 시행하고 있는 문화유산 ODA 사업이 그 시작이고 역사가 되었다.

당시 일개 팀의 단위업무에서 비롯된 이 사업은 전담팀이 구성되고 나아가 재단 창립 40주년을 맞은 올해, 부서단위의 국제협력단이 조직되기에 이르렀다.

이 시점에 문화유산 ODA를 소개하는 단행본이 발간되는 것은 더욱 의미가 있는 일이다.

동남아 특유의 덥고 습하고 열악한 환경속에서도 대한민국의 대표선수라는 사명감과 열정으로, 양국간의 마음을 잇는 가교역할을 톡톡히 해내고 있는 젊은 연구자들의 애환과 진정성이 고스란히 이 책에 담겨있다.

지원해주는 자의 오만함이 아닌, 진심어린 존중과 배려가 깃든 라오스, 캄보디아, 미얀마에서의 문화유산 보존·복원에 대한 현장의 이야기들이 비록 덜 세련되고 거칠게 표현되었을지라도 그들의 진심어린 마음만은 독자들에게 오롯이 전달되었으면 하는 바람이다.

아무도 가보지 않은 길을 가는 것은 많은 용기와 인내가 필요하다.

이제 그들 개척자들로 인해 동남아는 대한민국의 익숙한 친구가 되어간다!

- 한국문화재재단 국제협력단장 박해수

부록

문화유산 ODA 전문가들이,
인도차이나반도 여행객들을 위해
라오스, 미얀마, 캄보디아의 현장과
그 주변의 가볼 만한 곳들을 소개한다.
일반 관광객들은 잘 모르는,
현지의 숨겨진 속살 같은 관광 정보를
현장에서 잔뼈가 굵은 문화유산전문가들의
개성 넘치는 특별한 가이드 받으며
따라가 보자.

라오스 참파삭 여행 안내

가이드_ 백경환

2013년 라오스 홍낭시다 사업을 시작할 즈음엔 라오스 관련 정보를 찾기 너무 어려웠다. 하지만 2014년 〈꽃보다 청춘〉 라오스 편이 방영된 이후, 많은 관광객이 라오스를 찾아오기 시작하면서 인터넷 검색만 하면 어렵지 않게 정보를 얻을 수 있다.

하지만 대부분 비방루 비엔티안, 방비엥, 루앙프라방에 국한된 정보라서 홍낭시다가 위치한 라오스 남부지역 참파삭에 대한 정보는 찾기 힘들다. 참파삭은 캄보디아 앙코르 유적과 달리 아직 관광 인프라가 잘 갖춰져 있지 않으므로, 충분한 여유를 가지고 사색의 시간을 즐기면서 여행하는 것을 추천한다.

왓푸와 홍낭시다 유적, 볼라벤 고원, 시판돈(4천 개의 섬) 코스별로 소개한다.

왓푸 입구에 도착하면 대부분의 관광객은 우회전해서 매표소와 주차장이 있는 곳으로 가게 된다. 어떤 교통수단(버스, 자동차, 오토바이, 자전거, 뚝뚝 등)이든 지정된 주차장에 주차를 해야 한다. 매표소에서 입장료를 치르고 나면 왓푸박물관 앞에 전기차가 기다리고 있다. 왓푸박물관을 관람하고 그 차를 타고 바라이인공호수를 지나 답도 앞까지 이동할 수 있다. 그곳에서부터는 도보로 이동한다.

▲ 왓푸─홍낭시다 안내도(그림_박민선).

홍낭시다는 아직 복원 중이기 때문에 정식 관광코스에 포함돼 있지 않다. 홍낭시다를 관람하기 위해서는 왓푸 입구 주차장으로 다시 돌아와서 타고 온 교통수단을 이용해서 그림에 보이는 길로 이동해야 한다. (또는 홍낭시다 관람 후 왓푸로 갈 수도 있다).

복원작업을 위해 길을 정비해 두었기 때문에 어떤 수단으로도 편하게 홍낭시다로 올 수 있다. 단, 첫 번째와 두 번째 다리에서 오직 이륜차만 목교로 통행이 가능하니 꼭 기억해두길 바란다. 혹시 물이나 담배가 필요하면 한국팀 현장사무소 앞 구멍가게에서 살 수 있다. 홍낭시다 입구에 도착 후, 바닥에 깔아놓은 파쇄석을 따라서 이동하면 돌병원이 나올 것이다. 돌병원 근처 적당한 곳에 주차를 하고 홍낭시다를 관람할 수 있다. 한국인으로 추정되는 사람에게 인사를 하면 그 분이 친절하게 안내를 해줄 것이다.

▲ 볼라벤고원(커피투어, 폭포투어).

볼라벤 Bolaven은 2012년 한국을 강타한 태풍의 이름으로 익숙한데, 볼라벤고원의 이름에서 따온 것이다. 해발 1,000미터 이상의 고산지대 볼라벤 고원은 침엽수가 자랄 정도로 시원한 기후와 비옥한 토양 덕분에 특유의 풍미를 간직한 커피가 생산되는 곳이다. 대규모로 생산되는 커피는 대부분 태국과 베트남으로 수출되고, 소규모 농장들은 협동조합을 통해 국내외에 판매된다. 간혹 한국인이 운영하는 커피농장도 발견할 수 있다.

팍송 하이랜드

보성 녹차밭을 떠올리게 하는 대규모 커피농장이다. 최근 전망대가 설치돼서 라오스인들에게 명소로 자리 잡고 있다. 드넓게 펼쳐진 커피농장을 바라보며, 커피를 즐길 수 있다.

볼라벤고원에는 고산지대의 특성 상 여러 형태의 폭포가 곳곳에 있다. 파수암 폭포 Tad Phasuam : 'Tad'은 '폭포'라는 뜻는 규모는 그리 크지 않지만, 좌우로 넓게 폭포수가 쏟아져 내려 '작

▲ 왓푸–홍낭시다 유적군, 볼라벤고원, 시판돈 여행 안내 지도(그림_박민선).

은 '나이아가라 폭포'라고 불린다. 폭포 옆에는 파수암 민속마을이 있어 라오스 소수민족의 생활상과 수공예품을 구경할 수 있다. 현재 관광단지로 정비 중이므로 제한적으로 관람할 수 있다.

120미터 아래 정글로 웅장하게 떨어지는 쌍둥이 폭포, 탓 판 Tad Fan은 라오스에서 가장 큰 폭포이다. 최근 폭포 위로 짚라인이 설치돼 공중에서 절경을 감상할

▲ 탓 판(좌)과 탓 유앙(우).

수 있고(찰나의 순간이겠지만), 커피도 마실 수 있는 특별한 경험을 할 수 있다.

탓 판 근처에는 관광지로 잘 정비된 탓 유앙Tad Yuang이 있다. 폭포를 내려다보며 식사를 즐길 수 있으며, 폭포 아래까지 접근이 가능해서 이슬비가 내리는 듯한 물보라를 느낄 수 있다.

탓 참피Tad Champee는 탓 판 맞은편으로 한참 더 들어가야 볼 수 있는 숨겨진 폭포다. 폭포수

아래까지 걸어서 갈 수 있으며, 뗏목이나 튜브를 타고 들어갈 수도 있다. 조용하고 자연 그대로의 정글을 느낄 수 있어 폭포를 조망하며 사색하기에 좋은 곳이다.

씨판돈(4천 개의 섬 투어)

씨판돈 Si Pan Don은 4천 개의 섬이라는 뜻이다. 캄보디아와 국경을 마주하고 있는 라오스의 가장 남쪽에 있다. 사람이 살지 않는 이름 없는 무인도부터 인구 약 1만 5천 여 명이 살고 있는 돈콩 Don Khong까지, 다양한 섬들이 메콩강의 하류에 형성돼 있다.

조용히 해가 뜨고 지는 것을 바라보며 비어라오 마시기에 좋은 섬 돈 뎅, Don Deng, 카약, 튜빙, 하이킹 등 각종 액티비티를 즐기기 좋아 배낭여행자들이 많이 찾는 섬(돈 뎃, Don Det), 아시아 최대의 계단식 폭포 콘파펭 폭포를 볼 수 있는 섬 돈 콘, Don Khon 등이 있으니 취향에 맞게 선택해서 가보길 추천한다.

▲ 돈 뎅(Don Deng)과 콘파펭 폭포(Khonphapheng).

돈 콘에서 기회가 된다면 리피 폭포와 민물 돌고래를 보는 것을 추천한다. 리피 Liphi폭포는 폭포라기보다 거대한 급류에 가깝다. 굉음을 내며 흐르는 급류에 발을 잘못 헛디디기라도 한다면, 살아 돌아올 수 없을 것 같은 두려움이 들 정도로 장관을 연출한다. 리피는 '영혼의 덫'이라는 뜻인데, 악한 영혼은 이 급류에 휩쓸려 영원히 빠져나오지 못한다고 현지인들은 믿고 있다. 돈 콘의 끝 해변가로 가면 'Khongyai Beach'가 있는데, 이곳에서 배를 타고 민물 돌고래 투어를 할 수 있다. 일명 '웃는 돌고래'라고 불리는 '이와라디 Irrawaddy 돌고래'는 1970년대 천 마리가 넘게 서식했다고 전해지지만, 현재는 3마리밖에 남지 않아 멸종 위기에 처했으며, 운이 좋아야 볼 수 있다. 리피 폭포와 반대로 현지인들은 선한 영혼이 돌고래에 깃든다고 믿는데, 가끔 돌고래가 악어로부터 사람을 구하는 일이 있다고 하니 그 믿음을 더욱

≫ 시판돈에 서식하는 민물돌고래

공고하게 해주는 것 같다. 시판돈은 캄보디아 국경과 맞닿아 있어서 이곳에서 캄보디아로 넘어갈 수 있다.

팍세는 태국, 베트남, 캄보디아 국경과 가까이 위치하고 있어 각 나라를 이동하고자 하는 배낭여행객들의 성지다. 반나절 정도면 팍세 시내를 다 둘러볼 수 있으며, 근현대에 지어진 사원도 곳곳에 있다. 여기서는 팍세 사람들이 가장 즐겨 찾는 핫 플레이스를 소개해볼까 한다.

▲ '그 남자'와 '나가상'.

팍세의 푸싸라오는 슬픈 전설이 있는 산이며, 팍세의 전경을 한눈에 조망할 수 있는 뷰포인트다. 이곳에 가는 방법은 2가지다. 하나는 거대한 나가Naga상이 있는 계단을 걸어서 올리기는 방법인데, 굉장히 가파르고 꽤나 많은 계단을 올라가야 한다. 이 계단을 통해 연인과 함께 끝까지 올라가면 사랑의 결실을 맺게 된다고 한다. 다른 방법은 차량을 이용해서 산의 둘레길로 올라가는 것이다.

나가상이 있는 계단 입구 옆에 보면 말을 탄 남자 조각상이 있다. 전설에 따르면, 못생겼지만 부유한 집안의 남자가 어떤 여인과 결혼하기로 했다. 아주 성대하게 준비된 결혼식에서 여인은 이 남자를 처음 보게 됐다. 하지만 이 남자가 너무 못생겨서 차마 결혼할 수 없었던 그 여인은 강물에 뛰어들어 자결을 했다. 그 남자는 너무도 슬프고 화가 난 나머지 상다리가 부러질 정도로 차린 결혼식 술상을 뒤엎어버렸고, 그것이 쌓여 산이 되었단다Phou Sa Lao : 술이 마구 쏟아져 내린 산. '술'을 그 남자의 '눈물'로 비유할 수 있지 않을까.

▲ 푸사라오의 황금 대불상.

이후 라오스의 아주 유명한 스님이 이곳에 사원을 지었으며, 지금까지 팍세 사람들의 안식처, 조깅 코스, 전망대로 자리 잡고 있다.

왓푸싸라오에 가면 거대한 황금불상(높이 23미터)이 메콩강과 팍세 시내를 내려다보고 있다. 또한 301개의 좌불상이 그 뒤를 받치고 있다. 이 모든 건물과 불상은 현지인들의 기부로 만들어졌다.

해가 지기 전에 올라가서 저녁노을이 메콩강에 깔리는 모습을 보며 하루를 마감하면 좋을 장소다.

미얀마 바간 여행 안내

가이드_김동민

한국에서 바간으로 이동하기 위해서는 보통 미얀마 양곤 Yangon을 거친 후 국내선으로 갈아타거나 양곤에서 바간까지 육로로 이동하는 것이 일반적이다. 한국의 국적기는 자정 무렵에나 양곤에 도착하기 때문에 호텔에서의 하룻밤을 보내게 된다. 하늘에서 바라본 양곤의 환한 야경과 호텔로 이동하며 바라보는 양곤 시내는 다른 동남아 국가보다는 무척이나 현대화 되어 있음을 느끼게 된다. 그도 그럴 것이 양곤은 지금의 수도 네삐도로 옮겨가기 이전 미얀마의 수도로 사용된 장소이며, 현재까지도 미얀마 최대 규모의 도시이기 때문이다.

재단 연구원들의 경우 양곤은 그저 바간으로 이동하기 위해 잠시 들렀다 가는 도시에 불과하지만, 양곤 지역에 위치한 황금탑 쉐다곤 Shewdagon이나 거대 와불 차욱탓찌 Kyauk Taw Gyi 등은 꼭 한번 가볼 만한 관광 명소로 알려져 있다.

▲ 황금탑 쉐다곤.

바간으로 이동하기 위해서는 다음 날 이른 아침 양곤 공항으로 이동해야 한다. 국내선 공항인 제2터미널로 이동하면 짧은 대기시간 이후에 바간으로 향하는 국내선 비행기에 몸을 싣게 되는데, 바간까지는 보통 프로펠러 비행기를 이용하게 된다. 고층빌딩과 교통체증이 남아있는 현대화된 양곤에서 고대도시 바간으로 이동하는 비행기는 역시 편안하고 빠른 제트엔진보다 느리고 시끄러운 프로펠러가 더 어울릴 법도 하다.

약 한 시간 정도의 비행이면 바간 지역 상공에 다다르게 되는데, 창문으로 바라본 바간의 풍경은

▲ 거대와불 차욱탓찌.

▲ 지방 버스터미널과 비슷한 바간(냥우) 공항.

잘 구획된 나뭇길 사이로 뽀얀 안개가 피어오르며, 중간 중간 태양빛에 반사된 탑의 꼭대기가 모습을 드러낸다. 판타지에서나 나올법한 이런 풍경에 많은 관광객들이 여기저기에서 탄성을 자아내지만, 실상은 바간의 나뭇길 사이를 지나는 엄청난 수의 오토바이가 일으키는 흙먼지라는 사실을 아는 이는 그리 많지 않다.

바간 왕조는 미얀마 최초의 통일왕조였던 바간 왕조의 수도로 사용된 장소로 미얀마를 가로지르는 에야워디 Ayeyawady강의 중부에 펼쳐진 드넓은 평야를 중심으로 자리 잡고 있다. 당시 비간 왕조는 불교문화를 기반으로 왕국의 기틀을 마련하고자 하였고, 왕들은 자신들이 석가모니에 의해 인정받은 왕임을 증명이라도 하려는 듯 수많은 불탑들을 건설하기 시작했다. 당시에 지어진 불탑들의 수가 5,000기 이상이 되었다는 기록이 있는 만큼, 당시의 우거진 수풀 사이 금빛으로 장식된 수많은 탑의 꼭대기가 우뚝 우뚝 솟아있는 모습은 상상만으로도 장관이었을 것이다.

'우리 비행기는 잠시 후 찬란한 불교문화의 성지 바간에 도착합니다.'
덜컹거리는 프로펠러 비행기의 진동이 심장까지 전달되어 요동치기 시작한다. 벌써 몇 번이고 다녀왔던 바간이지만, 착륙에 앞서 창문을 통해 바라본 바간의 풍경은 누구라도 설레게 한다. 과거로 떠나는 시간 여행에 대한 기대감에 단단한 콘크리트 바닥에 착륙하며 발생하는 충격마저도 그저 가볍게 받아들여질 것이다.

▲ 인력으로 수하물을 운반하는 공항 직원들.

냥우 Nyaung Oo 공항은 역시나 시간여행에 어울릴 만한 과거의 모습 그대로이다. 어느 시골의 버스터미널이라 해도 어색하지 않을 법한 대기실에 들어서면 수많은 관광객들이 오래된 에어컨 앞에 옹기종기 모여 있다. 더위를 식히기 위한 목적보다 과거에나 있을 법한 문명의 흔적을 이곳 바간에서 확인했다는 것에 신기해 할 뿐이다.

에어컨에 대한 관심과 등에 흐르는 땀이 식어갈 때 즈음 저 멀리 일꾼들이 손수레 가득 관광객의 짐을 싣고 들어온다. 수많은 짐들은 일꾼

《 바간 공항 짐 나르는 장면.

▲ 바간의 아침을 알리는 열풍선 투어, 자전거를 이용해 여행하는 관광객, 바간 유적 입장권(좌측부터).

들이 손수 들고 들어와 번호표를 확인한 후 주인들을 찾아간다. 컨베이어 벨트 앞에서 하염없이 짐을 기다렸던 경험이나, 도난당하지 않았는지 걱정하던 기억들은 바간의 1:1 맞춤형 서비스 앞에서는 불필요한 현실세계의 산물일 수밖에 없다.

바간을 찾는 외국인 관광객들은 공항을 빠져 나가기에 앞서 바간 유적 입장권을 구입해야 한다. 외국인과 자국민을 구분하기 위해 매서운 눈으로 입구를 지키는 직원들의 기세에 눌려 자국민인 척 연기를 해보아야 겠다는 생각을 금새 포기하게 된다. 바간 유적의 주요 관광지를 입장하기 위해서는 반드시 입장권을 소지하고 있어야만 한다.

배낭 여행객들에게는 육로로 이동하는 것을 추천한다. 육로 이동의 경우 입장권을 내지 않아도 되며 양곤에서 이동하는 약 10시간 가량의 이동시간 또한 특별한 경험이 될 수 있기 때문이다. 단, 주요 관광지 입구에서도 입장권을 검사하기 때문에 다시 한번 자국민인 척 연기가 필요하다.

공항에서 시내까지는 보통 택시를 이용한다. 바간 전 지역은 보통 차량으로 15분 내지 20분 정도면 이동할 수 있을 정도로 아담한 크기이다. 때문에 호텔까지의 택시비는 많아봐야 20,000짯을 채 넘지 않는다. 드디어 짐을 풀고 호텔을 나서면 찬란했던 바간 왕조로의 시간 여행이 시작된다.

▲ 바간의 1호, 쉐지곤 사원.

캄보디아 여행 안내

가이드_박동희

유희와 지성의 경계 캄보디아를 걷다

2018년 12월 6일 밤 11시, 25명의 한국인 관광객들이 씨엠립 공항에 도착했다. 특별한 사람들이었다. 한국문화재재단에서 앙코르 유적 복원 1차 사업 종료를 기념하여 특별히 관심 있는 일반인들을 모십하여, 깊이 있는 캄보디아 여행을 준비한 것이다. 앙코르 유적에서 가장 오래 있었다는 이유로 자연스럽게 유적 해설을 담당하게 되었다.

프레아피투 사원의 복원공사가 끝나가는 상황이라 마무리해야 할 일들이 밀려있는 상황이었기에 일부러 나서지 않으려고 했다. 하지만, 준비되어가는 답사 계획안을 보니 가만히 있을 수가 없었다. 계획안은 현지에 있는 사람들이라면 누구나 알 만한 관광객 전용 식당으로 채워져 있었다. 분명 여행사에서 제안해준 답사코스와 식당들이 그대로 반영된 것이 분명했다. 이대로 가다가는 특별한 여행이 아니라 돈만 비싼 흔한 여행이 될 것 같다는 안타까운 마음이 들었다. 그런 마음에 참지 못하고 하나 둘 의견을 내다보니 어느새 식당이나 기타 관광 코스도 담당하고 있었다.

정말 많은 고민을 담아서 답사 코스를 짰다. 캄보디아를 취급하는 여행사들이 제공하는 코스들도 많은 고민 끝에 만들어졌기 때문에, 차별성을 가지려면 숙고가 필요했다. 기본적으로 전체 여행이 기승전결의 구성을 가져 답사의 끝에 일종의 연극? 영화? 다큐멘터리?를 본 것과 같은 느낌이 남도록 하고 싶었다. 고대 길을 따라 크메르 제국의 방대함과 힘을 느낄 수 있는 여행, 크메르 사원 건축을 이해할 수 있는 여행, 힌두교와 불교 신화에 포커스를 맞춘 여행 등등을 생각해

▲ 캄보디아 문화유산 답사 홍보 포스터.

보았는데, 결국 많은 사람들이 수용할 수 있을만한 내용인 '시간의 흐름 속에서 앙코르 제국이 성립해서 발전하고 그리고 망하기까지의 역사를 되짚어 볼 수 있는 여행'을 콘셉트로 잡고 일정을 짰다.

	1일차	2일차	3일차
새벽	(전날 밤 도착)	앙코르와트 일출	휴식
아침 식사	호텔조식(뷔페)	도시락	호텔 조식(뷔페)
오전 1	앙코르 역사 강좌	앙코르와트	프레아피투
오전 2	프레아코, 바콩 사원	앙코르 보존소	따 프롬
점심 식사	스텅 또르찌앗(현지식)	사리 롯 (쌀국수+현지식)	쁘라삿 네앙 뽀우 (닭 바비큐+현지식)
오후 1	반띠아이 스레이	바이욘	그림자 극단
오후 2	반띠아이 쌈레	톤레삽+일몰	아티산 공예학교
저녁 식사	포용(쌀국수+현지식)	레드크렙(중식)	압사라 공연 호텔석식(뷔페)
밤	그림자극 공연관람	휴식	열대과일 카페, 공항 이동

일정표는 위와 같다. 산술적으로는 3박 4일 코스인데 일반적으로 한국에서 캄보디아로 오는 비행기들이 자정 무렵에 도착하는 경우가 많아 실질적으로는 3일 코스가 된다.
1일 차는 앙코르의 여명과 발전이라는 주제를 선정했다. 유적 방문에 앞서 답사를 시작하고 인사를 겸하는 의미로 짧은 역사 강좌를 준비하였다. (나중에 들었던 이야기지만 답사 앞에 강좌가 있어서 좋았다는 의견이 많았다). 유적 답사는 초기에 건립된 프레아코와 바콩사원으로 시작한다. 바콩까지 둘러보면 점심시간이 되는데, 식사는 아무래도 캄보디아에 온 느낌을 받을 수 있도록 현지식으로 구성하였다. 오후에는 반띠아이 스레이 사원과 반띠아이 쌈레 사원을 넣어 크메르 사원이 어떻게 발전해 나갔는지를 살펴보도록 구성했다. 저녁 이후에는 캄보디아 전통공연 '스바엑톰(그림자극)'을 넣었다. 사실 첫날에는 환영한다는 느낌으로 압사라 댄스를 넣고 싶었지만, 아쉽게도 비행기 일정이 맞지 않아 그림자극을 먼저 구성할 수밖에 없었다.
2일 차는 앙코르 왕조가 최고조에 달했던 시절의 문화유산을 중심으로 계획했다. 원래 새벽에 일어나 앙코르와트에서 일출을 보고, 그대로 앙코르와트로 들어가서 약 3시간 둘러본 후, 10시쯤에 호텔로 돌아와 브런치와 함께 여유로운 점심을 보내는 것이 친구들이나 지인들이 왔을 때 안내하는 방식이지만, 아무래도 '문화유산 답사'라는 명목으로 오신 분들에게 호텔에서 여유를 즐기라는 계획을 세워서 회사에 보고할 수는 없었다. 이런 자기 검열 끝에 쉴 틈 없이 유적을 안내하는 계획이 되었다. 결국 하루에 앙코르와트와 바이욘 두 곳을 둘러보는 일정이 되었다. (답사일정이 허락된다면 두 사원은 시차를 두고 따로 보는것이 좋다). 유적을 다 본 뒤에는 톤레삽의 일몰을 넣었다. 톤레삽 일몰은 개인적으로는 별로 좋아하지 않지만 오랫동안 지켜

본 결과 톤레삽 일몰을 보고 감동받았다는 사람들이 너무 많았기 때문에 넣었다.

3일 차다. 3일 차는 앙코르의 지금이라는 주제로 구성했다. 따프롬 사원을 통해서 버려진 앙코르 유적이 밀림의 침식을 받아 어떻게 손상되었는지를 우선 살펴보고, 프레아피투 사원을 통해서 유적들을 어떻게 복원하고 있는지를 알려주는 것이 목적이었다. 그리고 점심은 쁘라삿 네앙 뽀우라는 여유를 즐길 수 있는 현지 식당을 넣었다. 이 식당은 4명 안팎으로 구성된 사람들끼리 가서 여유를 통해 캄보디아 사람들이 즐기는 크메르 풍류가 무엇인지 느껴보는 것이 이상적이었지만, 그럴 수는 없는 상황이었다. 그래도 캄보디아 사람들이 어떻게 여유를 즐기는지 보는 것만으로도 괜찮다고 생각하여 이 식당을 넣었다. 점심 이후에는 그림자극 극단에 방문하여 직접 그림자극 공연을 체험할 수 있도록 계획하였다.

이렇게 3일간 앙코르의 시작과 번영 그리고 끝으로 이어지는 답사코스로 계획하였다. 동선 효율이 다소 떨어지긴 하지만 앙코르를 이해하기 위한 답사코스라면 지금 봐도 썩 괜찮은 코스라 생각한다. 혹시 캄보디아를 방문하게 된다면 참고하길 바란다.

한편으로 답사를 위해 준비한 자료집의 일부를 공유한다.

 (1) 앙코르의 여명

프레아 코 사원 (크메르 사원의 씨앗)

프레아코란 성스러운 소라는 의미인데, 사원 앞에 놓인 세 마리의 소 조각에서 유래된 이름이다. 시바 신의 사원 앞에 앉아 있는 소는 시바 신이 타고 다니는 성소 '난디'이다. 사원 앞에 난디가 대기하고 있다는 뜻은 사원 안에 시바 신이 있다는 의미가 된다. 난디의 존재는 인도에서 소를 안 먹는 이유 중 하나이기도 하다.

프레아 코 사원은 인드라바르만 1세가 건립한 사원으로 880년에 만들어졌다. 벽돌을 주재료로 사용하지만, 사암, 라테라이트, 회반죽을 적절히 사용해서 사원이 완성된다. 프레아 코 사원은 3개의 탑이 앞뒤로 배치되어 총 6개의 탑으로 구성된 사원이다. 앞 열의 탑은 뒤 열의 탑보다 약간 큰데, 이는 앞은 남신, 뒤는 그 남신의 배우자가 되는 여신을 위한 사원이기 때문이다. 남신과 여신, 양과 음, 선과 악, 이런 상호 되는 개념의 조화는 힌

▲ 프레아 코 사원의 소 난디.

두교에서 특히 중요시하는 요소로 크메르 사원 곳곳에서 이런 조화를 볼 수 있다.

바콩 사원 (수미산을 앙코르에 재현하라)

인드라바르만 1세가 881년에 만들었다고 하는 대형 사원이다. 중심 사당은 5층으로 된 피라미드 최정상에 있고, 그 아래로 작은 사원들이 지어져 만다라의 형상을 보인다. 사원은 두 개의 해자로 둘러싸여 있는데, 가장 바깥쪽의 해자 한 변이 800미터에 이른다. 동 시기에 만들어진 사원들에 비해 혁신적으로 큰 대형 사원이다.

▲ 바콩 사원.

바콩 사원의 형태는 앙코르와트를 비롯한 많은 사원의 모티브가 되었다고 볼 수 있다. 앙코르와트나 바이욘 같이 정점에 오른 사원에 비해 세련된 맛은 떨어지지만 크메르 사원으로서의 기본적인 형태는 이 시기에 구축되었다고 볼 수 있다. 피라미드형 기단과 경장들, 해자를 건너기 위한 다리와 나가 난간으로 장식된 외연, 중심 사당으로 가기 위해 거쳐야 하는 많은 고프라와 같이 힌두 우주관의 구현은 이 시기에 이미 기틀이 다져지고 있었음을 알 수 있다.

(2) 앙코르의 여명

반띠아이 스레이 (동양의 모나리자, 앙코르의 붉은 보석)

10세기 후반에 만들어진 작은 사원이지만, 크메르 사원 중에서도 아름답기로 특히 유명한 사원이다. 비문 기록에 따르면 자야바르만 5세의 스승인 야즈나바라하에 의해서 건립되었다고 한다. 왕이 아니라 브라만 사제에 의해 건립되어서인지 왕도 외곽에 작은 규모로 만들어졌는지도 모르겠다.

반띠아이 스레이가 특별한 것은 붉은색 사암을 사용해서 만들었다는 것, 그리고 조각들이 매

▲ 반띠아이 스레이 사원.

▲ 반띠아이 크데이 사원.

우 정교하고 아름다운 점이다. 사원의 벽면을 장식하고 있는 여신상은 동양의 모나리자라는 별명도 있을 정도다. 프랑스의 대문호이자 문화부 장관을 역임한 앙드레 말로는 젊은 시절에 이 여신상을 도굴하려고 하였었다. 또한 그 도굴 경험담을 바탕으로 「왕도」La Voie royale"라는 소설을 발표하였다.

반띠아이 쌈레 (크메르 사원 양식의 완성)

앙코르와트를 만들기 위한 연습을 한 것과 같은 느낌을 주는 사원이다. 앙코르와트와 동 시기에 건립되었으며 조각 양식과 건축기술이 매우 흡사하다. 부조벽화는 비슈누 신과 관련된 이야기를 많이 담고 있는데, 이 또한 앙코르와트와 유사한 점이다.

매우 협소한 공간에 많은 건물들을 배치하고자 노력하였던 것으로 보인다. 주신전의 기단과 경장이 서로 맞물려있는 모습이나 담장을 다시 지은 흔적들을 통해 고대의 건축가들이 이 사원을 지으면서 많은 시행착오를 겪었다는 것을 추측할 수 있다. 그런 경험들이 쌓여 앙코르와트 건설에 이어졌을 것이다.

또한 곳곳에 숨어있는 재미있는 조각들을 찾는 것이 묘미인 사원이다.

(1) 앙코르의 정수

앙코르와트 (크메르 사원 예술의 꽃)

한국에서는 '앙코르' 보다 '앙코르와트'가 더 많이 알려져 있다. 앙코르는 크메르 제국의 수도의 이름이자 많은 고대 사원들이 밀집한 역사 유산 지구를 지칭하는 말이다. 유네스코 세계유산에 등재된 명칭도 앙코르와트가 아니고 '앙코르'이다. 그만큼 앙코르와트가 가지는 상징성, 대표성이 크다는 뜻일 듯하다.

앙코르와트는 크메르 문명의 꽃이라고 평가된다. 크메르 제국은 강력한 국력을 바탕으로 신을 위한 사원 건축에 오랜 기간 동안 매진해 왔는데, 그 노력의 결과가 앙코르와트라고 볼 수 있다.

앙코르와트가 크메르 사원 건축의 정수로 불리는 것은 여러 가지 이유가 있다. 가장 중요한 이유는 크메르 사원 건축의 발전에서 가장 최종적인 형태로 볼 수 있기 때문일 것이다. 앙코르와트 이후에 건립된 바이욘기의 사원들은 크메르 건축사의 흐름에서 약간 벗어난 변형으로 간주할 수 있다. 그렇기 때문에 크메르 힌두사원의 최종적인 발전 형태라고 말할 수 있을 것이다.

세부적으로 보았을 때에는 부조벽화에 담겨있는 철학적 의미, 사원 건립에 적용된 건축기술의 정교함, 부재의 크기나 사원의 규모 등 모든 면에서 우수하다.

앙코르와트에 대한 자세한 설명은 다른 가이드북이나 인터넷을 참고하면 더 많은 정보를 얻을 수 있지만, 방문하기 전에 인도의 대표적인 서사시인 〈라마야나〉와 〈마하바라타〉를 읽고 방문하는 것을 추천한다.

(2) 앙코르의 재건

바이욘 (구국의 정신이 깃든 사원)

12세기 후반, 자야바르만 7세는 참파로부터 수도 앙코르를 되찾았다. 하지만 앙코르는 여전히 혼란의 시기를 겪고 있었다. 자야바르만 7세는 혼란스러운 세상을 바로잡기 위해 부단한 노력을 하였다. 자야바르만 7세가 사회를 개혁 하고자 하는 의지가 반영된 사원이 바이욘 사원이다.

기존의 사원과 바이욘의 가장 큰 차이를 들자면 불교 사원인 점이다. 자

▲ 앙코르와트.

⬆ 바이욘.

야바르만 7세는 사회의 개혁을 위해 힌두교 중심의 기득세력으로부터 힘을 되찾고자 국교를 불교로 바꾼 것으로 보인다. 하지만 힌두교를 완전히 배척하지 않았다. 바이욘 사원을 살펴보면 북쪽에는 시바 신을 서쪽에는 비슈누 신을 모시는데, 이는 부처를 주신으로 모시더라도 다른 종파를 아우르고자 하였음이 반영된 것으로 볼 수 있다. 그런 의미에서 바이욘 사원에 조각된 수많은 존안들은 세상의 모든 신들을 의미한다고 볼 수 있는 것이다.

3일 차 (1) 앙코르의 멸망

타프롬 (어머니를 모신 불교 사원, 자연 앞의 무력한 영광)

타프롬 사원은 자야바르만 7세의 어머니반야바라밀를 위해 만든 사원이다. 하지만 그보다 나무로 침식된 모습으로 더 유명하다. 앙코르에 위치한 대부분의 사원들은 나무를 제거하여, 더 이상 사원들이 손상되지 않게 하였다. 하지만 나무나 자연에 침식된 모습을 보여주기 위해 타프롬 사원 하나만은 나무를 제거하지 않고 침식된 모습으로 남겨두었다.

3일 차 (2) 앙코르의 복원

프레아피투 사원 (한국에 의한 앙코르 복원)

2015년부터 한국팀이 복원정비에 착수한 프레아피투 사원은 코끼리 테라스 맞은편에 위치한 사원이다. 불교 사원 하나, 네 개의 힌두교 사원으로 구성된 복합 사원으로 왕궁 바로 앞, 300미터 × 600미터의 넓이에 위치한 큰 사원이다. 그럼에도 불구하고, 아직까지 밝혀진 이야기가 없어 미지의 사원이다. 단체 관광객은 거의 없고, 자연과 어우러진 여유로움을 즐기기에 좋다고 서양인들에게 알려져 여유롭게 거니는 방문객이 즐겨 찾아온다.

프레아 피투는 한국말로 성스러운 비두라라는 뜻이다. 비두라는 부처님의 9번째 전생으로, 진실한 현자로 칭송받는다. 설화에서는 비두라의 지혜와 가르침이 세상에 알려지자, 나가 왕비는 비두라를 만나고 싶었다. 하지만, 솔직히 비두라를 만나고 싶다 하기에는 자신의 위신에 걸맞지 않다 생각한 끝에, 비두라의 심장이 없으면 죽을병에 걸렸다고 말했다. 이에 나가 왕은 비두라의 심장을 가져오라 사람들에게 명하였고, 비두라는 곤욕 끝에 나가 왕 부부의 앞에 끌려왔다. 하지만 비두라의 진솔한 설법에 감화한 나가 왕 부부는 감화하여 비두라에게 귀의한다.

사실 프레아피투라는 사원의 이름과 실제 사원을 연결하여 보기에는 개연성이 많이 떨어진다. 다섯 사원은 모두 각각의 다른 이름을 가지고 있다. 가장 먼저 만나는 사원은 까오썩 사원이다. 낙발(머리카락을 밈)을 뜻한다. 본 사원은 비슈누 사원으로 12세기의 조각 양식이 관찰된다. 가장 아름다운 부분은 테라스라고 불리는 월대이다. 이중의 나가와 장식 기둥으로 만들어진 건축물로, 앙코르와트와 견주어도 손색이 없.

쫌 사원은 까오썩 사원 뒤에 위치한 사원으로, 까오썩 사원의 미니어처 사원과 같다. 작은 사원에 힌두 사원의 모든 요소를 담으려고 노력하다 보니 조각의 밀도가 높아진 듯하다. 조각 양식으로는 12세기에 건립된 것으로 추정되나 남겨진 정보가 없다. 프레아피투 모든 사원 중에서 위험도가 가장 높아 2019년부터 2차 사업 대상으로 복원정비가 진행되고 있다.

따 투옷 사원은 유일한 불교 사원이다. 어울리지 않을 정도로 거대한 기단 위에 3층의 작은 피라미드 기단을 가진 사원이다. 내부에는 37체의 좌불상이 부조로 조각되어 있기에 불교사원으로 추정하는 근거가 되지만 원래는 힌두교 사원으로 건립되기 시작했던 것으로 보인다.

다운메아 사원은 프레아피투 사원에서 가장 큰 석재가 사용된 사원이다. 앙코르는 수많은 사원을 건축하였기에 채석장의 좋은 석재는 점점 줄어들어 시대가 뒤로 갈수록 석재의 크기가 작아지는 경향이 있다. 이러한 점에서 보았을 때, 다운메아 사원은 프레아피투 사원 중에서 가장 먼저 건립되었을 것으로 볼 수 있다. 다운메아 사원에는 큰 링가(남근)상이 있다. 앙코르 톰 일대에서는 가장 큰 링가이다. 원래는 사원 중앙에 있었을 것이지만, 도굴을 당하면서 옆으로 옮겨진 것 같다. 빠른 시일 내에 링가와 요니(대좌)를 복원하여 도굴의 아픈 기억을 지워내고자 한다.

산똑 예악 사원은 작은 언덕 위에 건립된 특이한 건축물이다. 넓은 전실을 가지고 있어서, 특별한 종교의례를 하였을 것으로 추측된다. 앙코르에서도 유일한 형태를 가지고 있기에 용도에 대한 궁금증이 크다. 사원에 조각된 그림은 비슈누의 이야기를 담고 있다. 비슈누가 난쟁이로 변하여 악마를 물리치는 이야기나, 비슈누가 주인공인 라마야나 이야기가 그려져 있어 이 사원은 비슈누를 위해서 건립된 것으로 생각된다.

▲ 따프롬 사원.